R
Vol.4
휘말림의
정치학

부커진 R 4호: 휘말림의 정치학

초판 1쇄 인쇄 2012년 11월 10일
초판 1쇄 발행 2012년 11월 15일

편집인 정정훈
펴낸이 유재건
펴낸곳 (주)그린비출판사
등록번호 제313-1990-32호
서울시 마포구 동교동 201-18 달리빌딩 2층
전화 702-2717 | **팩스** 703-0272

ISBN 978-89-7682-765-4 | 978-89-7682-979-5(세트)

이 도서의 국립중앙도서관 출판시도서목록(CIP)은 e-CIP홈페이지(http://www.nl.go.kr/ecip)와
국가자료공동목록시스템(http://www.nl.go.kr/kolisnet)에서 이용하실 수 있습니다.
(CIP제어번호: CIP2012005108)

그린비출판사 나를 바꾸는 책, 세상을 바꾸는 책
전자우편_editor@greenbee.co.kr

R Vol.4

『부커진 R』 4호 휘말림의 정치학을 발간하며

정정훈

1.

제주도 강정마을에는 새벽부터 사이렌이 울린다. 소방차나 구급차, 혹은 경찰차가 긴급한 상황에서 울리는 그 사이렌 소리, 민방위 훈련처럼 재난이나 전쟁과 같은 비상사태가 일어난 경우를 대비하는 훈련을 위해 울리는 그 사이렌 소리, 전쟁이나 대재난과 같은 예외적 상황이 돌발했음을 알리는 그 사이렌 소리가 강정마을에서는 매일같이 울리고 있다. 민방위 훈련을 하는 것도 아니고, 전쟁이 난 것도 아닌데 시도 때도 없이 울리는 이 사이렌은 그 마을에 건설되는 해군기지 공사장으로 건설기자재의 유입을 막기 위해 주민들과 활동가들을 불러 모으는 소리이다.

　강정마을의 일상은 이제 비상이 되어 버렸다. 농사를 짓고 어업에 종사하는 마을의 주민들은 이제 사이렌이 울리면 생업을 놓아두고 공사장 앞으로 달려간다. 해군기지 공사장 정문과 기지사업단 정문을 몸으로 막고 공사를 저지하는 투쟁을 벌여야 하며, 이 투쟁을 막는 경찰병력에 의해 '고착'을 당해야 하는 것이 이 마을 주민들의 일상이다. 비상사태를 일상으로 살아가는 사람들의 마을. 그것이 오늘날 강정마을의 상황이다.

　억압받는 자들의 전통은 우리가 그 속에서 살고 있는 '비상사태'(Ausnahme-zustand, 예외상태)가 상례임을 가르쳐준다.

벤야민이 세상을 등지기 얼마 전에 쓴 「역사의 개념에 대하여」라는 노트에 나오는 유명한 구절이다. 일상을 규정하는 질서가 하루아침에 정지되고, 그 일상 속에서 인민에게 보장되던 권리들이 일시에 중지되어 인민들이 권리 없는 상황 속으로 던져지게 되는 사태가 바로 비상사태/예외상태이다. 억압받는 자들, 다시 말해 힘없고 가난한 이들의 삶은 사실 매일의 일상이 항상-이미 비상사태/예외상태임을 보여 준다. 강정마을이 보여 주는 것도 이것이 아닌가? 강정마을에서 매일같이 울리는 사이렌 소리는 일상화된 예외상태를 살아가는 자들이라는 벤야민의 말이 단지 지식인의 관념 속에서 존재하는 추상적 개념에 불과한 것이 아님을 보여 주는 실제 사례이다.

그런데 이렇게 정상적 질서로부터 벗어난 예외상태를 살아가는 삶은 단지 권력에 의해 강제된 것만이 아닌 경우도 있다. Y씨는 강정마을에서 일 년 반이 넘게 거주하며 해군기지 반대투쟁을 함께 하고 있는 '지킴이'이다. Y씨는 잠시 외국에서 살다가 한국에 들어와 전국일주를 시작했다. 버스를 개조하여 숙식이 가능하게 만들어 시작한 그녀의 전국여행은 제주도로 이어졌고 그 여정은 강정마을을 지나가게 되었다. 그때도 강정마을에는 사이렌 소리가 울리고 있었다. 그 아름다운 구럼비 바위가 전쟁을 위한 해군기지 건설로 파괴될 위기에 놓인 상황을 보며 그녀는 자연스럽게 강정마을 주민의 투쟁에 동참하게 되었다. 차마 발걸음이 떨어지지 않아서 시작된 강정마을에서의 생활은 지금까지도 계속되고 있다. 전국여행의 계획은 강정에서 의도치 않게 멈추어 졌고, 여행이 끝난 이후의 계획도 이제는 중요치 않게 되었다. 강정마을의 투쟁과 예기치 않게 조우하면서 자신의 계획에 따라 진행되고 있던 일상으로부터 그녀는 벗어나게 되었다. 그리고 자신에게 익숙했던 일상과는 전혀 다른 상황, 그야말로 예외적 상황에 그녀는 휘말려 들어가게 된 것이다.

강정마을에는 자신의 일상을 규정하던 질서로부터 벗어나 전혀 다른 방식의 삶을 살아가는 이들이 많다. 2012년 3월 구럼비 발파 소식을 듣고 단 며칠만이라도 강정의 싸움에 힘을 보태고 싶어서 비행기를 탔던 많은 이들이 10개월이 지난 지금도 그 마을에 남아서 지킴이로서 살아가고 있는 경우도 적지 않다. 또 다른 이들은 작년에 있었던 평화비행기를 타고 강정에 왔다가 그대로 눌러 앉은 경우도 있다. 강정마을의 지킴이들 가운데는 이렇게 예기치 않게 자신의 일상으로부터 이탈하여 예외적 상황의 삶을 살고 있는 이들이 적지 않다.

또한 단지 강정마을의 지킴이들뿐만이 아니라 그렇게 우발적인 마주침에 이끌리어 이러저러한 싸움에 휘말린 이들이 있어 왔다. 평택 대추리에서, 새만금에서, 용산 남일당에서, 두리반에서, 부산 영도의 한진중공업에서 그들은 늘 존재해 왔다.

2.

이 사람의 나이는 문제가 아니다. 그는 아주 늙었을 수도 있고 아주 젊었을 수도 있다. 핵심적인 것은 그가 자신이 어디에 있는지 모른다는 것, 그리고 어디론가 가고 싶어 한다는 것이다. 이 때문에 언제나 그는 미국 서부영화에서 그런 것처럼 달리는 기차를 탄다. 자기가 어디서 와서(기원), 어디로 가는지도(목적) 모르면서. 그는 도중에 아주 조그만 어느 역 부근 오지에 내린다……그는 여행을 하며 길거리에서 내리는 것을 좋아한다. 우리는 진짜 철학을 바로 이런 식으로 이해한다. — 루이 알튀세르, 「유물론 철학자의 초상」

자신의 아내 엘렌을 광기 속에서 살해한 후 정신병동에서 보낸 유폐의 시간 속에서 알튀세르는 힘겹게 새로운 철학적 사유를 시작한다. 자신이 진정한 의미에서의 유물론이라고 규정한 '우발성의 유물론'에 관한 사유를. 알튀세르는 이 우발성의 유물론을 설명하기 위한 이미지로 어디서 와서, 어디로 가는지를 중요하게 생각하지 않고 우연한 마주침에 이끌리어 낯선 역에서 내려 또 다른 삶을 시작하는 여행객의 모습을 제시한다. 그 여행객이 바로 '진짜 철학'인 우발성의 유물론이다.

그가 구축하려고 시도했던 우발성의 유물론은 무엇보다 원자운동의 정해진 궤적으로부터 예기치 않게 이탈하는 원자의 돌발적 운동, 다시 말해서 규정된 질서의 경로로부터 벗어나는 어떤 우발적 이탈의 힘에 의해 특징지어진다. 그는 이 돌발적 운동, 우발적 이탈의 힘을 고대 헬라스의 철학자, 에피쿠로스의 용어를 빌려 클리나멘(clinamen)이라고 부른다. 마치 기원도 목적도 없는 여행을 하며 조그만 역 부근 오지에서 불쑥 내려 그곳에서 전혀 새로운 삶을 시작하는 기차 여행객과도 같은 이탈 내지는 돌발적 운동이 바로 클리나멘이다.

3.

『R』4호의 주제는 '휘말림의 정치학'이다. 결국 우리가 생각하는 휘말림이란 이런 것이다. 예기치 않은 돌발적 사건에 연루되는 것. 그래서 그런 연루가 시작되기 이전의 나를 규정하는 질서로부터 벗어나는 이탈의 선을 타게 되는 것. 그리하여 기존의 질서를 뒤흔들고 위협하는 불온성의 지대를 창출해 내는 것.

무엇보다 우리가 '휘말림'이라는 개념을 통해서 사유하고자 했던 것은 그러한 이탈의 흐름을 타는 것, 불온성의 지대를 창출하는 저 과정이 어떤 역학 속에서 이루어지고 있는가이다. 단지 우발적 마주침과 그로 인한 이탈의 흐름이 존재론적으로 항상-이미 선차적이다는 선언을 넘어서, 그러한 우발성을 긍정하자는 윤리적 입장의 천명을 넘어서 이러한 우발적 연루가 어떤 역동 속에서 발생하며, 그것의 정치적 의미가 무엇인지를 사유하려는 시도가 '휘말림의 정치학'이라는 이름으로 우리가 하고자 했던 바이다.

사실상 '휘말림의 정치학'이라는 『R』4호의 주제가 만들어지는 과정 자체가 우리에게는 휘말림의 과정이었다. 2011년 초, 〈수유너머N〉은 일본 오사카대학의 '횡단하는 대중문화 연구단'과 함께 3일간의 워크숍을 진행했었다. 이 워크숍 과정 중에서 오사카대학 연구단의 좌장인 도미야마 이치로의 발언은 그 자리에 모인 사람들에게 어떤 파문을 일으켰다. 도미야마는 오키나와 문제를 연구하고 관련 활동에 참여하면서 연대의 문제를 다른 차원에서 고민해야 할 필요를 느꼈다. 올바른 연대를 위해서는 올바른 지식이 필요하다는 논의들이 오키나와에 대한 말들 속에서 자주 등장했다고 한다. 이어서 그는 이렇게 말했다.

그런데 그 말은 내게, '나는 그런 연대에 휘말려들고 싶지 않다'는 말처럼 느껴졌습니다. 연대를 말하면서도 휘말려들지 않으려는 것을 보면서, 감히 휘말려들 수 있게 하는 말이 있는 곳에야말로 운동의 가능성이 있지 않을까 하는 생각이 들었던 것입니다. 나는 휘말림을 축으로 생각하고 싶고, 이러한 휘말림을 확보하고 싶습니다. 휘말리지 않았으나 꼭 휘말릴 것 같은 사유들이 있습니다. 이러한 사유는 과거, 현재, 미래가 뒤섞인 사유입니다. 이것이 바로 '예감'인 것이지요. 바로 옆에서 일어나는 일이며 남의 일이 아닌 것에 대한 것입니다. 타자와 내가 포개지는 신체감각으로서의 예감을 사유하고 싶었습니다. 휘말려든다는 것은 곁에 있다는 것이고, 이것은 혼재하는 것이 아닐까 합니다. 바로 여기에 정치가 있다고 생각합니다.

그의 이 발언이 당시 워크숍에 참여했던 많은 사람들을 강력하게 자극했다. 이날 공식 일정이 끝나고 이어진 뒤풀이 자리에서 〈수유너머N〉 사람들은 도미야마와 휘말림의 문제에 대해서 이런저런 이야기들을 이어갔다. 그리고 워크숍이 끝난 이후 『R』 4호의 주제는 '휘말림의 정치학'으로 결정되었다. 그 워크숍 이전에는 한 번도 생각해 보지 않았던 휘말림이라는 문제의식이 불현 듯이 〈수유너머N〉의 회원들에게 덮쳐왔고 우리는 그렇게 찾아온 휘말림이라는 문제틀에 예기치 않게 휘말렸던 것이다.

4.

'휘말림의 정치학'에 관한 첫번째 글은 그래서 도미야마 이치로의 「휘말린다는 것」이다. 2011년 워크숍의 토론에서 발화되었던 휘말림에 관한 문제의식을 정제한 글이다. 이 글에서 도미야마는 '곁에서 일어나고 있지만 이미 남의 일이 아니다'라고 느끼게 하는 어떤 사태와 마주치게 되는 것으로부터 휘말림에 대한 사유를 시작한다. 그러한 휘말림은 도미야마에게 과거-현재-미래라는 연속적 시간성의 붕괴 가능성의 출현을 의미하며, 다른 시간성의 발현을 둘러싼 투쟁이 개시되고 있음을 예감하게 한다. 기존의 권력에 의해 규정된 현행적 질서와는 다른 질서, 혹은 다른 현행화가 가능해지는 어떤 순간을 도미야마는 휘말림이라는 개념을 통해 포착하려는 것이다. 이를 위해 그는 프란츠 파농의 '방어태세' 개념과 독일의 '사회주의 환자집단' 문헌에 나타난 '다초점확장주의'라는 개념을 바탕으로 휘말림에 대한 이론적 개념화를 시도한다.

「정치적 사건화와 대중의 흐름—매혹과 휘말림, 혹은 센세이션의 정치학에 관하여」에서 이진경은 존재론적 차원에서 주로 사유되어 왔던 사건을 정치적 개념으로 변환하는 작업을 시도한다. 그러나 이 작업은 단지 철학적 개념들의 연쇄를 따르는 길만을 가지 않는다. 오히려 이진경은 2011년을 뜨겁게 달구었던 김진숙의 타워크레인 농성과 희망버스운동에 결부된 과정을 분석하는 길을 선택한다. 여기서 그는 존재론적 차원에서 발생하는 사건이 정치적 차원의 사건으로 변환되는 과정, 즉 정치적 사건화의 발생지점을 탐사한다. 사건에 매혹된 이들에 의한 그 사건의 '증폭'과 대중들이 그 사건에 매혹되는 '전염'의 계기가 여기서 관건적임을 이진경은 보여 준다. 그리고 이러한 증폭과 감염을 통해 대중이 사건에 휘말려 들어가는 경로를 추적한다. 정치적 사건화는 전통적 변혁운동이 강조해 왔던 의식화보다는 오히려 감각화(센세이션)에 의해 발생하는 것임을 그는 강조한다. 이는 결국 대중운동 내지는 대중정치학에 대한 논의인데 이진경은 대중을 흐름으로 사유하며 휘말림을 대중정치학을 규명하는 개념으로 벼려내고 있다.

2011년 워크숍에 오사카대학 연구단의 일원으로 참여했던 와타나베 후토시는 일본의 현대소설 『오레오레』에 대한 분석을 통해 휘말림의 정치학을 논한다. 그의 글, 「동일성의 병리학—호시노 도모유키 『오레오레』에서 자기증식과 해체에 대하여」는 휘말림의 층위를 구별하는 것으로 논의를 시작한다. 어떤 큰 흐름에 수동적으로 휘말리게 되는 층위와 그러한 흐름의 중심과 주변에서 형성되는 소용돌이에 휘말려 큰 흐름으로부터 이탈하여 또 다른 흐름들을 만들어 내는 층위 사이의 진폭으로 그는 휘말림을 이해하는 것이다. 와타나베는 이 진폭의 운동을 『오레오레』를 읽어 가며 그려낸다. 동일성을 향한 자폐적 욕망의 증식과 그러한 동일성이 자기-파괴적으로 치닫게 되는 거대한 흐름의 역학과 이러한 커다란 흐름으로부터 차이가 발생하고 그것이 그저 각자의 고유성을 따라 산포되지 않고 하나의 공동성을 형성하게 되는 지점을 찾아내고 있는 것이다. 동일성의 쾌락에 함몰된 동일성의 증식욕망으로부터 타자의 존재에 휘말리는 차이화와 공동성의 창출 가능성을 와타나베는 흥미롭게 포착해 내고 있다.

와타나베가 『오레오레』라는 한 편의 소설에 대한 분석적 독해 가운데서 휘말림의 문제를 사유했다면, 가게모토 쓰요시는 고바야시 마사루라는 소설가의 삶을 따라가면서 휘말림에 대한 논의를 전개해 간다. 식민지 조선에서 태어나서 조선에서 중학교까지 마치고 사관학교에 입학하여 군인이 된 고바야시 마사루는 일본의 패전 이후 어떤 우발적 만남을 통해 소설을 쓰게 된다. 가게모토는 고바야시의 소설이 다루는 문제계가 변화되는 과정을 추적하며 자신이 주도하는 능동적 자기 변화와는 전혀 다른 층위에서 발생하는 자기 변화의 동학을 휘말림이라는 개념을 통해서 규명하려 시도한다. 휘말림에 의해 촉발되는 자기 변화는 결코 자아성찰이나 자기계획에 의해 이루어질 수 없는 것이며, 그러한 만큼 고통스러운 경험이다. 하지만 자신을 규정하는 질서의 힘으로부터의 이탈은 그러한 고통스러운 휘말림으로부터 시작되는 것임을 가게모토의 글은 보여 주고 있다.

'휘말림의 정치학'을 다루는 마지막 글인 정정훈의 「탈정체화된 연대와 탈개체화된 연대, 그리고 인민의 생성」은 휘말림을 통해 연대의 문제와 정치적 주체화의 문제를 탐구한다. 이 글에서 정정훈은 2011년 희망버스를 중심으로 강정마을, 두리반, 카페 마리, 포이동 재건마을, 두물머리 유기농단지 등의 투쟁에서 나타난 새로운 연대의 성격을 탈정체화된 연대, 탈개체화된 연대라는 틀로 파악한다. 그리고 이러한 연대를 통해서 대중이 정치적 주체로 생성되는 과정을 분석한다. 전업 활동가도 아니고 지속적인 사회운동의 경험을 가지고 있지 않은 소위 '일반시민'들이 노동문제, 농민문제, 철거문제 등과 결부된 첨예한 투쟁의 현장에 연대하여 함께 싸우게 되는 과정을 그는 탈정체화와 탈개체화의 개념을 통해 분석하며 이를 휘말림으로 이해한다. 그리고 랑시에르가 데모스 혹은 인민이라고 명명한 정치적 주체화란 바로 이러한 휘말림에 의한 연대에 의해 가능하다는 것을 희망버스 운동을 통해 보여 준다.

5.

앞에서도 말했듯이 이번호 『R』의 특집은 '대중의 주체화와 문화정치학'이라는 주제로 개최되었던 〈수유너머N〉과 오사카대학 '횡단하는 대중문화연구단'의 공동 워크숍에서 촉발된 것이다. '기획'에서는 서로가 서로에게 휘말리는 계기가 되었던 그 워크숍의 논의들을 묶어 보았다. 우리는 이 기획을 통해서 정치적인 것과 문화적인 것이 서로 엮이는 양상뿐만 아니라 양자 사이에 형성되는 긴장점이 무엇인지를 묻고자 했다.

최진석의 「"쫄지마!" 또는 정치화의 새로운 명령어 — 샌델에서 나꼼수까지 진보적 담론공간의 변환」은 지금은 많이 수그러들었지만 워크숍이 진행되던 당시만 해도 세간의 관심을 집중시켰던 '나는 꼼수다' 열풍을 당시 한국 사회의 또 다른 유행을 형성했던 마이클 샌델의 『정의론』 신드롬과 결부시켜 분석한 글이다. 최진석은 샌델 신드롬과 나꼼수 열풍을 단순한 환호나 편견어린 냉소로 폄하하는 데 그치지 않고 각 현상에 내재된 정치성을 드러내고 있다.

손기태는 「한국 개신교의 정치적 태도에 담긴 열망」을 통해서 이명박 정권 탄생의 중요한 공신이자 든든한 배경이 되었던 한국 개신교의 보수성이 어떠한 과정을 통해서 형성되었는지를 짚고 있다. 한국 현대사의 맥락과 주류 개신교의 신학적 전통에 대한 분석을 통해 이제 한국 사회에서도 종교가 중요한 정치적 행위자로 등장하고 있음을 보여 준다. 일본 오사카에서 카페 코몬스라는 자율적 문화공간을 운영하고 있기도 한 와타나베 후토시의 글, 「카페와 문화실천」은 스스로의 경험을 성찰하면서 문화적 자율공간의 실험이 가져야 할 정치성을 고민하고 있다. 와타나베는 의식적 기획이라는 주체적 차원보다 '하다 보니'라는 비주체적 우연성의 연쇄를 통한 문화정치적 실험을 제안한다.

촛불집회가 시위의 중요한 형태가 된 이후 한국 사회운동에서 예술 행동주의(art activism)는 갈수록 중요한 역할을 하고 있다. 박은선의 글, 「예술의 새로운 가능성 ― 예술과 직접행동의 만남」은 사회운동의 현장에서 예술적 실천이 어떻게 이루어져 왔는지를 추적하며, 직접행동과의 접속을 통한 예술 자체의 전화가능성은 어떤 것인지를 묻고 있다. 박은선의 글이 사회운동에 의식적으로 참여하는 예술행동주의를 통해 문화적인 것과 정치적인 것의 관계에 대해서 생각하려 한다면 홍서연은 '순수한' 문화 이벤트가 갖는 숨어 있는 정치성을 보여 주려 한다. 「'나는 행운아' 만들기 ― 이진원 추모공연을 둘러싼 2011년 인디음악신의 문화기술지」는 제목처럼 참여관찰을 통해 쓰여진 문화기술지(ethnography)이다. '나는 행운아' 공연에 대한 이 문화기술지적 기록은 인디음악신 내부 행위자들의 관계와 인디음악신의 존재조건을 규정하는 사회적 맥락에 결부된 정치성에 대해 생각하게 해준다.

6.

이전까지 부커진 『R』이 게제된 글의 주제적 일관성이라는 측면에서 사실상 '북'(Book)의 성격을 강하게 띠고 있었다면 이번 『R』 4호는 차라리 '진'(Magazine)의 성격이 더욱 강하다고 할 수 있다. 이번 호에는 '특집'과 '기획' 이외에도 '분석과 비평'과 '기획번역'이라는 꼭지를 마련했다. '분석과 비평'은 소설, 영화, 인문학서적, 사회현상에 대한 비평적 개입을 시도하는 글들이 게재되었다. '기획번역'은 전후 일본 사회운동사에서 써클주의라는 매우 독특한 운동의 중심적인 활동가 가운데 한 사람이었던 모리사키 가즈에의 중요한 글

두 편을 신지영의 번역으로 실었다. 「두 가지 말, 두 가지 마음」은 제국과 식민지라는 일본과 조선의 관계에 대한 비판적 성찰 속에서도 결코 국가나 민족으로 온전히 회수될 수 없는 연대의 지점을 포착하고 있으며, 「민중이 지난 이질적인 집단과의 접촉 사상—오키나와·일본·조선의 만남」역시 국가의 역사로만 규정될 수 없는 이질적 민중집단들 사이의 접촉과 교류의 역사를 사유하고 있다.

『R』1호 이후 발간사를 쓰는 사람마다 하게 되는 이야기이지만 '부커진 R'이 아무리 비정기적으로 간행되는 단행본 형태의 잡지라고 하여도, 그럼에도 매거진이라는 형식을 포기하지 않는 『R』로서는 발간주기가 너무나 늦다는 현실은 변명의 여지가 없는 부분이다. 독자 여러분께 사과의 말씀을 전한다.

7.

내가 편집자로서 이 글을 쓰는 시점은 한창 대선을 앞두고 누가 대통령이 되어야 하는가에 대한 논의가 가열되고 있는 와중이다. 이번 대선은 이명박 정권 이후 한국 사회의 향배를 가늠케 하는 시점이자, 나아가서는 반민주적 독재정권에 뿌리를 두고 있는 정치세력에 대한 심판뿐만 아니라 소위 민주정부의 실패를 극복하고 새로운 사회질서를 구축할 수 있는 가능성에 결부된 역사적 분기점이 되고 있다. 하지만 연일 매스컴을 가득 채우는 대선과 관련된 이야기는 결국 특정한 인물들로 좁혀지며 어느 세력이 집권할 것인가에 대한 단순한 논의로 좁혀지고 있다.

그러나 국민적 관심이 집중되는 대선에 가려 잘 들리지 않고 보이지 않지만, 빼앗기고 쫓겨나는 자들을 중심으로 한국 사회의 질서를 재편하기 위한 아래로부터의 연대와 공동행동이 지금도 시도되고 있다. 10월 5일부터 11월 3일까지 진행된 2012생명평화대행진과 행진 이후 이어지는 농성투쟁이 그러한 아래로부터의 정치 가운데 하나이다. 쌍용자동차 노동자들, 강정마을의 주민들, 용산참사의 유가족들의 연대로 시작된 이 연대의 흐름은 행진기간 동안 밀양과 청도에서 고압송전탑으로부터 마을을 지키려는 어르신들의 싸움과 결합되었고, 핵발전소의 위협으로부터 건강과 생명을 지키기 위한 지역주민들의 투쟁과 연결되었으며, 차별에 저항하여 노동자로서의 권리를 되찾기 위해 싸우는 비정규직 노동자들과 접촉되었다. 또한 골프장 건설로 인해 황폐해지는 농토를 방어하려는 농민들의 싸움과 공명하게 되었고, 대형마트의 횡포로 인해 생계를 위협당하는 골목상인들의 생존권투쟁과 힘을 모으게 되었으며, 평등한 권리의 쟁취를 위해 차별에 저항하는 장애인과 이주민 운동과 함께하게 되었다. 또한 이 행진을 통해 노동운동, 환경운동, 농민운동, 지역주민운동, 소수자운동, 시민운동, 인권운동이 공동의 대오를 구성해 왔고, 소위 말하는 평범한 시민들, 익명의 대중들이 연대의 전선을 구축하고 있다.

이 연대와 공동의 행동이 지금의 질서와는 다른 질서를 도래하게 하고, 새로운 시간으로서의 미-래를 열어내는 정치적 사건이 되며, 현재의 지배적 흐름을 흩어내는 다른 소용돌이를 일으키어 빼앗기고 내몰린 이들을 더 많이 휘말리게 하길 기대한다. 소수의 부유한 이들만이 삶의 안정성을 보장받을 수 있는 이 체제의 중심부로터 배제된 이들이, 그 중심부에의 진입욕망으로부터 벗어나 평등한 세계를 향한 열망에 휘말리기를 바란다.

앞에서 인용한 벤야민의 「역사의 개념에 대하여」 8번 테제의 구절 뒤에는 다음과 같은 문장이 이어진다.

우리는 이에 대응하는 역사의 개념에 도달하지 않으면 안 된다. 그렇게 되면 진정한 예외상태(비상사태)를 도래시키는 것이 우리의 과제로 떠오를 것이다.

우리는 이 '진정한 예외상태'는 배제와 차별, 착취의 폭력에 맞서 싸우는 이들의 연대를 통해서, 이 연대의 소용돌이에 휘말려 스스로 일상을 비상으로 만들어 가는 사람들에 의해 도래하게 될 것이라 믿는다. 다시(re) 소용돌이(volution) 속으로 우리 모두가 휘말리기를……

2012년 11월,
생명평화대행진의 도상에서

휘말림의 정치학

R
Vol.4

01
휘말린다는 것

도미야마 이치로(冨山一郎)

정상희 옮김

1. 이미 남의 일이 아니다

'곁에서 일어나고 있는 것이지만, 이미 남의 일이 아니다'. 여기서 생각하고 싶은 것은 이 문구가 함의하는 시간과 공간, 사회를 바꾸기 위한 운동론적인 가능성에 대해서이다. 또 이 문제는 내가 『전장의 기억』(戰場の記憶)이나 『폭력의 예감』(暴力の予感)에서 생각해 온 것이기도 하다.[1] 자신의 일은 아니지만, 자신의 일인 것처럼 느끼는 것. 그것이 자신이라는 개체의 위기인 것은 쉽게 상상이 될 것이다. 게다가 **이미** 남의 일이 아니니까, 이 위기는 이전부터 들러붙어 있었던 셈이다. 여기에서 요점은 잠재적으로 위기가 존재한다는 것이 아니다. 잠재적으로 있는 것 자체가 감춰진 진실이나 본질이 아니라는 것이다. 무엇보다 중요한 것은, 이 들러붙어 있는 잠재적인 위기가 언제 어디서 모습을 나타내고 감지되며 현행화(actualization)하느냐는 물음이다.

그렇지만 개체의 위기의 현행화와 관련된 '언제, 어디서'라는 물음은 동시에 이 물음을 성립시키는 시간과 공간 질서의 붕괴이기도 하다. 여기서 감지된 사건은 이미 일어나고 있었던 것이기도 하며, 따라서 현행화와 관련된 **안다**는 행위는 과거에 대한 되물음이기도 하다. 또 이 현행화는 지금까지처럼 과거의 연장선상에서 미래를 상정하는 것을 뒤흔들고, 다음 순간에 전혀 별개의

■

[1] 이 글은 2011년 2월 25일에 〈수유너머N〉에서 열린 이 두 권의 책에 대한 합평회에서 이루어진 의견교환을 바탕으로 쓰여졌다. 깊이 있는 논의를 제시해 주신 토론자 정행복 씨, 최진석 씨 및 그 자리를 준비해 주신 〈수유너머N〉의 여러분에게 감사드린다.

미래가 시작되는 것은 아닐까 하는 예감을 양성할 것이다. 과거나 미래는 시(時)계열적인 질서를 잃어버리고, 개체와 이를 둘러싼 질서 두 가지 모두를 휘말리게 하는 현행화라는 움직임 속에서 새롭게 떠오른다. 이것은 붕괴감과 새로운 미래에 대한 희망이 함께 뒤섞인 사태라고 할 수 있을지도 모르겠다.

나는 앞에 언급한 책에서 이러한 '곁에서 일어나고 있는 것이지만 이미 남의 일이 아닌' 붕괴감 속에서 오키나와(沖繩)를 사고하는 것의 가능성을 생각하려고 했다. 예를 들어 전장(戰場)을 생각할 때, 이 붕괴감이 들이닥치면 어떻게 될까? 50년 전의 전장이 자신의 일처럼 여겨지면 어떨까. 그곳의 아픔이나 괴로움, 혹은 고양감이 자기와 관계되는 것으로 깊이 다가오면 어떻겠는가. 나에게는 이러한 감촉이 전장을 사고하는 출발점이기도 했다. 『전장의 기억』은 먼 과거의 오키나와라고 하는 한정된 지리적 장소와 관계되는 것은 아니다. 나는 『전장의 기억』에서 오키나와전(戰)과 관련된 기억으로서 정리되어 있는 말들이, 과거라는 시간이나 특정한 장소를 성립시키는 질서를 깨트리면서 나의 바로 옆까지 닥쳐오는 데 대해 사고하려고 했다. 전장은 계속되는 것이며 평상시 일상으로 확장되는 것이다. 기억이란 이러한 계속이나 확장을 사고하는 회로이며, 그와 동시에 나의 기억으로서 내 몸을 덮친다.

혹은 또, 이하 후유(伊波普猷)의 글을 읽었을 때 그의 안에 이러한 붕괴 혹은 위기와 관련된 감지력이 작동하고 있다는 것을 깨달았다. 예를 들어 그가 '오키나와는 조선이나 대만이 아니다'라고 말할 때, 거기에는 옆에서 일어나고 있는 식민지 지배 사건을 제 일처럼 느끼는 이하(伊波)가 있다. '오키나와는 조선이나 대만이 아니다'라는 주장은 배외주의적 내셔널리즘이나 제국 안의 계층화된 차별 구조라기보다 '여기는 식민지이며 너는 피식민자다'라는 숨겨진 정언명령 속에서 두려워하며 그 폭력을 어떻게든 회피하려고 하는 겁쟁이의 몸짓인 것이다. 그리고 이 이하(伊波)의 말 또한, 그가 살았던 시대나 오키나와라고 하는 지리적 장소를 빠져나와 내 바로 옆으로 온다. 그가 감지한 폭력은 계속되고 있으며 지리적 범위 안에 가둘 수도 없다. 오키나와를 사고한다는 것은 역시 이 계속과 확장을 사고하는 것이다. 그것은 또 '오키나와의 아픔', '오키나와의 역사', '오키나와의 사상', '오키나와의 투쟁'이라는 소유격에서 정지하지 않는 사고의 가능성을 추구하는 것이기도 하다.

이러한 소유격에 대한 의심은 모든 것이 유동적이고 불확정적이라는 일반적 생각에 근거하는 것은 아니다. 나에게 이러한 의심은 '오키나와의 역사', '오키나와의 투쟁'이라는 대상이 연구라 불리는 영역으로 확립되는 과정 속에서 계속 느꼈던 것이다. 이는 '오키나와'라는 대상을 말하면 말할수록 거기서 일어나고 있는 사태에 휘말려 들어가고 싶지 않다고 하는 메시지를 알아차리는 언어 감각이기도 하다. 휘말림을 회피하려고 하는 이 안다는 행위가, 알아야 할 대상을 대상으로서 고정화하고 외재화한다. '오키나와의 아픔', '오키나와의 역사', '오키나와의 사상'이 되풀이되는 가운데, 말하는 개체의 위기는 감춰지고 대상에 휘말리는 일 없는 분석가가 나타나게 된다.

안다는 행위가 분석가가 사는 세계와 알아야 할 대상의 세계를 구분하여 휘말릴 일 없는 대상으로 구성해 가는 문제는 예컨대 인류학에 관해 이미 논의되어 온 것이기도 할 것이다. 우리와는 다른 타자(他者)를 안다고 하는, 인류학이 전제로 해온 문제다. 여기서 많은 경우, 이러한 구분은 식민지주의 혹은 권력적인 지배와 피지배의 관계로서 등장할 것이다. 또 같은 문제는 '오키나와 문제'를 말하는 행위나 연대를 목표로 하는 운동 안에도 있다. 오키나와처럼 되고 싶지 않다는 것이다.

다른 지각이 필요하다고 생각했다. 그것이 '곁에서 일어나고 있지만, 이미 남의 일이 아니다'라는 것이었다. 또 이 문구가 확보하고 있는 것은, 굳이 말하면 어떤 대상을 안다고 하는 행위가 그 대상에 휘말려 가는 것이기도 하다는 신체 감각이다. 『전장의 기억』이나 『폭력의 예감』에서는 이 감각이 대전(帶電)한 사고를 새로운 연루의 가능성으로서 생각해 보려고 했던 것이다. 그리고 다른 지각을 찾으려고 할 때 그 단서가 내게는 일관되게 프란츠 파농 안에 있었다.

2. 방어태세를 취하다

적과 아군이 명확히 구분되고 식민자와 피식민자가 명확히 구분되는 파농의 『대지의 저주받은 사람들』에서 안다는 행위는 이 폭력적인 적대관계를 대상으로 승인하는 데에 그치지 않는다. 또 휘말린다는 것은 명확하게 둘로 나누어진 진영의 어느 쪽에 가담하느냐는 선택의 문제도 아니다. 적어도 그것만은 아니다. 결과적으로 어느 한 쪽에 가담하게 되었다고 해도 휘말린다는 것은 두 개의 집단에서 구성되는 정치 자체를 성립시키는 전제를 문제 삼는다. 대립구조의 정치는 그 자체가 질서이며, 휘말린다는 것은 이 질서 자체의 토대를 묻는 정치, 즉 대립의 정치에서는 정치로 간주되지 않는 정치와 관계있다.

확실히 적대관계에 휘말린다는 것은 적과 아군으로 구분된 세계에서 어느 편에 서느냐는 정치로 향할지도 모른다. 그러나 어느 쪽에 가담하여 그 결과 어떠한 효과를 거두느냐 하는 효과의 문제로서 휘말린다는 것을 생각해서는 안 된다. 비록 그것이 정치의 리얼리티라고 해도 문제는 사전에 정의된 힘의 효과가 아니고, 힘을 정의하는 벡터(Vektor)장 그 자체다. 또 이는 정치를 대립의 해소 혹은 한 쪽이 다른 한 쪽을 패배시키는 것에서 정지하지 않기 위함이기도 하다. 그렇다면 휘말린다는 것은 어떤 일인가를 재차 묻지 않으면 안 된다. 『대지의 저주받은 사람들』에서부터 생각해 보겠다.

예를 들어 이 책의 제5장 「식민지 전쟁과 정신질환」에는 '13세와 14세의 두 명의 알제리인 소년이 놀이 친구 유럽인을 살해'하는 사례가 등장한다.[2] 이는 문자 그대로 적대관계가 구체적으로 등장하는 장면이다. '어느 날, 우리들은 녀석을 죽이기로 결정했다. 유럽인이 아랍인을 모두 죽이려고 생각하고 있기 때문이다'.

그리고 파농은 이러한 아랍인 대 유럽인이라는 대립구도에 이르기 직전 상태에서 일상적인 개인이라고 하는 설정 자체가 문제시되는 식민지 상황을 찾아내려고 한다. 그것은 적대하는 공동체의 이름을 획득하기 직전에 발생하는, 개체가 일상의 이름을 잃고 익명화되어 가는 사태이다. 아랍인, 알제리인, 유럽인, 프랑스인 같은 적대관계를 구성하는 내셔널한 공동체와 관련된 이름 바로 앞에 우선은 익명화라는, 일상 세계의 융해라 할 만한 프로세스가(과정이) 존재하는 것이다.[3]

그리고 전쟁터에서도 정신과 의사로서 임상을 계속해 온 파농은 이 융해와 적대관계를 구성하는 공동체 사이에 있는 영역을 정신질환의 문제로서 확보하려고 하고 있다. 휘말린다는 것은 소년이 식민지 전쟁에 병사로서 가담한다는 것이 아니다. 지금 주시해야 하는 것은 이 융해와 공동체 사이이다. 그것

2 프란츠 파농, 『대지의 저주받은 사람들』, 남경태 옮김, 그린비, 2010(2판), 274~276쪽.
3 파농의 이 같은 서술에 대해서, 파농의 저작을 현상학이라는 관점에서 검토하려고 한 고든은 적대 관계의 등장이라기보다는 기존의 질서로부터의 이탈과 익명화라는 모멘트를 지적하고 있다. Lewis R. Gordon, *Fanon and the Crisis of European Man*, Routledge, 1995, p.81.

은 이미 지나쳐 버린 지점이기도 하며 우선은 정신질환으로 영역화된다.

좀더 파농을 따라가며 생각해 보자. 이 책 1장 「폭력에 관하여」에서, 예를 들어 파농이 '모든 공격에 반박할 수 있게끔 방어태세를 취하고 있던(sur la defensive) 농민 대중이 돌연사의 위험에 처했다고 느끼고 식민지주의의 군대에 맹렬히 저항할 결의를 굳힌다'고 말할 때, 이 방어태세를 취한다는 것은 적대관계 바로 전에 이미 발생하고 있는 사태로서 상정되어 있다. 굳이 도식적으로 그리자면 일상은 아무것도 없이 평온하고 과거로부터 이어진 그 평온은 그 후로도 계속되리라고 상정되고 있다. 그러나 사람들은 방어태세를 취하고 있는 것이다.

이 방어태세를 취한다는 것을, 식민자와 피식민자라는 두 개의 대립하는 세계에서 곧바로 이해해서는 안 된다. 즉 평온하다고 생각하고 있는 이는 식민자이며, 피식민자는 다가올 투쟁을 위해 은밀하게 준비하고 있다는 것이 요점이 아니다. 이 방어태세에는 방금 전 「식민지 전쟁과 정신질환」에서 지적한 영역, 즉 사후적(事後的)으로 병으로 간주되는 지점이 포함되어 있다.

방어태세를 취하는 신체는 평온한 일상에서 보면 상궤를 벗어난 신체 감각이며, 이러한 감각을 껴안는 것은 역시 개인에게는 자기 자신이 평온하다 여겨지는 일상의 질서로부터 벗어난다는 붕괴감을 수반할 것이다. 그리고 이 붕괴감 안에서 지각되는 것은 과거로부터 미래로 연결되는 평온한 시계열적 세계가 아니다. 평온한 시기는 이미 위기이고 위기는 벌써 시작되었으며, 이 위기의 현행화 안에서 평온과는 다른 미래가 떠오른다는 것을 방어태세를 취하는 신체는 지각하는 것이다. 바꿔 말하면 방어태세를 취한다는 것은 개체와 이를 둘러싼 질서 둘 모두를 말려들게 한 위기의 현행화라는 동태 안에 있다고 말할 수 있을 것이다. 동시에 이는 붕괴라는 문제일 뿐 아니라 지각(知覺)에 대한 문제다. 그렇기 때문에 이 방어태세를 취하는 것을 전투준비라 착각한다면, 다음과 같은 파농의 말을 놓치게 될 것이다. .

이 폭력의 진정한 성격은 뭘까? …… 해방은 오로지 무력으로써만 쟁취할 수 있다는 식민지 대중의 직관이다.[4]

■

4 파농, 「대지의 저주받은 사람들」, 85쪽.

여기에서 폭력은 역학적 효과의 문제가 아니라 평온한 미래와는 다른 별개의 미래를 개척하는 힘에의 지각이다. 그리고 이 힘에 대한 지각은 방어태세를 취하는 신체 감각과 함께 있을 것이다. 휘말린다는 것은 개체의 융해이자 평온한 일상으로부터의 이탈이며, 방어태세를 취하는 것인 동시에 방어태세를 취한 신체와 함께 있는 힘의 지각과 관계 있다. 이미 남의 일이 아닌 사태란, 평온한 상태도 아니고 반대로 적과 아군으로 그려지는 전투상태도 아닌 이러한 방어태세를 취하는 사태이며, 반복해 말하지만 여기서 이루어지는 지각은 별개의 미래를 개척하는 힘에 대한 지각인 것이다.

3. 휘말린다 – 다초점적 확장주의

옆에 있는 사람이 아무것도 아직 일어나지 않은 평온한 일상 속에서 '세계는 바꿀 수 있다'라고 중얼거릴 때, 거기에서 무엇을 알아듣게 될까. 있을 수 없는 망상이라 일축해야 할 것인가. 아니면 은밀히 준비된 투쟁에 대한 자신만만한 말로서 동의해야 할 것인가. 어쨌든 우선은 냉정한 역학적 계산을 전제로 할 것이며, 그 계산 결과에 따라 이 중얼거림은 리얼리티를 가지게 된다.

하지만 휘말린다는 것은 망상을 물리치는 상식적 판단이나 계획된 투쟁에의 지지표명이 아니다. 우선은 여기서 이미 방어태세를 취하고 있다는 사태와 더불어 이 '세계는 바꿀 수 있다'는 말을 받아들일 필요가 있을 것이다. 다시 말해, '세계는 바꿀 수 있다'는 말은 신체 감각을 수반하지 않는 한 이해할 수 없는 것이고, 그렇기 때문에 안다는 것은 알려고 하는 행위자 자신에게서 이 신체 감각을 발견하는 것이며, 곧 방어태세를 취하는 것이다. 이때 이 행위자는 휘말리고 있다.

안다고 하는 행위가 어떻게 방어태세로 이어지는지에 대한 법칙적인 설명은 할 수 없다. 그것은 이론적 필연도 아니거니와 계획적인 것도 아닐 것이다. 또한 이 방어태세를 취한다는 것은, 발견되는 미래가 같은 세계임을 보장하는 것도 아니며, 고통이나 괴로움 같은 신체 감각을 공유하는 공감의 공동체도 아니다. 중요한 것은 별개의 미래라는 것을 예감하는 지각의 상태인 것이며, 이 상태 속에서 아는 행위를 통해 알려는 대상으로 휘말려 가는 것이다. 그리고 이 휘말려 가는 과정은 세계가 잠정적인 존재임을 찾아가는 가운데 태어나는 미래에 대한 예감에서 사람들이 연루해 가는 것이며, 각각의 예감 속에서 어떠한 미래를 찾아내는가는 별개의 문제이다. 미래 모델의 일치가 아니라 지금의 세계를 잠정적인 존재로서 떠오르게 하는 지각에서 사람들은 겹치는 것이다.

그리고 이 미래에 대한 예감을, 곧 방어태세를 취한다는 현행화를, 한층 더 진행시켜 가는 어떤 종류의 공동작업, 혹은 이 공동작업을 진행시키기 위한 지식이 필요하게 될 것이다. 거기서의 첫번째 요점은 방어태세를 취한다는 지각을 계속해서 확보하는 것이며, 바꿔 말해 공동작업을 미래상(未來像)의 일치, 강령의 일치로 치환하지 않는 것이 중요하다고 생각된다. 몇 번이나 반복하지만 휘말리는 것과 공동체가 생기는 것은 다르다.

이 점과 관련해서 조금 전 기술한 정신질환이라는 영역의 문제는 중요하다. 방어태세를 취하는 것은 현상으로부터 이탈하는 것이며 현 질서 아래 구성되어 있는 개체가 외부로 융해하기 시작하는 것이다. 그리고 질서는 이 융해를 금지하고 병으로서 격리하며 발언된 말을 병상으로서만 의미화하여 문답무용으로 처치할 것이다.[5] 따라서 방어태세를 취한다는 것은 배제되는 것이며, 격리되는 것이며, 폭력을 당하는 것이다. 또한 휘말린다는 것은 스스로의 내부에서 폭력을 당할 근거를 찾아내는 것이기도 하리라. 폭력은 예감되고, 우선 이 폭력에 대해서는 싸우지 않으면 안 된다. 하지만 어떻게? 또는 단적으로 말해 어떠한 조직 혹은 운동 형태로 싸울 것인가?

1960년대 후반에 서독의 하이델베르크대학 의학부 정신과의 조수나 환자를 중심으로 태어난 사회주의 환자집단(Sozialistisches Patientenkollektiv＝SPK)은 자본제와 관련된 소외를 병이라는 말로 재설정하려고 했다. 1970년대 초, SPK는 서독 적군(赤軍)에게 일방적으로 성원을 보내, 서독 적군을 둘러싼 어처구니없는 탄압 상황에 제발로 휘말려 들어가 '과격파'로 압살되었다. '우리도 과격파다'. 그리고 이 SPK가 남긴 문서에는 다초점적 확장주의

---

5 정신병자로 여겨진 사람에게 가해진 폭력을 단적으로 나타내는 로보토미 수술(정신 분열증 등의 치료를 위하여, 대뇌 전두엽의 백질의 일부를 절개해서 신경 섬유를 자르는 수술—옮긴이)을 둘러싼 진료기록카드에 근거하여 나가노 에이코(長野英子)는 수술 직전에 대해 다음과 같이 말한다. "수술 전, 수술대 위에서 '얼마나 자릅니까, 제발 봐주세요, 바보가 되는 거죠? 죽는 거 아닙니까, 죽이지 말아 주세요, 부탁합니다. 집에 보내 주세요, 선생님, 괜찮을까요, 죽지 않습니까, 선생님, 선생님……'이라고 극명하게 환자의 목소리를 받아쓴 다음, 그 진료기록카드에는 '정동적(情動的)인 호소를 반복한다. 우아함이 전혀 없다'라고 쓰여 있었습니다. 살해당하려 할 때, 뇌가 잘려 나가려 하고 있을 때, 우아한 인간이 있을까? 이러한 목숨을 건 호소가 '병상', '증상'으로서 무효화되어 거론조차 되지 않는 것이 우리 '정신병'자입니다."(長野英子, 『精神医療』, 現代書館, 1990, 4쪽)

(Multifokaler Expansionismus=MFE)라는 말이 있다. 그것은 정신병이 체현하는 금지의 영역을 사람들이 모이는 장소(난로)로 바꾸어 가는 운동이며, 초점이라는 말에는 금지와 난로라는 두 개의 의미가 중첩돼 있다.[6]

이 초점에는 질서로부터 배제되거나 폭력을 당한다는 수동성과, 스스로 난로에 모여드는 능동성이 뒤섞여 있다. 또 동시에 난로가 있는 곳이 금지 영역을 새롭게 만든다면 한 발 더 나아가 그 금지를 난로로 바꾸어 가게 된다. 이는 금지 영역이 만들어지는 것을 금지하는 것이 아니다. 일반적 모델은 존재하지 않으며, 바람직한 모델을 전제로 금지의 등장을 금지한다면 그것은 어떤 종류의 통제이기도 하다. 금지와 난로가 반복되면서 초점은 복수가 되어 확장하는 것이며, 다초점적 확장주의의 요점은 이상향을 만들기 위해 계획하거나 조정하거나 또는 통제하거나 하는 것이 아니라, 금지의 영역을 사람들이 모이는 난로로서 부단히 확장해 나가는 데 있다.

그리고 이 금지와 난로가 반복되어 가는 확장이야말로 휘말린다는 것이 아닐까. 휘말린다는 것은 이 다초점적 확장주의에서의 금지로부터 난로에 이르는 수동성과 능동성이 불가분으로 포개진 전개인 것이다. 금지된 장소에서 시작된 난로는 역시 미래에의 힘인 것이며 그 힘을 지각하며 모여드는 사람들은 방어태세를 취하고 있다. 나아가 SPK처럼 이러한 금지의 영역을 정신병으로 받아들인 데에서 곧장 제출되는 난제는 언어의 소재와 관계될 것이다. 즉, 금지를 낳는 현행 질서에서 언어는 당연히 근간을 이룬다. 신체는 물질적인 존재를 직설적으로 일컫는 것이 아니라 이 언어 질서의 붕괴에서 먼저 발견될 것이다. 그리고 사회의 질서는 이 언어의 붕괴를 금지하고 또 병으로서 처치한다. 그렇다면 휘말려 가면서 혹은 난로에 모이면서 방어태세를 취한 사람들은 어떤 언어를 말할 것인가. 바로 이 지점에서 앎이라는 문제를 물어야 한다.[7]

■

6 SPK, *SPK: Turn Illness into a Weapon*, KRRIM-self-publisher for illness, 1993, pp.74~76. 또 SPK에 대해서는 奥野路介, 「かき消された旅団 - '社会主義患者集団'の失跡と痕跡」(Herbert Worm·奥野路介·野村修·好村冨士彦·池田浩士, 『西ドイツ過激派通信』田畑書店, 1980)이 중요하다.
7 이는 SPK가 주장한 인민 대학이라는 것과도 관계있을 것이다. 혹은 다음에 언급하는 3월 11일 이후의 상황을 지식의 문제로서 생각하는 것과도 무관하지 않다. 대량 실업과 대량 피난민, 그리고 잠재적 방사능 노출의 확대 속에서, 미래를 예감하는 방어태세와 거기에 관계되는 앎의 소재가 문제시되는 것은 확실하다. 혹은 정신의학을 행사하는 파농에게 임상이란 무엇인가라는 점이, 나에게는 생각하는 단서가 된다. 예를 들어 '내가 연구한 상황은 보고 느끼신 대로 고전적인 것이 아니다. 과학적 객관성은 나에게는 금지된 것이었다. 왜냐하면 소외된 사람, 신경증환자는 나의 형제이자 자매이며, 아버지였기 때문이다'라고 파농이 말할 때, 여기에서는 파농 자신도 환자라는 점이 부상한다. '곁에서 일어나고 있지만, 이미 남의 일은 아니'라는 말이다. 굳이 말하면, 그는 임상에서 환자

4. 폐허에서

과거나 미래는 시계열적인 질서를 잃어 버리고, 개체와 이를 둘러싼 질서 모두를 휘말리게 한 위기의 현행화라는 동태 속에서 새롭게 떠오르는 미래는 확실히 붕괴감과 희망이 뒤섞인 사태라고 말할 수 있을지도 모른다. 또 이러한 사태는 확실히 일상에서의 개체의 융해이지만, 동시에 어느 날 갑자기 덮쳐 오는 전적인 붕괴에서부터도 그것은 시작될 것이다. 그리고 이 붕괴에 휘말린다는 것은 수동적일 뿐 아니라 능동적인 시작이기도 하고, 붕괴가 내보이는 폐허란 구제의 대상이거나 부흥해야 할 장소가 아니라 방어태세를 취한 사람들이 모여들기 시작하는 공간이 아닐까. 폐허는 부흥하는 것이 아니다. 거기에서부터 새롭게 시작되는 것이다. 그리고 그것은 이미 시작되어 있었을지도 모른다.

2011년 3월 11일 이후 일본에서 널리 읽히기 시작하고 있는 레베카 솔닛(Rebecca Solnit)의 논의는 비상사태를 무언가가 발생하는 사태로서 파악하려 하고 있다. 비상사태(emergency)는 해결되지 않으면 안 되는 대상이 아니라, 무엇인가가 출현하는(emerge) 공간이다.[8] 하지만 동시에 많은 경우 압도적인 붕괴를 앞두고 사람들은 당황하여 허둥거리며 한시라도 빨리 질서의 회복을 요구하게 될 것이다. 그리고 회복이나 부흥이라는 이름하에 금지나 격리 그리고 문답무용의 폭력이 등장한다. 예를 들어 2000년 4월 9일 육상자위대 네리마(練馬) 주둔지에서 행해진 창대 기념 행사에서 이시하라 신타로(石原慎太郎) 도쿄도 지사는 다음과 같이 훈시했다.

> 오늘의 도쿄를 보면 불법 입국한 많은 제3국인, 외국인이 매우 흉악한 범죄를 반복하고 있습니다. 이미 도쿄의 범죄 형태는 과거와 달라지고 있습니다. 이는 굉장히 큰 재해가 일어났을 때에는 엄청 거대한 소요 사건조차 상정할 수 있는 그러한 상황입니다. 여기에 대처하기 위해서는 우리 경찰의 힘으로도 한계가 있습니다. 그러니까 그러한 때에 여러분들이 출동해 주길 바라며 재

에게 휘말리고, 그럼에도 분석적인 언어의 소재를 찾는다. 이는 객관성의 문제가 아니다. 방어태세를 취한 사람들만이 손에 넣을 수 있는 분석적 지성이라는 것이 분명히 있을 것이다. 학문의 진실성도 아니고 올바른 강령이나 정세 분석도 아닌, 임상에서 오는 이 언어의 소재야말로, 다초점적 확장주의를 확보하지 않을까.
8 Rebecca Solnit, *A Paradise Built in Hell*, Penguin Group, 2009, p.10.

해의 구급만이 아닌, 치안의 유지도 역시 여러분의 커다란 목적으로 수행해 주시길 기대하고 있습니다.[9]

큰 재해라는 비상사태를 우선 소요로 표현하고, 그 소요를 '제3국인', '외국인' 대 '일본인'의 대립으로 바꿔 놓은 다음에 '일본인'을 지키는 치안 유지군으로서의 자위대의 출동을 기대하는 이 이시하라의 발언은 비상사태를 한시라도 빨리 해결해야 하는 사태로 제시하는 하나의 전형이다. 난폭하게 말하면 질서가 붕괴하는 비상사태를 문답무용의 폭력을 행사해서라도 수습해야 할 문제로 설정하고 질서의 회복을 지향하고 있는 것이다.

또 이러한 이시하라의 군사적 메시지와는 다르지만 재해와 관련하여 이재민과 그렇지 않은 사람을 구분해 경계를 특정한 다음에 전자(前者)의 구제를 말하는 것도 질서 붕괴라는 비상사태를 두 개의 집단으로 분할한 뒤에 질서 회복을 주장하는 점에서 이시하라와 닮아 있다고 말할 수 있을 것이다. 격리 혹은 배제와 구제는 이러한 의미에서 가까이 있다. 그리고 문제는 원만한 구제의 정치가 되는가 하면 폭력적인 격려나 배제가 되기도 하는 이 구분에 있다. 사람들이 모이는 장소에는 금지의 팻말이 세워지고, 무엇인가가 태어날 장소는 구제해야 할 것이라고는 없는 장소로 취급된다. 비상사태는 휘말리고 싶지 않은 장소로서 한정되고 에워싸이는 것이다. 그리고 이러한 대상 설정은 학문적 영위에도 있을 것이다.

하지만 금지된 영역은 해결해야만 하는 문제가 아니다. 혹은 반대로, 해결이 요구되고 있는 대상은 금지된 장소가 아니라 모여야 할 난로인 것이다. '곁에서 일어나고 있는 것이지만, 이미 남의 일이 아니다'. 반복하지만 금지의 영역은 방어태세를 취한 사람들이 모이는 난로가 태어나는 장소이기도 하다.

애당초 현재 확대를 계속하고 있는 방사능 오염에서 경계선을 긋는 것은 불가능하고 또 그것은 지금 시작된 사태가 아니며, 이미 여러 가지 방사능 노출이나 방사능 노출 노동은 계속 존재했다. 또한 향후의 방사능 노출은 한층 더 확대될 것이다. 위기는 벌써 존재하고 있던 것이며 따라서 현상 복귀나 회복은 미래를 말하는 언어가 되지 않는다. 지금, 도대체 어디를 금지한다는 것

9 内海愛子·高橋哲哉·徐京植, 『石原都知事'三国人'発言の何が問題なのか』, 影書房, 2000, 201쪽.

인가. 혹은 도대체 어디가 안전하다고 하는 것인가. 또 도대체 언제부터 위험했던 것인가. 그리고 언제가 되면 안전해지는 것인가. 하나하나가 산다는 것과 관련된 긴박한 물음임에도 불구하고 이러한 물음이 착지점을 잃은 채로 지금 계속 퍼지고 있다. 우리는 돌연 휘말려 들어가 버렸던 것이다.

'역'(閾, liminality).[10] 솔닛은 기존의 질서가 형태를 잃고 소진하는 애매한 영역을 이렇게 부른다. 이 영역에서는 무슨 일이 일어날지 모른다. 또는 무슨 일이 이미 일어났는지 모른다. 그렇기 때문에 뭐든지 가능하다. "무슨 일이 일어날지 모른다는 재해의 경고는 뭐든지 가능하다고 하는 혁명의 가르침과 그렇게 동떨어져 있지 않다".[11] 비상사태란 어떻게 해서든지 해결해야 하는 과제도 아니거니와 한시라도 빨리 질서를 되찾지 않으면 안 되는 혼란이나 대립도 아니다. 그것은 세계가 잠정적인 존재로서 떠오르는 사태이며, 거기서 요구되는 지각은 역(閾)에 머물며 무엇이 일어날지 모른다는 불안을 견디면서 거기서부터 엿볼 수 있는 미래를 예감하는 것 아닐까?

또 역(閾)의 영역은 익명화의 영역이다. 폐허 속에서 사람은 기존의 소속 집단에서 결정되는 것으로부터 불거져 나오고 기존의 이름은 점차 사라진다. 그리고 이 '누구도 아니다'라는 속이 텅 빈 상태는 파농이 주의 깊게 멈춰 서려고 했던 것처럼, 혹은 이시하라가 단번에 통과하도록 선동하려고 했듯이 적대관계를 구성하는 국가적인 공동체의 시작이기도 하다. 하지만 동시에 그것은 솔닛이 말했던 것처럼, '누구일 수도 있다'는 사파티스타(Zapatista)의 슬로건에도 있는 것이다. "우리는 모두 마르코스다".[12] 이 말을 통한 연루는 결코 국가적인 공동체에서 정지하지는 않을 것이다. 또 분기는 이 익명화와 새로운 공동체의 이름 사이에 있는 것이며 공동체 앞에 계속 머무름으로써만 다시 말해 역(閾)을 계속 확보하여, 거기서 계속 불거져 나옴으로써만 비상사태를 무언가가 시작되는 기점으로 삼을 수 있는 것이다. 갑자기 휘말려 들어가 버린 사람들은 '바뀔 가능성이 있는 현재'(a transformative present)를 손에 넣었던 것이다.[13]

■

10 Rebecca Solnit, *A Paradise Built in Hell*, p.169.
11 Solnit, *A Paradise Built in Hell*, p.172.
12 Solnit, *A Paradise Built in Hell*, pp.178~179.
13 Solnit, *A Paradise Built in Hell*, p.203.

그리고 지금 비상사태를 둘러싸고 국가라는 이름 아래 금지를 말하는 언어가 계속해서 나오고 있다. 그 말의 올바름을 입증하기 위해 많은 학자나 지식인 들도 동원되고 있다. 그러나 다른 한편에서 사람들은 지금까지의 국가나 매스컴 혹은 대학에서 구성되어 온 공적 공간이나 공적 지식을 단념하기 시작했고, 갑자기 휘말려 들어가 버린 비상사태를 알기 위해 저마다가 독자적인 네트워크나 장소를 만들어 내고 있다. 역(閾)은 널리 퍼지고 있다. 사람들은 자발적으로 금지 구역에 비집고 들어가 방어태세를 취하면서 난로 주위에 모여 폐허 속에서 다른 미래를 찾아내려 하고 있다.

집을 잃은 사람들의 텐트나 도어, 셔터, 지붕재로 임시 변통하여 만든 이상한 가설(假設) 키친이 마을의 온갖 곳에 출현하면 쾌활한 기분이 퍼졌다. 달이 비추는 그 긴 밤, 어느 텐트에선지 기타나 만돌린의 연주가 들려왔다.[14]

1906년 4월 18일 샌프란시스코 대지진 발생 직후를 솔닛은 이와 같이 그린다. 그것은 모닥불을 둘러싼 낯익은 풍경이다. 솔닛은 그것을 '모이는 곳'(the gathering place)이라고도 부른다. 그리고 뒤늦게 온 치안 유지군은 이 기시감이 있는 풍경을 방재라는 이름으로 모조리 태워 버린다. 사람들은 이동하라는 명령을 받고 금지를 따르지 않은 사람은 폭도로 간주되어 사살된다. 그것이 바로 이시하라가 준비하고 있는 것이기도 하다.

지금, 재해를 긍정하려는 것도 아니거니와 이러한 모닥불의 풍경이 '뭔가 평화적이고 싸움이 없는 유토피아다'라고 말하려는 것도 아니다. 요점은 갑작스런 현행화를 마주하고 어디에서부터 사고를 시작해야 하는가이며, 갑자기 휘말리는 것을 '바뀔 가능성이 있는 현재'로서, 다시 말해 금지를 난로로서 계속 확보하는 것이다.

금지를 말하는 언어가 기능 부전에 빠진 가운데, 국가에 남겨진 수단은 한정되어 있다. 이시하라의 악몽은 현실이 될지 모른다. 대립구조가 생기고 문답무용의 폭력이 등장할지도 모른다. 하지만 '우리는 모두 마르코스다'. 또는 SPK를 본따서 이렇게 말해도 좋다. '우리는 모두 과격파다'. 그리고 모닥불의

---

14 Solnit, *A Paradise Built in Hell*, p.5.

풍경을 계속 유지하는 것을, 협동 작업으로 생각하고 수행하자. 그것은 '모이는 곳'을 계속적으로 재현하는 시도이며, 사회가 바뀔 가능성을 스스로 휘말려 들어가면서 사고하는 협동의 장을 만들어 내는 것이고 가장 올바른 의미에서의 실험일 것이다.[15] 겨우 모닥불, 겨우 노래, 겨우 춤일지도 모르지만 그러나, 기점은 틀림없이 거기에 있다.

---

15 공간을 만드는 실험에 대해 나는 '수유너머'에서 많이 배우고 있다.

02

정치적 사건화와 **대중의 흐름**
– 매혹과 휘말림, 혹은 센세이션의 정치학에 관하여

이진경

2011년 7월 9~10일, 2차 '희망의 버스'를 타기로 했었다. 2011년 1월 6일, 김진숙 씨가 한진중공업의 정리해고 철회를 주장하며, 이전의 동료들 두 명이 아니 세 명이 죽었던 85호 크레인, 35미터 상공에서 농성을 시작한 지 185일째 되는 날이었다. 이미 6월 11~12일 1차 희망의 버스가 있었지만, 그때는 크게 주의를 기울이지 않아서, 그 전날 반값등록금 집회에 나갔다 만난 후배에게 듣고서야 '아, 그런 게 있었지!' 했었다. 희망의 버스를 탈 사람을 모은다는 메일을 받은 적이 있었지만, 그냥 흘려보내고 말았던 것이 그제야 생각났던 것이다. 그래서 2차 희망의 버스가 간다고 할 때, 이번에는 꼭 가야지 하고 마음을 먹었고, 〈수유너머N〉의 동료들이나 내 강의를 듣던 수강생들에게도 함께 가자고 '선동'을 해놓은 터였다. 다들 바쁜 일정이 있었음에도 상당히 많은 사람들이 표를 샀다. 나도 샀다.

그러나 난감하게도 7월 초가 되면서 고질적인 편두통의 위험신호가 오기 시작했고, 7월 7일 지방에 강연을 다녀온 뒤, 편두통이 시작되었다. 9일 오전에 예정되어 있었던 연구실 강의도 휴강시켰고, 그다음 주까지 쓰기로 되어 있던 원고 두 개마저 못 쓰겠다고 연락을 해야 했다. 9~10일 희망의 버스를 타고 부산에 갔다 오면, 편두통이 극심해질 게 뻔했기 때문이다. 그렇게 강의와 원고를 포기하고서라도 희망의 버스는 타려고 했다. 안 가면 후회할 것 같다는 생각이 너무 강하게 들었던 것이다. 그러나 버스를 타야 했던 토요일 아침, 이미 편두통은 충분히 심해져서 아무리 생각해도 갈 수 없는 정도가 되었다.

지금 이 상태인데, 갔다 오면 극심해져서 몇 주를 아무것도 못하고 앓기만 할 게 뻔했다. 그래서 결국 버스를 타러 가지 못했다. 그러나 두통으로 집에 누워 있는 내내 '가야 하는데' 하는 번민이 계속되었다. 이미 버스는 떠났지만 동요와 망설임에 계속 고민하다가, 급기야 인터넷을 뒤져 기차 시간표를 검색했다. KTX를 타면 7시에 시작하는 부산역의 집회에 맞춰 갈 수 있었다. 다시 약간의 망설임이 있었지만, 결국 기차표를 끊고 말았다. 그리고 뛰듯이 나가서 KTX를 탔고, 시간에 맞춰 부산역에 도착할 수 있었다.

대체 왜 그랬던 걸까? 내가 가든 안 가든 희망의 버스에도, 무박 이일의 투쟁에도 어떤 지장도 없었을 것이다. 이미 버스는 열화와 같은 호응으로 인해 목표로 했던 185대를 넘었다고 들었으니, 참가자 하나 더 보태 주는 작은 미덕에 연연할 이유도 없었다. 가자고 선동해 놓고 혼자 빠지는 것이 미안했던 것일까? 그렇지도 않은 것 같다. 많은 동료들이 함께 갔기에 내가 없다고 특별히 서운해할 사람도 없을 것 같았다. 그런데도 왜 나는 그토록 무리를 해가면서 뭐에 끌려가듯 가야 했던 것일까? 나로서도 이해하기 힘든 일이었다. 덕분에 예상했던 대로 갔다 와서 몇 주를 진통제를 몇 배 강하게 먹어야 하는 극심한 편두통에 시달려야 했다. 최루액 때문에 얻은 감염과 상처까지 더해져, 몇 주를 병원에만 다녔다. 그러나 가지 않았으면 정말 오랫동안 상처처럼 후회를 안고 지냈을 것 같다. 머리의 통증은 가슴에 남았을 후회를 갈음하는 대가였던 셈이다.

이 글을 쓰게 만든 것은 바로 이 의문, 무엇이 나로 하여금 정말 무리를 하면서까지 부산에 가게 했던 것일까 하는 의문이었다. 무엇 때문에 나는 아무리 생각해도 이해할 수 없는 짓을 했던 것일까? 정말 무언가에 휘말려 끌려간 것 같았다. 한 달 전만 해도 크게 관심을 갖지 않았던 김진숙 씨의 크레인 농성이었다. 아마도 1차 희망의 버스를 탄다던, 시를 쓰는 후배의 얘기를 듣고서부터였던 것 같다. 매일 트위터에 올라오는 글들에 시선을 빼앗겼던 것은. 그래서 용역들과 경찰들이 크레인 밑에서 농성하던 노조원들을 쫓아내고 강제진압을 시작했다는 소식에 놀라 시내에서 있던 집회에까지 얼른 쫓아 나가기도 했다. 거기서 김여진 씨의 연설을 영상으로 보며 눈물을 흘리기도 했다. 그렇게 말려들어 가기 시작해서 결국은 평소 같으면 결코 하지 않았을 일을 끝내 하고 말았던 거다.

생각해 보면 나처럼 그렇게 휘말려 들어 무언가에 끌려들어 가듯 버스를 탄 사람이 대부분이었을 것 같다. 어린애들을 안고 온 분들, 순박해 보이는 얼굴의 고등학생과 대학생들, 시를 쓰고 음악을 하는 사람들…… 평소에 노동운동에 관심을 갖고 있던 분이나 적극적인 관계자도 있었겠지만, 그런 분들이야 1차 희망의 버스 7대 안에 대충 포함되어 있었을 것이다. 그게 한 달 만에 아마도 반쯤은 허언이었을 목표 '185대'를 넘어 195대로, 만 명 가까운 사람들로, 25배 이상으로 증폭된 것이다! 그것은 직접적인 관계가 없는 사람들이 대대적으로 끼어들지 않고선 있을 수 없는 일이다. '대중'이 형성된 것이다. 무언가에 휘말려 부산까지 끌려들어 간 '대중'이. 그리고 그 대중은 7월 30~31일 3차 희망의 버스를 다시 타고 내려갔다.

내 자신이 대중의 일부가 되어 휘말려 들어간 그 과정을 보면서, 우리가 말하는 '사건'이란, 정치적 의미에서의 '사건'이란 이렇게 일어나는 것이 아닐까 생각했다. 변혁을 꿈꾸며 운동을 하는 사람들에게 '희망'이 될 수 있는 사건이란 이런 식으로 일어나는 것이 아닌가 생각했다. 무언가 진실을 '폭로'하고 사람들을 '의식화'하는 것이 아니라, 이유도 잘 모르는 채 무언가에 매혹되고, 무언가에 휘말려 들어가게 만드는 것, 그래서 힘든 몸도, 바쁜 일정도 제쳐 두고 그 무언가를 향해 끌려들어 가게 하는 것, 그것이야말로 혁명적인 흐름을 만들어 내는 방법이 아닌가 생각했다. 이런 점에서 이런 '사건'의 개념이, 통상적인 사건의 개념과, 혹은 신문이나 방송에서 '지배자'들이 만들어 내는 사건과 구별되어 정의되어야 한다고 생각했다. 이런 점에서 이 글은, 이 글에서 다루려는 것처럼, 어떤 '휘말림'에 의해 쓰여진 것이다.

여기에 또 하나의 휘말림이 추가되어야 한다. 그것은 '휘말림'이란 말이 내게 다가온 작은 사건이었다. 2011년 2월 〈수유너머N〉에서 있었던 국제워크숍에서 도미야마 이치로 선생이 했던 강연이 그것이었는데, 거기서 그가 사용한 '휘말림'이란 말이 귀에 꽂혔다. 그리고 나를 휘감았던 저 이해할 수 없는 사건을 스스로에게 설명하려는 시도 속에서 나는 다시 그 단어에 휘말렸던 것 같다.

1. 사건의 철학, 사건의 정치학

사건이란 말을 처음으로 중요한 철학적 개념으로 사용했던 것은 아마도 하이데거였을 것이다. 그는 통상적으로 '사건'을 뜻하던 단어 'Ereignis'를 '존재'를 주는 것의 자리에 위치 짓는다.[1] 그것이 존재를 주고(Es gibt Sein), 그것이 시간을 준다(Es gibt die Zeit). 하지만 이렇게 중요한 개념적 위상을 부여하기 위해 그는 'Ereignis'가 '사건'이라는 통상적인 말로 이해되어선 안 된다는 단서를 단다. 단지 '타오'(Tao)라고 음역될 수 있을 뿐인 '도'(道)라는 말처럼, 번역할 수 없는 복합적이고 중의적인 의미를 부여하고 싶었을 것이다. 결국 그가 사건을 철학적 개념으로 만든 것은 사건이 아닌 것으로 제한하는 방식으로써였고, 통상적인 '사건'이란 의미로부터 분리해 내는 방식으로써였다. 그는 '사건'을 사건 아닌 개념으로서 정의했던 것이다. 따라서 그가 사건이란 말을 개념화했다고 하는 것은 맞다고 하는 순간 틀리게 되는 문장이 되고 만 것 같다.

사건이란 개념을 '사건'이라는 통상적인 의미 그대로 개념화하고 거기에 중심적인 자리를 부여했던 것은 아마도 들뢰즈였던 것 같다. 『의미의 논리』라는 책 전체는 '사건'이란 개념을 위한 것이라고 해도 좋을 정도로 사건의 개념은 그 책에서 중심적인 위치를 갖고 있다. 사실과 구별되는 것으로서의 사건, 그것은 사실들의 계열화에 의해 의미가 발생하는 지점이고, 신체적인 것의 표면에서 신체적인 것들을 하나로 잡아당겨 묶어 주는 표면장력 같은 것이다. 그것은 또한 두 가지 사물의 상태 사이에 있는 것이고, 그런 점에서 생성/되기(devenir)의 차원에서 의미가 형성되는 양상을 보여 준다.[2]

그러나 들뢰즈가 사건이란 개념을 정의할 때, 거기에는 상반되는 두 가지 상이한 위상이 겹치면서 만들어지는, 서로 상충되는 듯이 보이는 어떤 모호성이 있는 것처럼 보인다. 하나는 수많은 사실들 가운데서 '사건'이라고 부를 만한, 눈에 확연하게 들어오는 어떤 특이성을 염두에 두고 있는 것 같다. 그렇지만 동시에 '커지다', '붉어지다' 등과 같은 일반적인 의미 전반과 관련된 일반적 개념으로서, 생성의 차원에서 의미의 논리를 보여 주는 일반적인 개념으로서 사건을 정의하고자 하기도 한다. 이때 어떤 사건이 갖는 유별난 점, 특이한 점은 매우 약화되고 마는 것 같다. 이는 반복을 차이의 반복으로서 정의한다고 해서, 그래서 사건과 구별하여 '이념적 사건'의 개념을 도입한다고 해서

---

1 마르틴 하이데거, 「시간과 존재」, 신상희, 『시간과 존재의 빛』, 한길사, 2000, 178~182쪽.
2 질 들뢰즈, 『의미의 논리』, 이정우 옮김, 한길사, 1999.

쉽게 해결될 문제 같지는 않다. 역으로 이러한 다의성이 '사건' 개념의 또 다른 포텐셜이라고 할 수도 있을 것이다.

나는 '사건'이라는 말이 갖는 통상적인 의미를 좀더 부각시킬 수 있는 방식으로 사건의 개념을 정의하고 싶다. 사실들의 계열화에 의해 발생한, 특이적인 의미를 갖는 어떤 '사건'이 대부분의 사람들에 의해 주목받거나 그들에게 알려지지 않은 채 묻혀 버리는 많은 경우들과 달리, 수많은 사람들이 주목할 뿐 아니라 어떤 식으로든 그것을 향해 휘말려 들어가게 되는 그런 사건이 있다. 심지어 동일한 '사건'이 어떤 시점 이전에는 주목받지 못한 채 묻혀 있다가, 어느 시점부터 사람들의 중심적인 관심사로 크게 부상하는 경우도 있다. 가령 김진숙 씨가 한진중공업의 85호 크레인에 올라간 것은 2011년 1월 6일이었지만, 농성을 시작하고 거의 5개월 가까이 될 때까지는, 노동운동에 관심이 있는 사람들의 제한된 관심사에 머물러 있었다. 그러나 5월 중순 정도를 지나면서 김진숙 씨의 크레인 농성은 한국 사회 전체가 관심을 갖고 지켜보는 중심적인 사건이 되었다. 사실 이러한 양상은 예외적이라기보다는 오히려 일반적이다. 가령 2002년 미군 장갑차에 깔려 죽은 여중생들의 경우도 그랬고, 멀리는 전태일의 분신 또한 그랬다.

이런 의미에서의 사건은 사회적으로 알려지고 정치적으로 파급력 내지 영향력을 갖는다. 이는 단지 사실들의 계열화에 의해 의미가 생성되는 것과 다른 것이다. 흔히 '사건'이라고 말할 때, 그것은 이처럼 사회적으로 널리 알려지고 정치적으로 파급력을 갖는 어떤 것을 지칭한다. 나는 이런 특징적 요소가 '사건'의 개념에 매우 중요하다고 믿는다. 왜냐하면 사회운동이나 대중운동과 관련하여 생각할 때, 혹은 사회정치적 정황에 대해 분석할 때, 중요한 것은 어떤 '사건'이 말 그대로 넓은 범위에서 '사건화'되는 것이고, 사회·정치적 파급력을 갖게 되는 것이기 때문이다. 이런 방식으로 '사건'과 '사건화'를 구별한다면, 사건화되는 것으로서의 사건은, 사건화된 이후의 사건과 같은 것인 경우에조차 같다고 할 수 없을 것이다. 사건화는 이미 존재하던 사건을 다른 사건으로, 다른 층위에서 다른 의미와 효과를 갖는 다른 사건으로 변환시킨다.

증폭되고 확산되며 사건화되기 이전의 사건 역시 그 자체로 사건임은 분명하다. 가령 김진숙 씨가 이전의 동료들이 농성하다 죽었던 크레인에 올라갔다는 것은 그 자체로 사건이라 하기에 충분하다. 여중생의 죽음도, 전태일의 분신도 마찬가지다. 그것이 어떤 사건화의 잠재성을 갖는 하나의 사건이라고 해야 한다. 아무 일도 일어난 것 같지 않은 것으로서의 '사건', 고독한 고립 속에 존재하는 것으로서의 '사건', 그것은 '아직' 펼쳐지기 이전의 잠재성(virtuality) 속에 존재하는 사건이다. 반면 어떤 조건으로 인해 폭발적인 방식으로, 혹은 강한 파급력을 갖는 방식으로 그것이 확대될 때, 그것이 갖는 여러 가지 잠재성이 현행화(actualization)되는 것이라고 할 수 있을 것이다. 편의적이긴 하지만, 사건화되는 것으로서의 사건을, 현행화된 것으로서의 사건을 일반적 의미의 사건과 구별하여 '정치적 개념으로서의 사건'이라고 정의할 수도 있을 것 같다. 이 글에서 내가 하고 싶은 것은 사건화와 더불어 '정치적 개념으로서의 사건'을 개념화하는 것이다. 이는 사건의 철학과 다른 차원에서, 사건의 정치학을 개념적으로 사유하는 데 중요한 요소가 될 것이라고 생각한다.

2. 사건의 매혹

잠재성 속의 사건, 고립과 고독 속의 사건조차 누군가 그에 매혹당해 끌려들어 가는 자가 있을 때 사건이 된다. 아무도 시선을 주지 않고 아무도 관심을 갖지 않는다면, 어떤 사건도 사건화되지 못한다. 그것은 오랜 시간 죽은 채 이승을 떠돌아다니지만 세상과 마주치지 못한 사냥꾼 그라쿠스의 운명과 같은 것이다. "내가 여기에 쓰고 있는 것을 아무도 읽지 못할 겁니다. 나를 도우러 아무도 오지 않을 겁니다. 설사 나를 도우라는 과제가 주어졌다 하더라도, 모든 집의 문들은 언제까지나 잠겨 있을 것이며, 모든 창문들 역시 잠겨 있을 것이며, …… 아무도 나에 관해서 모르며, 설사 안다 하더라도 나의 소재를 모를 것이며, 설사 나의 소재를 안다 하더라도 거기서 나를 붙잡을 길을 모를 터이고, 어떻게 나를 도울지 모를 것이니 말입니다."[3]

그렇게 누구와도 마주치지 못하고 누구에게도 발견되지 못한다면, 누구에게도 영향을 미치지 못할 것이다. 누구에게도 영향을 미치지 못하는 한, 그것은 '존재한다'고 말하기도 어렵다. 누구와도 마주치지 못하고 누구도 관심을 갖지 않는 사건은 사실 존재하지 않는 것에 가까운 것이 되어 버린다. 이런 일은 일상적으로 아주 흔하게 일어난다. 그라쿠스가 15세기 만에 만난 한 신

■

3 프란츠 카프카, 「사냥꾼 그라쿠스」, 『변신: 카프카 전집 1』, 이주동 옮김, 솔, 1997, 505쪽.

사가 말한다. "당신은 생리적으로 온 세상 일에 대해 알아야 한다고 생각하지만, 세상 사람들은 이 짧은 삶 속에서 …… 자신과 자기 가족을 부양하기 위해 두 손 가득히 해야 할 일이 있어요. 비록 사냥꾼 그라쿠스가 흥미롭기는 하지만 …… 그를 생각할, 그의 안부에 대해 물어볼, 아니면 그에 대해 걱정할 시간적 여유가 없어요."[4] 굳이 자신과 가족의 부양 때문만은 아닐 것이다. 운동을 하는 사람은 자신이 하는 운동으로 인해, 연구를 하는 사람은 자신의 연구로 인해, 종종 어떤 이가 목숨을 걸고 벌이는 사건에조차 참여하기 어렵고 관심을 가질 여유마저 없는 경우도 있는 것은 누구나 겪는 일 아닌가?

그래서 도시 사람들은 많은 것들에 대해 얘기하지만 그라쿠스는 그들의 대화 대상이 아니다. "세상은 자기 갈 길을 가고 있고, 당신은 당신의 항해를 하고 있어요."[5] 그렇게 엇갈려 지나가고 만나지 못할 때, 그들은 사실 다른 세상에 살고 있는 것이다. 도시인들이 사는 세계에 그라쿠스는 존재하지 않는 것이다. 그렇게 홀로 노도 없는 나룻배에 실려 떠다닌 지 15세기 만에 카프카가, 혹은 그의 화신인 누군가가 그라쿠스에게 다가가 말을 걸고 그의 말을 전할 때 비로소 그라쿠스는 부재와도 같은 고독과 고립으로부터 사건의 장 속으로 한 발 들여놓게 된다.

카프카는 왜 15세기 동안 아무도 관심을 갖지 않던 그라쿠스에게 다가간 것일까? 무언가에 이끌려 갔을 것이다. 그의 시선을 잡아채는 무엇에 이끌려, 그의 마음에 와 닿아 달라붙어 있는, 떨구기 힘든 어떤 손길에 이끌려 간 것일 게다. 그것은 그라쿠스의 고독 때문이었을 수도 있고, 죽은 채 이승을 떠돌아다니는 그의 운명 때문이었을 수도 있다. 혹은 노가 없어 흘러가는 대로 갈 수밖에 없는 기이한 유동성 때문이었는지도 모른다. 이유를 카프카 자신이 알 것이라고 쉽게 말할 수 없다. 무언지 알지 못한 채, 알 수 없는 어떤 힘에 매혹되어 그라쿠스의 배로 끌려들어 간 것이다. 그라쿠스의 기이한 운명에 그렇게 다가간 것이다.

사건은 아무리 고립되어 있을 경우에조차, 비록 극히 소수라고 하더라도 누군가를 끌어들일 수 있는 어떤 힘을 가질 때, 어떤 잠재성을 갖는 사건이 될

---

4 이는 「사냥꾼 그라쿠스」의 여러 미완성 판본 중 하나에 나오는 내용이다. 프란츠 카프카, 『꿈 같은 삶의 기록: 카프카 전집 2』, 이주동 옮김, 솔, 2004, 330~331쪽.
5 카프카, 『꿈 같은 삶의 기록: 카프카 전집 2』, 331쪽.

수 있다. 그라쿠스, 혹은 죽었지만 사공의 잘못으로 저승으로 가지 못한 채 이승과 저승 사이에서 물결을 따라 흘러가는 것은 결코 통상적이지 않은 '사실'이며, 그런 점에서 특이적인 하나의 사건이다. 누구도 주목하지 않았지만, 카프카처럼 누군가 그것을 볼 수 있는 자가 있다면, 그의 시선이나 관심을 끌 충분한 힘을 갖고 있다. 누군가에게 다가가서 그의 몸을 건드리거나 그의 시선을 잡아채 끌어당길 수 있는 이런 힘을 '매력'이라고 부를 수 있다면, 그 매력에 이끌려 이유도 알지 못한 채 끌려가는 것을 '매혹'이라고 부를 수 있을 것이다. 사건은 누군가를 매혹한다. 그리고 뜻하지 않은 곳으로 끌고 간다. 매혹과 끌림.

그러나 매혹한다는 말은 유혹과 달리 적극적인 능동성을 갖지 않는다. 많은 경우 사건은 누구를 부르거나 누구에게 손을 내밀려는 의도도 없이 일어난다. 그저 일어날 뿐이다. 아무도 부르지 않는다. 그것에 매혹되는 자는 부르지 않은 부름에 응하는 것이다. 그에게도 매혹은 적극적 능동성을 갖지 않는다. 매혹되고 싶어서 매혹되는 자는 없기 때문이다. 매혹이란 어쩔 수 없이 끌려 들어가는 수동성을 가질 뿐이다. 사건은 뜻하지 않게 일어나고, 뜻하지 않게 누군가가 끌려들어 간다. 사건의 매혹은 기이한 수동성 속에서 누군가를 끌어들인다.

어떤 안타까움이나 분노, 고통이나 억울함 등에 의해 무언가 호소하고자 하여 일어난 사건조차, 누군가를 부르고자 하지만, 그 '누군가'는 정확한 대상을 갖지 않는다. 단지 '누군가' 시선을 주었으면, '누군가' 이 얘기를 들어주었으면, '누군가' 손을 잡아 주었으면 하고 손을 내밀 뿐이다. 전태일이 자신의 몸을 불사를 때에도, 김진숙이 크레인에 올라갈 때에도, 무언가 목숨을 걸고 호소하려는 것이지만, 그것은 들어줄 누군가를 향해, 그러나 특정할 수 없는 '누군가'를 향해, 대상 없는 대상을 향해 외치는 것이다. 그래서 그런 외침은 잘 들리지 않고, 금세 답해지지 않는다. 그들은 운명 같은 고독 속에 있다.

그리고 누군가 이 고립된 사건에 매혹된다. '누군가'의 비인칭성은, 사건이 부르는 소리에 누구나 매혹될 수 있음을, 누구나 대답할 수 있음을 뜻하지만, 고립 속에서 그 사건의 매력을 감지할 수 있는 자, 그 사건에 매혹될 수 있는 자는 아마도 희소할 것이 틀림없다. 그것은 통상적인 감각을, 또한 '부양'의 삶 속에서 많은 것을 잊고 살아야 하는 사람들을 피해 간다. 그렇지만 매혹되는 자들이 있다. 뒤늦게 혹은 빠르게 그 고독한 사건 속에 끌려들어 가는 자들이 있다. 이런 매혹에 대해 누구보다 정확하게 지적했던 것은 아마도 블랑쇼였던 것 같다. "매혹당한 자가 보는 것은 엄밀한 의미에서 본다고 할 수 없다. 오히려 즉각적인 인접한 거리에서 그것이 직접 그에게 손을 대는 것이다."[6] 그렇게 닿은 손에 이끌려, 뜻하지 않은 사건 속으로 끌려들어 가는 것이다.

블랑쇼는 사건뿐만 아니라 사물에 매혹되는 자들이 있음을 잘 안다. 가령 시인들은 최소한의 의미에서의 '사건'이라고도 부를 수 없는 어떤 것에, 단지 거기 존재하는 하나의 사물에조차 매혹되어 끌려들어 간다. 그가 사물에 매혹될 때, 그는 내가 보는 사물과 다른 것을 보는 것일 게다. 그때 그가 매혹되는 것은 우리의 일상적인 눈에 보이는 어떤 사물이 아니라, 그런 사물이 사라지며 나타나는 어떤 것일 게다. 그런 점에서 그런 매혹 속에서 그는 단지 '사물'에 매혹되었다고 할 수 없고, 사물 또한 '사물'이라고 할 수 없다. 그것은 내가 아는 사물의 사라짐과 내 눈에 보이지 않는 어떤 '사물'의 출현이 교차하는 사건이고, 그 교차 속에서 열리는 새로운 잠재성의 공간이다.

따라서 그는 사물을 보는 것이라기보다는 차라리 사물의 부재를 보는 것이다. 사물이 사물을 가려 버리는 어떤 모호한 깊이 속에 떨어져 버려 보이지 않게 된 부재의 자리를 보는 것이고, 사물을 더 이상 이전의 사물이라고 할 수 없게 만드는 그 모호한 공간을 보는 것이며, 그 공간을 채우며 들어설, 아직 뭐라 말할 수 없는 모호한 어떤 가능성들을 예감하는 것이다. 그 모호성이란 기존의 사물이 갖고 있던 규정을 지우고 그것을 대신할 새로운 규정 가능성의 장이 출현하는 공간의 이름이다. "매혹당한 자는 누구나 현실적인 물체나 현실적인 모습을 전혀 보지 않는다고 말할 수 있다. 왜냐하면 그가 보는 것은 현실의 이 세상에 속한 것이 아니라, 매혹이라는 불확실한 공간에 속한 것이기 때문이다. 이 공간은 말하자면 절대적인 공간이다."[7] 그것은 필경 기존의 사물의 위상을 변경시키는 다른 종류의 계열화를, 다른 종류의 사건을 예감하는 것이다. 즉 그들은 사물에 매혹될 때부터 항상-이미 사건에 매혹되는 것이다.

그 매혹에는 어떤 심각한 결심도 없고, 어떤 대가나 희생을 각오하는 단호

---

6 모리스 블랑쇼, 『문학의 공간』, 박혜영 옮김, 책세상, 1998, 35쪽 [이달승 옮김, 그린비, 2010, 33쪽].
7 블랑쇼, 『문학의 공간』, 34쪽 [32쪽].

한 결단도 없다. 사건의 매혹은 결단이나 결심보다 먼저 온다. 결단이나 결심의 무거움과 반대로, 잘 떨쳐지지 않는 가벼운 끌림에서 시작한다. 물론 매혹의 힘에 끌려 결단을 하는 사람도 있을 것이다. 그러나 매혹이 그런 길로만 향해 있다고 한다면, 분명 잘못일 것이다. 매혹이란 차라리 쉽게 축소되지 않을 것 같은 어떤 거리를 사이에 두고 다가온다. 그 거리는 여러 방향, 여러 가지 가능성이 끼어들 수 있는 공간이다. 사물이나 사건의 잠재성이란 그 사물 내지 사건을 향해 상이한 것들이 다가올 수 있는 길들의 복수성을 뜻한다. 수많은 길들로 열려 있음을 뜻한다.

매혹이란 고독한 사건의 영혼이다. 그 영혼으로 인해, 그 영혼의 잡아끄는 힘에 의해 사건은 세상 속으로 들어갈 수 있다. 세상과의 엇갈림, 헛되이 반복되는 손짓에서 벗어나 세상과 만나고 사람들과 대면한다. 비록 그렇게 끌리는 자가 희소하다고 해도, 그렇게 끌리는 자 자신도 왜 끌리는지 모르는 모호함 속에 있다고 해도, 그런 모호함이야말로 그를 잡아끄는 힘이라고 해도. 매혹을 야기하는 것의 모호함, 그것은 사건의 잠재성이 갖는 미규정성을 뜻하는 것이며, 그 사건의 잠재성의 폭을, 크기를 뜻하는 것일 게다. 사냥꾼 그라쿠스의 나룻배가 물결에 따라 떠도는 그 모호하고 미규정적인 공간, 누군가를 부르고 잡아끄는 그 모호한 매혹의 공간, 그것이 바로 사건이 사건으로서 존재할 수 있고, 사건으로서 누군가와 조우할 수 있는 지대라고 해야 할 것이다.

3. 사건화와 휘말림

세상 속의 고독, 혹은 세상으로부터의 고독, 그것이 아직은 잠재성 속에 있는 사건의 운명이다. 우리의 평이한 감각은 그것을 감지하지 못한다. 그렇기에 그것에 매혹되어 끌려들어 가는 자들 또한 고독하다. 그러나 거기서 본질적인 것은 세상 사람들이 보지 못하는 것을 본다는, 혹은 세상 사람들과 다른 길을 간다는 의미에서의 고독이라기보다는, 이유도 알지 못한 채 끌려들어 가는 자의 고독, 그 어찌할 수 없음이다. '세상을 등지는' 데서 오는 고독이 아니라, 사건과 만나는 데서 오는 고독이다. 사건 앞에서의 고독이다. 매혹에서 오는 고독이다.

사건이 고독한 공간에서 벗어나 세상 속으로 들어오는 것은 증폭에 의해 '사건화'됨으로써다. 소수의 사람이 아니라 수많은 사람들이 시선을 줄 수밖에 없고, 수많은 사람들이 좋든 싫든, 어떤 방향에서든 관심을 가질 수밖에 없도록 만드는 확산과 증폭을 통해 그것은 비로소 '사건이 된다'. 사회적으로 확대되고 정치적으로 파급력을 갖는 사건이 된다. 증폭을 통해 사건은 우리가 통상 사용하는 의미의 사건이 된다. 증폭에 의한 사건화가 사건을 '사건'이 되게 만드는 것이다.

증폭을 통해 '사건'은 끌어들이는 힘과 다른 종류의 힘을 갖게 된다. 다른 것들, 다른 영역으로 퍼지고 확산되는 힘, 다른 어떤 것들에 작용하여 변용시키는 힘, 그리하여 사람들이 집단적으로 무언가를 하게 하거나 생각하게 하는 힘을. 이는 끌어들이는 힘과 달리 원심적인 힘이고, 무언가를 하도록 추동하는 힘이다. 이로 인해 관심 없이 흩어져 있던 것들을 하나로 모으고, 모인 것들을 결합하여 일종의 집합적 신체로 만들어 내며, 그 신체를 움직여 어딘가로 나아간다. 이런 의미에서 매혹이 사건의 영혼이라면, 증폭은 '정치적 사건'의 심장이다.

예를 들어 전태일의 분신은 죽음 이상으로 고독한 사건이었다. "근로기준법을 지켜라!"라고 외치며 몸을 불사른 그의 죽음은 크게 보도도 되지 않았다. "대학생 친구가 하나 있었다면" 하는 생전의 고독은 불사른 뒤에도 금세 사라지지 않았다. 그렇지만 그 가슴 저미는 고독한 외침에 사로잡혀 불려 들어간 이들이 있었다. 이미 죽은 이의 친구가 되기 위해 달려간 뒤늦은 '대학생 친구'들이 있었다. 그 외침에 매혹된 소수의 사람들이 있었다. 그러나 시간이 지나면서 그 사건에 매혹된 사람들은 늘어 갔고, 그 사람들에 의해 옆으로 전해지고 전달되면서 매혹의 힘은 강한 전파력을 갖게 되었고, 그런 전염을 통해 수많은 영역으로 확산되었다. 명확한 증폭기가 따로 없었음에도, 그 사건이 갖는 호소력과 끌어들이는 힘이 워낙 강력했기에, 얘기를 전해 듣는 것만으로도 강력한 파급력을 갖고 퍼져 갔던 것일 게다. 이런 증폭의 과정을 통해 그 사건은 한국에서 노동자나 민중의 삶을 진지하게 생각하는 사람이라면 누구라도, 어떤 식으로든 말려들 수밖에 없는 결정적인 사건이 되었다.

전태일의 분신이 분기점을 특정할 수 없는 어떤 연속성 속에서 증폭되며 사건화되었다면, 김진숙의 크레인 농성은 증폭과 사건화의 분기점을 확인할 수 있는 방식으로 사건화되었다. 2011년 1월 6일 그가 크레인에 올라갔을 때, 한진중공업이나 노동운동에 관심이 있던 사람들 말고는 아무도 그 사건에 관심을 갖지 않았다. 한진중공업 노동조합 동료들이나 다른 노동조합, 사회운동가들의 지지와 연대가 있었음에도 농성은 고독하게 진행되었다. 그 크레인에서 120일 이상을 농성하다 죽은 김주익 씨의 고독을 반복할 수도 있었을 것이다. 그러나 농성이 5개월을 넘어가면서, 그리고 김진숙 씨의 스마트폰에서 발신되는 트윗이 점차 체증적으로 리트윗되면서 그 사건은 새로운 증폭의 경로를 발견했다. 이런 증폭의 과정에서 특히 중요한 변곡점을 형성했던 것은 '김여진과 날라리 외부세력'의 적극적인 개입이었다. 이들로 인해 이 사건은 노동운동이나 사회운동가들만이 아니라 일반인 모두의 관심사로 영역이 확대되었고, 연예인이라는 김여진 씨의 '신분'은 증폭의 강도를 배가하는 효과를 발휘했다. 그리고 트윗이나 리트윗 이외에 직접적인 방문과 진정성이 담겨 있는 감동적인 연설 등이 더해지고 그 동영상이 리트윗되면서, 이 사건은 이제 사실의 전달과는 다른 차원에서 감성적 전염의 경로를 형성하게 되었다. 이를 계기로 김진숙 씨의 농성은 죽음과도 같은 고독 속에서 벗어나 세상 속으로, 세상사의 한가운데로 들어서게 되었다.

물론 이런 종류의 사건이 사건화의 일반적 양상을 보여 준다고 할 순 없다. 흔히 접하는 통상적인 사건들이 있다. 통상적인 방향에서 사회·정치적 파급력을 갖는. 이런 통상적인 사건 역시 증폭에 의해 사건화된다. 이러한 사건화에서 증폭작용을 하는 것은 이른바 '대중매체'들이다. 신문이나 라디오, 텔레비전은 어떤 국지적인 장소에서 벌어진 고립된 사건을 다수의 '대중' 속에 전달하며 일시에 증폭시킨다. 그것을 계기로 전국에서 수많은 사람들이 비슷한 방식으로 말하고 반응하는 사건이 된다. 그리고 '여론'이란 이름으로 사건의 의미는 이해되고 공유된다.

그러나 교통사고나 강도, 폭발사고 등 뉴스에서 보는 수많은 사건들이 그렇듯이, 매력을 갖지 못하는 사건들은 그런 증폭을 통해서도 사회·정치적 파급력을 갖는 사건이 되지 못한다. 그것들은 증폭기를 통해서 사람들을 대대적으로 끌어들일 수 있는 '영혼'을 갖지 못한 것이고, 사람들의 정신이나 신체를 물들이는 전염력을 갖지 못한 것이다. 이와 달리 매체를 통해 전달하는 자들의 의지가 부가되면서 사람들의 관심을 잡아먹는 사건이 되는 경우도 있다. 반면 전태일의 분신이나 '광주항쟁', 혹은 김진숙의 크레인 농성처럼 이른바 '여론 주도층'에 의해 무시되거나 의도적으로 배제되는 경우에도, 강력한 '영혼'을 갖는 사건, 강력한 매혹의 힘을 발산하는 사건들은 기어코 언젠가 사건화되고 만다. 이는 매혹의 힘이 없는 것은 증폭되어도 사건화되지 못하는 반면, 매혹의 힘이 강한 것은 무시해도 결국은 증폭되며 사건화된다는 것을 보여 준다(사건화가 증폭에 의한 것이라고 해도, 사건의 본질적 요소는 매혹임을 확인할 수 있다).

이는 대중매체와는 다른 증폭의 경로가 있기 때문이다. 이른바 '유언비어'는 매혹의 힘을 갖는 사건이 정상적인 증폭기로부터 배제되거나 그것을 통해서 증폭되지 않았을 때, 가장 통상적으로 발생하는 고전적인 언더그라운드 증폭기다. 인터넷이나 휴대전화, 그리고 최근의 SNS는 이전에는 '유언비어'라는 음습하고 병리적인 이름을 갖고 있던 모호한 성격의 지하 증폭기에, 밝고 첨단적인 이미지와 더불어 강력한 기계적 장치를 제공했다. 이 새로운 증폭기의 강력한 성능은 2002년 이래로 무수히 반복되었던 대중적 사건들, 앞서 말한 김진숙 씨의 농성 등 전통적인 대중매체의 '여론'이나 권력을 뒤엎으며 강력하게 진행되었던 사건들이 보여 준다. 이는 지금 이집트를 비롯한 이슬람권에서의 대중혁명들, 인도에서의 혁명적 사건 등에 의해 국경을 넘어서 일반화되었다.

따라서 두 가지 상이한 증폭의 양상을 구별하는 것이 좋을 것 같다. 하나는 전국적인 방송망이나 보급망을 갖는 대중매체들을 통해 이른바 '여론 주도층'이 사건화를 하고, 그것을 보거나 읽는 독자들이 그에 공명하는 방식의 증폭이다. 중앙의 거대한 증폭기와 그것을 장악한 자들의 사건화, 그리고 그것에 공명하며 사건의 의미를 공유하는 이른바 '공중'(public)과 공유된 판단의 집합으로서의 '여론'이라는 하나의 계열이 형성된다. 다른 하나는 유언비어나 인터넷, 트위터나 페이스북 등의 SNS처럼, 중심화된 증폭장치를 갖지 않고 옆에서 옆으로 전염되며 횡단적으로 전파되는 방식의 증폭이다. 중앙의 증폭기에 의한 공명이 단번에 이루어진다면, 옆에서 옆으로 전달되는 증폭의 방식은 단번에 이루어지지 않으며 개별적인 의견의 전염이란 형식으로 진행된다. 따라서 전달과 증폭의 속도는 더디고 특히 초기에는 불가피한 지체가 발생하지만, 일단 전염의 흐름이 형성되면 체증적인 속도와 강도로 확산된다. 전자가 증폭장치를 장악한 중앙의 '여론 주도층'에 의해 일방적으로 이루어진다면, 후자는 옆에서 옆으로 횡단으로 진행될 뿐 아니라 중첩되고 부가되거나 덧칠

되고 변조되는 양상으로 진행된다. 따라서 전달되는 내용 또한 '여론'과 달리 상이한 정보와 이질적인 목소리들이 뒤섞여 있어서 '소란스럽다'.

중앙에서 증폭된 것에 공명하고 동일시하는 공중은 받아들인 것을 자신의 생각이라고 동조하는 수동적 일방성에 머물러 있다. 반면 옆에서 옆으로, 아니 좀더 정확히는 주어진 영역이나 경계들을 횡단하는 방식으로 전염되며 형성되는 대중[8]은 트위터의 리트윗이 보여 주듯이 다시 전달하는 경우에조차 자기 나름의 선별과 변조를 더하며 주동적으로 전염의 과정에 관여한다. 중앙의 '여론'에 공명한 공중에 비해 전염에 의해 형성되는 대중이 훨씬 적극적이고 주동적이라는 점은 이와 무관하지 않을 것이다. 2002년의 대통령선거에서부터 노무현 탄핵에 대한 반대 투쟁, 2008년의 촛불시위, 그리고 최근의 희망버스나 무상급식 주민투표 등은 지배적인 중앙매체의 권력이나 그들이 형성한 여론 및 공중의 힘을, 인터넷과 SNS 등의 경로로 횡단적 전염에 의해 형성된 대중의 힘이 크게 능가한다는 것을 보여 준 단적인 사례들이다.

공명에 의한 증폭은 일방적으로 주어지는 여론에 대한 반작용들이 피드백되면서 어느 정도 '균형 있고' 안정된 것으로 조정된다는 점에서 네거티브 피드백의 체감적 메커니즘을 갖고 있다. 반면 전염에 의한 증폭은 복제되고 증식되는 횟수가 많을수록 다시 복제되고 재증식되기 쉽다는 점에서 포지티브 피드백의 체증적인 메커니즘을 특징으로 한다. 이처럼 포지티브 피드백의 메커니즘을 갖는 것은 증폭이나 증식이 정상적이고 안정적인 상태를 초과해 버리는 경우가 일반적이다. 그래서 나중에 보면 '그 정도로 문제는 아니었는데' 싶은 것도, 그런 체증적 증폭 과정에 들어가면 당장 사활이 걸린 문제인 것처럼 증폭되면서 실제의 문제를 초과해 버린다. 예컨대 2008년 촛불시위를 촉발시킨 광우병 쇠고기 문제는 생사가 걸린 절박한 문제로 증폭되었고, 그래서 한참의 시간이 지난 지금, 그때 그렇게 난리를 치더니 언제 그랬냐는 듯 쇠고기를 사 먹고 있다고 비난하는 이들도 종종 있다. 이에 대해 전적으로 동의할 수 없다고 해도, 어느 정도 진실을 담고 있음 또한 부정할 수 없다. 그렇지만 그것을 들어 대중이나 대중운동이 거짓선동에 의해 만들어진다고 한다면 그 또

■

8 가브리엘 타르드는 이를 '공중'(publique)과 대비해 '무리'(meute)라고 지칭한다(ガブリエル タルド, 「世論と群集」稻葉三千男 訳, 未來社, 1964, 12~13쪽). 하지만 나는 이를 '(흐름으로서의) 대중'이라고 명명할 것이다.

한 잘못된 것이다. 대중적 전염에 의해 사건화가 진행될 때면, 그 증폭의 방식 자체로 인해 흔히 발생하는 것이 바로 이런 초과 현상이기 때문이다. 이는 사태를 호도하고 속이는 거짓과 기만이라기보다는, 무언가를 강조하기 위해 흔히 사용하는 강세, 혹은 설득을 위해 사용하는 과장의 수사학에 가깝다고 하겠다.

전염을 통해 우리는 사건화되는 것에 휘말려 들어간다. 옆에서 들은 것을 다른 쪽 옆에 있는 이웃에게 말하고, 옆에서 읽은 것을 다른 곳에 복제하거나 퍼 나르면서, 혹은 타임라인에서 본 것을 리트윗하면서 우리 자신이 그렇게 사건화되는 사건 속에 휘말려 들어간다. 스스로가 사건의 일부가 되는 방식으로 사건의 증폭에 가담하고 그렇게 가담하여 만들어 낸 사건에 다시금 휘말려 들어간다. 체증적인 휘말림, 그것은 필경 전염적인 경로를 통해 이루어지는 '성공적인' 사건화의 필수 조건일 것이다. 휘말림은 사건을 고독에서 꺼내 세상 속으로 밀어 넣는 사건화의 끈이다. 그것은 사건화에 휘말리는 수많은 사람들을 하나의 집합체로 묶으며, 사건화에 반응하고 사건화를 증폭시키는 자기-증식적 무리를 만들어 낸다. 대중이란 이런 식으로 증식되는 무리를 지칭하는 말이다.

사실 대중적인 사건화의 증폭이 전염이라면, 전염이란 처음부터 '휘말림'의 벡터를 포함하고 있다고 해야 한다. 전염이란 나에게 와 닿은 어떤 말이나 감정 혹은 판단이 나의 정신과 신체를 관통하는 것이고, 그렇게 와 닿은 무언가에 내가 말려들어 가는 것이다. 또한 그것은 내가 복제하거나 퍼 나른 것에 다른 누군가가 말려드는 것이다. 고립된 어떤 '사건'에 끌려들어 가는 것이 사건이 갖는 매력에 매혹되는 것이라면, 이처럼 사건화하는 증폭 과정 속에서 전염되며 말려들어 가는 것은 사건화되는 사건 이상으로 증폭 과정 자체에 휘말려 드는 것이다. 아마도 복제하고 퍼 나르는 사람은, 그런 증폭 과정 이전에는 사건 자체에 끌려가지 않았을 것이다. 전염이란 증폭되며 나에게 다가오는 사건 이상으로 내 옆을 스쳐 가는 사건화의 과정에 내가 무언가를 더하며 증폭하는 방식으로 말려드는 것이고, 그렇게 증폭되는 사건에 휘말려 드는 것이다.

따라서 매혹과 휘말림을 구별해야 할 것 같다. 사건이 내게 와서 나를 건드리고 손을 대는 것과 달리 휘말림은 이웃의 다른 이들이 건넨 것에 사로잡히는 것이고 그런 식의 증폭 과정에 사로잡히는 것이다. 고립된 사건에 매혹되는 것이 사물이 사라진 자리를 보는 것이고, 그 자리를 채우며 들어설 무언가의 예감 속으로 들어가는 것이라면, 정치적 차원의 사건화에서 휘말림은 사물의 표면에 칠해진 말들에 새로운 말들을 덧붙이는 것이고, 그렇게 덧붙여져 온 것들에 또 다른 것들을 덧붙이는 것이며, 그렇게 겹겹이 덧붙여진 것들 속에서 도래하는 것들에 대한 공감 속으로 들어가는 것이다. 매혹이 비어 있는 곳에, 홀로 있는 것에 처음 다가가는 것을 통해 이루어진다면, 휘말림은 거듭 채워져서 범람하는 것에, 그 범람하는 흐름에 휩쓸려 가는 것이고, 무수히 달라붙어 있는 것들의 다수성에, 그 다수의 소란스런 목소리에 사로잡히는 것이고, 그렇게 휘말린 것들에 매료되어 다시 휘말려 들어가는 것이다. 휘말림은 휘말림에 의해 휘말려 들어간다. 휘말림을 야기하는 증폭이 복제의 복제를 통해 이루어진다는 것은 이와 무관하지 않을 것이다.

　대중이란 그렇게 휘말려 들어간 것들의 집합, 휘말림에 휘말려 들어가는 방식으로 휘말림을 배가시키면서 증식되는 것들의 집합이다. 휘말림에 의해 대중은 정보와 생각, 판단과 감정에 전염되며 소란스런 차이들로 가득한 하나의 흐름을 형성한다. 생각과 판단, 감정을 전달하며 형성되는 수많은 이들의 집합은 하나의 거대한 신체이지만, 동시에 전달되고 전염되는 것들 속의 차이에 의해, 그 차이들의 '소란'과 동요에 의해 가변화되는, 때론 쉽게 절단되기도 하고 때론 방향과 성격을 바꾸어 버리기도 하는 흐름이다. 휘말림은 복수의 개별적이고 고체적인 요소들을 하나로 엮어 액체적 집합체로, 거대한 흐름으로 변환시키는 성분이다. 그 고체적 요소들을 하나로 묶어 움직이게 하는 표면장력이다.

　대중이 하나의 흐름이라고 했을 때, 그 흐름의 방향과 강도, 구체적 양상을 결정하는 것은 전염적으로 작동하는 휘말림의 벡터들이다. 그리고 그 휘말리며 흘러가는 흐름을 끌어들이는 특이점들이다. 사건이란 대중의 흐름을 끌어들이는 특이점이다. 사건이 갖는 매혹의 힘, 그 힘이 사건화의 증폭에 의해 가동시키는 휘말림의 벡터들, 그 벡터들에 의해 그 구체적 양상이 결정되는 대중의 흐름, 그것이 하나의 사건이 현행화되는 사건화의 결정적 성분들이다. 이런 성분들에 의해 규정되는 대중의 흐름이란 휘말림의 벡터들이 작용하는 하나의 장이다. 그 안에 들어가는 모든 것이 휘말림의 벡터들을 따라 다시 휘말려 들어가도록 만드는. 그렇다면 대중의 흐름과 짝하는 사건화의 공간, 그것을 '휘말림의 공간'이라고 불러도 좋을 것이다.

4. 센세이션의 정치학

두 가지 상이한 사건화의 방식이 있다. 중앙의 증폭장치에서 때리고 그것에 공명하고 동일시하면서 일거에 사건화되는 것이 하나고, 옆에서 옆으로 혹은 횡단적으로 복제·변조·추가 등의 방식으로 전달되고 전염되는 사건화가 다른 하나다. 전자가 발신하는 메시지에 대한 의미화와 해석을 통해 듣는 대상인 공중의 의식에 특정한 내용을 기입하고자 한다면, 후자는 전하고자 하는 메시지의 세세한 전달보다는 문제가 되는 사안에 대한 자신의 '즉자적인' 반응을, 대개는 간단하고 간결한 논평을 덧붙인 자신의 느낌이나 판단을 전염시킨다. 즉 전염에 의한 사건적 증폭은 의식보다는 감각을 촉발하고 감각에 기입되는 양상을 취하는 경향이 있다.

전통적 대중매체 역시 읽거나 보고 듣는 사람들의 감각에 작용한다. 그러나 비교해 보자면, 이른바 '여론'을 형성하는 뉴스 같은 프로그램은 보고 듣는 이의 의식을 겨냥하고 있다는 점에서 '의식화'의 형식을 취하고 있으며, 감각적인 전달은 쇼나 드라마, 혹은 광고 등 합목적적인 사건적 증폭의 경로에서 벗어난 영역에서 발생한다. 그것은 뜻하지 않은 방식으로만 감각의 경로를 따라간다. 반면 인터넷이나 SNS는 정보를 퍼 나르거나 전달할 때조차도 복제하거나 변조하는 사람의 감각적인 단상이나 판단이 덧붙여진다.

그렇게 덧붙여지는 것이 없다고 하더라도, 옆에서 옆으로 전염되는 것은 언제나 인접성을 갖는 경로로 진행된다. 인접한 것을 넘길 때, 우리는 나의 감각과 시선을 함께 넘긴다. 인접한 이에게서 무언가를 넘겨받을 때, 우리는 그의 시선이나 생각을 같이 넘겨받으며, 그의 감각이나 감정의 움직임을 감지한다. 그리고 그 감정이나 감각에 전염된다. 그럼으로써 우리는 이웃한 자들의 '실감'을 공유하게 된다. 감각적인 상호 침투 혹은 감정적 간섭의 지대가 형성된다. 휘말림이란 이 상호 침투와 간섭의 지대 속으로 휘말려 들어가는 것이다. 휘말림이란 인접한 감각이나 감정의 전염이고 그런 전염에 의해 발생하는 침윤 내지 혼합이다. 전염은 의식적이기 이전에 감각적이고, 휘말림은 객관적이고 합리적이기 이전에 주관적이고 감정적이다.

물론 전염에 의한 동조가 유사성을 중요한 특징으로 한다는 것은 사실이다. 수많은 사람들을 하나로 묶어 주는 유사성, 이는 먼저 동일성과 구별된다. 공명과 동일시가, 개별적인 차이가 있을 때조차도 근본적으로 동일성을 특징으로 하는 것과 달리, 전염은 복제의 형태로 동일한 '메시지'를 이웃한 이에게 전달할 때에도 자신의 느낌이나 감정을 실어서 보내기에 동일성에 변조가 더해져 단지 유사성의 형태로만 전해진다. 유사성의 틈새로 끼어드는 감각적인 차이들이 증폭의 과정을 통해 증폭되면서 동일성에서 크게 이탈하여 애초의 것을 초과하는 지점에까지 이르는 것이다. 그렇지만 이러한 유사성은, 비슷한 면이든 다른 면이든 모두 인접성의 산물이고, 인접한 거리에서 전염되는 전달의 형식 자체에 기인하는 것이다. 따라서 유사성에 비해 인접성이 일차적이다. 그러한 인접성은 유사성의 한계를 넘어 사건화의 실감을 증폭시킨다. 휘말림은 생각이나 감정의 유사성으로 인해 발생하는 것이 아니라, 반대로 유사성이 휘말림에 의해, 인접한 것들의 상호적인 침윤과 간섭으로 인해 만들어지는 것이다.

　　여기에 더해 휘말림에, 인접한 것들의 전염 과정에 본질적인 또 하나의 현상이 지적되어야 한다. 리듬이 그것이다. 리듬이란 상이한 신체들이 함께 '하나처럼' 움직이는 것이고, 그러기 위해 서로 간의 운동과 정지, 속도와 강도들 간에 어떤 '통일성'을 만들어 내는 것이다. 이러한 통일성은 통상 반복적인 어떤 움직임에 의해 이루어지지만, 리듬적인 '통일성'이란 동일한 움직임, 동일한 속도를 뜻하지 않는다. 오케스트라가 연주하는 곡이 하나의 단일한 리듬을 갖는 경우에도, 각각의 악기들은 다른 속도와 강도, 운동과 정지의 양상을 갖는다. 신체 기관들 역시 그렇다. 하나의 신체로 유기적인 움직임을 갖는 경우에도, 심장과 위장, 간과 신장은 동일한 속도와 강도로 움직이지 않는다. 부분적인 움직임들 간의 움직임의 차이를 갖고 또한 새로운 차이가 끼어들 여백을 가지면서도 '하나처럼', 하나의 신체라도 되는 양 움직이게 하는 것, 그것이 리듬이다.

　　인접한 신체들이 침윤과 혼합에 의해 서로 휘말려 하나의 신체처럼 움직이는 것, 그것은 무엇보다 리듬적인 '공조'(共調)에 의해 이루어진다. 아니, 그 이전에 감각적인 휘말림은 신체적인 리듬의 공조에 의해 이루어진다. 인접한 신체의 움직임에 공조됨에 따라, 그 신체의 감각이나 감정에 전염되고 그것에 침윤되며 거기에 뒤섞여 들어간다. 휘말림이란 이런 전염과 침윤에 의해 하나처럼 움직이는 리듬적 공조를 통해 시작된다. 감각 이전에 신체적 움직임에 대한 리듬적 공조가 선행한다. 그러한 리듬적 공조가 시작되면서, 신체적 감각이나 감정이 '하나처럼' 공조된 신체를 관통하며 흘러가는 것은 극히 자연스런 일이다. 그러한 신체적 공조가 공유된 감각이나 감정을 양적으로 증폭시키는 것 또한 자연학적/물리학적 현상이다. 그 움직임의 파동이 어떻게 중첩되는가에 따라, 공조를 통한 혼합의 양상이 어떠한가에 따라, 증폭되는 진폭은 커질 수도 있고 작아질 수도 있지만, 더해지는 신체의 수에 따른 양적 증폭은 어긋난 파동조차 공조시키며 진폭의 크기를 증폭시킬 가능성이 크다는 것은 쉽게 추측할 수 있는 것이다. 리듬, "모든 감각 영역에 걸쳐 있고 그들을 모두 다 통과하는 어떤 생생한 힘", 이것이 '감각의 논리'를 구성한다. "궁극적인 것은 바로 리듬과 감각 사이의 관계"이다.[9]

이처럼 휘말림에 의해 신체적 감각이나 감정이 전염되고 혼합되며 마치 '하나인 것 같은' 복합 신체를 구성하는 과정이 바로 사건화를 통해 대중이라는 거대 신체가 구성되는 과정이다. 이 리듬을 통해 세상은, 리듬이 주파하는 나의 이웃들은 나를 사로잡고, 나는 세상을 향해, 그 이웃들을 향해 열리게 된다. 이 과정은 물론 감성과 지성 모두에 걸쳐서 일어나지만, 신체적인 공조에 따른 감각적 휘말림이 일차적이라는 점에서 '감각화'라는 동적인 의미 속에서 감각을 뜻하는 '센세이션'(sensation)의 양상을 취한다고 해야 할 것이다. 양식에 따른 분별력, 건전하고 정상적인 감각을 뜻하는 감각(sense)보다는, 감흥이나 감동 같은 증폭된 강도의 감응의 양상들을 함축하며 놀라게 할 정도로 증폭된 사건화로서 '센세이션'을 직접 뜻하기도 하는 그런 감각을 뜻하는 감각(sensation)임을 강조해 둘 필요가 있다. 그런 방식으로 인접한 사람들을 하나로 묶으며 '하나의' 감각이나 감정 속으로 휘말려 들게 하는 감각화(sensation), 그것이 전염적인 사건화와 그것을 가동시키는 휘말림에 본질적인 또 하나의 특징이다. 대중이 각각의 독자적인 신체를 갖는 개인들의 거대한 집합임에도, 그것이 하나의 흐름이 되어 하나의 리듬, 하나의 파동을 갖고 마치 하나의 신체처럼 움직이는 것은 이런 리듬적인 감각화/센세이션의 작용에 의한 것이라

■

9 질 들뢰즈, 『감각의 논리』, 하태환 옮김, 민음사, 2008, 54~55쪽.

고 해야 할 것이다.

　이런 점에서 우리는 의식(화)의 정치학과 감각(화)의 정치학을 구별할 수 있을 것 같다. 의식(화)의 정치학은 인민들의 지성에 대한 신뢰 속에서, '진실'을 있는 그대로 드러내고 폭로하여 그들의 의식을 '진리'로 일깨우고 의식화시킴으로써 올바른 정치적 방향으로 나아갈 수 있으리라고 본다. 오랫동안 맑스주의 정치학을 지배해 왔을 뿐 아니라, 사실은 인민들에게 '진실'을 알려주고 그것을 통해 '여론'을 형성하여 그에 공명하는 의식화된 공중을 형성하려는 부르주아지의 오래된 정치학 역시 이런 의식화의 정치학에 속한다. 이러한 정치학이 진리와 허위, 진실과 거짓이라는 철학적인 관념을 전제하고 그것에 근거하고 있다는 것은 길게 말할 필요가 없을 것이다. 맑스주의적인 의식화의 정치학이 부르주아지의 그것과 다른 것이 있다면, 지배적인 의식은 언제나 지배계급의 의식이고, 그것은 프롤레타리아트에겐 허위의식이기에 부르주아 정치는 언제나 프롤레타리아트를 속이는 허위의 정치학이라는 가정, 그렇기에 항상 진실을 일깨우고 알려주는 의식화가 모든 활동의 시작과 끝이라는 관념일 것이다.

　반면 감각(화)의 정치학은 정치의 문제, 집합적인 행동의 문제란 일차적으로 의식이 아니라 감각의 문제고, 중요한 것은 의식을 일깨우는 것이라기보다는 오히려 집합적인 어떤 감각을 형성해 내는 것이라고 보는 그런 정치학일 것이다. '여론'이란 이름으로 의식에 기입되는 사건화 방식에 대해 거리를 두게 만들고 그 거리 속에서 만들어지는 다른 사건화 방식에 휘말려 들게 하는 어떤 감각의 형성과 전염, 눈에 보이는 현실 속에 감추어진 어떤 진실을 드러내는 것 자체가 아니라, 현행적인 현실에 대해 불편하게 느끼고 당연한 듯 주어진 세상과 불화하게 하는 어떤 감각의 출현에 주목하는 것, 그런 감각의 증폭이 갖는 가능성을 주시하면서 그것에 리듬을 맞추어 따라가면서 그것의 흐름을 끌어들이는 어떤 매혹적인 특이점을 찾아내는 것, 그런 방식으로 새로운 사건화의 길을 찾아내는 것.

　여기서 중요한 것은 폭로하는 것이 아니라 매혹하는 것이다. 고독한 사건에서 대중의 감각을 끌어들일 수 있는 매혹의 공간을 감지하고 찾아내는 것이고, 그런 매혹의 공간을 휘말림의 공간으로 증폭시키는 것이다. 대중적인 센세이션/감각화의 장을 형성하는 것이다. 가령 김진숙 씨의 농성에 사람들이 휘말려 들어간 것은, 그가 주장하는 바, 즉 정리해고 철회라는 주장 때문이라고 만은 할 수 없다. 그 문제는 쌍용자동차에서도, 그 이전의 많은 사건들에서도 제기된 것이다. 물론 거기 휘말려 들어간 사람들은 대부분 정리해고의 부당성 이나 철회의 정당성에 대해 의심하지 않는 사람들이다. 그러나 그렇게 휘말려 들어가기 전에도 그들은 대부분 정리해고가 부당하다는 것이나 한진중공업 문제가 해결되려면 그게 철회되어야 한다는 것에 동의하는 사람들이었다. 대 중적인 휘말림이 발생하기 이전이나 이후에 거기서 달라진 것은 없다. 달라진 것은 이미 장기화되고 있는 김진숙 씨 농성의 고됨과 그 고됨을 견디는 결연 함, 그리고 해결 전에는 정말 내려오지 않겠다는, 목숨을 걸었다는 사실의 진 정성이 감각적으로 전염되고, 그렇게 전염된 사람의 감각이, 결코 죽어서 내려 오게 해선 안 된다는 안타까움과 절박함의 감각이 다시 전달되기 시작하면서 였다. 김여진 씨가 결코 부분적이라고만은 할 수 없는 매우 결정적인 역할을 했던 것은 바로 이런 감각화와 감각의 전염의 물꼬를 텄다는 사실에 기인한 다. 전염에 의한 증폭과 휘말림을 통한 대중적 흐름의 형성에서 결정적인 것 은 의식화와 다른 이러한 감각화의 과정이다.

이러한 감각화(sens-ation)는 리듬을 타는 것, 대중적인 휘말림의 과정 속 으로 들어가는 것 없이는 불가능할 것이다. 중요한 것은 그렇게 휘말려 들어 가면서 대중적 흐름의 리듬을 타고 공조하면서, 그 리듬 속에서 파동을 변조 시킬 수 있는 차이를 끼워 넣는 것, 사건적 특이점의 매혹을 그 흐름에 실어서 새로이 가동하게 하는 것이다. 감각적인 공감을 형성해 내는 것, 그런 감각이 리듬적인 공조를 통해 전염되면서 사람들을 하나의 파동, 하나의 흐름으로 휘 말려 들게 하는 것, 그럼으로써 인민 내지 주민들 속에서 하나의 신체처럼 움 직이는 대중의 흐름을 만들어 내는 것. 이것이 유려하게 진행될 때, 우리는 하 나의 새로운 '센세이션'을 만들어 내는 데 성공했다고 말할 수 있지 않을까? 감각화의 정치학이란 이런 점에서 정확하게 '센세이션'의 정치학이다.

하지만 의식화의 정치학이 감각적인 요소를 전적으로 무시한다거나 그것 을 다룰 수 없다고 말한다면, 그것을 과소평가하는 것이다. 공중과 여론의 정 치학 역시 마찬가지다. 특히 매일 발행되는 신문이나 그날의 일을 보도하는 방송은, 현재시제에 준하는 속도로 보도함으로써, 저 멀리 어딘가에서 벌어진 사건을 그것을 보는 사람들의 현재 속으로 끌어들인다. 시간상의 차이를 극소화함으로써 공간상의 거리가 만드는 거리감을 축소하는 것이다. 그러나 이는 SNS에 의해 즉각적으로 알려지고 그에 대한 반응이 전염되는 것의 효과를 입증하는 것이며, 현재시제로 전파되는 그 사건의 현재성을 따라갈 수 없다. 누구 말대로 "피가 아직 뚝뚝 떨어지는 그대로"를 폭로하고 알려준다고 해도, 그것을 알려주는 보도는 피를 흘리지 않으며 피를 느끼게 하기도 어렵다. 그것은 피가 떨어진다고 알려줄 뿐이다. 그것은 감각적이고 감성적인 것을 의식 속에 기입하는 것이고, 그런 한에서 의식화의 한계 안에 있다. 부르주아 언론이 흔히 하듯이 거기에 감정적인 논평이나 언표를 실어서 '여론화'하여 보도한다고 해도, 그리고 그런 감정을 보고 듣는 공중이 그것을 공유한다고 해도, 그것은 감각이 아니라 '지성화된 감각'이고, 의식 속에 기입된 감각일 뿐이다.

그것은 감각인 듯한 가상을 만들지만, 여전히 감각 아닌 의식 속의 언표들일 뿐이다. 전통적인 대중매체의 보도는 중앙에서 일거에 때리기 때문에 항상 큰 거리를 사이에 두고 있다. 인접한 곳에서 벌어진 일, 바로 옆의 이웃이 전해 주는 얘기는 감정이 명확하게 실리지 않아도 감정의 움직임이 전해지고 감정적으로 전염되지만, 그처럼 먼 거리에서 알려주는 감정을 감성이나 감각을 통해 받아들이기는 어렵다. 단지 의식의 영역에 기입될 뿐이다. 그 거리를 넘어서기 위해, 의식의 영역을 흘러넘쳐 감성의 영역으로 그것이 흘러들어 가게 하기 위해 극도로 과장된 감정적인 언표를 사용하게 된다. 감정을 자극하는 지나친 언표들이 사실들을 덮으며 범람하게 된다. 휘말려 들지 않는 사람을 억지로 휘감기 위해, 보고 듣는 사람의 삶을 위협하는 언표들이 사용되고, 그것에 대해 쓰고 말하는 자의 감정적 판단이 눈에 띄게 덧칠된다. 그리고 이런 목적을 위해 사실을 은폐하거나 변형·조작하고, 턱없는 과장이나 거짓된 사실의 보도마저 과감하게 사용된다.

이러한 식의 증폭의 전술을 통상 '센세이셔널리즘'이라고 부른다. 이는 감각을 전염시키며 사람들의 신체를 휘말려 들게 할 수 없다는 무능력 지대에서, 자신들이 사건화하려는 것을 감정적으로 증폭시켜 억지로 센세이션으로 만들기 위해 감각적인 가상을 만들고 감정적인 언표들을 덕지덕지 덧붙여서 '알려주는' 의식화 전술의 이름이다. 그것은 의식화의 정치학이 근거하고 있는 진리와 허위, 진실과 거짓이란 전제마저 위반하며 억지로 센세이션을 만들어 내고자 한다. 그것이 언론이나 정치에서 가장 격렬한 비난을 사는 것은 이런 이유에서일 것이다. 그러나 그런 비난 속에서도 자신이 할 수 없는 것을 하고자 하는 한, 반복하여 다시 사용하게 되는 가장 손쉬운 전술이다. 이것이 센세이션의 정치학과 근본적으로 다르다는 사실을 길게 설명할 필요는 없을 것이다.

5. 무엇이 대중정치학에서 좌우를 구별해 주는가?

대중의 혁명성을 경험해 보지 못했다면, 아직 대중을 알고 있지 못한 것이다. 그러나 대중의 반동성을 경험해 보지 못했다면, 그 또한 아직 대중을 알고 있지 못한 것이다. 대중은 혁명을 향한 방향의 극한에 이르며, 반대로 반동을 향한 방향에서도 그 극한에 이른다. 러시아나 중국은 물론, 한국에서도 혁명적 사건의 주역은 대중이었다. 그러나 독일의 나치즘이 잘 보여 준 것처럼 파시즘적 사건의 주역 또한 대중이었다. 멀리 외국으로 나갈 이유도 없다. 통계학에서 말하는 '큰 수의 법칙'을 뒤집으면서 노무현을 대통령으로 만든 대중과 범죄적 사실이 명백하게 가시화되었음에도 불구하고 '닥치고 경제'를 외치며 이명박을 대통령으로 만든 대중, 이 상반되는 극한으로 달려간 대중이 물리적으로 보자면 '하나의' 대중이었다는 것이다. 이명박을 대통령으로 뽑아 놓고 3개월 만에 시청광장에 모여 100일 이상 시위를 한 대중 또한 그렇다. 뿐만 아니라 보수적인 태도로서도 하나의 극한을 보여 주며, 진보적인 태도로서도 하나의 극한을 보여 준다. 그래서 누구는 대중을 익명의 다수 속에 자신을 가린 채 '그들'의 일부로서 행동하는 비겁하고 어리석은 존재로 서술하기도 하고, 누구는 철벽 같은 권력의 벽에조차 전신으로 대면하며 새로운 출구를 찾는 용감하고 지혜로운 존재로 그리기도 한다. 그렇기에 누구는 무엇보다도 두려운 존재라고 생각하지만, 누구는 인간이 희망을 걸 수 있는 유일한 존재라고 믿는다.

분명한 것은 대중은 선험적으로 혁명적인 존재가 아니며 또한 선험적으로 반동적인 존재가 아니란 사실이다. 대중이란 하나의 흐름이며, 그 흐름에는 정해진 방향성이 없다. 그때가다 다른 방향으로 흘러갈 뿐이다. 때론 오른쪽으로, 때론 왼쪽으로. 때론 '전의'들도 생각하지 못한 지혜를 발휘하지만, 때론 모든 지성적인 판단을 무시하거나 짓밟으며 어이없는 폭력을 행사하기도 한다. 그렇기에 대중에 대한 찬사나 대중에 대한 경멸 모두 이유가 있으며, 또한 그런 만큼 그것만으론 부적절하다. 따라서 거대 매체에 의한 증폭을 통해 형성되는 대중은 '보수적'이거나 '반동적'이고, 전염적 증폭 내지 감각화에 의해 형성되는 대중은 진보적이거나 혁명적이라고 생각하는 것처럼 어리석은 일은 없을 것이다. 전자의 대중도 때론 보수적이지만 때론 진보적이고, 후자의 대중도 때론 혁명적이지만 때론 반동적이다. 다만 사건적인 증폭의 방식이나 대중의 형성 방식이 다른 만큼, 움직이고 작동하는 방식이 다른 것이다. 전염에 의해 형성되는 대중은 그것이 초과적인 쏠림이나 과장적인 증폭이 쉬운 만큼, 오른쪽을 향해 흐르는 경우 공중적인 성격의 대중보다 훨씬 폭력적이고 위험할 수 있다. 나치즘의 대중이 항상 대중에 대한 위험의 징표로 상징되는 것은 이런 이유에서일 것이다.

　대중의 흐름에 좌우는 없다. 그러나 대중정치학에, 감각화의 정치학에 좌우가 없다면, 그것은 더 이상 정치학이길 그칠 것이다. 왜냐하면 대중의 흐름에 대한 포착과 분석은 좌우에 대한 선판단을 벗어나서 있는 그대로 보아야 하지만, 그 흐름에 대해 정치적인 판단을 하는 것은 어떤 식으로든 그것의 방향에 대해 가치판단을 하지 않을 수 없기 때문이고, 그 흐름을 가속하는 방향으로 나아가야 할 것인지 아니면 저지하거나 감속하는 방향으로 나아가야 할 것인지를 판단해야 하기 때문이다. 그렇다면 무엇이 대중정치학에서 좌우를 구별해 주는가? 무엇이 대중의 흐름에 대해 좌우를 구별하게 해주는가?

　진보적인 것인지 보수적인 것인지, 혹은 혁명적인 것인지 반동적인 것이지를 구별하는 최소 기준에는 두 가치 층위가 있는 것 같다. 하나는 감성 내지 감각의 차원이고, 다른 하나는 인식 내지 '지성'의 차원이다. 첫째, 감성의 차원. 대중의 흐름은, 특히 전염에 의한 대중의 흐름은 일차적으로 감각화에 의해 형성되고 그것에 따라 움직인다. 감성의 차원에서 보수적인 대중정치학은 대중이 갖고 있는 기존의 감성이나 감각에 편승하며 그것을 증폭시키고 강화하는 방향으로 가고자 한다. 반면 혁명적인 대중정치학은 현재적 감각의 흐름을 타고 가지만, 그 감각 속에서 이전에 보지 못하던 것을 포착하고 그것을 증폭시켜 새로운 주도적 감각으로 확장하고자 한다. 벤야민 식으로 말하면, 일종의 '세속적 각성'[10]을 대중적 차원에서 가동시키려 하는 것, 그리하여 이전에는 지각하지 못하던 것을 지각하게 하고 이전에 보지 못하던 것을 보게 하는 것이다. 아니, 사실은 대중을 통해 이전에 보지 못하던 것이 가시화되었을 때, 그것을 정확하게 포착하고 받아들이며 그것을 통해 자신의 감각을 바꾸는 것이고, 그러한 감각의 변화를 확장하여 대중적인 흐름으로 더욱 멀리 밀고 나아가는 것이다.

가령 노무현이나 안철수가 대부분의 사람들의 예상을 깨고 부상해 올라왔던 것은 통상적인 정치적 감각으론 보이지 않던 것을 대중이 포착하고 있었음을 의미하는 것일 게다. 이에 대해 이미 우파들이 잘 보여 주었듯이 보수적 대중정치학은 그러한 사실 자체에 당혹해하며 그것의 부당성을 증명하려 하고, 정치적 순진성 등과 같은 것을 들어 그것의 비현실성을 보여 주려 한다. 반면 진보적 대중정치학은 그러한 사태를 통해 자신이 보지 못했던 것을 보고 그것을 찾아낸 '대중의 지혜'를 받아들이며, 그 지혜가 함축하고 있는 것을 펼치고 확장하여 그 방향으로 더 멀리 밀고 나가려 한다. 촛불집회나 아큐파이 운동에 대해서도 마찬가지로 말할 수 있을 것이다.

둘째, 인식 내지 지성의 차원. 감각화의 차원에서 대중을 촉발하기 위해 진실과 거짓에 구애받지 않고 자신에게 유리한 것이라면 무엇이든 대중적 감각화를 위해 끼워 넣고 과장하는 것이 우파의 대중정치학을 특징짓는다면, 감각적 판단에 머물지 않고 그것이 사태의 진실과 대면하고 진실을 향해 나아가도록 촉발하려는 시도가 좌파의 대중정치학을 특징짓는다. 전자가 센세이셔널리즘의 형태로 흔히 반복되어 왔음을 이미 지적한 바 있지만, 전염적인 증폭의 경우에도 대중의 감각적 환상을 자극하기 위해서라면 진실과 무관한 것을 끼워 넣거나 곡해하며 그 흐름에 실어 보낸다. 반면 좌파들은 대중의 힘을 형성하는 감각화가 진실에 반하는 경우, 그 감각화된 힘에 대해 심지어 싸우고 그로 인해 상처받거나 외면당하는 경우가 있더라도 그 거짓된 환상과 대결하려 한다.

물론 모든 좌파가 이렇게 한다는 의미는 아니다. 정치적 판단이나 행동의 방향, 가치판단을 함축하는 의미의 대중정치학이 그렇다는 것이다. 현실 속에서 보는 좌파들 가운데는 이런 규범적 판단에 집착하여 대중의 감각이나 '환상'에 함축된 것을 놓치고 비난에 머무는 경우가 적지 않다. 맑스주의 안에서

■

10 발터 벤야민, 「초현실주의」, 최성만 옮김, 『역사의 개념에 대하여, 폭력비판을 위하여, 초현실주의 등: 발터 벤야민 선집 5』, 길, 2008, 143~167쪽.

'진실의 정치학'이 감각의 정치학과 줄곧 대립되어 온 것은 이런 맥락에서 그 이유를 이해할 수 있을 것이다. 반면 탁월한 대중적 감각을 갖고 대중이 갖는 환상에 충실하게 따라가며 그것을 증폭시키려는 경우도 적지 않다. 하지만 이는 종종 우파적인 센세이셔널리즘의 영역으로 들어가거나 우파적인 대중정치학과 방법의 면에서는 구별 불가능한 것이 되는 대가를 치르게 된다.

영화 「부러진 화살」을 둘러싸고 벌어진 논쟁은 이를 잘 보여 주는 것 같다. 「나는 꼼수다」를 비롯해 그 영화를 한국 사법부의 불공정성에 대한 단적인 사례라고 주장하던 이들은, 이명박 정권 이후 사법부의 정치적이고 편향적인 태도와 불공정성에 대한 대중적 비판을 증폭하기 위해 영화를 '다큐멘터리적인 사실'로 간주하여 감각화의 정치 속으로 밀어 넣었다. 반면 진중권은 재판 기록에 대한 검토 위에서 그것이 재판 과정의 진실과 다르며, 그 영화는 다큐멘터리가 아니라 픽션이라는 것, 심지어 다큐멘터리조차 하나의 허구일 수 있음을 지적하면서 대중적인 감각에 반하여 대결의 선을 펼쳤다. 실제 공판기록을 살펴본 사람들에 따르면, 한국의 사법부가 공정한지 여부와 무관하게, 그 영화는 재판 과정의 진실보다는 일방적인 극화에 더 가까웠다고 보인다. 여기서 대중의 감각적 판단에 반하여 진실 그 자체에 몸 전체를 실었다는 점에서 진중권은 누구보다 '좌파적'이었다고 해야 한다. 그것이 종종 대중이 그러한 판단이나 감각을 갖게 된 이유를 잊게 만들고 만다는 점에서나, 그런 식으로 감각화의 대중정치학과 진실의 맑스주의 정치학이 양립할 수 없는 이항대립의 구도 속으로 반복하여 되돌아가고 만다는 점에서도.

이는 논쟁의 과정에서 발생하는 피하기 어려운 단순화와 이항적 대립구도로 인해, 사법부가 공정하다는 주장으로 이어지기도 하고, 또 사실이 아닌 것조차 사실로 믿고 싶게 만들었던, 사법부의 불공정성에 대한 대중적 감각의 흐름을 놓치게 하기도 했던 것 같다. 반면 「나는 꼼수다」처럼 대중의 감각화된 흐름을 그대로 따라가거나 이른바 '진영의 논리'에 따른 정치적 판단에 힘을 싣기 위해 그것을 증폭시키고 센세이셔널리즘에 근접하는 인신공격성 비판이나 음모론적 비판마저 동원하는 것은 우파의 대중정치학과 구별 가능한 지반을 떠나는 것이란 점에서 매우 치명적인 대가를 치르게 된다.[11] 대중의 움직임에 대한 감각은, 그것이 탁월한 만큼 정치적으로 치명적인 결과로 귀착될 수 있음을 잊어선 안 될 것이다.

확실히 좌파들의 정치학이 '진실'이란 관념과 쉽게 이별할 수는 없는 것 같다. 그렇게 되는 순간, 대중정치학은 좌우의 방향이나 애초의 목표를 상실한 채, 대중의 흐름 속에 부유하거나 그것에 편승하고 말 것이 분명하다. 대중이 가령 전쟁이나 파시즘, 소수자의 학대나 외부자의 배제 등처럼 잘못된 방향으로 나아갈 경우, 대중의 외면을 받거나 대중의 공격과 대면하게 되는 경우가 있어도 그것과 대결하고 그 방향을 바꾸거나 저지하려 하지 않는다면, 그것은 어떤 의미에서도 '진보적'이라거나 '좌파적'이라는 말과는 무관한 것이 될 것이다. 그런데 그처럼 '진실'이 중요하다고 할 때 그 '중요함'이란 거짓된 것을 폭로하고 진실을 드러내는 것 이상임이 강조되어야 한다. 정치적 개입이란 그 진실이 대중적인 힘을 갖게 하는 것이다. 폭로와 의식화만으로 진실은 힘을 갖지 못한다. 문제는 그 진실이 대중의 흐름을 타고 감각화되도록 하는 것이다. 단지 대중의 환상을 깨고 '진실'을 드러내고 의식하게 하는 것이 아니라, 그 '진실'을 대중의 감각 속에서, 혹은 감각적 환상이라고 하면 그 환상 속에서 작동하도록 끼워 넣는 것이고, 그 '진실'이 그 감각의 흐름을 타고 흐르게 하며 그 감각을 끌어당기는 특이점이 되게 하는 것일 게다.[12]

6. 사건과 공동성

사건의 매혹하는 힘은 모호하고 미규정적이다. 심지어 어떤 규정성과 방향성을 갖는 경우에조차 사건의 경험은 매혹의 공간만큼이나 다양한 방향으로 열려 있다. 사건에 동시에 끌려들어 간 사람에게도, 사건에 함께 다가간 사람에게도 사건은 다른 의미를 갖는 다른 사건일 수 있다. 이에 비하면 정치적 사건화는 좀더 명확한 의미와 방향을 갖는다. 사건화하는 증폭은 이런 방향과 의미의 규정과 제한 없이는 일어나기 어렵다. 더구나 그것은 사건화된 의미나 내용뿐만 아니라 그에 부가된 감각이나 감정의 전염을 통해 이루어지기에, 거기에 휘말린 자들이 경험한 사건은 인접성만큼이나 유사성을 갖는다.

■

11 「나는 꼼수다」의 입장에 대한 이해와 그것의 긍정성을 지적하면서도 그것과 「월간조선」의 유사성을 여러 가지 측면에서 지적하는, '좌파적' 신문의 기자가 썼던 글은 이런 점에서 매우 시사적이다. 「30대 이하에게 '나꼼수'는 '월간조선'이다」, 「한겨레신문」, 2012년 3월 6일자 참조.
12 진중권은, 그가 대중의 거대한 수나 힘에 묻히지 않고 대립적인 위치 속의 자신을 충분히 부각시키는 방식으로 존재하는 것을 보면, 진실과 대중의 감각적 판단이라는 대립적 구도 속에서 대중과 싸우는 와중에서도 사실은 어떤 식으로든 그러한 역할에 가까이 있는 것 같다.

이처럼 증폭된 하나의 현행적 사건을 통해 거기 휘말려 들어간 이들이 공유하게 되는 어떤 것을 '공동성'이라고 정의할 수 있을 것이다. 공동의 경험을 통해 갖게 된 어떤 공동의 감각과 공동의 생각, 공유된 의미들이 뚜렷하지 않은 외연을 갖는, '가족유사성'을 갖는 공동의 경험으로 침전된다. 신체에, 의식에, 그리고 감각에. 이런 공동성에서 일차적인 것은 아마도 감각적인 공동성일 것이다. 전염이나 휘말림은 일차적으로 감각적인 선을 따라 진행되기에, 휘말리며 무언가를 공유하게 되었을 때, 그것이 무엇보다 감각적인 것이리라는 것은 매우 자명하다.

감각적인 공동성은 무언가 함께 공유하는 경우에도 공유된 것이 동일한 것이리라고는 생각하기 어렵다. 전염되는 경로의 인접성이나 전염되는 것의 유사성이 있다고는 해도, 감각이란 동일한 방식으로 공유되기 어려운 것이기 때문이다. 전염과 공감을 통해 형성된 의견이나 생각, 판단이나 가치평가는 차라리 유사성 이상으로 동일할 수도 있다. 그러나 그런 것을 공유하고 있는 경우에도 감각 내용이 동일하리라고는 생각하기 어렵다. 그런 점에서 감각적 공동성은 동일성과 거리가 멀다. 그것은 다만 무언가 공감하고 뒤섞이며 휘말려 들어갔다는 모호하고 막연한 공동성이며, 그렇게 휘말려 하나의 리듬으로 공조하며 '하나처럼' 움직였다는 것, 그런 경험을 통해서 서로가 동질적이고 동일하리라는, 필경 오인임이 분명할 느낌이나 관념이다. 그렇지만 그로 인해 무언가 유사한 종류의 사건화 과정이 발생한다면, 이전보다 훨씬 쉽게 공조하며 침윤되고 서로에게 휘말려 하나처럼 느끼고 움직이게 될 것 또한 분명하다. 심지어 이념이나 생각, 이해관계나 의견이 달라도, 전염 과정에 쉽게 휘말려 들어 하나처럼 움직이며 하나의 신체, 하나의 흐름을 형성할 가능성이 크다. 대중을 개개인으로 뜯어보면 지극히 다른 신분과 지위, 입장과 이해관계, 그리고 그 이상으로 다른 이념과 생각을 갖고 있음에도 불구하고 그들이 하나처럼 움직일 수 있는 것은, 감각적 공동성이 그런 차이를 넘어서 그들을 하나로 묶어 주기 때문일 것이다.

여기서 공동성과 공통성이란 개념을 구별하는 것이 중요하다. 어떤 것들 사이에 존재하는 공통성이란 그것들이 모두 동일하게 갖고 있는 동일한 성질(property), '공통된 성질'을 지칭한다. 사람들은 누구나 직립해서 걷는다든가, 언어를 사용한다든가, 이성이 있다든가 하는 공통된 성질을 갖는다. 소위 '민족'은 혈연적인 공통성, 언어적인 공통성을 갖는다고들 한다. 반면 공동성은 무언가를 공동으로 수행하는 경험이나 활동의 반복에 의해 서로를 하나로 묶어 주는 감각이나 느낌을 공유하는 것이고, 상이한 신체가 호흡을 맞추어 하나처럼 움직일 수 있게 해주는 리듬감 같은 것을 공유하는 것이다. 따라서 이는 어떤 공통된 성질이 아니라, 서로를 하나처럼 움직이도록 묶어 주는 모호한 감각들의 집합이다. 가령 말과 기수의 관계와 광대와 기수의 관계를 비교하면, 말과 기수는 다리 수도 다르고, 사용하는 언어도 동일하지 않으며, '이성'을 공통으로 갖지 않는다는 점에서 광대와 기수보다 훨씬 적은 공통성을 갖는다. 그러나 공동성이란 측면에서 보면, 즉 서로 호흡을 맞추어 하나의 신체처럼 움직일 수 있는 능력이란 점에서 보면, 말과 기수의 공동성은 광대와 기수 간의 공동성과는 비교할 수 없이 크다. 이때 말과 기수가 공유하는 공동성이란 어떤 의미에서도 동일한 성질을 뜻하는 공통성일 리는 없다. 그런 점에서 말과 기수를 하나로 묶어 주는 것은 공동성이지 공통성이 아니다.

이는 의식화의 정치학과 감각화의 정치학 사이에 또 하나의 중요한 구별 지점을 표시한다. 의식화의 정치학은 생각이나 판단, 이념이나 가치평가 등에 대한 공통성을 추구한다. 서로 다른 의견이나 판단이 가로놓여 있을 때는 '진실'을 알려주고 의식화하여 동일한 것으로 접근시키고자 한다. 그렇기에 이런 정치학에서 무언가를 함께하려면, 혹은 '연대'를 하려면 이념이나 이해관계, 정치적 성향에서 어떤 최소한의 공통성이 있어야 한다. 그게 없다면 함께하다가도 분열되고 대립하며 흩어져 버린다. 사실 이러한 동일성의 요구는 비슷한 집단일수록, 가까이 있는 집단일수록, 그리고 자주 대면하는 집단일수록 강해지고 엄격해진다. 성향의 동일성에서 이념의 동일성으로, 이념의 동일성에서 강령의 동일성으로……. 단지 전술의 동일성만으로는 만족하지 못한다. 가령 노동자가 부르주아나 소상인들에게 자신들과 이념이나 판단과의 공통성을 기대할 리는 없을 것이다. 그것은 역으로 그들과의 차이를 쉽게 용인하게 한다. 반면 노동운동을 하려 한다면, 노동운동에 대한 생각·이념·방향·전술목표 등이 다르면 그때마다 대립하고 분열한다. 그래서 비슷하거나 이해관계가 비슷한 집단일수록 많이 싸우고 대립한다. 좌파들의 끝도 없는 분열의 역사가 이를 아주 잘 보여 준다.

물론 사건화되는 것에 대한 판단이나 가치평가 등이 전염되면서 공통된 요소들이 그 증폭 과정에서 확대될 것이다. 그러나 감각화의 정치학에서 그보다 더 중요한 것은 그렇게 휘말리는 자들을 하나로 묶어 주는 감각적 공동성이다. 그것은 이념이나 이해관계가 달라도, 정치적 성향이나 노선이 달라도, 그리고 지위나 이해관계가 달라도 무언가를 함께하도록 묶어 주며, 그렇게 묶으면서 다시 휘말리기 쉽게 만든다. 김진숙 씨의 투쟁에 휘말려 들어 희망의 버스를 타고 몰려든 사람들은, 노동조합의 간부들이나 노동자 정치조직에 속한 사람들에서부터 정당인, 신부와 목사, 승려, 대학생과 백수, 고등학생이나 아이를 데리고 나온 주부 등등 어떻게 보아도 이념이나 가치관, 정치적 성향이나 이해관계가 크게 다를, 이질적이고 다종다양한 사람들이다. 이는 촛불집회에 모여든 사람들도 그랬고, 노무현에 '미쳐' 몰려든 사람들도 그랬다. 이들이 하나처럼 움직이고 하나의 흐름, 하나의 신체를 이루어 행동하는 데 있어 이념이나 판단, 성향이나 노선의 차이는 별다른 문제가 되지 않았다. 중요한 것은 하나처럼 움직이게 해주는 감각적 공동성, 리듬적인 공동성이었다. 그리고 일단 이런 사건화와 휘말림이 발생하면, 전혀 다른 종류의 사건화에서도 다시 휘말려 하나처럼 움직일 가능성이 커진다는 것은 익히 겪어 온 것이다. 지금 사람들을 묶어 주는 공동성은 현재의 사건화 과정이 종결되면, 이후 다시 하나처럼 묶여 행동할 수 있게 해주는 포텐셜로 변환되어 남는 것이다.

사건의 공동성이란 바로 이런 잠재화된 포텐셜을 뜻하는 것일 게다. 하나의 사건화 과정 속에 휘말려 들어가며 우리는 공동으로 무언가를 한다. 그리고 그 사건화 과정이 끝나면, 각자 자신이 소속된 자리로 되돌아간다. 그렇게 되돌아갈 때, 우리는 각자 다른 경험, 다른 의미, 다른 결과, 다른 사건들을 갖고 되돌아간다. 희망의 버스를 타고 돌아올 때, 민주노총 간부와 고등학생이, 민교협(민주화를위한전국교수협의회)에 속한 대학교수와 아이를 데리고 왔던 주부가 동일한 경험이나 의미, 동일한 결과를 갖고 돌아올 리는 없다. 그런 점에서 전염에 의해 진행되는 사건화조차, 거기 휘말린 자들에게 동일한 사건으로 공유되지 않는다. 따라서 사건의 공통성 같은 것은 있을 리 없다. 그렇지만 그렇게 다른 것을 갖고 돌아간 사람들이, 다음에 유사한 감각의 사건이 벌어질 경우 다시 비슷하게 모여들 가능성은 크다고, 적어도 이전보다 매우 커졌다고 말할 수 있을 것이다. 제주도 강정마을의 미군기지화를 반대하는 평화의 버스, 평화의 비행기가 얼마나 신속하고 빠르게 조직되었는지는 희망의 버스를 함께했던 공동성 없이는 이해할 수 없을 것이다. 어떤 공통성도 공유하지 않아도 하나처럼 묶여서 행동할 수 있는 포텐셜, 그것이 사건의 공동성이고, 휘말림의 공동성이며, 감각적인 공동성이다. 감각화의 정치학, 그것은 항상 이 공동성이 형성되는 모호한 사건화의 공간을 맴돌고 있는 것이다.

03

동일성의 병리학
– 호시노 도모유키 『오레오레』에서 자기증식과 해체에 대하여

와타나베 후토시(渡邊太)

번역 오하나

1. 들어가며

돌아보면 '잃어버린 10년' 혹은 '잃어버린 20년'이라는 장기 불황 속에서 일본 사회에는 폐색된 공기가 감돌고 있다. 2000년대 후반부터 언론은 서서히 '격차', '빈곤'이라는 말을 떠들기 시작하였으며, 자살자가 한 해 3만 명 이상이라는 현실을 많은 사람들이 간신히 코앞의 일로 실감하기 시작했다. 오늘날 많은 이들이 어느 자살자의 유족이며, 자살한 친구나 지인을 한 사람쯤 두고 있으리라. 그저 죽지 않고 살아가는 고충이 한 사람 한 사람의 신체에 진득하게 들러붙은 듯 답답하다.

스기타 슌스케(杉田俊介)는 자신을 포함한 프리터 세대가 겪는 닫힌 일상에 대해 다음과 같이 말한다.

> 어딘지 이상하다, 이대로 좋을 리가 없다, 다들 괜찮은 걸까? 정말로 그럴까?
> ……그렇게 애매하게 자신을 납득시키고 어느덧 그 본심을 내리누른 사실도 기억도 흘려보낸 채 적당히 취미나 연애를 찰나적으로 즐기며 진짜 고통이나 절망이나 우애의 가능성을, 실로 소중한 무언가를 줄줄이 새어 나가게 만든다. 자신은 어차피 사회라는 싸움에서 패자나 마찬가지. 재능도, 부모가 물려준 재산도 없이 그저 우연히 운이 나빴던 것, 그뿐이다. 그들은 운이 좋았던 것이다, 이 사회적 포지션의 격차(우연)는 혼자 힘으로 어쩔 도리가 없다 운운하며 제 살 깎기 식 변명을 계속하고…….

그렇지만 스스로 믿는 것보다, 아니 그렇게 믿고 싶은 것과 별개로 실제 사태는 언제나 한층 심각하지 않은가! 게다가 시간이 지날수록 조금씩 심해지며, 자기만이 아니라 가까운 사람들을 (정말로 마음 깊이 사랑하는 사람들일수록 더) 큰 소용돌이처럼 휘말려들게 해 시시각각 남김없이 삼켜 버리는 그런 '무력함'(helpless)……. 자꾸만 그런 느낌이 든다.[1]

모든 것을 그저 흘려보내 무기력 속으로 집어삼키는 큰 소용돌이로부터 어떻게 달아날 것인가? 우리를 끌어들이며 부단히 먹어치우는 커다란 흐름이 있으며 우리는 이미 그 큰 소용돌이에 휘말려들고 있다.

하지만 흐르는 강이 그렇듯 전체적으로는 한 방향을 향해 큰 흐름이 있다 해도, 국지적으로 보면 역류하고 작은 소용돌이가 일며 때로 막히고 정체돼 큰 흐름과 다른 국소적이고 무수한 다방향의 흐름을 찾아낼 수 있다. 작고 분산적인 소용돌이와 흐름은 큰 흐름에 비해 무력하고 허약하지만, 어떤 큰 흐름이라 할지라도 수없이 작은 소용돌이를 수반할 수밖에 없다는 점에서 항상 다른 가능성을 끊임없이 열어젖힌다. 우리는 작고도 셀 수 없는 흐름을 통해 새로운 삶, 만족할 만한 삶을 찾아내고 싶은 것이다.

아래 '휘말림'이라는 수동적 운동을, 큰 흐름에 휘말려 드는 운동 그리고 다른 한편으로 큰 흐름의 한가운데 혹은 그 곁에 나타나는 다방향의 무수한 소용돌이 운동이라는 두 가지 뜻으로 고찰하고자 한다. 이를 위해 스기타 슌스케의 문제의식과 공명할 현대 일본 문학 작가 호시노 도모유키(星野智幸)의 소설 『오레오레』를 소재로 삼고자 한다.

2. 동일성의 쾌락(愉樂)

1965년에 태어난 작가 호시노 도모유키의 소설 『오레오레』는 '나'[일본어로 '오레'는 '나'를 뜻한다]가 증식되는 이야기이다.[2] 소설 속 화자인 나는 엉뚱한 일로 인해 나와 만나, 정체성이 상실되는 위기에 직면하면서도 이윽고 나를 받아들이고, 더 나아가 또 다른 나를 만난다. 셋은 나의 산을 쌓아 올려 순간의 유토피

---

1 杉田俊介, 『フリーターにとって「自由」とは何か』, 人文書院, 2005, 3쪽.
2 『오레오레』는 2009년부터 2010년에 걸쳐 잡지 『신초』(新潮)에 연재되었으며, 단행본은 2010년 6월에 출판되었다. [옮긴이] 국역본은 『오레오레』(은행나무, 2012)라는 제목으로 출간되었다.

아적인 관계를 즐기지만, 이윽고 **나**의 증식이 시작돼 **나의 산**도 해체되고 만다. **나**의 증식 속도가 빨라지는 가운데 **나**끼리 서로를 '삭제' 하는 무차별 살육이 벌어지고 거리는 황폐화된다. **우리**는 도쿄 근교 다카오산에 숨어들어가 생존 투쟁을 벌이지만 이윽고 이 상호 살육은 끝이 나고 문명이 부흥하며 '**나야 나**' **시대**는 과거가 된다.

이야기는 '나야 나 사기'(사칭형 전화금융사기)에서 시작된다. '나야 나 사기'란 2000년대 들어 유행한 사기 형식으로 범행 방식이 쉬워 피해도 급속히 확대됐다.[3] 일본 경시청 웹사이트에서는 이를 다음과 같이 설명한다.

> 대뜸 전화를 걸어 "나야, 나"라고 운을 떼면 전화를 받은 사람이 무심코 "○○니?" 등과 되묻는데 이때 "응, ○○야. 실은 사고를 당해서 돈이 필요하게 됐어. 돈 좀 바로 부쳐줘"와 같이 말하며 지정한 은행 계좌에 현금을 이체하게 만드는 수법에서 그 이름을 붙인 '사기' 사건입니다.[4]

닥치는 대로 전화를 걸어 수화기 저편 아버지나 어머니의 딸 혹은 아들이 되어 마침내 알려준 계좌에 큰돈을 이체하게 만든다. 이 사건은 이렇다 할 수고를 들이지 않고도 한탕할 수 있는 사기로 퍼졌으며, 범행자가 딸이나 아들 행세를 하는 것을 부모가 모른 채 속는 점 때문에 훔쳐보는 호기심도 자극해서 한때 신문이며 잡지며 텔레비전을 달궜다. 『오레오레』라는 소설 제목은 사회현상이 된 '나야 나 사기'에서 착상했음을 보여 준다.

『오레오레』의 화자인 나는 맥도날드에서 식사를 하던 중 옆 사람이 내 쟁반에 잘못 놓고 간 휴대전화를 무심결에 가지고 돌아가는 바람에 걸려 온 전화를 그만 받고 만다. 수화기 너머 전화를 걸어온 이는 휴대전화 주인의 어머니였다. 나는 그 '어머니'의 아들 행세를 하면서 별 생각 없이 '나야 나 사기' 흉내를 낸다. '어머니'는 별 의심 없이 내 계좌에 90만 엔을 이체하고 그렇게 감쪽같이 '나야 나 사기'는 성공한다.

이때부터 등장인물의 현실이 옆길로 새기 시작한다. '나야 나 사기'에 성

---

3 [옮긴이] 한국의 경우 전화금융 사기 유형은 크게 환급빙자형, 연체도용 빙자형, 수사기관 사칭형, 납치공갈형으로 나뉜다. 일본에서는 '나야 나' 사기, 가공청구 사기, 융자보증금 사기, 환부금 사기로 나뉜다.
4 일본 경시청 홈페이지[http://www.keishicho.metro.tokyo.jp/seian/koreisagi/koreisagi.htm](2011년 09월 15일 열람).

공한 나는 도대체 '나'란 누구인지 불안해 한다. 게다가 다음 날 '어머니'는 내가 사는 집에 찾아와 진짜 아들을 대하듯 한다. 정신을 다잡을 수 없는 가운데 사기를 쳤다는 꺼림직함 때문에 '어머니'에게 맞춰 누가 봐도 아들인 양 행세하고 만다. 한층 더 불안해진 나는 '어머니'가 돌아간 후 진짜 가족을 만나기 위해 2년 만에 도쿄 근교의 친가를 방문한다. 그러나 벨을 누르자 어머니는 "또 당신입니까! 작작 좀 하세요"라며 내친다. 이윽고 초조해 하는 내 앞에 현관을 열고 나타난 이는 바로 **나**였다.

> **나**는 회사에서 방금 돌아온 듯 검은빛이 도는 은색 정장 차림이었다. 눈 밑에 희미하게 그늘이 진, 일에 지친 어두운 얼굴이다. 짧은 머리를 왁스로 가볍게 세우고 요사이 유행하는 검은 테 안경을 썼다. 왼쪽 눈 옆에 눈물 점이 있고 쌍꺼풀이 있는 것은 나에게는 없는 특징이다. 한마디로 미남이었다. 그래도 나는 그 녀석이 **나**라는 것을 직감적으로 알 수 있었다. 내가 '나다'라고 생각하므로, **나**임에 틀림없을 터였다.[5]

나는 그가 **나**라는 것을 바로 알아차린다. 이 소설은 화자를 일인칭으로 가리킬 경우 '나'로 표기하고 다른 인격의 '나'를 가리킬 경우 고딕체 '**나**'로 표기한다. 어떻게 그가 **나**인 줄 아는지 일절 설명하지 않는다. 단지 직감적, 동어반복적으로 알기 때문에 안다고밖에 할 수 없다. 직감만이 나와 **나**의 동일성을 유일하게 보장한다. 이는 달리 설명할 길이 없기 때문에 근거가 약한 것처럼 보일 수 있으나 직감은 거짓말을 하지 못하므로 강력한 근거이기도 하다.

한편 타인이 **나**라니, 그것은 정신병리적인 사태가 아닌가? 나는 나, 남은 남이라는 동일성의 원리는 생활세계에서 '상식'으로 통하는 공식이다. 정신과 의사 기무라 사토시(木村敏)는 이와 같은 동일성의 원리가 정신분열증인 경우 성립되지 않는다고 이야기한다.[6] 기무라는, 동경하던 합창단 선배가 동네 가전제품 판매점에서 점원으로 일하고 있다는 환자나, 자기 분신이 다섯 명 있다고 호소하는 환자, 혹은 다른 차원에 자신을 빼닮은 사람이 있다고 호소

■

5 호시노 도모유키, 『오레오레』, 서혜영 옮김, 창비, 2012, 59쪽.
6 木村敏, 『異常の構造』, 講談社, 1973.

하는 환자들을 예로 들면서 ① 개체의 개체성 ② 개체의 동일성 ③ 세계의 단일성이라는 '상식적 세계'의 공식이 완전히 자명성을 상실하고 있음을 보여주고 있다. 정신분열증 환자들이 말하는 내용은 단지 황당무계하고 지리멸렬한 망상이 아니라 상식적 세계가 해체될 때 현실을 어떻게든 붙잡으려고 필사적으로 사유한 산물이다.

기무라는 'A는 A이다'라는 피히테(Johann Gottlieb Fichte)의 공리에 따라 '상식적 세계'의 공식을 '1=1'이라는 단순 수식으로 표현한다. '1=1' 공식에서 특히나 모든 근저를 통틀어 중요한 것은 '나는 나'라는 동일성이다.

> 상식적인 일상세계가 세계로 성립돼 있는 것은 나를 나로 여기는, 자기 동일성에 의거한다.[7]

타인을 **나**라고 여긴다면 그는 이 '1=1' 공식이 붕괴된 것이다. 그렇지만 소설에서 자기 동일성이 해체되는 사태는 아주 자연스럽게 진행된다. 동일성이 해체돼도 정신적 병리가 아니며, 마치 이 세계 자체가 병리 상태임을 보여주는 것 같다.

게다가 **나**와 만나면서 '남이 내가 됨'을 뜻하지만 동시에 나는 어느새 다른 이와 기억이 뒤바뀜으로써 '자신이 타자가 됨' 역시 경험한다. 남이 내가 되고 내가 남이 되는 상호전환의 자동운동 속에서 내 사회적 역할이나 기억으로 구성된 동일성은 미끄러진다. 예를 들어 이름이 그렇다. 나는 '나가노 히토시'(永野均)이고 무심코 가져온 휴대전화 주인은 '히야마 다이키'(檜山大樹)였다. 그러나 어느새 다른 **나**는 '나가노 히토시'가 돼 있고, 나는 '히야마 다이키'가 되어 있다. 당초 나는 **나**가 '나가노 히토시' 행세를 한다고 의심해 화를 냈지만, 이윽고 **나**와 서로 처지를 털어놓고 더 이상 '나가노 히토시'가 아니라 '히야마 다이키'임을 받아들인다.

나를 **나**라고 여기는 근거는 단지 같은 **나**라고 <u>스스로</u> 여기기 때문이다. 이로서 기억이나 성격, 사회적 역할과 같이 자기 동일성을 구성하는 정보는 고유성을 빼앗겨 대체 가능한 우발적 요소가 된다. 내 기억은 너무 불확실해 믿

---

7 木村敏, 「異常の構造」, 121쪽.

을 수 없다. 따라서 나는 누군가이면서 동시에 그 누구도 아니게 된다.

이 소설에서는 자기 동일성이 흔들려 해체되고, 그럼에도 불구하고 **우리**라는 집합적 동일성이 매개 없이 성립되는 일이 얼마나 섬뜩한지 묘사된다. 그러나 단지 섬뜩함만 있는 것은 아니다. 직접적이고 매개 없는 **우리** 안에 빠져 드는 쾌락도 묘사돼 있기 때문이다.

히토시는 또 한 명의 **나**인 대학생(나오)를 데려온다. **우리** 셋은 눈앞의 타자로서 **나**의 존재를 받아들이고 나아가 의기투합하게 된다. **우리** 셋은 신오쿠보에 있는 나오의 집(**나의 산**)을 모임장소로 정하고 휴일 전날이 되면 모여서 맥주(발포주)를 마시며 이야기를 했다. **우리**는 그저 모여 얘기하는 것만으로 행복을 만끽할 수 있었다.

이런 진묘한 광경이 달리 또 있을까? 나의 밀도가 세 배로 높아졌다. 희미하던 존재감이 더없이 진해졌다.

"야아, 내 순도가 높아진 것 같아요." 대학생이 말했다.

"나도 같은 생각을 하고 있었어. 왠지 산소 룸에 있는 것 같지 않아?" 내가 말했다.

"나도 남하고 있으면서 이런 편안한 기분을 느껴본 건 처음이야." 그렇게 말하고 히토시는 맥주를 들이켠다.

"남이 아니니까요. 자신이니까요."[8]

우리 사이에 공유되는 행복은, 타인이면서 **나**임에서 비롯되는 부동의 동일성이라는 감각이다. 나 그리고 **우리**가 느끼는 쾌적함은 전원버튼을 켜고 끄는 데 비유된다. 나는 평소 타인과 있을 때 사회성의 회로를 켜 사회적 역할을 연기한다. 켜짐 상태의 나는 마음 편히 있지 못하며 홀로 있을 때만 사회적 자기를 끄고 쉬면서 편안할 수 있다. 나는 맥도날드에서 끼니 때우기를 광적으로 좋아하는데 이는 전지구적 체인인 맥도날드가 누구든지 익명화된 존재로 있을 수 있는 익명적 공간을 마련하기 때문이다. 나는 맥도날드를 너무도 좋아한 나머지 맥도날드에서의 식사를 하루 한 끼로 제한하도록 스스로 다짐할

■

8 호시노 도모유키, 「오레오레」 114쪽.

정도이다(때로 이를 어기기도 하지만……).

그러므로 나는 함께 있으면서 꺼짐 상태를 유지할 수 있는 **우리**와 보내는 시간이 매우 만족스럽다. 이 기쁨은 소설 앞부분의 다카오 산 나들이 장면에서 절정에 이른다.

다카오 산은 도쿄 도심에서 전철로 약 한 시간 정도 되는 곳에 있으며 나들이 장소로 인기가 많다. **우리** 셋은, 등산객으로 떠들썩한 다카오 산을 즐겁게 오르고 산 정상에서 맥주도 마시고 화투도 치며 이야기를 나눈다. 이야기는 이윽고 각자가 안고 있는 고민과 트라우마 체험으로 이어진다. 탁 트인 산 속에서 셋은 즐거운 일이나 기쁜 일뿐 아니라 고민과 트라우마도 나누며 더욱 강한 동일성을 실감한다.

나와 히토시는 산 정상에서 나오가 중학생 시절 집단따돌림을 당한 이야기를 듣게 된다. 나오는 친구들이 자신을 따돌린 일 그리고 자신이 당한 대로 (혹은 그 이상으로) 타자에게 심하게 대한 일을 고백한다. 아니, 고백할 것도 없이 나는 그것이 어떤 체험이었는지 알고 만다.

그것이 잊혀가던 내 기억인지 나오의 기억인지 구별이 되지 않았다. 그 장면을 머릿속에서 떨쳐 내자 이번엔 맹렬한 슬픔이 덮쳐왔다.[9]

바로 **나**끼리 모였기 때문에 매개 없이 직접 알아챈 것이다. 기억은 또다시 불확실해진다. 나의 기억과 나오의 기억은 이미 명확한 경계로 유지되지 않는다. 하지만 그도 당연한 일이다. 왜냐하면 **나**는 나이기도 하기 때문이다. 이처럼 즐거움과 기쁨, 쾌적함뿐 아니라 고민과 트라우마 체험도 공유함으로써 **우리**라는 동일성은 더 깊고 강고해진다.

나는 괴로웠다. 이것도 나 자신의 일면이라고 생각하니, 눈을 돌리고 싶은 것도 사실이었다. 참담했다. 그러면서도 당치 않은 카타르시스를 맛보고 있었던 것 또한 사실이다. 어쨌든 나는 지금 타인에게 도움이 되고 있는 거다. 그가 나를 열렬히 필요로 하고 있는 거다. 누가 대신할 수 없는, 다름 아닌 바로 나를

■

9 호시노 도모유키, 『오레오레』 156쪽.

필요로 하고 있는 거다.[10]

트라우마 체험을 공유하면 외면하고 싶은 내 진상을 직시해야 하지만, 그 고통만큼 나는 생생히 다른 **나**의 강렬한 필요대상이 되었기에 인정욕구가 충족되었다.

이렇게 **나의 산**이 단단한 기반을 다지는 듯했지만, 실상 다카오 산행은 다음 이야기가 속도를 더해 가며 전개되는 전환점이기도 했다. 등산 도중 **우리** 셋 외에도 무수한 나의 존재를 알리는 사건을 맞닥뜨렸기 때문이다. **우리** 앞을 가던 여성 등산모임 중 한 사람이 다쳤을 때 **우리**는 무시한 채 그들을 지나 산을 올랐다. 이후 정상에서 식사를 할 때 그 여성 모임이 난데없이 우리에게 감사를 전한다. 여성 모임은 **우리**를 다른 **우리**와 착각한 것이다. 다른 **우리**가 있다는 사실에 나와 나오는 흥분하지만 히토시는 홀로 냉정하다. 나오는 다른 **우리**도 동료로 만들어 **나**-인맥을 넓혀 나가기를 바라지만, 히토시는 **우리** 셋만으로 충분하다고 말한다. 여기서 인식이 엇갈리는 것을 볼 수 있다.

히토시는 다른 **우리**가 다른 **우리**끼리 엮여 있으니 **우리**도 셋만 엮여 있는 것이 좋다고 주장한다. 히토시는 아마도 이미 다른 **우리**와 만났으며, 그 만남이 꼭 행복하기만 하지 않고 오히려 고뇌로 가득 차 있을 것이라고 암시하지만 구체적으로는 말하지 못한다.

히토시는 우리에게 뭔가 숨기고 있다. 그래서 나와 나오는 히토시의 우울한 마음을 공유할 수가 없다. 그것을 용서할 수 없다. 왜 같은 **우리**인데 히토시의 기분이 전해져 오지 않는가? 이미 나는 감정이나 욕구가 가끔 일치하는 것만으로는 성이 차지 않는다. **우리**끼리 24시간 완벽하게 일치되어 있고 싶다.[11]

나는 동일성에 대한 넘치는 욕망을 품었다. 하지만 동일성이 강화될수록 동일성으로부터 불거져 나오는 부분을 차츰 무시 못하게 된다. 넘쳐흐르는 작은 차이가 모이고 모이자 동일성의 유토피아를 무너뜨리기 시작한 것이다.

■
10 호시노 도모유키, 『오레오레』, 157쪽.
11 호시노 도모유키, 『오레오레』, 160쪽.

3. 증식과 붕괴

다카오 산 등산 부분에서 절정이 되는 소설 전반부는 '나야 나 사기'를 계기로
나인 히토시, 나오와 내가 만나 셋이 의기투합하는 과정이 나온다. **나의 산**은
유토피아적으로 묘사되었지만 이야기 후반부에서 **나**는 갈수록 증식되어 서로
살육하는 디스토피아가 펼쳐진다.

다카오 산 나들이 이후 내 앞에 차례로 **나**가 나타난다. 직장에서 견원지간
이던 상사 다지마도 **나**였음을 알게 된 나는 마음속 깊이 진절머리가 나고 만
다. 나는 다지마와 같은 '질 나쁜 **나**'를 마주치는 것이 두려워 연이어 나타나는
새로운 **나**를 피하게 된다. 결국 나는 거듭하여 **나**와 만나는 일을 견디지 못한
다. 일찍이 내가 타인과 관계를 피해 왔던 것처럼 지금 나는 **나**와 관련맺는 것
을 피하고 있다.

무수한 **나**가 증식되는 가운데 나는 타자로서의 **나** 안에 자신이 싫어하던
부분, 고개를 돌리고 싶은 요소만 찾아내게 된다. 나는 **나**의 무리에서 도망치
고 싶지만 **나**는 끊임없이 증식한다. 어느새 어머니와 누이도 **나**가 되어 있었
다. 마침내 진절머리 난 나는 **나의 산**으로 도망친다. 거기서 나는 히토시가 이
전부터 같은 일로 고통받아 왔다는 사실을 듣게 된다. 히토시는 사이타마 시
청 생활보호 신청 창구에서 일하는 공무원이다. 전국의 시청과 마찬가지로 히
토시의 직장에서도 '창구 작전'으로 생활보호 신청을 받아들이지 않고 신청
자를 포기하게 만드는 일을 해왔다. 하지만 히토시 앞에 나타나는 신청자들은
모두가 하나같이 **나**였다. 히토시는 생활이 곤궁한 **나**를 되돌려 보내지 못하고
생활보호 신청을 모두 수리한다. 직장에서 그를 고운 눈으로 볼 리 없었다. 그
럼에도 연달아 방문하는 생활이 궁한 무수한 내 모습에 히토시는 참지 못하고
절망하고 있었다.

이러한 사태는 마침내 안정돼 있어야 할 **나의 산**의 균형을 무너뜨린다. 히
토시는 나와 나오에게 다짜고짜 분노를 터뜨린다.

나도 뚜껑이 열릴 것 같다고. 한계를 넘어섰어. 왜 내가 벌레 같은 **나**의 무리
때문에 이렇게 몰려야 되느냐고. 웃기지 말라고 해. 어지러이 나타나서, 남의
흉내나 내느라 제대로 홀로서기도 못하는 팔푼이 주제에 나인 척하고 말이
야. 난 네 녀석들하고는 달라.[12]

히토시는 **나의 산**을 떠난다. 같은 **나**이기에 히토시의 증오는 나와 나오의 증오이기도 했다. 나는 이미 다른 **나**와 함께 느끼던 행복을 누릴 수 없게 되어 갔다. 그 후에도 나는 순조롭게 증식을 계속해 마침내 길을 가는 사람 대부분이 **나**인 사태까지 이른다.

폭약도 좋고 독약도 좋으니 단숨에 이 **나**의 무리들을 섬멸해 버리면 주위가 얼마나 깨끗해질까. 이 녀석들이 함부로 설치기 때문에 나도 말려드는 거다. 나와 **나란 것들**이 뒤죽박죽이 되는 거다.[13]

나란 것들이라는 적의에 찬 표현이 상징적이다. **우리** 사이의 우애는 **나란 것들**이라는 적의로 바뀐다. 친구가 적으로 변이된 것이다. 나의 증오는 다른 나란 것들이 갖는 증오이기도 하다. 모든 **나**에게 있어 다른 **나**는 이제 증오의 대상에 지나지 않는다. 여기까지 이르자 **우리**끼리 '삭제'라고 불리는 상호살육이 시작된다. 그것은 나끼리 증오한 것에 대한 필연적 귀결이었다.

나는 **나란 것들**의 살육을 피하려 도시를 벗어나 다카오 산으로 향하지만 같은 **우리**이기 때문에 생각하는 것도 모두 같은지 게이오선[전철노선 이름]을 통해 일제히 다카오 산으로 향한다. 다카오 산 입구에 도착하니 이미 '삭제'가 횡행해 동네의 기능은 마비되고 있다. **우리**는 다카오 산에서 원서적인 약육강식의 상호살육을 반복하고 먹을 것이 동난 겨울산에서 인육을 먹으면서 생존경쟁으로 세월을 보낸다.

공동체 내부에서 서로에 대한 의심이 망상을 낳아 숙청에 이른 참극은 이상주의적 혁명 집단이 흔히 빠져드는 일이기도 하다. 일본의 경우 대표적인 사례로 1960년대 후반부터 1970년대 전반에 걸쳐 학생운동이 흥한 가운데 일어난 연합적군 사건을 들 수 있다. 『오레오레』 중 다카오 산에서의 상호살육은 분명히 남알프스 산중에서의 연합적군 사건을 연상시키는 것이다.

연합적군은 적군파와 일본공산당 혁명좌파라는 두 개의 분파가 모여 만든 무장투쟁노선의 좌파 분파로, 1972년 2월 나가노 현(長野県) 산중의 아사

■

12 호시노 도모유키, 『오레오레』 193쪽.
13 호시노 도모유키, 『오레오레』 212쪽(일부 수정).

마(浅間) 산장을 점거하고 관리인을 인질 삼아 칩거했다가, 산장을 포위한 기동대와 총격전을 펼친 끝에 기동대의 돌입과 함께 체포된 사건으로, 일약 세상의 주목을 받았다. 산장에서의 공방전은 TV로 중계되어 국민적 사건이 되었지만, 충격적이었던 것은 아사마 산장 사건에서 체포된 이의 증언에서 산중에 잠복하던 동안 연합적군 내부에서 집단 린치가 일어나 수십 명이 숙청된 사실이 드러난 점이었다. 산속에서 희생자 열두 명의 사체가 발견되었고 사체에서 잔인한 고문의 흔적을 볼 수 있었다.

패트리샤 스타인호프(Patricia G. Steinhoff)[14]는 이상적인 혁명적 주체가 자기를 변혁하는 '공산주의화'를 실현하기 위한 수단이 된 '자기비판'과 '총괄'이 산악 캠프의 폐쇄적이고 의식을 고양시키는 분위기 가운데 일어나 과잉 폭력의 계기가 되었다고 지적한다.[15]

예를 들어 집단적 행동 안에서 조화롭지 않은 행동을 일으킨 개인에 대해 부르주아 의식을 떨쳐 내지 못했다며 자기비판을 요구해 주체적으로 총괄하는 일이 요청된다. 하지만 '공산주의화'의 이상은 추상적으로 정의된 채 머물러 있었으므로 아무리 '총괄'한다 해도 '공산주의화'에 이르렀다는 평가를 얻지 못한 채 자기비판은 단계를 더해 마침내 신체적인 폭력을 야기한다. 폭력은 동지의 자기비판을 돕는 행위로 정당화된다. 이윽고 사망자가 나오면 혁명의 성취를 위해서 필요한 희생으로 이해된다.

단계를 더해 가는 폭력에 당황하는 인간도, 무기력한 태세를 조금이라도 보일 경우 곧장 자기가 비혁명성의 지표가 될 것을 금세 알아챈다. 누구나 공산주의화될 것을 진심으로 바라고 있기 때문에 결점을 자각했을 경우 그것이 어떤 것이라 해도 극복하도록 노력하자고 결의한 것이다. 따라서 불쾌한 폭력도 누가 먼저랄 것도 없이 동감한다. 그것은 다음 타깃이 자신이 될 것이 두려워서 그리고 동시에 불쾌함이 두려움에서 비롯되었음을 자각했기 때문이었다.[16]

■

14 하와이 대학 사회학 교수로 일본 연구를 전공한 사회학자이며 언론인이다. 『죽음을 향한 이데올로기―일본적 군파』(『死へのイデオロギー：日本赤軍派』)를 썼다.
15 P・スタインホフ, 『死へのイデオロギー：日本赤軍派』, 木村由美子 訳, 岩波書店, 2003.
16 P・スタインホフ, 『死へのイデオロギー：日本赤軍派』, 167쪽.

'공산주의화'는 불가능한 이상이다. 누구나 그렇게 되기를 바라면서도 누구나 스스로 도달할 수 없을지도 모른다는 불안을 떠안고 있다. 그 안에서 '총괄'이 맹위를 떨친 것이다.

희생자가 늘어나는 긴박한 분위기 속에서 "날 죽여 달라"며 호소하는 사람까지 나타난다. 폐쇄적 환경에서 누가 다음 희생자가 될지 모르는 긴장 가운데 끔찍한 폭력 행위가 반복된다. 이 숙청은 두 지도자가 급히 하산하면서 자연히 수습된다. 스타인호프에 의하면 "권위와 신념의 완만한 붕괴라고 할 만한 것으로, 그만두겠다는 명확한 결정이 있던 것도 아니"[17]라고 한다. 어느새 돌이킬 수 없는 폭력의 한가운데 휘말려 들어갔으며, 또 어느새 폭풍우는 잠잠해졌다. 시작에서 끝까지 부단히 애매함이 따라붙는다. 스타인호프는 이 애매함에 대해 다음과 같이 말한다.

돌이켜 봐도 이쯤에서 그쳐야 한다는 명확한 지점 따위는 어디에도 없다. 이 이상 넘어가서는 안 된다고 여길 만한, 눈에 띄는 문턱이 있지도 않은 것이다. 주의 깊게 걸어 나간 인간이, 이 지점에서 돌연 흐르는 모래 속에 발목이 잡힌다고 분명히 말할 수 있는 장소 따위는 없는 것이다. 말할 수 있는 것은 단지 어떤 인간이 헤엄쳐 나가다 조금 먼 곳까지 헤엄쳐 나갔다는 점뿐이다. 그러나 어떤 지점이 불필요했나, 거센 물결 속에서 정확히 어떤 시점에서 되돌릴 것을 판단해야 했나를 분명히 답할 수 있는 사람은 없을 것이다.[18]

이 애매함이야말로 불길한 것으로 아마도 사태는 그렇게 진행됐을 것이다. 사회과학은 돌이킬 수 없는 시점이 어디에 있었는지 명확히 하고 싶은 욕망을 갖지만 그처럼 단순히 잘라 말할 수도 없는 것이다. 그러나 서로를 향한 살육을 끝내는 계기를 발견할 수 없는 한 우리는 똑같은 잘못을 반복할 수밖에 없지 않을까?

호시노 도모유키는 이 과제에 답하려는 것처럼 보인다. 『오레오레』뿐 아니라 집합적이고 무차별적인 살육은 호시노의 작품에서 익숙한 주제이며, 끔

---

17 P·スタインホフ, 『死へのイデオロギー:日本赤軍派』, 216~217쪽.
18 P·スタインホフ, 『死へのイデオロギー:日本赤軍派』, 304쪽.

찍한 폭력의 반복을 어떻게 끝낼 수 있는지에 대한 물음이 작품에 거듭 나타 난다.

2004년 출판된『론리 하트 킬러』(ロンリー・ハーツ・キラー)에서는, 명백하게 천황을 빗댄 존재 '오카미'[19]가 죽은 후 젊은이들이 무기력해지고 자신을 닫아 거는 '가미카쿠시'[20]현상이 유행한다. 이윽고 무의미한 삶을 살기를 거부, 자살 을 선택하는 이가 느는 '동반자살 시대'로 돌입하고 더 나아가 다른 이까지 함 께 데려가는 '무차별 동반자살 시대'가 시작된다. 여기서는 픽치기식 무차별 동반자살에 대한 정당방위로 살육이 정당화되는 '무차별 정당방위'시대를 맞 으며 상호살육이 전면화되는 양태가 그려져 있다.

무차별 동반자살 혹은 픽치기식 동반자살 혹은 개인 테러와 자폭 테러라는 불길한 이름을 가진 사건은, 겨울이 깊어감에 따라 확대돼 갑니다. 1월에는 그래도 아직 합계 일곱 건이었으나 2월 들어 급격한 상승을 보여 전반 2주 동 안에만 열 건, 후반에는 그나마 사건이 일어나지 않은 날이 없어 사회는 혼 란의 양상을 빚어 왔습니다. 경찰은 전국의 거리에 경비를 증강시켰습니다만 언제 어디서 일어날지 모르는 범죄를 미리 막는 것은 불가능에 가까우며 별 다른 효과는 없습니다.[21]

거리에서는 무차별 살육이 전면화된다. 그런 중에 소설의 주요 등장인물 인 이로하, 모쿠렌 등은 도시를 떠나 '자치구'라 불리는 산간에 작은 공동체를 꾸려 살아간다. 하지만 격리되고 안전해야 할 이 작은 공동체도 외부에서 방 문자가 끊이지 않았고 아주 작은 시기와 의심마저 이윽고 공동체를 붕괴시킬 지도 모르는 긴박한 상황으로 되돌아온다. 연합적군 사건이 보여 준 것처럼 오히려 폐쇄된 환경에서 발생하는 종합적인 시기와 의심이 가장 위험한 감정 이다.

■

19 [옮긴이] 신(神)을 일본어로 옮기면 '가미'가 된다.
20 [옮긴이] 행방불명이라는 뜻으로, '가미카쿠시'는 신(가미)이 누군가를 숨겼다는 의미이다.
21 星野智幸,『ロンリー・ハーツ・キラー』, 中央公論新社, 2004, 152~153쪽. 이 책은 2011년 국역본으로도 출간 되었다(『론리 하트 킬러』, 김경원 옮김, 문예중앙, 2011).

누가 어디서 날 표적으로 삼는지 알 수가 없다, 어떤 인간이 언제 사람을 죽이고 싶은 충동에 빠지는지를 모른다, 누구라도 좋다면, 언제 내가 희생되어도 이상하지 않은 노릇이다, 그런 불안한 인간의 마음에 스며든 의심과 공포와 망상을 어느새 나도 가지고 있었습니다.[22]

사소한 의심조차 치명적으로 변할 수 있는 긴박한 상황에서 주요 인물 중 하나인 기사라기가 취한 영웅적 행동이 무차별 살육을 끝내는 계기가 된다. 기사라기는 무차별 동반자살을 시도하며 습격해 온 상대에게 "당신은 남의 흉내 밖에 못 내나요? 나는 나 자신의 죽음대로 죽고 싶으니 남의 흉내를 내는 죽음은 거부합니다"라고 결연히 단언한다. 우연히 TV를 통해 중계된 이 행위로 인해 '동반자살은 불가능'이라는 분위기가 퍼진다. 사람들의 불안은 사라지고 동반자살 시대는 끝을 맞이하여 '눈 녹음'[의 시대]이 도래한다.

한편 『오레오레』에서는 이 사이의 전환이 보다 상세히 그려진다. 『론리 하트 킬러』에서는 영웅적 행동에 의해 단번에 문제가 해결되지만, 『오레오레』의 경우 어떠한 심정과 행동에 의해 반복되는 상호살육을 끝낼 수 있었는지 더욱 구체적으로 그리려는 것으로 보인다.[23]

결정적인 장면은 내가 **나**에 의해 죽고 먹혔을 때 나타난다. 다카오 산에서 상호 살육이 벌어져 다른 **나**에 의해 살해된 나는, 죽었음에도 불구하고 의식이 남아 내 육체를 내가 먹는 신비한 체험을 맞닥뜨린다. **나**에게 먹히면서, 타인이 나를 필요로 하고 있으며, 타인에게 도움이 되고 있다는 사실에 환희를 느끼고, 동시에 그 환희를 **나**에게 전할 수 없어 안타깝기만 하다. 그 순간 먹는 나와 먹히는 내가 바뀐다.

기적이 일어났다. 지금까지 **나**를 먹어오면서 이런 일은 처음이다. 나는 먹고 있었을 텐데, 먹힌 나가 되어 있었다. 아니, 반대일지도 모른다. 먹히던 나가 먹은 나가 된 거다.

어느 쪽이라도 좋다. 나에게는 이미 그런 게 구별되지 않는다. 나의 인격이 두

---

22 星野智幸, 『ロンリー・ハーツ・キラー』, 155쪽.
23 『론리 하트 킬러』에서 시대의 추이로서 OO시대에서 XX시대로 이행한다고 묘사된 사태가 무엇을 뜻하는지 이후 작품에서 다양한 양상을 통해 더욱 구체적으로 그려내고자 하는 것 같다.

개가 된 것도 아니요, 어느 한쪽으로 기운 것도 아니다. 어쨌든 먹은 나는 먹힌 나가 느꼈던 환희와 분을 몸으로 느낀다. 먹기 전에 느꼈던, 복수심에 불타던 증오는 깨끗이 녹아버렸다.[24]

먹는/먹히는 관계성 속에서 상호살육의 반복을 명확히 인식하고 이해하게 된 것이다. 이렇게 해서 나는 나를 '삭제'하겠다는 기분을 잃음과 동시에 **우리**의 살육도 종언을 맞이한다. 나는 내가 **나**를 믿지 못했기 때문에 **우리** 사이에서 '삭제'가 반복된 것이라고 생각한다. 내가 먹힘으로써 타자가 나를 필요로 하는 것을 느끼고 다른 **나**를 믿어도 되겠다는 예감을 한다. 이 예감을 통해 상호살육을 반복하도록 떠받쳐 왔을 불신을 넘어서 '**나야 나**'**시대**는 끝을 맞이할 수 있었다.

4. 차이의 공동체로

『오레오레』는 **나**라는 동일성을 둘러싼 공동성이 만들어지고 스러지는 이야기이다. **나**의 동일성은 내용이 결여된 형식적 동일성이다. 처음 만난 세 명의 **나**는 생김새도 닮았으며, 자라 온 삶도 유사했지만 끝 간 데 없이 **나**가 증식되면서 유사성이나 공통성을 잃어 간다. 나이도 성별도 다른 사람들이 같은 **나**로서 동일성을 부여받는다. 집합적인 동일성은 단지 동일한 **나**란 점에서 근거를 찾을 뿐이었다.

내가 **나**의 일원이 되는 것은 자기 고유성을 잃어버리는 일과 같았다. **나**라는 집합적 동일성을 얻으면서 나는 내 고유한 기억을 잃어갔다. 내 기억은 히토시의 기억, 나오의 기억, 히토시의 형인 다이의 기억, 그 외 모르는 이의 기억과 섞여 든다. 나는 타자의 기억을 자기의 것으로 착각한다. 자기 기억이 타자의 기억이 되고 타자의 기억이 자기의 기억이 된다. 기억은 무수히 많은 **우리** 사이를 미끄러진다. 누구나 누군가의 기억을 [자신의 것으로] 착각하고 무수한 기억이 메아리친다.

대체 가능한 기억. 기억조차 바로 내 고유성을 보장하지 못한다. 나는 대체 가능한 존재가 된 것이다. 실제로 내 기억은 갈수록 바뀌어, 난수표에서 무

■

24 호시노 도모유키, 『오레오레』, 303쪽.

작위로 뽑는 숫자처럼 우연의 산물이 된다. 기억이 무작위가 되며 기억이 만들어 내는 하루하루의 연속성에 대한 감각은 사라진다. 그 결과 어제와 내일이 뒤바뀌며 벗어날 수 없는 영원회귀의 일상을 살게 된다. **나**의 증식 속에서 내가 확실히 이해한 것은 그것이었다.

하루하루가 연속되지 않고 딱딱 끊겨서 들쭉날쭉 불규칙적으로 몰려온다. 내일 다음에 어제가 오고 그다음에 2년 전이 오고 그다음에는 5년 후가 온다. 내가 어느 시점에 살고 있는지는 새벽이 와 봐야 알 수 있다.[25]

여기서 드러나는 것은 자기 삶에 필연성이 극단적으로 결여돼 있다는 감각이다. 기억이 무작위로 미끄러져 가는 가운데, 그마저 눈치채지 못하고 같은 것을 반복하여 지금까지 살아왔고, 앞으로도 반복하여 살아간다. 그 반복 속에서 부지불식간에 무기력이 침전해 들어가 침전된 무기력이 인력이 되어 반복하도록 끌어들이는 힘은 더욱 더 강해진다.

모든 것이 단지 그때의 흐름이나 환경이나 우연으로 결정되는 거다. 그냥 그렇게 된 것뿐이다. 선택할 수 있는 게 없다. 자신의 힘으로 할 수 있는 건 아무것도 없다. 그러니까 나에게는 선택의지가 없다. 선택의지는 빼앗겼다. 아니, 처음부터 주어지지 않았다. 나는 선택의지가 없는 생물이다.[26]

이는 **나** 사이에서 끊임없이 상호살육이 반복되는 데 대한 감각이다. 상호살육 속에서 나는 몇 번이나 살육에 희생되지만 끊임없이 살아나 다시 상호살육의 영원회귀 속에 내던져진다.

나는 어렴풋이 깨닫고 있었다. **나**를 삭제해도 아무런 의미가 없다는 사실을. 왜냐하면 내가 죽어도 죽은 사실 자체가 없었던 것으로 되기 때문이다. 죽었다는 사실이 누구에게도 기억되지 않으니 결국 그런 사실은 없었던 것으로

■

25 호시노 도모유키, 「오레오레」, 102쪽.
26 호시노 도모유키, 「오레오레」, 230~231쪽.

되어 버리는 것이다.[27]

나는 죽고, 죽인다. 그러나 죽어도 죽여도 똑같이 무의미하고, 죽음에 의해서 어떤 일도 끝나지 않는다. 나는 몇 번씩 살해당하면서도 상호살육의 반복으로부터 피할 수 없다. 상호살육이라는 비일상 속에서 반복되는 무한의 무의미한 생존은, 무수한 **우리**의 일상과 저변에서 이어져 있던 것이다.[28]

펠릭스 가타리(Félix Guattari)와 안토니오 네그리(Antonio Negri)는 후기 자본주의 세계에서 기쁨과 특이성이 박탈된 채 일상생활의 권태 속에 사람들이 희망을 잃어 가는 것을 문제화하고 있다.

한 사람 한 사람이라는 인간 사이의 관계는 '서로에게 무심함'이라는 태도로 각인되고 있다. 그것은 타자에 대해 실로 모르는 척하는 것이고 따라서 자신의 진실 역시 모르는 척하는 것이며, 마침내 한 사람 한 사람이 그것을 혐오하기 시작하는 것이다. 그러한 상태가 괴로움을 주지 않을 리 없다.[29]

반복되는 생존 속에서 무기력이 구조화되고 있다. 그 안에서 상호 증오의 감정이 물밑에서 양성되어 언제라도 분출될 수 있도록 준비되어 있다. 무기력으로부터 증오의 분출로 이어지는 돌연변이는 언제 일어나도 이상하지 않다. 게다가 그러한 상태는 묵직한 괴로움을 지속적으로 떠안는 일이기도 하다. 묵직한 고통과 권태 속에서 아무 일도 할 수 없다고 여기는 무기력으로부터 빠져나가지 못한 채 있는 것이다.

이 공허한 삶의 감각은 1990년대 이후의 일본 사회를 감싸는 장기적 불황과 경제적 격차의 확대, 정치적 퇴폐의 분위기 속에서 시대로부터 농락당해 온 프리터 세대의 젊은이들이 나눠 가진 기본 감정이라고 해도 좋을 것이다. 소고기 덮밥가게의 아르바이트에서 가전제품 상설할인매장의 판매직으로 전직, 맥도날드에서 식사하기를 좋아하는 나는 현대 일본 사회의 도시 지역에 사는 젊은이의 한 전형이다. 카메라맨이 되기를 꿈꿔 전문학교에 다녔으나 결

■

27 호시노 도모유키, 『오레오레』, 276쪽.
28 이 주제는 『무간도』(無間道)에서 집중적으로 다뤄진다.
29 F·ガタリ, A·ネグリ, 『自由の新たな空間』, 杉村昌昭 訳, 世界書院, 2007, 9~10쪽.

국 좌절해 프리터가 된 경력도 이 시대의 젊은이에게는 극히 흔하고 흔하다. 사회적인 유형으로서 본다면 나는 틀림없이 누구와라도 대체 가능한 존재에 지나지 않는다.

　나의 증식은 내가 누구와도 대체 가능한 존재임을 노골적으로 가시화한 것뿐 사태는 애초부터 무엇 하나 달라지지 않았다. **나의 산**에서 셋의 관계에 대해 **우리**가 들뜬 것은 다른 나와의 만남을 통해 마치 **우리**가 특별한 존재일 것이라는 오해를 불러일으킨 것에 지나지 않았다. 특별한 **우리**라는 특권적 감각은 나의 증식과 함께 사라진다. 남는 것은 역시 나는 누구와도 대체 가능한 **나**였다는 사실뿐이다. 그렇기 때문에 **나**끼리의 상호살육 속에서 나는 알게 된다. 이 사태는, 돌연히 시작되어 말려들어간 것이 아니라 훨씬 예전부터 그러했다는 것을.

　　그랬다. 나는 살기 위해서 이런 즉흥극만을 계속해 왔다. 부모와는 언제나 이런 대화뿐이었다. 형식적일 뿐이고 서로의 절실함은 건드리지 않는 무의미한 대화. 부모하고만 그런 게 아니다. 형제나 친구나 직장 동료나 다른 모든 인간과의 관계에서 나는 이런 즉흥극의 관계밖에 쌓아오지 않았다.[30]

　　대체 가능하고 익명적인 관계성을 계속해 왔기 때문에 나는 다름 아닌 자기 자신인 특별한 **나**, 곧 히토시, 나오를 만나 기쁨을 느낀 것이었다. 하지만 왜 같은 나라는 동일성이 그 근거가 되었을까? 애초부터 바로 여기에서 오해가 비롯된 것은 아닐까?

　　다른 견해를 찾아야 한다. **우리**는 차이가 있음에도 불구하고 같은 **나**라서 기쁨을 느낀 것이 아니라, 같은 **나**임에도 불구하고 차이가 있었기에 기쁨을 느낀 게 아니었을까? 같은 **나**라서 마음이 편했다는 것은 단적으로 오해이다. 같은 **나**임에 **우리**는 오래전부터 진절머리 나 있었음에 틀림없다. 여기서는 동일성이 아닌 차이가 인식되어야 했던 것이다.

　　소설의 후반부에서 내가 방대하게 증식되는 가운데 **나**임은 특권적인 것이 아니라 오히려 피할 수 없이 휘말려 들어가는 집합성임이 판명된다. "외국

■

30 호시노 도모유키, 「오레오레」, 268쪽.

인 말고는 대부분이 나였다"는 사실이 보여 주는 것은, **나**임이 도메스틱한 공동체의 일원임과 거의 등가적 사태이다. 이처럼 벗어나기 힘든 도메스틱한 공동체에 대해 답답함을 느꼈기에 **우리**는 같은 **나**임에도 불구하고 이질적인 미지의 타자를 **나** 안에서 찾아내 기뻐했던 것은 아니었을까?

같은 **나**임에도 불구하고 나와 **나**는 역시 타인이다. 내가 **나**와의 사이에서 공동의 관계성을 구축하려면 우선 그 차이를 발견해야 한다. 나와 **나** 사이에는 분명히 차이가 가로놓여 있었을 것이다. 하지만 그러는 한편 동일성이 차이를 가리고 덮어 버린다. 같은 **나**라는 동일성은 강하게 끌어당기는 힘이 되어 사람을 매혹한다. 이후의 비극은 내가 **나**의 동일성에 매달린 결과일지도 모른다.

공동체가 동일성에 의거한다는 생각은 근대화론에서 뿌리 깊은 생각이다. 예를 들어 에밀 뒤르켐의 『사회분업론』(*De la division du travail social*, 1893)에서는 전근대의 사회의 연대(連帶)가 성원 간의 동질성을 근거로 하는 데 비해 사회적 규모로 분업이 발전한 근대사회의 사회 연대는 성원 사이의 이질성을 근거로 삼는다.[31] 다만 뒤르켐의 독자적인 시점은 근대화와 함께 인간적이고 따뜻한 관계성이 사라졌다고 말하는 향수를 단호히 거부하고 이질성에 의거하는 결합이야말로 유기적이고 유연한 사회 연대를 가능하게 만들 것이라고 보는 데 있었다.

이질성을 통해 공동체를 사유하기. 모리스 블랑쇼는 조르주 바타유(Georges Bataille)의 공동체론을 단서 삼아 동일성 가운데 소실되는 것이 아니라 차이에서 생성하는 공동체의 가능성을 탐구하고 있다.[32]

블랑쇼는 존재자는 단독으로는 충족될 수 없다는 불완전성의 원리를 바타유의 에로티즘론에서 가져온다.[33] 곧잘 오해되기 쉬운데, 바타유는 불완전한 존재자에 대해 다른 이와의 합일 가운데 자기를 잃도록 요구한 것이 아니라, 존재자 스스로가 불완전하다는 결여를 인식하기 위해서야말로 타자를 요구하고 있다.

■

31 뒤르켐은 전자를 기계적 연대, 후자를 유기적 연대라 불렀다.
32 뒤르켐의 사유는 조카인 마르셀 모스(Marcel Mauss)를 통해 바타유에서도 이어지는 것처럼 보인다. 예를 들어 집합적 비등(沸騰)이란 개념은 바타유의 소모(蕩盡)에 틀림없이 영향을 미치고 있다.
33 바타유에 의하면 동물이 "물 속에 물이 있는 것처럼 산다"는 연속성을 사는 데 비해 인간은 세계로부터 분리된 비연속성을 살고 있다. 세계로부터 절단된 비연속적인 존재자로서 인간은 단독적으로는 충족될 수 없음이 자연에 의해 조건지어지고 있다.

존재자는 단독으로는 자신 안에 틀어박히고 깊이 잠들어 그 안에서 쉬고 있다. 혹 이렇게 말해도 좋으리라. 존재자는 단독으로 있지만 자신이 단독임을 아는 것은, 그가 단독이 아닌 그러한 한에 있어서이다, 라고.[34]

비연속적인 존재자로서 자기의 비연속성을 명확히 이해하기 위해서야말로 타자의 존재를 열망하게 된다. 그러므로 "존재자가 바라는 것은 승인되는 것이 아니라 이의 제기되는 것이다."[35] 고독 속에서 잠드는 일은 불가능하며, 차이를 들이미는 타자가 요구된다.

이 점이 공동체를 사유하는 출발점이 된다. 단서는 차이이며, 이의 제기하는 타자이다. 타자의 이의 제기를 받으며 존재자는 단독 가운데 아늑히 잠드는 상태를 지속할 수 없게 된다. 타자의 이의 제기에 의해 분단된 비연속적 개인으로 존재할 수 없게 되며 그때 비로소 자기는 자기 외부에 내던져지고 다른 사람과 조우한다.

블랑쇼에 의하면 한 번 타자와 조우하면 연쇄적으로 복수의 타자가 불러 모아진다. "왜냐하면 그것은 연쇄 폭발과 같은 것으로, 연쇄 폭발은 그것이 발생하기 위해 상당 요소를 필요로 하기 때문이다."[36] 이처럼 이의 제기하는 복수의 타자들과 함께 동일성을 거부하는 차이의 공동체가 저 너머에서 도래한다. 공동체를 공히 구축해 나가야 할 타자는 친숙하고 친밀한 타자가 아니라 소원하고 알 수 없는 타자여야 한다.

그렇지만 일반적으로 공동체는 곧잘 합일로 향하여 융합 상태 속에서 소멸된다고 이해되고 있으며 실제로 그렇게 되는 일이 있다. 블랑쇼는 가이아나에서 집단 자살을 한 컬트 교단과 인민 사원의 사례를 든다. 그리고 『오레오레』의 상호 살육도 마찬가지일 것이다. 하지만 그것은 공동체의 숙명이라기보다는 동일성의 병리학에 속한다. 이와 달리 공동체는 이질성의 정치로서 사유돼야 한다.

블랑쇼는 통상 바타유가 신인합일의 신비 신학으로서 오해 받는 데 대해 오히려 바타유가 파시즘적 융합 가운데 해소되는 공동성을 기피하고 있던 점

34 M・ブランショ, 『明かしえぬ共同体』, 西谷修 訳, 筑摩書房, 1997, 18쪽.
35 M・ブランショ, 『明かしえぬ共同体』, 19쪽.
36 M・ブランショ, 『明かしえぬ共同体』, 20쪽.

을 강조한다. "그가 중요시한 것은 모든 것이 (자신마저) 잊히는 망아 상태라기보다 불충족이면서 그 불충족성을 단념할 수 없는 현존이 뒤흔들리며 자기 밖으로 내던져지는, 실로 그 일을 통해 관통되는 힘든 걸음, 초월적인 통상의 형태들도 내재성도 하나같이 붕괴시키고 마는 이 운동"[37]이다.

타자에 의해 뒤흔들리고 합일 가운데 소실되는 것이 아니라 합일의 불가능성을 철저히 절감하고 고독을 떠안음으로써 내부를 뒤집어 젖히듯 자기가 자기 밖으로 내던져질 때, 자기와 타자의 교류가 가능해진다. 공동체는 고독을 잊는 장소가 아니며 오히려 미지의 타자라는 존재에 의해 결정적으로 고독을 절감하게 됨과 동시에 그 안에서 우애가 넘쳐 나는 장소인 것이다.

바타유와 블랑쇼의 논의가 보여주는바, 자기와 타자의 관계를 트는 것은 양자의 동일성이 아닌 차이라는 점에 있다. 나와 당신의 관계를 트는 것은 나와 당신 사이에 있는 간극이다. 그 간극은 자타가 아무리 접근해도 결코 융합 가운데 해소되지 않는다는 점에서 분리의 절대성을 의미한다. 그러나 간극이 있기 때문에 비로소 교류도 가능하게 된다.

이것이 공동체를 동일성으로 기초 짓는 일을 금해야 할 이유이다. 그러므로 공동체를 구성하는 타자는 미지의 타자여야만 한다. 차이의 공동체에서는 아무리 잘 알던 타인이어도 미지의 타자의 모습을 띠며 나타난다. 더 나아가 자기 자신 역시 자기에게 미지의 타자로서 나타난다. 미지의 타자를 향한 우애 아닌 우애는 일절 성립하지 않으며, 미지의 타자와의 교류 없는 공동체는 일절 성립하지 않는다. 동일성 가운데 사라지는 공동체는 공동체 그 자체의 불가능성 외에 무엇도 의미할 수 없다.

전반적으로 동일성의 공동체를 그린 것처럼 보이는 『오레오레』에서도 미지의 타자, 이질성의 공동체라는 계기를 반드시 찾아낼 수 있다. 동일성 가운데 사라지는 공동체 속에서 차이의 공동체를 엿볼 수 있는 부분은 죽어 가는 자기와 다른 사람이 교체되는 후반부의 절정과 같은 장면에서이다.

블랑쇼에 의하면 죽어 가는 타자야말로 가장 강하게 나의 존재를 뒤흔들 수 있다. 죽음에 직면해 멀어지는 타자 앞에서 나는 그의 죽음을 지켜볼 수밖에 없다. 한편 죽어 가는 자는 죽음의 불가능성에 직면한다. 사람은 자신의 죽

■

37 M·ブランショ, 「明かしえぬ共同体』 22쪽.

음을 겪을 수 없다. 왜냐하면 죽음과 함께 죽음을 체험하는 자신이 사라지기 때문이다. 사람이 체험할 수 있는 것은 다른 사람의 죽음뿐이다. 여기서 죽어 가는 그와 그의 죽음을 응시하는 나 사이에 교류가 실현된다. 죽어 가는 그를 지켜봄으로써 나는 그로부터 그의 죽음을 받아 안는다. 나는 그의 죽음을 겪을 수 없지만 대신 그의 죽음을 그로부터 맡을 수 있다. 그는 죽음에 임박해 멀어지면서 고독 가운데 사라지는 것이 아니라, 자신의 죽음이 확실히 받아들여지는 것을 느낄 수 있다. 죽음 안에서 교체될 수는 없지만 죽음이 나와 그를 떨어뜨리면서도 묶어 놓는다.

죽음에 직면해 결정적으로 멀어지려 하는 타인 바로 곁에 계속 현전하는 일, 타인의 죽음을 자신과 관련된 유일한 죽음이기라도 한 것처럼 자기 몸으로 받아들이는 것, 그것이야말로 나를 자기 밖에 내던지는 것이며 공동체의 불가능성 한가운데 공동체를 개시하고 그 입구를 향해 나를 열 수 있는 유일한 이별인 것이다.[38]

죽어 가는 이웃과의 교류. 『오레오레』의 경우, 상호 살육이 벌어진 다카오 산에서 먹는 나와 먹히는 내가 바뀌었을 때, 나는 **나**를 이해함과 동시에 **나**로부터 이해받지 못하는 허무함 속에서도 기쁨을 느낀다. 먹는 나와 먹히는 나는 철저히 멀어짐과 동시에 무언가 주고받고 있는 것이기도 하다. 서로 고독한 존재자로서 나와 **나**는 블랑쇼가 다음과 같이 표현한 관계성에 도달하고 있었을 것이다.

단지 서로 가까워질 수 없는 자로서, 가까워질 수 없는 자 안에서 무한한 관계 아래에 있는 것이다.[39]

먹는/먹히는 극한적인 관계성에서 나와 **나**는 서로 미지의 타자로서 무한한 관계에 휘말려 들어갔던 것이다.

■

38 M·ブランショ, 『明かしえぬ共同体』, 24～25쪽.
39 M·ブランショ, 『明かしえぬ共同体』, 91쪽.

하지만 『오레오레』에서는 죽어 가는 자를 지켜보는 관계성이, 죽이는 자와 죽는 자의 관계성, 더 나아가 죽여서 먹는 자와 죽어 먹히는 사람의 관계성으로 그려진다는 점이 특이하다. 호시노 도모유키가 여기서 그리고자 하는 것은 죽이는 자와 죽는 자 사이의 교류이며, 죽이는 일과 죽는 일이 등가가 되는 가운데에서의 연대라는 전율할 만한 사태였던 것일까?

죽이는 능동성과 죽는 수동성을 등가로 놓는 논리는 일반적으로 볼 때 위험하다. 그것은 언제라도 죽이는 편을 면죄하는 일 역시 가능하다는 논리이기 때문이다. 하지만 동시에 죽임/죽음이라는 가해/피해, 능동/수동의 논리를 하나로 꿰어 파악하는 논리를 보여 주고 있기도 하다.

스기타 슌스케는 2000년대 이후의 일본 사회에서 격차와 빈곤의 문제로 언급된 프리터 노동자들에 관해 "프리터는 누구를 수탈하고 있는가?"라는 자극적인 논점을 제기했다. 격차사회론의 맥락에서 '피해자'에 위치에 선 프리터의 문제는, 불황 속에서 청년 남성 노동자가 여성, 노숙인, 외국인 노동자, 장애인의 일자리를 수탈하고 내쫓은 측면이 있다고 스기타는 지적한다.

> 일본형 프리터 계층의 문제를 생각할 때 우리는 동시에 중년과 노년 여성 노동자, 노숙인, 장애인, 외국인 노동자, 재일·아이누·오키나와 사람들과 아이들의 노동 문제를 함께 생각해야 한다.
> 긴 안목으로 보면 그 편이 스스로를 위해서 영혼의 연마와 도야에 절대적인 것이 된다.
> 그렇지 않으면 "자신들만 불행하다"는 과대한 피해 의식을 이겨낼 수 없다. 이겨낼 수 없기에 더 약한 자리에 놓인 타자들의 존재를 배제하고 축출한다. 그런 결과를 구조적으로— 무의식 중에— 만든다.[40]

프리터를 구제되어야 할 '피해자'로 파악하기만 하는 것이 아니라 동시에 '가해자'이기도 하다는 것을 바로 보지 않으면 타자를 배제하는 구조의 문제에 들어설 수 없다. 그뿐 아니라 그러한 구조의 재생산에 가담하게 된다.

■

[40] 杉田俊介, 『フリーターにとって'自由'とは何か』, 108쪽.

모두를 삼키고 무자비하게 돌고 도는 현실의 '구조'가 (공상적 승리가 아닌) 현실적으로 지양되지 않는 한, 우연적=중층결정적으로 흔들리는 상황 그리고 시세에 따라 약자가 한층 더 약자를 내리누르고 피해자는 언제든 가해자로, 가해자는 언제든 피해자로 전위=반전되고 만다. 게다가 하나의 사건이나 사고에 휘말린 순수 피해자인 상태가, 자기 이외의 타자가 휘말린 '남의' 사건이나 폭력을 불가피하게 맹점화=비가시화하여 순수 피해자인 상태가 곧바로 순수 가해자인 상태와 연결되고 만다.[41]

고개를 돌려서는 안 된다. 피해와 가해의 중층성 속에서 그 구조를 파악하고, 무력감과 절망의 늪으로부터 다른 삶을 공상해 나가야만 한다. 공상은 언제 어디서든지 도래한다. 큰 흐름의 한가운데에서도 무수한 작은 소용돌이와 다방향적인 흐름이 우리를 다른 삶으로 휘몰고 뒤흔들고 있다. 큰 흐름 속에 발생하는 무수한 작은 흐름을 사실 우리는 언제나 접하고 있다. 피해와 재난의 중층성을 인식하는 것은 셀 수 없는 다방향적 흐름의 차이에 휘말려 들어가면서 그 휘몰아치는 흐름을 잡으려는 인식 행위를 의미한다.

먹는 나와 먹히는 나의 교체=교류는 무한하게 반복되는 무의미한 삶을 살 수밖에 없는 무수한 **우리**를 피해와 가해의 중층성 속에서 파악하는 계기를 품고 있다. 상호살육의 무한 루프 속에서 그것은 끊임없이 반복되어 온 일이었다. 상호살육의 무한 루프는, 살 만하다고 여기지 못하는 생을 피할 수 없다는 무력감의 심리적인 표현이다. 나는 지금까지 몇 번이고 죽이고 몇 번이고 살해되어, 죽고 죽이는 관계의 절대성을 피할 수 없었다. 혹은 죽이기까지 이루 말할 수 없을 정도로 죽이고, 살해되기까지 이루 말할 수 없을 정도로 살해되어 왔다. 그러나 죽고 죽이는 관계성 속에는 확실히 죽이는 사람과 죽는 사람 사이에서 무한한 차이의 차이가 생겨날 가능성이 항시 잠재되어 있는 것이다.

'**나야 나**'라고 말하지 않아도 좋은 공동체의 가능성은 언제 어디서든 있었음에 틀림없는 것이다.

■

41 杉田俊介, 『フリーターにとって'自由'とは何か』, 143쪽.

5. 끝으로

나라는 동일성의 공동체는 융합 가운데 소실되도록 운명 지어져 있었다. 누구든 똑같은 **나**라는 동일성에 휘말려 들어가면서 **나**의 쾌락은 이윽고 증오의 상호성으로 변질된다. 고립된 삶을 사는 이들이 교감을 추구해 서로 접근했음에도 불구하고 그 결과는 서로 죽고 죽이는 참극이 되었다. 『오레오레』가 그리는 사태는 고립된 삶을 사는 우리가 서로 상처 입히는 일을 멈추지 못한 채 그저 그렇게 보내는 일상의 과장된 표현일 것이다. 같다는 점 때문에 안심하려는 욕망은 전면에 놓이기 쉽고, 차이를 향한 욕망은 뒤로 밀리기 쉽다. 어떤 구실을 붙이며 우리는 이질적 타자, 미지의 타자와의 만남을 피해 그것을 정당화함으로써 무언가 지키려는 것처럼 보인다. 하지만 도대체 무엇을 지키자는 것인지.

동일성을 향하는 압도적인 소용돌이 속에서도 항시 초과되고 다를 방향으로 휘말려드는 차이의 흐름은 항시 어딘가에 잠재하고 있다. 나 사이의 시기와 의심과 증오의 관계에서조차 관계를 변질시키는 타자의 인식은 가능할 터이다. 미지의 타자를 증오할 수는 없다. 미지의 타자를 기존의 도식에 적용시킴으로써 간신히 타자를 증오할 수 있게 된다.

바타유는 웃음 가운데 미지의 타자와의 교류하는 삶을 간파하고 있었다. 터진 웃음, 경련하는 운동 속에서 나의 웃음과 그의 웃음이 서로 울려 퍼져 웃음이 웃음을 부르고 나도 그도 웃음 속에 휘말려 들어가 그 안에서 무한한 차이가 폭발한다. 웃음은 결코 하나로 융합되는 일 없이 서로를 향한 반향 속에서 떠들썩거리는 것이다.[42]

바타유는 좀처럼 만나지 않던 친구를 우연히 만났을 때 짓는 웃음을 언급한다. 우연한 만남은 이미 알던 친구가 미지의 타자로 출현하는 경험이다. 미지의 타자가 기습하며 나와 그는 서로 웃는다.

나는 단지 나를 닮기만 했던 것일까? 닮은 것과 서로 같은 것은 다르다. '서로 같은 것'은 단순한 동일성의 인식에 지나지 않지만 '닮은 것'은 동일성과 차이를 동시에 파악하는 지각이다. 그리고 닮음에 대한 지각은 재미를 동반한

■

42 "웃는 자는 자신의 서먹한 고독을 누군가 훔쳐가기라도 한 듯이, 누구든 급류 속에서 떠들썩거리는 시냇물처럼 삶의 일순간을 사는 것이다" (G·バタイユ, 『呪われた部分 有用性の限界』 筑摩書房, 2003, 203쪽.)

다. 로제 카유아(Roger Caillois)가 의태(mimicry)를 놀이 유형의 하나로 든 것처럼 의태(흉내 내기)는 재미있고 웃음을 불러일으키는 것이다.

내가 **나**와 처음 만났을 때 기습적인 웃음이 일어났더라면 좋았으리라. 거기에 또 하나의 삶을 향한 통로가 열려 있었을 터, 작정하고 찾는다면 언제든 눈앞에 벌어지는 일이기도 하다. **'나야 나'시대**가 여러 번 회귀한다고 해도 웃음은 언제든 기습해 들어올 것이다.

04

고바야시 마사루의 삶에서
두 번의 휘말림

가게모토 쓰요시(影本剛)

1. 조선의 일본인, 고바야시 마사루

고바야시 마사루(小林勝)라는 작가가 있다. 그는 1927년 조선의 경상남도 진주에서 태어나 1971년에 일본 도쿄에서 사망했다. 그는 소설을 썼지만, 그것은 예상치 못했던 어떤 만남을 통해서였다. 결코 예상할 수도 없었고, 만나려는 의도도 가질 수 없었던 어떤 만남, 그는 그 만남에 '휘말려 들어가' 소설을 쓰게 된다.

그는 식민지 조선 출신의 일본인이었다. 1945년에 일본이 패전하였을 때, 그는 만 열일곱 살이었다. 그에게 조선인은 항상 이웃에 있었음에도 불구하고, 전쟁의 시대 속에서 그는 그 이웃과 만나지 못한, 그런 의미에서 성실한 일본인으로서 자랐다.[1] 그가 작품에서 그려낸 인물은 '조선인과 이웃에 살면서도 조선인과 만나지 못하는' 일본인의 모습이었다. 그것은 어쩌면 그렇게 살았던 자신의 초상이기도 했을 것이다. 아래와 같은 그의 글을 보면 이러한 상황을 짐작할 수 있다.

■

1 조선 출신 혹은 조선에서 자란 일본인 문학자는 많으며, 그들이 쓴 작품은 일본의 '전후문학' 안에서도 중요한 위치를 차지한다. 예를 들어 모리사키 가즈에(森崎和江, 1927~), 무라마쓰 다케시(村松武司, 1924~1993), 고토 메이세이(後藤明生, 1932~1999), 이쓰키 히로유키(五木博之, 1932~) 등이 있다. 이 글에서는 제대로 논의할 수 없지만 고바야시 마사루를 언급할 때, 1927년에 태어났다는 '세대'적 문맥은 간과할 수 없다. 고바야시의 앞 세대는 징병검사를 받아 전쟁터로 나가야 했다. 그보다 아랫세대는 전쟁의 시기를 어린 시절에 보냈다고 회고할 수 있다. 이처럼 두 살, 세 살의 차이가 전쟁에 대한 감성의 차이로서 나타나게 된다. 고바야시의 세대는 바로 전쟁의 광기가 넘치는 이데올로기와 자신의 정체성 획득과정이 겹치는 세대라고 할 수 있다.

나에게 낙동강은 무한의 매력과 미(美)를 갖춘 존재이며, 나는 더할 나위 없이 저 강을 좋아했다. 그러나 당연하지만 어린 나에게는 그것이 타국의 강이라는 인식이 전혀 없었다.[2]

낙동강을 일본의 강이라고 생각한다는 것은 그 시대의 그에게는 당연한 일이었다. 그러한 그가 어떻게 변화해 가는가, 그것에 대해 밝히는 것이 이 글에서 시도하려는 일이다. 일본에서도 그렇게 유명하지는 않지만, 한국에서는 더욱 생소한 인물이기에 일단 고바야시 마사루라는 작가의 전기적·문학적인 면을 소개하면서 쓰겠다.

「포드 1927년」[3]은 그가 자란 진주를 무대로 삼았다고 생각할 수 있는 작품인데, 이 작품에서는 일본 각지로부터 낙동강 원류의 마을로 유입해 오면서 형성된 일본인 사회가 그려진다. 그들은 자신의 고향을 가게 간판에 걸었다. 그 마을은 대일본제국의 한 지방이었지만, 동시에 마을 안에 일본 각 지방이 있었던 셈이다. 덕분에 이 작품의 주인공은 일본을 가 본 적이 없지만 일본 각 지방에 대해 알고 있었다. 작가인 고바야시 마사루도 역시 그러했으리라고 짐작할 수 있을 것이다.

그는 대구에서 중학교(구제)를 다녔다. 그 당시의 중학교를 무대로 삼는 그의 소설의 제목은 「일본인 중학교」[4]이다. 이 작품의 화자인 '고로'(五郎)는 중학생이다. '고로'가 다니는 중학교에 교사가 도쿄에서 새로이 전근해 온다. '고로'에게는 그 교사가 자신이 동경하던 대상인 도쿄의 살아 있는 화신으로 보인다. '고로'는 경찰관인 아버지가 3.1운동 당시 경험했던 무시무시한 이야기를 늘 들었다. '조선인처럼 신뢰할 수 없는 놈은 없다'[5]는 아버지의 말이 그의 신체에 스며들었다. '고로'는 도쿄에서 온 교사를 흠모해 늘 가까이 하지만 이윽고 이 교사가 조선인이라는 사실을 알게 된다. 학생들은 교사의 본명을 수업이 시작되기 전 칠판에 써 놓는다. 교실에 들어온 그 교사는 지우개도 없이 맨손으로 칠판을 지우며 책상을 마구 걸어찬다. 여름방학이 지나 그의 자

2 小林勝, 「日本文学に現れた朝鮮の顔貌(二)」 『コリア評論』 6권 3호, 1964.
3 小林勝, 「フォード・一九二七年」 『小林勝作品集 1』 白川書院, 1975.
4 小林勝, 「日本人中学校」 『小林勝作品集 1』 白川書院, 1975.
5 小林勝, 『小林勝作品集 1』 108쪽.

리에는 다른 일본인 교사가 온다. 일본인 학생 사이에서는 도쿄에서 온 그 조선인 교사가 압록강을 건너 떠나갔다는 이야기가 오간다.[6] 고바야시는 다른 수필[7]에서 대구 중학교에 다니던 시기를 회상하면서 함께 다녔던 조선인 학생의 본명을 몰랐다고 말한다.

대구중학교를 졸업한 그는 일본 패전 직전, 도쿄의 육군유년사관학교(陸軍幼年士官学校)에 입학했다. 이는 만일 일본의 패전이 늦었으면 그는 특공대원으로서 죽었을 가능성이 높았음을 뜻한다. 그는 그럴 정도로 성실한 일본인이었다. 그는 당시의 자신의 상황에 대해 쓴 수필에서 아래와 같이 썼다.

전쟁이 끝났을 때 나는 열일곱 살이었다. 나는 그때 국군학교에 다니고 있었으며, P51의 습격에 고사기관총으로 대항했지만, 머릿속은 무참할 정도로 공허했다. 쓸데없이 감각만은 날카로웠지만 우리 두뇌의 정상적인 발달은 14, 5세를 경계로 하여 단절되어 버렸다.[8]

갑자기 찾아온 일본의 패전으로 인하여 그는 살아남았다. 패전 후 그는 새로운 세계를 알게 된다. 그가 저음 공산당의 연설을 들었던 밤, 그는 잠이 오지 않을 정도로 흥분했다.[9] 그러고는 곧 공산당에 입당했다. 그는 역사를 배우면서 자기가 조선 출신이라는 것이 가지는 의미를 인식하기 시작했으며, 열심히 학생운동에 매진했다. 1950년에 시작된 한국전쟁에서 그는 전장이 되어 버린 그의 고향을 보게 된다. 그래서 그는 다른 누구보다도 열심히 한국전쟁을 반대하는 운동에 참여한다. 시위에서 화염병을 던졌다는 혐의로 체포당하기도 한다.

이 과정에서 그가 이후 거듭 언급하는 만남이 있었다. 그것은 그가 체포당한 뒤 구치소에서 있었던 어떤 조선인과의 만남이다. 일본에 살고 있던 이 조선인 수형자는 형기를 마치자 나가사키 현(長崎県)에 있는 오무라(大村) 수용소로 수송된 후 한국으로 강제송환된다. 특히 공산당과 관계 맺은 수형자의

6 이 조선인 교사의 모델은 나중에 한국의 대통령이 되는 최규하였다. 이에 대한 자세한 고찰로, 하라 유스케(原佑介), 「고바야시 마사루와 최규하」, 『사이』(間)(12호, 2012)가 있다.

7 小林勝, 「日本文学と朝鮮」, 『アジア·アフリカ通信』 3号, 1961, 6쪽.

8 小林勝, 「十年」, 『新日本文学』 1955年 11月号, 新日本文学会, 261쪽.

9 小林勝, 「十年」, 261쪽.

경우, 그가 한국으로 송환됐을 때 어떤 결과를 감당해야 하는지는 명확한 것이었다. 그는 일본 정부의 이런 정책과, 그 정책을 제대로 비판하지 못하는 공산당에 대해 강렬한 분노를 품게 되었으며, 바로 이 분노에서 그의 문학은 시작된다.

그는 일본의 패전과 더불어 성실한 일본인으로 살아온 자기와 결별하며, 의식을 변화시켜 왔다. 군인이었던 그가 공산당원이 된 것이다. 그리고 그는 구치소에서 만난 조선인 정치범과의 만남에, 그의 강제송환이 야기한 분노에 휘말려 들어가 비로소 소설을 쓰기 시작했다. 성실한 일본인이었던 그가 공산당원이 된 것이 능동적이며 의식적인 것이었다면, 그가 소설을 쓰게 되고 문학의 영역에 들어가게 된 것은 강제송환당한 조선인 정치범과의 만남이라는, 자신으로선 어떻게도 할 수 없는 사건에 휘말려 들어가는, 결코 능동적이라고 할 수 없는 지점에서였다는 것이다.

이 글에서는 첫째, 그로 하여금 소설을 쓰게 만들었던 이 휘말림에 대해, 그 휘말림의 과정에 대해 보고자 한다. 둘째, 휘말려들어 쓰기 시작한 소설이 그로 하여금 어떤 식으로 조선인과 연대하게 만들었는지 그리고 이 글쓰기가 작가를 어떻게 변화시켰는지를 보고자 한다. 셋째, 1960년대에 들어 그는 결핵에 걸려 폐를 잘라 내는 수술을 했으며, 몸이 깨지는 체험을 하게 되는데, 이는 그의 생각 또한 크게 바꾸어 놓는다. 이처럼 몸이 깨지는 체험, 그 또 한 번의 휘말림에 의해 작가가 어떻게 스스로의 사상을 변화시켰는지를 보고자 한다. 이로써 휘말림을 통한 변화라는 것이 능동적인 자기 변화의 틀 안에서는 도저히 할 수 없는 어떤 작업을 가능하게 한다는 것을 확인할 수 있을 것이다.

2. 인생을 바꾸는 휘말림

고바야시 마사루는 감옥에서 만난 조선인에 휘말려 들어가게 되면서 소설을 쓰게 된다. 그는 이 과정을 통해 자신이 운동 속에서 시도해 온 바를 그려 내며 조선인과 일본인의 연대를 추구한다. 일본의 패전 덕에 특공기에 탄 채 죽는 일을 피할 수 있었던 고바야시는 레드퍼지 반대운동[10]을 했다는 이유로 재

---

10 레드퍼지(red purge)는 공산당원 및 동조자를 공직이나 기업에서 추방하는 정책이다. 일본에서는 미군점령하에서 1949~50년에 행해졌다. 고바야시 마사루는 이 정책에 반대하는 운동에 참여했다.

학중이던 와세다(早稻田) 대학교로부터 정학처분을 받자 스스로 자퇴를 한다. 그러고는 곧바로 운동의 한복판으로 뛰어들어간다. 이것은 그때까지 무의식적으로 일본인으로 자라 온 자기 자신과의 결별의 과정이었다. 이 과정을 통해 그가 조선인과 어떻게 연대를 향해 나아갔는지는『단층지대』와「가교」라는 작품에서 볼 수 있다.

　　장편『단층지대』(1958)[11]는 1950년대 전반, 일본공산당의 비합법활동 시기, 군사활동을 하던 병사로 도쿄를 종횡무진하던 기타하라(北原)를 주인공으로 하고 있다. 기타하라는 조선출신이다. 한국전쟁에 반대하는 시위에서 기타하라는 화염병을 던졌다는 이유로 체포를 당하는데, 그는 구치소에서 형기를 마치자마자 한국으로 강제송환을 당하는 조선인과 만나게 된다. 이미 본 것처럼 이는 고바야시 자신의 이야기였다. 1952년, 한국전쟁 발발 2년째를 맞이할 때 일본 각지에서 시위가 일어났다. 오사카에서는 군용철도의 운행을 막기 위해 시위대가 역사(驛舍)를 일시적으로 점거했다. 고바야시가 도쿄에서 화염병 투척혐의로 체포된 것도,『단층지대』에서 기타하라가 동일한 혐의로 체포된 것도 바로 이를 계기로 하고 있다.

　　『단층지대』는 1958년에 쓰인 작품이다. 이 작품에서 기타하라는 자신이 조선 출신이라는 사실의 자각에 의해, 식민지 지배의 자책감으로 인해, 조선에 대해 품은 부채감을 해소하려는 마음으로 운동을 참여하게 되었다고 말한다. 이런 기타하라에게 감옥 안에서 조선인 동료와의 만남은 특별한 의미로 다가왔을 것이다. 그러나 오무라 수용소로 상징되는 일본 국가에 대해서, 그런 일본 국가를 제대로 비판하지 못하는 일본공산당에 대해서 그는 분노하면서도, 아직 그는 일본공산당도, 일본 국가 자체도 제대로 비판하지는 못했다. 가령 작품 마지막 부분에서 기타하라가 '우리가 당이다'[12]라는 말을 하는 것에서 볼 수 있듯 그는 아직 일본공산당 내부자의 관점에서 머물러 있기 때문이다. 이 작품에 대해서 훗날 고바야시 마사루는 자기비판을 한다.[13] 즉 이『단층지대』에서는 구치소에서 만난 조선인에 휘말려 들어가 분노를 느끼게 되는 장면이

■

11 小林勝,『斷層地帶』, 書肆パトリア, 1958(전 5권). 이 글에서의 인용은 다음 작품집을 기준으로 했다. 小林勝,『小林勝作品集 2』, 白川書院, 1975.
12 小林勝,『小林勝作品集 2』, 457쪽.
13 小林勝,「二つの感想」『新日本文学』1964年 6月号. 이 작품의 한계에 대해서는 마루카와 데쓰시도 언급했지만 이미 작가 스스로가 자기비판을 한 적이 있다. 丸川哲史,『冷戦文化論』, 双風舎, 2005, 149~150쪽.

그려져 있을 뿐이며, 이 분노를 자신이 진정한 공산당이라는 식으로 처리함으로써 봉합하고 해소시켜 버렸다는 것이다.

고바야시 마사루는 1960년대부터 한국전쟁 당시의 구체적인 운동 현장에서 조선인과 일본인이 만나는 작품을 쓰기 시작한다. 일본에서 군용열차를 한 시간 지연시키면 조선인 1천 명을 살릴 수 있다고 이야기하던 50년대 전반, 당시의 한국전쟁 반대운동은 치열한 싸움과도 같았다. 일본공산당의 틀 속에서 공산당 운동을 비판했던 작품이 『단층지대』라면, 「가교」(1960)[14]는 그 틀을 벗어난 작품이라고 할 것이다. 이 작품은 한국전쟁 시기에 야학에 다니던 아사오(朝雄)와 공산당의 비합법조직에서 모토무라(本村)라는 이름으로 불리던 조선인 청년이 함께 미군기지의 군용 물자를 파괴하려 시도하는 이야기이다. 아사오는 조선 북부 출신이다. 아사오의 아버지는 경찰이었으며, 일본 패전과 함께 소련군에 연행되어 처형당한다. 그렇기 때문에 아사오의 어머니는 공산주의를 증오하고, 아사오가 공산당과 가까워지고 난 뒤 서로 말도 나누지 않는 사이가 된다. 아사오는 일본으로 귀환한 후 역사를 배우면서 아버지가 경찰로서 행했을 역할을 알게 되고, 사랑하는 조선에 대해 자책감을 갖기 시작한다. 그래서 '아사오'는 현실을 변혁하기 위해 공산당의 비합법조직으로 들어간다. 여기까지는 『단층지대』와 유사한 줄거리라고 할 수 있지만, 「가교」는 다음의 줄거리에서부터 더 나아가고 있다.

아사오와 모토무라는 화염병으로 군사물자를 파괴하는 임무에 실패하고 만다. 왜냐하면 미군기지 안으로 침입하는 데에는 성공했지만 화염병을 던질 수 있는 범위 안에 군용 물자가 없었기 때문이다. 둘은 변장을 풀며, 조선 식당에 들어간다. 식사와 함께 서로 개인적인 이야기를 나누며 모토무라는 "우리 아버지도 일본인이 죽였다"[15]고 말한다.

제목으로 보자면, '단층지대'를 넘어갈 '가교'라는 이미지로 두 작품을 연결할 수도 있겠지만, 실제로 뒤의 작품에서 그려졌던 것은 '가교'가 아니라 '가교'의 어려움이었다. 『단층지대』와 「가교」에서 공통되는 점은 식민지 조선에서 일본인으로 자라며, 군국주의를 몸에 새긴 청년이 일본 패전 후 조선의 역

■

14 小林勝, 「架橋」, 『文学界』 1960年 7月号.
15 小林勝, 『小林勝作品集 4』, 白川書院, 1976, 87쪽.

사를 배우고 한국전쟁이 시작될 때 그 전쟁을 막기 위해 운동을 벌여 자신을 변혁시킨다는 점이다. 이는 일본인이 '되어 왔던' 자기와의 결별이며, 동시에 자신을 변혁시켜 다른 어떤 존재가 '되어 가는' 것을 다루려고 하는 것이다. 반면 두 작품의 차이점이라면 「가교」는 이들이 목표로 했던 미군물자 파괴에 무참히 실패하는 것으로 그리고 있다는 점이다. 그리고 이 실패를 보는 견해차로 인해 둘의 연대는 깨진다. 다음 기회가 있다고 말하는 일본인 아사오와 실패했기 때문에 동포의 목숨을 빼앗겼다고 하는 조선인 모토무라의 대비를 통해 양자 사이의 연대가 생각보다 쉽지 않을 것임을 보여 주는 셈이다.

통상적인 연대의 영역에서, 쉽게 생각할 수 있는 연대의 이미지 속에서 뜻하지 않은 간극을 포착하는 힘은 유사한 혐의로 체포되었던 조선인 동지가 자신과 전혀 다른 길을 가야 했던 불편한 이별의 체험에서 비롯되었을 것이다. 고바야시 마사루는 그 당시 구치소에서 쓴 노트를 소개한 적이 있다.

그대들은 어디로 갔는가? 5년 만에 출옥해서도 여전히 단지 조선인이라는 이유로 수갑을 풀지 못하고, 매사에 간수와 충돌하던 그대는, 작은 강철 공 같던 리 쇼 게이는.
그대들은 어디로 갔는가? 3년의 형을 마치고 눈동자에는 아직 소년의 티가 흘러 넘치지만, 단지 조선인이라는 이유로 죽음이 확실하게 기다리고 있는 조국으로 송환되어 간 소 자이 인은.[16]

고바야시 마사루가 소설을 쓰게 된 것은 이런 만남과 이별 때문이었고, 이 만남과 이별이야말로 고바야시의 실존을 뒤흔드는 강력한 사건이었음이 분명하다. 고바야시는 깊은 위화감을 남겼던 이 사건에 휘말려 들어가 분노를 바탕으로 소설을 썼다. 이 휘말림은 멈추지 않았고 깊어만 갔다. 이처럼 '단층지대'와 '가교'에 이르는 변화 속에는 조선인과 '연대'하려고 하는 강한 의지가 담겨 있지만, 두 작품 사이에는 그 연대의 어려움과 양자 간의 비대칭성에 대한 가슴 아픈 인식이 가로놓여 있다.

■

16 小林勝, 「私の「朝鮮」」, 『小林勝作品集 4』 254쪽. 인용은 한국어 번역판을 참조했다. 고바야시 마사루, 『쪽발이』, 이원희 옮김, 소화, 2007, 309쪽.

3. 주체가 부서져 가는 휘말림

1964년, 고바야시 마사루는 결핵으로 폐 안에 구멍이 생기면서 자택 요양을 시작한다. 1966년에는 요양소에 입원해 두 차례의 수술을 받는다. 결핵과 수술은 그를 결정적으로 바꿔놓았다. 이는 1971년에 사망할 때까지 조선에 대한 인식 또한 좀더 심화시키는 계기가 된다. 감옥에서 만난 조선인에 휘말려 들어간 것이 일본인으로서 살아온 자기와 결별하며 스스로를 변화하게 만들었다면, 이제 병에 걸린 신체와 수술은 그의 인식이 자신의 몸에 휘말려 들어가게 한다. 신체에 휘말려 들어감으로써 이전까지의 의식적인, 그런 만큼 어느 정도 능동적인 결별로서는 불가능했던 또 다른 결별이 가능해진다. 이 신체적 결별은 이전의 결별과 직접적인 관계가 없어 보이지만, 실제로는 이전부터 진행되던 결별을 더욱 멀리 밀고 나아가는 방향으로 진행된다. 그것은 신체가 자신의 과거와 결부된 것이기 때문이었던 것 같다.

고바야시 마사루가 수술 후 퇴원한 다음 발표한 첫 작품은 「메스와 늑대」(1967)[17]이다. 이 작품에서 우리는 그때까지와 다른 신체감각을 확인할 수 있다. 예컨대 '소리'에 대해서는 다음과 같이 표현한다.

처음에 목소리만 들리기 시작했다. 목소리는 먼 곳에서 조심조심 느긋한 걸음으로 다가왔다.[18]

이 작품의 화자인 '하마'(浜)는 목소리를 내고 있었지만 의사와 간호사는 그 소리를 듣지 못한다. 하마는 가래를 뱉기 위해 기침을 한다. 그 순간 하마는 '내가 부서졌다'고 느낀다. 이유가 무엇이든 그때까지의 하마는 자신이 절대적인 하나의 주체라고 생각하면서 살아왔다. 하나의 주체로 하나의 별로 살며, 자신을 변화시키려고 했던 하마는 타인들에게 가닿지 못하는 자신의 목소리 앞에서, 듣게 만들지 못하는 자신의 신체 앞에서 자신이 '부서졌다'[19]고 느끼게 된다. 이 신체적인 '부서짐'은 「메스와 늑대」 다음에 쓰여진 「눈 없는 머리」(1967)에서 집중적으로 나타난다.

■

17 小林勝, 「メスと狼」, 『新日本文学』, 1967年 2月号.
18 小林勝, 「メスと狼」, 6쪽.
19 小林勝, 「メスと狼」, 8쪽.

수술한 다음, 나는…… 별이 되어 날아갔다……인간의 세계는 너무 따뜻한 것이었다고 생각하면서, 그로부터 떠나 차가운 별이 되어 휙휙 흘러가는 것이다.[20]

고바야시는 신체가 부서지는 경험을 통해 각자가 주체적인 인간의 세계를 떠나 자아라는 주체가 분열되어 많은 별들로 흩어져 날아가는 세계로 들어갔다. 이 작품에서 평평한 길이 언덕이 되며, 아무것도 아니던 것이 목숨을 건 일이 되는 신체적 변화가 나타난다.

「눈 없는 머리」의 주인공 '사와키'(澤木)는 조선에서 일본인 교사의 아들로 태어났다. 그는 현재 결핵 수술을 마치고 요양 중이다. 그는 한국전쟁 반대운동, 조선인과의 연대운동을 한 경력도 있다. 그러나 사와키가 수술을 받고 몸이 부서진 이후, 그간 자신이 주체적으로 획득해 온 사상 역시 부서졌다. 그것은 사와키의 말을 인용하면 '절망'[21]이다. 사상이 부서졌다는 것은 구체적으로 조선인에 대한 증오를 그려 내는 곳에서 볼 수 있다. 운동 속에서 극복해야 했던, 또한 극복했다고 믿었던 조선인에 대한 뜻하지 않은 증오가 솟아오른 것이다. 그것은 어린 시절 조선에서의 그의 경험과 관련된 것이었다. 사와키가 어렸을 적 그는 조선인 '도쇼쿠'에게 따돌림을 당했다. 그 도쇼쿠에 대한 증오가 뒤늦게, 뜻하지 않은 곳에서 솟아난 것이다. 「눈 없는 머리」에 앞서 쓰였던 「밤의 다음의 바람의 밤」(1967)[22]에서는 도쇼쿠가 어떤 폭력을 휘두르는지 소개할 뿐이지만, 「눈 없는 머리」에서는 도쇼쿠의 형이나, 도쇼쿠의 현대판이라고도 할 수 있는 '하주남'(荷住男)이 등장한다. 즉 두번째 세번째의 도쇼쿠들이, 복수의 '도쇼쿠'들이 등장한다.

도쇼쿠의 형 '이경인'(李景仁)은 학교 사무원(고쓰카이) 일을 하며 어린 사와키를 귀여워한다. 사와키도 역시 이경인을 신뢰하며 좋아한다. 그러나 이경인은 독립운동을 했다는 혐의를 받고 경찰서에서 고문을 받는다. 그는 이 혐의로 인해 학교에서도 해직되어 날품팔이 일을 하다가 병이 나서 누워 지낸다. 사와키는 어머니의 심부름으로 이경인의 집에 계란을 가져가는데, 이경인

20 小林勝, 「目なし頭」 『小林勝作品集 4』 白川書院, 1976, 184~5쪽
21 小林勝, 『小林勝作品集 4』, 187쪽
22 小林勝, 「夜の次の風の夜」 『小林勝作品集 5』 白川書院, 1976

은 일본인 사와키가 주는 계란을 거절한다. 이경인은 이미 계란을 깨트릴 힘조차 없어 계란을 단지 8월 태양 밑으로 내려놓기만 한다. 그러나 이 행위로 인해 어린 사와키의 마음속에 있던 신뢰나 동경은 계란이 산산조각나듯 완전히 부서져 버린다.

사와키는 신체가 부서지면서, 그렇게 부서지는 자기 신체에 휘말려 들어감으로써 비로소 많은 일을 알게 된다. 사와키는 도쇼쿠에 대한 증오, 즉 조선인에 대한 증오를 운동 속에서 극복했다고 생각했지만, 생각대로 조종할 수 없는 자기 신체로 인해 과거의 증오가 솟아난 것이다.

> 식민지가 도대체 무언가를 그가 이해했을 때, 그는 말할 수 없이 무거운 것이 자신을 억누르고 있음을 느꼈고, 일본인인 사와키는 조선인에 대해서 죄책감을 갖고 있음을 확실히 깨달았다. 사와키는 이경인이나 도석(도쇼쿠—인용자)에 대한 원한이나 증오가 사라지지 않고 강하게 남아 있는 것이 부끄러워 결코 입 밖에 내지 않았으며 아내인 유키에게조차 말하지 않았던 것이다. 죄책감을 느끼면서 또한 이경인과 도석을 엄청 증오하는 마음이 있었던 것이고 이런 모순적인 감정으로 인해 그는 괴로워했던 것이고, 그래서 가급적 이경인과 도석을 떠올리지 않으려고 노력해 왔던 것이다.[23]

계란을 빌려 지각된 이 부서짐의 이미지가 병으로 인해 부서진 사와키의 신체를 통해 되살아난 것이다. 그러나 부서진 것은 어린 사와키의 신뢰만은 아니었던 것이다. 사와키는 신체가 부서지는 경험을 통해 자신의 기억 속에 의식되지 않은 채 존재하던 어떤 것을, 또 다른 과거의 어떤 부서짐을, 그 부서짐의 의미를 알게 된다. 부서져서 무력한 사와키 자신의 신체가 잊혀졌던 이경인의 신체를 불러들인다. 계란조차 깨트릴 수 없는 이경인의 모습은 수술한 이후의 사와키의 모습과 동일했던 것이다. 이전에 사와키는 부서진 자신의 절망밖에는 알지 못했다. 그러나 이제 병으로 자신이 부서지는 경험을 통해 병든 이경인 역시 그때 부서졌었다는 것을 30년이 넘는 시간이 흐른 뒤에 경험하게 되었던 것이다.

■

23 고바야시 마사루, 「쪽발이」 234쪽.

사와키의 신체적 부서짐은 그렇게 부서질 때까지 그 자신이 갖고 있었던 '하나의' 신체, '하나의' 사상을 더 이상 하나로 봉합하지 못하게 만들었다. 그 과정에서 사와키는 일본인의 아이인 어린 시절의 사와키를 증오한 이경인이 되어 갔다고 말할 수 있다. 즉 사와키는 신체적인 조건으로 인해 자기 신체에 휘말려 들어감과 동시에 과거의 기억과, 과거에 이해하지 못했던 조선인 이경인에 휘말려 들어가면서 조선인 이경인의 삶을 추체험(追體驗)하게 된다. 이미 죽은 조선인의 삶을, 30년이 지난 뒤에 경험하는 놀라운 반시대성, 그는 그것을 부서진 자신의 신체에 휘말려 들어감으로써 비로소 체험할 수 있었던 것이다.

사와키의 과거는 그의 폐처럼 잘라낼 수 없었다. 오히려, 과거를 매몰해버리는 것은 있을 수 없는 것이다.[24] 여기서 주목할 점은 현재의 부서짐이 있었기에 과거의 부서짐을 체험할 수 있다는 점이다. 즉 여기서는 과거 다음에 현재가 오는, 우리가 흔히 생각하는 시간 흐름과는 전혀 다른 시간이 끼어든다. 오히려 현재의 부서진 신체의 틈새로 끼어드는 과거의 습격을 통해, 사와키는 삶을 내려놓을 수밖에 없었던 이경인의 삶에 휘말려 들어가 다른 시간 속에서 이경인을 살게 된 것이라고 할 수 있다. 현재의 '사와키'에게 과거란 현재를 움직이는 하나의 요인이 아니라 현재 자체인 것이다.

이경인이 살아 있었더라면 사와키는 자신이 퍼부은 것들을 회수하고, 어른들끼리 새로운 신뢰를 가질 수 있는 가능성이 있었을 것이다. 하지만 그는 대상을 잃어버렸고 돌비석이 되어 버린 모욕과 증오를, 주문을 상실한 괴로운 심정으로 바라보지 않으면 안 된다.[25]

형식으로서의 연대란 마음속 깊은 신뢰가 없이도 가능할 것이다. 죄책감이나 동정이 연대의 이유가 될 수도 있을 것이고, 이해관계나 대의 또한 이유가 될 수 있을 것이다. 과거의 어떤 상처와 불신, 미움이 있다고 해도 말이다. 그러나 그것은 역으로 연대의 행위 속에서 사실은 이전의 상처나 감정, 불신

■
24 小林勝, 「目なし頭」, 161쪽.
25 고바야시 마사루, 『쪽발이』, 222쪽.

이 가려져 보이지 않음을 뜻할 수도 있을 것이다. 그것이 이처럼 봉합되거나 지워져 보이지 않을 때, 연대는 깊이를 가늠하기 어려울 것이다. 왜냐하면 연대의 최대치는 그 가려진 상처에 의해 제한될 것이기 때문이다. 다시 말해 사와키는 '새로운 신뢰'를 원하지만, 이는 사와키가 과거의 상처를 다시 체험한 다음에나 겨우 얻어지는 것이다.

우리는 상처가 드러날 때 비로소 그 상처와 이별할 수 있음을 안다. 부서진 신체를 통해 비어지듯 드러난 과거의 상처, 잊었다고 생각했지만 잊지 못하고 있던 증오의 감정이 드러나고, 그 증오의 대상이었던 이경인의 신체로 자신의 마음이 이전됨에 따라 그의 증오도, 그의 불신도 이해할 수 있게 됨으로써 사와키는, 아니 고바야시는 조선을 향한 자신의 마음에 가로놓인 근본적 장애물을 넘어설 '가교'를 발견하게 될 것이다.

물론 사와키가 손을 내밀 대상인 이경인이 죽었으니 양자 관계에서 이 새로운 신뢰란 실현될 수 없는 희망일 것이다. 그러나 그 불가능한 희망 속에 새로운 현재, 혹은 새로운 미래가 숨 쉬고 있음을 안다. 그렇기에 고바야시는 불가능한 그것을 원하지 않을 수 없었을 것이다.

재일조선인 시인 김시종이 고바야시 마사루의 죽음에 대해 기고한 글에서 그가 살아 있었더라면 새로운 신뢰를 가질 가능성이 있다고 썼던 것은 이런 이유에서가 아니었을까?[26]

4. 그리움이 아닌……

고바야시 마사루는 전쟁의 시대 속에서 일본인이 되어 왔다. 그는 일본 패전 후 공산당에서 활동을 시작했다. 조선 출신이기에 특히나 한국전쟁에 반대하는 운동에 열심히 참여했다. 그는 시위에서 체포된 후 감옥에서 만난, 강제송환을 기다리는 조선인에 휘말려 들어가 분노가 담긴 소설을 쓰기 시작했다. 그의 작품은 날이 갈수록 강해지는 조선인과의 연대 의지로 인해 연대의 조건을 찾는 작업으로 이어졌다. 그것은 자기와의 결별과 동시에 자기 변화였다. 그러나 왕성한 집필활동을 펼쳤던 그는 결핵으로 인해 폐를 잘라 내는 수술을 받아야 했다. 그 결과 하나이던 신체가 부서졌으며, 그때까지 지녀 온 사상

---

26 金時鐘, 「この苦き対話」, 『新日本文学』 1971年 7月号, 新日本文学会, 1971, 158쪽.

도 부서졌다. 신체와 함께 과거로 휘말려 들어가며, 과거의 인물(이경인)이 된다. 이는 단지 자기에 대한 반성의 선을 따라가는 것이라기보다는 타인, 즉 당시 증오의 감정마저 품고 있던 조선인이 됨으로써 '자기'인 채로서는 결코 드러낼 수 없었고 알 수도 없었을 다른 지점에 이르는 것이었다. 이 과정에서 확인할 수 있는 것은 휘말려 들어감의 과정이란 단지 자기반성을 심화하거나 그에 따라 자기를 변화시켜 가는 것이 아니란 사실이다. 중요한 것은 하나의 주체, 하나의 신체, 하나의 사상을 유지한 채로는 도저히 경험하지 못할 만남이나 변화가 휘말림의 과정 속에서 가능해질 수 있음을 보는 것이다.

그가 말한 '그립다고 말하면 안 된다'는 말의 의미는, 이 두 개의 휘말림을 통해 조선에 대한 애정이 단지 그리운 과거에 머물러 있어서는 안 된다는 것이고, 조선인과의 연대 또한 그런 식의 연민 속에 갇혀 있어서는 안 된다는 의미일 것이다. 대립과 대결의 구도 속에서 어린 시절 자기도 모르게 갖게 되었던 증오마저 드러내고 넘어서는 과정은 '식민주의자로서의 위치에 있던 자신의 존재를 근본에서 추궁하는 길이었고 고통스러운 회로[27]였다. 이 회로는 두 고통스러운 휘말림이었다고 말해도 좋을 것이다.

■

27 梶村秀樹, 「植民地朝鮮での日本人」, 「梶村秀樹著作集 1」, 明石書店, 1992, 240쪽.

05

탈정체화된 연대와
탈개체화된 연대,
그리고 **인민의 생성**

정정훈

1. 희망의 버스와 절망의 차벽

2011년 한진중공업 공장이 위치해 있는 부산 영도. 거기에는 두 종류의 '버스' 가 서 있었다. 한편에는 노동자들의 삶을 파괴하는 정리해고에 맞서 사회연대 와 민주주의를 위해 투쟁하려는 사람들을 실은 버스가 있었고, 다른 한편에는 노동자와 대중의 연대를 가로막고 민주주의의 힘을 억제하려는 경찰 버스의 차벽이 있었다. 동일한 버스는 이렇게 전혀 다른 용법으로 사용되면서 하나는 '희망의 버스'가 되었다면, 다른 하나는 이 희망의 움직임을 한사코 봉쇄하려 는 '절망의 차벽'이 되었다.

확실히 절망의 차벽이 가지는 효과는 적지 않았다. 이미 노무현 정권 때 시위대를 가로막기 위해 설치되었던 차벽은 2008년 미국산 쇠고기 수입 반대 촛불집회에 이르러 '명박산성'이라 불리며 그 위력을 충분히 보여 주었다. 이 후 경찰은 대중 집회를 봉쇄하고 시위대를 차단하기 위한 전가의 보도로 차벽 을 사용했다. 시위대중의 흐름은 이 차벽에 막혀서 더 이상 전진하지 못한 경 우가 적지 않았고 시위대중의 에너지는 보다 더 강렬한 투쟁으로 증폭되지 못 하고 해소된 적도 많았다.

그러나 경찰의 차벽이 보다 나은 삶을 위한 대중적 희망의 흐름을 일시적 으로 차단할 수는 있었으나 민주주의와 사회연대의 복원, 심화, 확장에 대한 열망 자체를 완전히 봉쇄할 수는 없었다. 대중은 다양한 방식으로 홍대 두리반과 포이동 재건마을에서 철거에 맞서는 투쟁에 결합했고, 두물머리와 내성천에서 4대강 개발공사에 저항하는 싸움에 동참했다. 제주 강정마을 해군기지 반대 투쟁과 쌍용자동차 정리해고 무효화 투쟁에서도 대중의 연대는 계속되고 있다. 또한 이러한 결합과 동참, 즉 연대는 물리적 현장에서뿐만 아니라 SNS를 통한 가상세계에서도 활발하게 전개되고 있다.

물론 이와 같은 투쟁과 연대가 신자유주의라고 불리는, '1%'를 위한 권력 체제를 아직 전복해 낸 것은 아니다. 여전히 열세에 놓인 투쟁들도 적지 않다. 그렇기 때문에 이러한 운동의 한계를 비판하는 목소리 역시 적지 않게 제출되고 있다. 조직화되지 않고 지도되지 않는 대중의 자발적이고 자생적 투쟁의 한계나 정당에 의해 대의되지 않은 채 거리에서 울려 퍼지는 대중들의 요구들이 갖는 한계 또한 지적되고 있다.

물론 조직의 중요성을 전적으로 부정할 수 없고 대의제라는 현실 역시 완전히 거부할 수는 없을 것이다. 하지만 결국 대중들의 자발적이고 능동적인 투쟁과 연대는 조직의 형식으로 집결되고 대의제도로의 수렴되어야만 정치적으로 유의미한 결과를 낼 수 있다는 관점은 이 운동이 보여 주는 새로움과 더불어 그것이 민주주의 정치에 대해 가지는 근본적 의미를 놓쳐 버리는 것 같다. 희망버스를 비롯한 대중들의 새로운 투쟁과 연대의 양상은 한국 사회의 신자유주의 지배 체제를 뒤흔드는 중요한 동력이 되고 있다. 물론 이러한 연대와 투쟁만이 신자유주의 체제를 타격하는 유일한 운동이라고는 할 수 없지만 이 운동을 통해 그 어느 때보다 현재의 지배질서를 흔들 수 있는 가능성들이 발견되고 있는 것 역시 사실이다. 우리는 이 새로운 연대와 투쟁의 의미를 단지 현상적 수준이 아니라 그것이 민주주의와 정치에 대해 가지는 근본적 의미라는 차원에서 분석할 필요가 있다고 생각한다.

경찰이 만든 차벽이라는 절망의 버스와 연대 대오를 실어 나른 희망의 버스. 이 두 종류의 버스는 어쩌면 지금 한국 사회의 지배 권력과 인민-대중 사이에 벌어지고 있는 투쟁의 의미를 담지하고 있는 일종의 은유인지도 모르겠다. 우리는 2002년 이후 꾸준히 등장해 왔고 2011년 비약적으로 증식된 대중의 자발적 연대의 성격과 그 연대가 민주주의에 함의하는 바를 '희망버스'로 집약되는 대중의 새로운 투쟁방식에서 찾을 수 있다고 생각한다.

2. 연대의 새로운 양상 : 탈조직화된 연대와 직접행동

최근 한국 사회에서 전개되어 온 사회운동들의 현장들은 그 어느 때보다 연대의 힘을 강하게 보여 주고 있다. 두리반이 531일간 계속된 점거농성 끝에 투쟁에 승리할 수 있었던 원동력은 다양한 사람들이 결합된 연대투쟁으로부터 비롯된 것이라는 점에는 의심의 여지가 없을 것이다. 그리고 이러한 연대는 명동 카페 마리, 포이동 재건마을, 제주 강정마을, 부산 한진중공업, 두물머리 유기농단지의 투쟁 과정 등에서도 나타났다. 사회적 공공성을 파괴하고 사적 이익의 맹목적 추구를 국가운영의 근간으로 삼은 이명박 정권하에서 사적 이익의 장벽을 넘어서는 연대의 힘은 어떤 면에서는 오히려 강화되고 있다 할 수 있을 것이다.

그런데 여기서 흥미로운 점은 이러한 운동에서 나타난 연대의 양상이 이전 사회운동의 연대 양상과는 일정한 차이를 보인다는 데에 있다. 기본적으로 전통적인 사회 운동에서 연대란 명확한 사회적 정체성을 바탕으로 하여 조직된 집단들 사이의 연대였다. 다시 말해 기존의 연대란 특정한 이해관계를 중심으로 하여 형성된 정체성을 의식적으로 공유하는 세력들이 조직적 차원에서 또 다른 조직과 공동의 목표를 수행하기 위하여 결합된 상태를 의미한다.[1] 즉 농민과 노동자의 연대, 노동자와 빈민의 연대, 빈민과 학생의 연대라는 형식으로 연대가 이루어진 것이다. 좀더 구체적으로 말하자면, 전농과 민주노총이, 민주노총과 전철연이, 전철연과 학생조직 사이의 연대였다고 할 수 있다.

하지만 최근의 투쟁에서는 기존의 정체성과 조직집단으로는 포괄하기 힘든 대중들이 노동자의 투쟁에, 농민의 운동에, 빈민의 싸움에 연대했다. 희망버스, 강정마을, 두리반, 카페 마리, 포이동 재건마을의 투쟁 등에 연대한 대중들 가운데 많은 수는 노동조합, 농민조직, 빈민조직, 혹은 정당이나 사회운동단체에 소속되지 않았다. 운동 조직 내지는 집단 간의 연대로는 환원할 수 없는 불특정한 대중들의 자발적 연대가 뚜렷하게 증식하고 있는 것이다.

가령 희망버스는 이러한 경향을 명시적으로 보여 주고 있다. 2011년 벽두에 시작된 민주노총 부산지역본부 지도위원인 김진숙의 크레인 점거 농성이

---

[1] 손우정은 특정한 '정치적 정체성'의 동일성과 유사성을 바탕으로 형성된 세력 간의 연대를 "이질적인 세력이 공동의 문제를 해결하거나 공동의 적을 공격하기 위해 형성하는 유·무형적 관계 맺기"로 규정한다. 손우정, 「연대의 성격과 포괄적 대안연대」, 『급진민주주의 리뷰 데모스』, 2호, 데모스미디어, 2011, 147쪽.

185일째 되던 날 700여 명의 시민들을 실은 버스가 부산 영도의 한진중공업 공장에 도착했다. 이후 희망버스는 서울에서 진행된 4차 희망버스를 포함하여 총 5차례 진행되었으며 김진숙과 한진중공업정리해고투쟁위원회(이하 한진정투위)가 싸움을 지속하고 또 일정한 승리를 거두는 데 있어서 중요한 동력이 되었다.

그러나 주지하듯 희망버스는 분명 연대투쟁의 일환으로 진행되었지만 기존 노동운동의 연대와는 조금은 다른 방식으로 전개되었다. 김진숙과 한진정투위의 투쟁에 연대한 희망버스에는 노동조합이나 노동운동단체에 소속된 조직된 대오만이 참가하였던 것은 아니었다. 오히려 개별적 시민들이 중심이 되어 '희망버스'라는 운동을 확대해 갔다. 정리해고 폐기, 비정규직 철폐 혹은 노동해방과 같은 노동운동의 의제에 투철하게 동의해서 희망버스에 사람들이 탑승한 것만은 아니었다. "처음부터 나에게는 기필코 관철시키고 말겠다는 불타오르는 투쟁심 같은 것은 없었다. 그저 '이건 아닌 거 같은데, 이러면 안 되지' 하는 생각, 외롭게 싸우는 사람들에게 나도 당신들과 같은 생각이라는 걸 알리려는 이들 틈에 머릿수 하나 보태려는 마음뿐이었다."[2]는 한 참가자의 말처럼 그 가운데는 그저 '김진숙을 살려야 한다'는 마음이나 해고된 한진중공업 노동자들의 억울한 처지에 대한 공감 등의 소박한 정의감으로 움직인 이들도 많았다.

앞에서 언급했던 많은 연대투쟁이 이와 유사한 방식으로 진행되었다. 제주 해군기지에 반대하기 위해 평화비행기를 탔던 이들 가운데도 기존 사회운동 조직에 소속되지 않은 '일반시민'들이 많았으며, 장기간 이루어진 두리반 점거 농성 역시 전통적인 사회운동 세력 간의 연대로는 설명할 수 없는 다양한 사람들의 연대 속에서 진행되었다.

평소 노동이슈나 재개발 문제에 크게 관심이 없었으나 트위터에 올라오는 지인들의 글을 보며 이 문제들에 대해 관심을 가지고 나름대로 행동을 하기 시작한 직장인, 가정주부, 학생, 백수 등과 같은 소위 '일반시민'들, 혹은 신자유주의의 폭력적 수탈에 대해 저항하지만 좌파 운동단체나 시민단체 등에는 소속되지 않은 자율적인 개별 활동가 등, 기존의 연대를 구성하던 운동 주

---

2 「4차 희망버스 출발, 버스에 오르려는 이유는 단 하나」, 『오마이뉴스』, 2011. 8.19.

체들과는 다른 성격의 주체들이 새로운 연대의 양상을 구축해 간 것이다.[3]

한국 사회운동의 장에서 주로 이루어져 왔던 연대가 소위 '연대단위'라 불리는 운동 조직들 사이의 연대, 즉 조직화된 연대였다면 2008년 촛불집회 이후 나타나고 있는 새로운 연대의 모습은 어떤 조직 단위로 묶이기 힘든 행위자들의 탈조직화된 연대라고 할 수 있다. 물론 이것이 탈조직화된 연대가 기존의 조직화된 연대를 대체하였다는 의미는 아니다. 앞에서 열거한 최근 사회운동의 현장에서 나타나는 연대는 기존의 조직화된 연대와 새로운 탈조직화된 연대가 착종되고 뒤섞이는 방식으로 진행되었다. 그리고 탈조직화된 연대의 새로움을 강조하는 것이 탈조직화된 연대가 기존의 조직화된 연대보다 더 '올바른' 연대라거나 더 '뛰어난' 연대라는 뜻은 더더욱 아니다.

주목해야 할 지점은 조직된 사회운동 단위들 사이의 연대뿐만 아니라 조직되지 않은 사람들의 연대가 등장하고 있다는 것이다. 그리고 이 새롭게 등장하는 연대는 어떻게 가능했고 어떤 가능성을 가지고 있는지를 묻는 것이 중요하다. 소위 '일반 시민'이라고 불리는 대중들을 김진숙이 올라가 있던 타워크레인 앞으로, 해군기지 건설이 강행되는 구럼비 바위 앞으로, 강제 철거에 대항하는 현장으로 불러 모은 힘은 무엇이었을까? 정당이나 노동조합 혹은 사회운동 조직에 소속되지 않은 불특정한 대중들은 이러한 투쟁에 어떻게 연대하게 되었을까? 사회운동의 장에서 통상적으로 이루어지던 연대와는 다른 연대의 양상과 방식의 출현이 지금의 사회운동과 정치에 의미하는 바는 무엇일까?

특정한 정체성을 바탕으로 조직된 세력들 사이의 연대가 아니라 정체성을 특정하기 힘든 다양한 대중들이 특별한 투쟁 이슈와 현장에 결집하는 형태로 나타나는 새로운 연대의 양상, 탈조직화된 연대는 우선 '직접행동'이라는 맥락에서 가장 손쉽게 파악될 수 있을 것이다. 주지하듯이 직접행동은 근대민주주의의 지배적 형태인 대의제가 인민의 정치적 의지를 적절하게 매개하지 못하는 상황에서 이루어지는 인민의 비대의적인 정치적 집합행동을 의미한다.[4] 다시 말해, 정당과 같은 대의기구의 매개에 의지하지 않고 인민들이 집단

---

3 강보한, 「카페 마리에서 연대를 생각하다」, 『세상을 두드리는 사람』 53호, 2011.
4 에이프릴 카터, 『직접행동 — 21세기 민주주의, 거인과 싸우다』, 조효제 옮김, 교양인, 2007.

적으로 자신의 정치적 의사와 의지를 표출하는 활동이 직접행동이다.

이런 맥락에서 보자면 앞에서 주목했던 투쟁들에 연대한 '일반시민'들의 활동을 직접행동으로 규정하는 것은 별다른 무리가 없어 보인다. 노동자들을 임의로 정리해고하고 자영업자들을 생계의 터전으로부터 내쫓으며 마을공동체의 기반을 파괴하여 군사기지를 건설하고 도시빈민들의 주거공간을 파괴하는 일을 묵인하거나 제어하지 못하는 대의기구들, 아니 오히려 대의기구들에 의해 그런 야만적 폭력이 발생하는 사태에 대중들 스스로 맞서기 시작한 것이다.

물론 이와 같은 대중들의 직접행동이 2011년에 갑자기 분출된 것은 아니다. 최근 10년간 가까이는 2008년 광우병 쇠고기 수입반대를 위한 촛불집회에서, 멀게는 2002년 월드컵과 심미선·이효순 추모집회부터 대중들은 직접행동을 실천했고, 이후 촛불시위라는 형태로 전개된 다양한 직접행동을 통해서 운동역량을 축적해 갔다. 다시 말해, 희망버스나 평화비행기, 혹은 두리반과 카페 마리를 지키기 위한 투쟁에 '운동권'이 아닌 '일반인'들이 적지 않게 결합한 것은 2002년 이후, 혹은 2008년 촛불시위를 통해 축적된 직접행동의 경험과 관련이 있는 것이다. 자신이 당면한 이해관계와 직접적인 관련이 적은 이슈에도 '일반시민'들이 비교적 손쉽게 참여할 수 있게 된 것은 바로 직접행동의 경험 덕분이라 할 수 있다.

물론 앞에서 언급한 대중투쟁의 현상을 직접행동으로 이해하는 것은 매우 자연스럽다고 할 수 있다. 하지만 이러한 현상을 직접행동이라고 규정하는 것만으로는 현재 이 현상이 내포하고 있는 정치적 함의가 충분히 포착되지 않는다는 것이 우리의 생각이다. 지금 한국 사회에서 대중들이 수행하는 직접행동, 특히 탈조직화된 형태의 연대라는 양상으로 드러나는 직접행동이 가지는 정치성이 어떤 것인지를 물어야 할 필요가 있다는 것이다.

에이프릴 카터(April Carter)는 직접행동을 규정하는 핵심적 차원으로 그것이 "민주적 자력화의 수단"이라는 점을 들고 있다.[5] 그런데 왜 대중의 직접

---

5 에이프릴 카터는 직접행동을 '민주주의 결여에 대한 반응이자, 다른 한편으로는 민주적 자력화의 수단'이라고 규정한다. 이러한 직접행동은 대중이 권리와 정치적 접근성을 박탈당하고 있다고 느낄 때, 이를 극복하고 스스로 권리의 주체임을 확인하는 자기 활력화(self-empowerment/자력화)의 한 양상이 직접행동이라는 것이다. 에이프릴 카터, 『직접행동 – 21세기 민주주의, 거인과 싸우다』.

행동이 '민주적 자력화의 수단'이 되는 것일까? 민주주의의 맥락에서 직접행동이 중요한 이유는 그것이 단지 민주주의의 결여라는 조건, 대의의 위기라는 조건에서 대의 민주주의의 한계를 보완하기 위한 보충적 요소에 그치는 것이 아니라는 점에 있다. 하지만 직접행동은 어떻게 대중이 민주주의의 주체로서 자기 역량을 강화하는 수단이 될 수 있는 것일까? 또한 직접행동을 통한 대중의 민주적 자력화와 현재 나타나고 있는 직접행동의 한 양상으로 탈조직화된 연대의 새로운 연대의 양상은 어떤 관련을 맺는 것일까?

3. 탈정체화된 연대 혹은 정치적 주체화

이미 언급한 바와 같이 여기서 주목해야 할 것은 새로운 연대는 특정한 정체성에 입각하여 조직된 세력 사이의 연대가 아니라는 점이다. 소위 말하는 일반시민들이 신자유주의의 모순에 정면으로 맞서는 투쟁에 참여할 수 있었다는 것은 노동자, 농민, 빈민, 억압받는 민중이라는 정체성으로 인해 가능했던 것이 아니라 오히려 기존의 자기정체성으로부터 일정한 '이탈'로 인해 가능했다고 우리는 생각한다.

가령 한진중공업 정리해고에 맞선 김진숙과 한진정투위의 투쟁에 연대한 희망버스 탑승자들 가운데 스스로를 자본주의 체제에서 착취당하는 노동자라고 의식하는 이들은 그리 많지 않았다. 실제로 희망버스를 노동조합이나 노동운동 조직들이 주도한 것도 아니었다. 혹은 자본주의 체제하에서 노동자와 동일하게 배제당하고 억압받는 농민, 빈민이라는 정체성의 유사성을 바탕으로 희망버스에 참여한 대오들이 이 운동을 주도하였던 것 역시 아니었다. 분명 희망버스 기획단이 이 연대운동을 기획하고 준비한 것은 사실이었다. 그리고 노동조합 활동가들이나 다양한 사회운동 조직의 활동가들이 희망버스에 참여하여 적극적으로 활동한 것도 사실이었다. 하지만 노동, 농민, 빈민, 학생 조직에 소속되지 않은 더 많은 시민들이 조직의 활동가들 못지않게 희망버스를 타고 한진중공업에 가서 자발적이고 능동적으로 자신의 투쟁을 전개했다. 이들이 희망버스의 핵심 동력이었다.

이 조직되지 않은 대중은 일상에서 먹고사는 고단함에 시달려야 하는 직장인이며 적은 돈으로 살림을 해야 하는 가정주부이고 취업을 위해 스펙을 쌓아야 하는 대학생들이거나 백수이다. 사회적 정체성의 관점에서 보자면 이들

은 김진숙과 한진정투위의 정리해고 반대투쟁에 연대하는 것보다 자신들의
당면과제를 해결하는 데 더 많은 에너지를 투여하는 게 자연스러운 존재들이
다. 추위와 더위를 견디고 경찰체포조의 폭력에 맞서며 물대포를 맞고 심지어
체포되어 유치장에 갇히는 것을 감수하며 직장인이라는, 가정주부라는, 대학
생이라는, 백수라는 사회적 정체성을 가진 이들을 희망버스로 동참하게 했던
힘은 무엇이었을까? 그들의 사회적 정체성으로 과연 이 연대의 동력은 충분히
설명될 수 있을까? 차라리 그러한 연대는 사회적 정체성을 통해서가 아니라
그러한 정체성으로부터 벗어나는 과정에 의해 설명되어야 하는 것이 아닐까?

이런 맥락에서 자크 랑시에르(Jacques Rancière)의 '정치적 주체화' 이론은
중요한 시사점을 던져준다. 그는 정치적 주체화를 "어떤 지배질서에 따라 정
해지는 자리와 정체성의 분배에서 단절하기를 명시하는 것"이라고 규정한다.[6]
그에게 정치란 언제나 통치권력이 그 대상들에게 차등적으로 부여한 특수한
지위나 몫, 혹은 지배질서가 그 안에 들어온 사람들에게 할당하는 특정한 정
체성이나 자리를 거부하고 그로부터 벗어나는 과정, 즉 탈정체화의 과정을 의
미한다.[7] 그것은 모두의 평등을 주장하고 입증하는 과정이다. 그렇기에 랑시에
르에게 정치란 고유하게 평등의 입증과정, 즉 해방의 과정이다. 정치적 주체란
그러한 과정을 개시하고 명시하는 주체들이다.

정치적 주체화의 과정에는 두 가지 본질적 측면이 있다. 첫번째 측면이 탈
정체화라면, 두번째 측면은 평등화이다.[8] 사실 두 측면은 밀접하게 관련되어
있다. 정체성이란 랑시에르가 치안이라고 부르는 통치 질서에 의해서 형성된
다. 즉 공동체 내에서 각 사람들에게 위계적으로 할당되는 기능과 위치에 의
해 정체성이 형성되는 것이다. 가령 노동자라는 정체성은 공장에서 가치를 생
산하는 기능으로 규정되며 노동자로 정체화된 사람은 노동 이외의 영역에 참
여할 자격을 가지지 못한 존재가 된다. 이렇게 부여된 정체성은 그것에 고유

■

6 자크 랑시에르, 「동시대 세계의 정치적 주체화 형태들」, 양창렬 옮김, 중앙대학교 강연문, 2008. 이 강연문은 다
음 웹페이지에서 다운받을 수 있다[http://www.kccs.or.kr/4970].
7 랑시에르는 이렇게 어떤 공동체에 소속된 이들에게 자리들과 기능들을 위계적으로 배분하는 통치의 과정을 '치
안'(police)이라고 부르며, 반대로 어느 누구나 능력에서 서로 평등하다는 것을 전제로 하여 그 전제를 입증하려는
실천들로 이루어진 해방의 과정을 정치(la politique)라고 부른다. 그리고 치안과 정치가 마주쳐서 서로에게 해를 가
하고 서로를 뒤틀리게 하는 현장을 정치적인 것(le politique)이라고 부른다. 이에 대해서는 다음 책을 참조하라. 자
크 랑시에르, 『정치적인 것의 가장자리에서』, 양창렬 옮김, 도서출판 길, 2008. 특히 133~136쪽.
8 자크 랑시에르, 「동시대 세계의 정치적 주체화 형태들」.

하다고 규정된 능력과 관련이 있다. 노동자가 공동체의 공적 문제를 결정하는 일에 참여할 자격이 없는 것은 그가 그런 일들을 다룰 능력이 없기 때문이라는 것이다. 정체성의 위계적 배분은 능력의 불평등이라는 전제에 의해 정당화된다. 이것이 바로 '치안의 일'이다. 그렇기 때문에 치안은 능력의 불평등이라는 전제에 입각한 정체성과 자격의 위계적 배분과 그에 대한 합의를 통해서 작동한다.

정치는 치안이 정당한 것으로 합의한 질서를 쟁론 혹은 계쟁의 대상으로 만드는 활동이다. 즉 치안에 의해 만들어진 합의에 대하여 불화하는 것이다. 이러한 불화는 지배에 적합한 능력을 가진 자들과 지배되어야 할 무능력한 자들이 서로의 말을 듣고 서로의 옳음을 입증해야 할 어떤 장소를 만들어 낸다. 지배자와 피지배자 모두가 그 안으로 진입해야 하는 공통의 장소. 이 공통의 장소가 만들어질 때 비로소 평등의 입증 역시 가능해진다. 그래서 불화는 치안에 의해 다른 이보다 능력이 없는 이들로 규정된 자들이 자신들도 다른 모두와 동등한 능력이 있음을 입증해 가는 평등화의 과정이다. 랑시에르에게 평등화 과정으로서의 정치란 민주주의와 별개의 것이 아니다. 정치란 평등의 입증 과정이고 평등의 입증과정은 곧 민주주의이다. 그리고 이 과정은 무엇보다 치안에 의해 부여된 자리로부터 벗어나는 것, 치안이 규정한 정체성으로부터 이탈하는 탈정체화에 의해 개시된다.

이와 같이 평등화를 위해 시작되는 탈정체화의 과정을 해명하기 위해 랑시에르는 하나의 사례를 든다. 1961년 10월 17일 프랑스로부터 알제리의 독립을 쟁취하기 위해 파리에 거주하는 알제리인들은 시위를 벌였다. 그러나 그 시위는 프랑스 경찰에 의해 참혹하게 진압당하였다. 독립투쟁을 위해 자국을 점령한 국가의 심장부에서 시위를 벌이다가 무참하게 살해당한 알제리인들의 주검 앞에서 프랑스의 '어떤 이들'은 하나의 질문에 직면하게 되었다. 그 질문은 그동안 자연스럽다고 여겨 왔던 자신이 소속된 국가와 자기 자신과의 관계를 의문에 부치도록 만들었다. 그리고 이로부터 그 '어떤 이들'의 탈정

---

9 랑시에르는 알제리 시위대를 프랑스 경찰이 무참하게 진압한 이후 세 가지 관계의 문제가 제기되었다고 말한다. 첫째, 알제리 투사들과 프랑스 국가와의 관계, 둘째, 프랑스 국가와 우리의 관계, 셋째, 알제리 투사들과 우리의 관계. 랑시에르는 여기서 '우리'라고 표현된 존재들에 대해서 다음과 같이 말한다. "'우리'라는 단어는 단순히 총괄적으로 파악된 정치적 발생을 지칭할 것이다." 자크 랑시에르, 『정치적인 것의 가장자리에서』, 양창렬 옮김, 222쪽. 이 글에서는 랑시에르가 '우리'라는 표현으로 지시한 그 정치적 발생을 '어떤 이들'로 바꾸어 쓴다.

체화는 시작되었다. 더 이상 자신의 정체성을 프랑스라는 국가에의 소속을 통해 규정하지 않기. 프랑스라는 국가의 국민이라는 정체성으로부터 이탈하기. 이러한 이탈은 알제리인이라는 타자의 존재로 인해 시작된 것이었다. 그렇다고 프랑스의 폭력적 치안에 반대한 그 '어떤 이들'의 입장이 알제리인의 입장과 완전히 동일한 것일 수는 없었다. 그들은 프랑스 경찰에 의해 폭행당하고 살해당한 알제리인일 수는 결코 없었던 것이다. 그들에게 알제리인들은 여전히 타자였고 동일시는 불가능했다. 하지만 그들을 동일시할 수 없는 알제리인들에 대하여 동일시를 수행했고 이를 통해 비로소 그 '어떤 이들'의 정치적 주체화는 가능했다고 랑시에르는 말한다. 기존의 정체성으로부터 벗어나고 자신과 타자를 포함한 모든 이들의 평등을 입증하는 과정을 개시하는 자가 되는 것, 그것이 바로 정치적 주체화의 의미이다.

이러한 정치적 주체화는 이중적 의미에서 타자와의 관계를 함축한다. 하나는 지배 체제, 혹은 치안의 질서로서의 타자와의 관계이며 다른 하나는 그 치안에 의해 배제되고 압제당하는 자들로서의 타자와의 관계이다. 정치적 주체화는 기존의 치안 질서에 소속된 자가 그 질서에 의해 규정된 정체성을 거부하고 그로부터 이탈함으로써 시작된다. 이러한 이탈은 바로 배제되고 압제당하는 타자와 자신을 동일시하는 어떤 불가능성에 의해서 개시된다. 동일시할 수 없는 타자와 자신을 동일시하는 것, '그것을 언술하는 그들 혹은 그녀들이 구현할 수 없는 동일시', 즉 '불가능한 동일시'가 바로 정치적 주체화가 시작되는 지점이다.[10]

불가능한 동일시란 자기와 동일시할 수 있는 아무런 근거도, 조건도, 동일성도 갖지 않은 타자와 자신을 동일시하는 것이라 할 수 있다. 그렇기 때문에 이 동일시는 결코 달성될 수 없는 것이다. 하지만 이렇게 동일시 불가능한 대상과의 동일시를 통해서 나는 나 자신의 정체성을 규정하던 기존의 관계들로부터, 다시 말해 치안이 내게 배분하고 할당한 자리로부터 벗어날 수 있게 된다. 그렇게 치안이 부여한 자리로부터 벗어난 내가 위치하게 되는 곳은 어떤 '틈새', 혹은 '사이'이다. 그래서 랑시에르는 "주체는 사이에 있는 것(un in-

---

10 랑시에르, 『정치적인 것의 가장자리에서』, 141쪽.

between), 둘-사이에 있는 것(un entre-deux)이다"[11]라고 말한다. 정치적 주체들이란 "그들이 **사이에**(entre)——여러 이름들, 지위들 혹은 정체성들 사이에, 인간성과 비인간성, 시민성과 그것의 부인 사이에, 도구로서의 인간의 지위와 말하고 사유하는 인간의 지위 사이에——있는 한에서 **함께**(ensemble) 있기도 한 사람들"[12]이다.

이러한 맥락에서 탈조직화된 연대란 바로 불가능한 동일시를 통한 탈정체화의 한 과정, 다시 말해 '일반시민들'의 정치적 주체화의 한 과정이라고 말할 수 있다. 가령 희망버스의 경우, 자신들의 일상에서 직장인, 주부, 학생, 백수 등의 사회적 정체성과 위치를 부여받은 이들, 그 정체성과 위치에 적합한 기능들만을 수행할 것으로 기대되는 이들이 김진숙과 한진정투위라는 타자와 마주쳤다. 랑시에르 식으로 말하자면 이들은 김진숙과 한진정투위에 '불가능한 동일시'를 수행함으로써 치안이 규정한 정체성, 치안이 할당한 자리로부터 벗어나서 어떤 틈새, 사이 내 공간(in-between space)으로 자신들의 자리를 옮기게 되었다고 할 수 있다. 탈조직화된 연대란 바로 이러한 탈정체화의 한 결과물이었고, 그러한 한에서 그것을 탈정체화된 연대라고도 표현할 수 있을 것이다. 그리고 탈정체화된 연대란 '정치적 주체화'가 구체적으로 실현된 한 방식이었다.

4. 탈개체화된 연대와 인민의 생성

랑시에르는 정치적 주체화라는 것이 지배질서가 부과한 정체성으로부터 벗어나는 탈정체화를 통해 시작된다는 점을 매우 예리하게 포착하고 있다. 하지만 정치적 주체화를 가능하게 하는 불가능한 동일시는 어떻게 일어나는 것일까? 나는 어떻게 나와 동일시가 불가능한 자에 대하여 동일시를 수행할 수 있는가? 랑시에르가 말하듯이 그것이 단순한 연민에 의한 것이 아니라면 더더욱 말이다.[13] 불가능한 동일시가 단지 개인의 의지적 결단에 불과한 것이 아니라면 그것을 수행하게 하는 역학이 규명되어야 할 필요가 있다. 그러나 랑시에르는 불가능한 동일시를 끌어내는 힘의 차원을 충분히 논의하지 않으며 그

---

11 랑시에르, 『정치적인 것의 가장자리에서』, 141쪽.
12 랑시에르, 『정치적인 것의 가장자리에서』, 141쪽.
13 랑시에르, 『정치적인 것의 가장자리에서』, 222쪽.

동학 역시 규명하지 않은 채로 타자와의 만남에 의해 발생하는 나의 탈정체화라는 사태를 '불가능한 동일시'라고 명명하고 있을 뿐이다. 타자와의 마주침으로 인해 내가 기존의 정체성과 동일성으로부터 벗어나 다른 존재로 변성되는 과정을 동역학의 관점에서 규명하기 위해서는 비록 불가능한 것일지라도 '동일시'처럼 보이게 되는 그 과정의 현상적 차원이 아니라 그 현상 아래에서 나와 타자 사이에 발생한 어떤 운동을 주목할 필요가 있다.

들뢰즈와 가타리는 어떤 존재가 자신의 동일성을 규정하는 배치로부터 벗어나 다른 것으로 변이되는 과정을 '되기'(devenir/becoming)라는 개념으로 표시한다.[14] 그들에 의하면 되기란 언제나 나와 타자 사이에서 만들어지는 블록을 통하여 진행된다. 되기에 대한 들뢰즈와 가타리의 논의 가운데 우리의 맥락에서 중요한 지점은 함입(involution)이라는 개념과 관련된다. 그들은 이 개념을 진화(evolution)와 구별되는 '되기'(생성)를 설명하면서 사용한다. 전통적 진화론의 맥락에서 involution이란 퇴행, 퇴화를 의미하지만 들뢰즈와 가타리는 이 용어를 활용하여 이질적인 존재들 사이에서 만들어지는 공생관계를 포착한다.[15] 즉, "퇴행한다는 것은 가장 분화되지 않은 것으로 나아간다는 것이다. 그러나 함입한다는 것은 지정 가능한 관계들하에서, 작동되는 항들 **'사이에서'** 자신의 고유한 선을 따르는 블록을 형성한다는 것이다."[16] 다시 말해 이는 서로 다른 항들이 하나의 블록을 이루어 그 항들의 틈새 내에서 서로가 뒤섞이는 휘말림(involution)의 과정인 것이다.

이렇게 서로 다른 것들 사이에 어떤 블록이 형성되고 이 블록 안에서 서로가 자신을 규정하던 항들로부터 벗어나 그 항들 '사이'의 공간으로 진입하는 되기는 감응(affect)에 의해 야기되는 운동이다. 이 블록은 다수자와 소수자 사이에서 형성된다. 여기서 중요한 것은 소수자의 감응이다. 소수자란 다수성의 척도에서 의해서 항상 부족하고 열등한 것으로 규정된 어떤 존재이다. 되기는 소수자의 감응에 매혹되어 다수성에 속한 자가 소수자 쪽으로 이끌려 들어갈

■

14 질 들뢰즈·펠릭스 가타리, 「10. 1730년 : 강렬하게-되기, 동물-되기, 지각될 수 없게-되기」, 『천의 고원』 2권, 이진경, 권혜원 외 옮김, 2000.
15 "마지막으로, 되기는 진화가 아니다…… 되기는 언제나 친자관계와는 다른 질서이다. 그것은 동맹(alliance)과 관련된다. 진화가 진정한 되기를 포함하고 있다면, 그것은 가능한 어떠한 친자관계 없이도, 전혀 다른 위계와 계의 존재들을 작동시키는 광범위한 공생의 영역 속에서이다."(들뢰즈·가타리, 『천의 고원』 2권, 11쪽. 번역 일부 수정).
16 들뢰즈·가타리, 『천의 고원』 2권, 11~12쪽. 강조는 인용자.

때 시작되는 것이다.[17] 즉, 되기는 언제나 다수자의 소수자-되기라는 형식으로 표시되며 어떤 안정된 상태로 고착되지 않는 끝나지 않는 운동, 즉 영원한 생성(becoming)이다. 우리는 불가능한 동일시라는 모순형용이 탈정체화를 설명할 수 이유가 바로 타자의 감응에 동일자가 이끌려 들어가며 양자가 형성하는 함입적 관계, 즉 서로가 서로에게 휘말리는 사태가 발생하기 때문이라고 생각한다. 다시 말해 탈정체화란 그 어떤 '동일시'가 아니라 '휘말림'에 의해 야기되는 사태이다.

그렇다면 이제 우리는 정치적 주체화가 이루어지는 과정을 '휘말림'(involution)이라는 개념을 통해 포착할 수 있을 것이다. 여기서 휘말림이란 미리 상정된 기획과 예측 속에서 추진된 의도된 연대라기보다는 어떤 우발적인 마주침에 의해 예기치 못하게 발생한 '연루'를 지칭하는 말이기도 하지만, 동시에 개인의 고유성을 규정하던 정체성과 개체성을 벗어난 존재들이 서로에게 일정하게 함입(invoiution)하게 되는 운동, 서로가 서로에게 휘말려 들어가는 어떤 사건을 의미하는 것이기도 하다. 특히 우리의 논의 맥락에서는 후자로서 휘말림의 의미가 더 중요하다. 그리고 바로 이 지점에서 우리는 탈정체화뿐만 아니라 탈개체화의 문제로 논의의 중심을 옮겨 갈 필요가 있다.

타자에 대한 불가능한 동일시를 통해 개시되는 탈정체화를 적극적 방식으로 개념화한 것이 정치적 주체화라 할 수 있다. 그러나 이때 '주체'(subject)란 개별적 인간의 차원, 즉 개인적 혹은 개체적 차원에서 말해지는 것이 아니다. 알다시피 개체(individuality)란 더 이상 나눌 수 없는 최소 단위로서 다른 개체와 명확하게 구별되고 독립적인 존재를 뜻한다. 그래서 개체가 사회적 존재로서 인간을 의미할 경우 그것은 '개인'(individual)이라고 불린다. 그러한 개인 역시 사회를 구성하는 최소 단위라는 의미와 함께 다른 개인과 구별되고 독립적인 존재라는 뜻을 함축하고 있다. 분해불가능성, 개별성, 독립성, 단독성 등과 같은 것이 개체성의 특징들이다.

하지만 정치적 주체화가 '사이에 있음으로서 **함께** 있음'을 의미하는 한, 정치적 주체화는 언제나 어떤 집단성 속에서 발생하는 것이며 복수성의 차원을 담지하고 있는 것이다. 우리는 이 지점에서 랑시에르의 정치적 주체화 개

---

17 들뢰즈·가타리, 『천의 고원』 2권, 13쪽, 18쪽.

넘을 보다 더 밀고 나갈 필요가 있다고 생각한다. 정치적 주체란 항상-이미 집단적으로만 발생하며 존재할 수 있다는 것이다. 정치적 주체화에서 타자와 뚜렷하게 구별되는 주체, 단독적이고 독립적으로 존재하는 그런 개체로서의 주체란 존재하지 않는다. 정치적 주체란 정체성으로부터 벗어난 개인들의 단순한 수적 집합이 아니다. '사이에 있음'이 기존 정체성의 경계들 밖에 있다는 의미라면 '함께 있음'은 그러한 개체적 수준에서의 탈정체화만으로는 정치적 주체화란 불가능하다는 것, 다시 말해 정체성들로부터 벗어난 이들이 개체성마저 넘어서 서로에게 함입하고 서로가 서로에게 휘말려 들어가야만 정치적 주체화는 비로소 가능하다는 의미로 이해되어야 한다는 것이다.[18]

정치적 주체는 그래서 언제나 집단의 문제이며 이는 항상 개체의 차원을 넘어서야만 가능한 것이기도 하다. 정치적 주체는 각 개체가 다른 개체와 뚜렷하게 구별되는 경계를 넘어설 때, 독립성과 단독성이라는 개체성의 경계를 횡단하여 서로 접속할 때 생성될 수 있다. 이 글에서 우리는 이렇게 개인의 독립성과 단독성을 규정하던 개체성의 경계를 벗어나서 서로에게 휘말려 들어가는 과정을 탈개체화(de-individuation)라는 개념으로 표시하고자 한다. 그리고 탈개체화된 존재들이 서로 접속되어 이루는 어떤 집단을 '무리'라는 말로 표시할 것이다. 그렇다면 이제 우리는 다음과 같이 말할 수 있다. 정치적 주체화란 항상-이미 탈개체화된 존재들의 접속에 의해서 발생하는 '무리'의 형태로 이루어진다. 그렇기 때문에 정치적 주체란 무리로서만 존재하게 되는 집단주체, 무리를 이룰 때에만 그 독특성이 나타나는 어떤 존재들인 무리-존재를 의미한다. 랑시에르가 정치적 주체를 집단성을 표시하는 이름인 데모스(demos), 즉 '인민'이라고 명명하는 것 역시 바로 이러한 이유 때문일 것이다.[19]

■

18 이러한 한에서 랑시에르가 말하는 '정치적 주체화'란 항상 어떤 동맹 내지는 연대의 계기를 포함할 수밖에 없다. 즉 특정한 이해관계의 근접성과 특수한 정체성들 사이의 연대가 아니라 그러한 이해관계와 정체성들을 넘어서고 가로지르는 것, 불가능한 동일시를 통해 구축되는 동맹과 연대의 결과로서 정치적 주체화를 이해할 수 있다는 것이다.

19 정치사상의 지형에서 인민(people)이란 용어는 동일한 의지나 공유된 이해의 결합에 의해 만들어진 단일성을 띤 집합체라는 의미로 사용되는 경우가 적지 않다. 특히 자율주의 계열의 이론가들이 인민을 단일한 집단의 의미로 사용한다. 그들은 인민의 단일성에 대항하여 이질적인 것들이 접속되어 형성한 다양체로서 다중을 대립시킨다. 이에 대해서는 다음을 참조하라. 안토니오 네그리, 마이클 하트, 『다중』 조정환 외 옮김, 세종서적, 2008, 113~115쪽 ; 파울로 비르노, 『다중』 김상운 옮김, 갈무리, 2004, 37~41쪽. 하지만 인민을 이렇게 단일성을 통해 파악하는 견해만 있어 왔던 것은 아니다. 이를 아감벤은 잘 보여 주고 있다. "우리가 인민이라고 부르는 것은 사실 단일한 주체가 아니라 오히려 대립하는 양극 사이를 오고가는 변증법적 진동이라고 할 수 있다. 한편에는 총체적이자 일체화된 정치체로서의 [대문자] 인민이 있고, 다른 한편에는 가난하고 배제된 자들의 부분이자 파편화

인민이란 탈정체화되고 탈개체화된 존재들이 서로에게 휩쓸려 들어가 만들어 내는 정치적 주체의 이름이다.

우리는 이 글의 앞부분에서 탈조직화된 연대라고 명명된 새로운 연대의 양상은 이와 같은 정치적 주체화의 개념과 결부될 때 그 의미가 보다 더 잘 드러날 수 있다고 생각한다. 다시 말해 기존의 사회운동 조직에 소속되지 않은 이들이 구축하는 연대는 이들이 지배적 질서에 의해 할당받은 정체성으로부터 벗어남과 동시에 이들 각각이 개체성을 횡단하여 무리로 접속되는 과정을 통해 이루어진 것이다. 그러한 한에서 우리는 이 연대의 양상을 탈개체화된 연대라고 규정할 수 있을 것이다.

그러나 이와 같은 탈개체화된 연대와 그 과정에서 생성되는 무리-존재로서의 인민은 어떤 견고한 외연과 형태적 안정성을 확보한 집합체로서 지속되지는 않는 경향이 강하다. 탈개체화된 연대와 그로 인해 출현하는 인민이란 어떤 상태(status)를 가리키는 개념이기보다는 차라리 어느 순간 나타났다 일정한 시간이 지나면 사라지는 사건(event)을 표시하는 개념에 더 가까운 것이라 할 수 있다. 가령 한진중공업 정리해고투쟁에 연대한 희망버스는 한국 노동운동의 역사에서 매우 독특하고 중요한 연대투쟁의 사례를 남겼지만 하나의 조직으로 고착되지는 않았다. 다시 말해, 가령 희망버스에 참여하였던 이들이 '희망버스 연대회의'라는 명칭을 공표하고 조직의 목적과 목표 및 운영과 활동의 원리를 담은 규약을 제정하고 권리와 의무를 가진 회원으로 구성된 어떤 조직을 결성하여 유지하고 있지 않다는 말이다.

물론 희망버스를 준비하고 주도한 기획단은 있었다. 하지만 희망버스

━

된 다수로서의 [소문자] 인민이 있다"(조르조 아감벤, 『목적 없는 수단』, 김상운·양창렬 옮김, 난장, 2009, 40쪽). 가령 "인구의 관리라는 측면에서, 인구의 수준에서 봤을 때 자신이 집단적 대상-주체로서의 인구에 속하지 않는 것처럼 행동하는 사람들, 자신이 그 외부에 있는 것처럼 행동하는 사람들이 인민이다"(미셸 푸코, 『안전, 영토, 인구』, 오트르망 옮김, 난장, 2011, 80쪽)라는 푸코의 언급에 등장하는 인민이 바로 아감벤적 맥락에서 후자의 의미에 해당하는 인민이라고 할 수 있을 것이다. 하지만 랑시에르는 인민을 이러한 맥락과는 또 다른 의미에서 사용한다. 그는 고대 그리스에서 데모스(demos)라고 불리던 자들의 현대적 이름을 인민이라 말한다. 데모스란 "사회적으로 열등한 범주를 가리키지 않는다. 말하지 않아야 하는데 말하는 자, 몫이 없는 것에 참여하는/몫을 갖는 자가 데모스이다"(자크 랑시에르, 『정치적인 것의 가장자리에서』, 242쪽). 이러한 데모스＝인민이란 어떤 실체를 가진 집단이 아니라 오로지 지배의 논리와 단절하는 방식으로서만 존재하는 이들, 즉 정치공동체의 운영에 참여할 자격이 있는 자들로 셈해지지 않는 이들이 자신의 몫/참여를 주장하며 그 공동체의 질서를 뒤흔들며 나타날 때에만 존재하는 집단적 존재이다. "민주주의의 주체인, 따라서 정치의 모체가 되는 주체인 인민은 공동체 성원들의 모임도 노동하는 주민 계급도 아니다. 인민이란 주민의 부분들에 대한 모든 셈과 비교하여 보충이 되는 부분으로서의 셈해지지 않은 것들에 대한 셈을 공동체 전체와 동일시하는 것을 가능하게 해준다"(랑시에르, 『정치적인 것의 가장자리에서』, 242쪽). 우리는 여기서 인민을 랑시에르적 데모스＝인민의 의미로 사용한다.

의 모든 활동이 이들 기획단의 존재로 환원될 수는 없고 기획단 역시 희망버스에 탑승한 이들을 조직적으로 지휘하거나 통제하려는 의도를 가지지 않았다. 기획단은 촉발자였고 이 운동의 주축은 그 버스에 자발적으로 탑승해서 능동적으로 투쟁한 승객들 자신이었다.[20] 하지만 이 승객들은 개별적인 신원(identity)을 확인할 수도 없고 이 버스에 오른 동기도 동일하지 않으며 각자의 정치적 입장이나 신념 역시 일치되지 않는 이들의 집합이었다.

이런 맥락에서 희망버스는 '실체'가 없는 운동이었다고 할 수 있다. 특정할 수 있는 지도부와 그 지도부의 지휘체계를 일사불란하게 따르는 체계화된 조직이라는 의미에서 '실체'가 없는 운동이었다는 것이다. 희망버스의 실체를 굳이 지정해야 한다면 그 버스를 타고 투쟁한 탑승객 무리일 것이다. 그들이 없었다면 희망버스는 기획될 수 있었을지언정 강력한 투쟁을 전개하기는 불가능했다. 희망버스 운동의 특이성은 희망버스에 탑승한 무리들이 함께 구성한 역량이 규정하는 것이다. 하지만 희망버스의 실체이자 역량의 본질인 탑승객 무리들이란 또한 오로지 희망버스라는 이름으로 표현된 연대활동과 더불어서만 존재할 수 있을 뿐이다. 그 무리들은 희망버스를 함께 타고 함께 투쟁하는 과정에서만 출현했다 버스에서 하차해서 자신의 일상생활로 돌아가는 순간 사라지는 일시적인 존재들이다. 그런 의미에서 희망버스의 탑승객 무리들은 '출-몰'하는 존재들, 곧 사건적 존재들이었다. 이 출-몰하는 무리들이 바로 '인민'인 것이다.

희망버스의 특이성이라고 할 수 있는 탑승객 무리의 활력은 희망버스에 탑승한 개인들의 고유한 역량이 산술적으로 합산된 결과가 아니다. 희망버스에서 나타난 연대의 강도와 투쟁의 역량은 희망버스에 탑승한 개인들의 상호작용적 관계 내에서만 만들어질 수 있었다. 이들의 상호작용은 무엇보다 감응(affect)의 차원에서 발생하는 것이었다. 이는 한진중공업의 정리해고 사태가 비합리적이라거나 김진숙과 한진정투위의 요구사항이 정당한 것이라는 인

---

20 그렇다고 희망버스 기획단이 한 일은 아무것도 없다거나 그 의의가 미미하다는 것은 아니다. 희망버스 기획단은 희망버스라는 사건을 촉발하고 이 운동이 전개되도록 한 촉매자로서의 역할을 하였고, 그런 의미에서 희망버스의 출발점을 의미하는 것은 분명하다. 하지만 희망버스가 기획단의 완벽한 계산과 통제 아래 진행된 것은 아니었다는 점, 그리고 그 기획단의 의도와 계획을 범람하는 무리들의 자발적이고 능동적인 활동이 희망버스의 특이적 본질을 규정한다는 점이 더욱 중요하다는 것이다.

지적 차원의 판단이 희망버스에서 아무런 계기도 되지 못했다는 말이 아니다. 그러한 인지적 계기 역시 중요했다. 하지만 희망버스가 진행되던 현장에서 분출된 탑승객 무리의 능동적이고 적극적인 투쟁의 일차적 계기는 인지의 차원보다는 김진숙에 대한 염려, 한진중공업 해고자들의 참담한 상황에 대한 아픔, 시위대에게 폭력을 휘두르는 공권력과 용역깡패에 대한 분노, 함께 투쟁하는 과정에서 느낀 일체감과 기쁨과 같은 감응의 차원에 있었다는 것이다.

이러한 염려, 공감, 분노, 기쁨 등의 감응은 다수의 무리들 속에서 촉발되고 확산되며 강화되는 성질을 가지고 있다. 가령 2002년 이후 상례화된 월드컵 축구경기 거리 응원의 경우에 발생한 감응의 강도는 결코 개인적 차원에서 발생한 감응의 강도들로 환원될 수 없는 것이다. 이는 대중집회의 현장에서 우리가 종종 경험할 수 있는 매우 일반적인 사실이다. 다수의 사람들이 상호작용하는 관계 속에서 일어나는 감응의 촉발, 확산, 강화의 과정은 결코 개별적 차원에서 형성된 개개인의 감응들을 물리적으로 합침으로써 만들어 낼 수 있는 것이 아니다. 그것은 개인들의 합으로 환원될 수 없는 상호작용의 관계 속에서만 발생하는 감응의 운동이라는 것이다.

이와 같은 상호작용의 수준에서 발생한 감응의 공유가 희망버스에서 나타난 연대와 투쟁의 활력을 규정하는 핵심적 차원이었다. 그래서 그 활력은 상호작용적 관계가 해체된 이후 개개인에게 1/n로 분배될 수 있는 성질의 것일 수 없다. 즉, 희망버스가 보여 준 활력은 희망버스의 참여자들이 감응의 수준에서 상호작용함을 통해 개인들의 합과 등치되지 않는 무리로 구성됨으로써 발생한 것이다. 그 활력은 고유한 개별자들이 아니라 익명의 무리, 즉 인민에게 속하는 것이다.

정리해 보자. 희망버스의 탑승객 무리, 즉 희망버스의 인민은 희망버스라는 형태의 연대활동과 더불어서만 출현할 수 있었다. 다시 말해 희망버스에 참여한 개인들이 자신의 개체성을 벗어나 다른 이들과 더불어 뒤섞여 들어가는 사태와 희망버스의 특이성은 분리될 수 없다는 말이다. 우리는 이렇게 개인들 각자의 개체성이 탈각되고 각자의 개별성이 일정하게 혼용되어 구별불가능해지는 일시적 사태, 나와 다른 이가 어느 수준에서 뒤섞여 익명의 무리를 구성하게 되는 사태를 '휘말림'이라는 개념으로 표시하는 것이다. 인민의 생성은 개체성의 영역을 벗어난 이들이 일정하게 서로 뒤섞이며 구별불가능하게 되는 과정, 서로가 서로에게 휘말려 들어가는(in-volution) 과정을 통해 이루어지는 것이다. 그렇기에 휘말림의 정치란 탈개체화된 연대와 다른 뜻을 갖지 않는다.

5. 휘말림의 정치와 민주주의의 도래

역사적 사회주의가 몰락하고 신자유주의적 자본주의가 명실공히 세계질서의 유일 원리가 된 이후 부르주아지들은 자본주의, 그 가운데서도 신자유주의를 인간의 사회적 삶을 질서화하기 위한 유일한 가능조건으로 선언했다. 이는 결국 역사적 변화 가능성을 부정하는 보수주의적 입장의 천명이었다. 그런데 이 보수주의는 두 가지 종류가 있는 것으로 보인다. 한편에는 낙관론적 보수주의의 입장이 있다. 낙관적 보수주의자들은 자신의 승리를 '역사의 종말'[21]로 선언함으로써 자신들의 지배를 영구화시켰다. 더 이상 체제의 변화로서 역사란 존재하지 않으며 자본주의야말로 가장 완벽한 체제이자 궁극적 질서로 영원할 것이라는 선언이었다. 다른 한편에는 비관론적 보수주의의 입장이 있다. 신자유주의가 사회적 불평등의 심화와 민주주의의 후퇴를 야기하는 상황에 대한 비판과 저항이 전 세계 곳곳에서 분출되었다. 이때 신자유주의의 옹호자들이 이러한 비판과 저항으로부터 이 질서를 보호하기 위해 사용했던 논리가 TINA, 즉 '대안은 없다'(There Is No Alternative)였다. 즉 신자유주의 지배 질서에 문제가 많지만 그렇다고 더 나은 질서를 가능하게 할 대안이란 존재하지 않으며 결국 지금 보다 더 나은 세계도 불가능하다는 주장으로 비판을 기각하고 저항을 분쇄했다. 더 나은 대안이 없기 때문에 신자유주의로부터 변화는 무의미하다는 것이 비관론적 보수주의자들의 입장인 것이다.

역사의 종언이라는 형식으로 표현되건, 아니면 TINA라는 형식으로 표현이 되건 이 모든 담론들은 신자유주의, 좀더 광범위하게는 자본주의와는 다른 사회경제적 질서는 불가능하며 가치법칙과 경쟁논리만이 인류의 사회적 삶을 위한 유일한 원리라는 선언이다. 다시 말해, 자본주의적 질서로부터의 변화는 더 이상 불가능하다는 자본주의의 절대성과 영원성에 대한 선언인 것이다.

이렇게 자본주의가 절대화되고 영원화된 세계 속에서 지금과는 전혀 다

---

21 프랜시스 후쿠야마, 『역사의 종말』, 이상훈 옮김, 한마음사, 1992.

른 시간성을 뜻하는 '장래'(avenir)란 도래할 수 없는 것이 된다. 여기서 장래란 현재를 규정하는 원리나 법칙이 물리적 시간에 따라 전개되면 자연스럽게 도달하게 되는 어떤 시점을 의미하는 것이 아니다. 그런 관점에서 파악된 아직 오지 않은 시간(미래)이란 목적을 향해 뻗어 나가는 동질적 시간의 운동인 '미래'(future)이며 사실상 현재의 확장이나 강화에 불과한 것일 뿐이다. 그것은 언제나 동일한 질서의 단절 없는 연속이다. 그런 의미에서 자본주의가 장래를 부정한다는 것은 자본주의 체제하에서 물리적 시간이 흐르지 않는다는 것이 아니라 현재를 지배하는 동일성에 어긋나는 것, 그것에 대해 이질적이고 낯선 것의 도래와 발생의 가능성을 부정한다는 의미이다. 장래가 불가능한 세계란, 데리다의 말대로 "절대적으로 보증된 번역 가능성, 절대적으로 주어진 동질성, 절대적인 체계적 일관성"이 지배하는 세계이며 "바로 이것들이야말로, 명령·상속·장래를, 한마디로 하면 타자를, 확실히 (개연적으로가 아니라 분명히, 선험적으로) 불가능하게 만드는 것들이다".[22]

하지만 장래(avenir)란 동질성이 지배하는 시간의 연속적 흐름이 끊기고 그 동질성과는 다른 것이 출현하게 되는 시간성을 의미하는 것이며, 지금과는 다른 어떤 것의 도래 가능성 혹은 발생 가능성을 뜻하는 것이다. 같은 것의 반복만이 유지되는 폐쇄적 시간계에 다른 것이 틈입해 들어오는 열림의 시간이다.[23] 현재의 질서에는 존재하지 않는 것, 혹은 지금을 지배하는 원리에는 낯설고 이질적인 어떤 것이 나타나 현재의 질서를 전복하고 지금을 지배하는 원리를 변혁할 가능성이 바로 장래라는 시간성이 우리에게 뜻하는 바이다. 그런 의미에서 장래란 '타자'의 도래 가능성이다.

그렇다면 장래란 어떻게 오는가? 타자란 어떻게 도래하는가? 현재의 변화 불가능성과 동일한 질서의 영원한 지배에 균열을 내고 그것을 전복할 가능성을 품고 있는 이질적인 것, 낯선 것은 어떻게 발생하는가? 다시 말해 신자유주의, 아니 절대화된 자본주의의 지배에 균열을 낼 수 있는 가능성, 그 지배질서에 반하는 이질적이고 낯선 질서를 구축할 수 있는 가능성은 어떻게 발생할 수 있는 것일까?

■

22 자크 데리다, 『마르크스의 유령들』, 진태원 옮김, EJ북스, 2007, 84쪽.
23 데리다, 『마르크스의 유령들』, 87쪽.

장래가 현재를 지배하는 절대적 동일성과 절대적으로 일관된 체계에 낯선 타자를 도래하게 하는 것을 의미한다면 그것은 정치적으로 인민의 생성과 밀접하게 결부되어 있을 것이다. 이미 논의했듯이 인민의 출현이란 개인들이 지배질서에 의해서 부여된 동일성/정체성으로부터 벗어나는 과정을 통하여 개시되고 탈정체화된 이들이 서로가 서로에게 휘말려 들어가면서 함께 무리를 구성함으로써 가능한 것이다. 인민의 생성에서 현재적 지배질서와의 단절이 중요한 만큼 인민은 현재의 지배질서에 낯선 자들이며, 그 질서에 만들어진 절대적 동일성과 일관된 체계에 대해서 타자일 수밖에 없다. 그래서 우리는 절대화된 자본주의의 영원성에 반하는 장래란 인민의 생성과 더불어 도래하는 것이라 생각하며 이 인민을 발생시키는 탈정체화된 연대와 탈개체화된 연대의 정치, 즉 휘말림의 정치야말로 장래를 도래하게 하는 힘이라고 생각한다.

신자유주의적 지배질서가 가장 폭력적으로 관철되어 온 최근 몇 년간 한국 사회는 이와 같은 인민의 출현을 경험해 왔다. 때로는 우리 자신도 광화문과 서울광장에서, 서울 명동의 카페 마리에서, 서울 포이동 재건마을에서, 부산 영도 한진중공업에서, 평택 쌍용자동차 공장에서, 제주도 강정마을에서 다른 낯선 이들과 더불어 인민이 되는 경험을 해왔다. 항상 승리한 것도, 언제나 만족할 만한 결과를 낸 것만도 아니었지만 이러한 인민의 직접행동이 한국 사회의 강고한 신자유주의적 지배질서에 균열을 내고 다른 질서가 자라날 수 있는 틈새를 연 것 또한 사실이다. 우리는 이와 같은 인민의 투쟁이 자본주의의 영원한 현재를 전복시킬 미래를 도래하게 하는 힘이라고 믿는다.

이런 맥락에서 차벽으로 대표되는 공권력과 용역깡패로 재현된 자본의 사적 폭력은 자신들이 지배하는 현재를 영속화하기 위해 다른 세계의 도래가능성을 봉쇄하려는 압제 장치들이라고 할 수 있을 것이다. 그렇기 때문에 경찰의 방패, 물대포, 최루액, 차벽과 탈정체화되고 탈개체화된 연대의 대오가 서로 대치한 전선은 절대화된 자본주의의 영원한 현재를 유지하려는 세력과 그 지배를 전복하고 그것과는 다른 질서를 구축할 수 있는 장래를 도래하게 하려는 세력 사이의 전선일 것이다.

잘 알려진 바와 같이 '민주주의'를 의미하는 헬라어는 demokratia이다. 이 단어는 인민을 의미하는 demos와 힘을 의미하는 kratos가 합성되어 만들어진 단어이다. 인민의 지배로서 민주주의란 근본적으로 인민의 힘에 기초하고 있는 것이다. 우리는 바로 '인민의 힘'이 장래를 도래하게 하는 힘인 만큼 그 힘이야말로 또한 민주주의를 도래하게 할 힘이라고 믿는다. 인민과 함께 도래할 장래, 그것은 민주주의의 도래인 것이다.

문화적인 것과 정치적인 것, 그 만남과 어긋남

R
Vol.4

01 "쫄지마!" 또는 정치화의 새로운 명령-어[1]
– 샌델에서 나꼼수까지 진보적 담론공간의 변환

최진석

1. 지식 담론과 한국 사회 : 하나의 사례

아무리 대단한 석학으로 인정받는다 해도 서구사회에서 학자가 대중의 주목을 한 몸에 받으며 그 사회의 문제점을 지적하고 미래 진로에 관해 '가르침'을 베푸는 일은 드물다고 한다. 학자와 그의 학문을 폄하하려는 게 아니라, 학자의 공적은 그가 속한 학문 공동체에서 주로 통용되는 것이어서 전체 사회의 앞날을 내다보는 '예언자' 역할까지 맡는 것은 어딘지 시대착오적이라는 것이다. 하긴 낭만주의 시대에는 시인들이 나서서 민족과 국가의 운명을 점치고 나아갈 바를 지시하기도 했다. 그러나 지금은 '모던'한 시대, 나아가 '포스트-모던'한 시대이기에 예언자–학자는 예언자–시인과 마찬가지로 당혹스런 조합일 수 있겠다(물론, 서구의 '성숙' 대 우리의 '미성숙'이라는 대조를 의도해서 하는 말은 아니다. 어느 사회나 자기의 예언자 이미지는 갖게 마련이지만, 그것이 시인인지 학자인지 또는 정치가인지는 구체적인 역사적 조건에 따라 다를 것이다).

하지만 종종 그런 일은 벌어진다. 1996년 하버마스(Jürgen Habermas)가 내한했을 때 공항 입국장에서부터 몰려든 각계각층의 인파와 취재진은 그를 무척 놀라게 했다고 한다. 주요 대학들에서 펼쳐진 공개 강연에서는 청중들이

---

1 이 글은 도미야마 이치로(富山一郎) 오사카 대학교 교수의 '횡단하는 포퓰러컬처'팀이 기획하여 2012년 1월 14~15일 동안 교토에서 개최된 '국제연구워크숍 '공간과 거버넌스"에서 발표한 글을 수정·보완한 것이다.

자리가 없어 복도와 바닥을 깔고 앉아 그의 말을 경청했으며, 통역이 있었음에도 영어와 독어를 직접 구사하며 열띤 질문을 던져 댔다. 특히 하버마스를 감탄케 했던 것은 그 질문의 내용들이었다. 통일 이후의 독일 경험에 비추어 남북한의 통일가능성이라든지, 몰락해 가는 서구적 가치를 대신할 동양적 가치 가운데 한국적인 것은 무엇이 있을지, 혹은 그것을 창조하고 성취하기 위해서는 무엇을 해야 하는지 한국인들은 제법 진지하고 간절한 어조로 그에게 물었던 것이다.

한국에서 하버마스는 '문명의 사신'이자 '선진국 담론의 현신(現身)'으로 대접받았고, 그는 대단히 만족해하는 한편으로 절반쯤 얼떨떨한 기분을 안고 돌아갔다고 한다. 아, 한국 언론과 학자들이 그를 '감탄케' 한 질문에 대해 하버마스는 어떻게 답했는지 궁금할 것이다. 여러 공식적인 답변들을 제외하고 내 기억에 남아 있는 것은, 정답 중의 정답을 받아 가길 원하던 한국인들에게 이 '멀리서 온 현인'은 한국인들이 서구적 가치를 자기들의 최종 답안으로 여길 필요는 없다고 말했다는 것이다. 애타게 진리를 바라며 질문을 던졌던 이들은 그때 과연 어떤 표정을 지었을까?

2. 샌델 신드롬, "정의란 무엇인가?"라는 비장한 질문

2010년 한국 독서계와 지식 사회에 그 비슷한 일이 재연되었다. 하버드 대학 정치학 교수 마이클 샌델(Michael J. Sandel)의 책 『정의란 무엇인가』(김영사)가 출간되며 일으킨 열풍이 그것이다. 초판 발행일이 2010년 5월 24일로 찍혀 있는 이 책은 출간 1년여 만에 무려 100만 부를 팔았고, 2012년 7월 현재도 204쇄에 이르는 판매고를 찍으며 좀처럼 식지 않는 '대기록'을 이어가는 중이다.

단지 판매 부수만의 문제가 아니다. 『정의란 무엇인가』는 진보와 보수, 좌파와 우파를 가리지 않고 열띤 환영을 받았으며, '정의가 땅에 떨어졌다'는 이 시대에 잃어버린 정의를 다시 세울 수 있을 '복음'처럼 회자되었다. 출판사가 주최한 저자 초청 강연회에는 전국에서 모여든 사람들로 인산인해를 이루었고, 교육방송(EBS)은 강연 실황을 몇 차례에 걸쳐 내보냈으며, 이후 한국 사회의 도덕적 위기가 운위될 때마다 샌델은 '저 세계'의 현자마냥 방송에 출연해 '의미심장한' 조언을 던져 주었다. 이쯤이면 진정 '신드롬'이라 하지 않을 수 없다.

일본과 마찬가지로 한국에서도 인문 도서가 베스트셀러 종합1위를 차지하는 일은 드물고, 더구나 '철학책'이 그 자리를 차지했다는 사실은 매우 놀라운 일이다. 당연히, 하버마스 이후 철학자가 대중의 시선을 한 몸에 받고, 철학적 담론이 대중적 관심을 끌어모았다는 것은 반갑고도 고무적인 일이 아닐 수 없다. 그러나 인문학 시장의 성장이나 철학의 대중화에 찬사를 표하자는 게 주안점은 아니다. 지금 우리의 관심사는 샌델 신드롬의 주변에서 가시화된 진보적 지식 공간의 변동을 조망해 보고 그 의미를 추적해 보는 일이다.

샌델 신드롬의 본질은 무엇인가? 누군가 대단한 지혜를 가졌다고 존경받을 때, 사람들은 그가 자기들의 문제점을 꼬집어 주거나 갈 길을 알려 주길 바란다. 지식인 담론의 기능이 그런 것이다. 하버마스에게 그랬듯이 샌델에게도 비슷한 질문들이 던져졌다. 어떤 점에서 당신의 책이 한국인들을 사로잡고 열광적인 독서를 유발했는가? 한국에 대한 정보가 부족하다는 솔직한 전제와 함께, 그러나 독일의 철학자와는 다르게 샌델은 답한다. "아마 한국에서도 정의에 대한 배고픔과 갈증이 있는 것 같다"라고.[2] 과연?

많은 사람들이 샌델과 그의 책이 낳은 열풍을 일시적인 유행이나 트렌드가 아니라 한국 사회의 현재적 문제점을 표현하는 '증상'으로 이해하고자 했다. 정의의 실종이라는. 실제로 민주주의나 평등과 같이 오랫동안 한국에서 중시되던 이념이나 주의주장을 제치고 '잘 먹고 잘 사는 나라', '경제 부흥'이라는 도저한 물질주의를 공약으로 내걸어 집권한 건 MB가 처음이었다. 하지만 그 후부터 첨예하게 쟁점화된 것은 '실용'을 위해서라면 정말로 무엇이든 팔아 치워도 좋은가, '먹고사니즘'을 제외하면 그 어떤 것도 더 이상 삶의 소중한 가치가 될 수 없는가에 대한 물음이었다.

그 답은 금세 밝혀졌다. '잘 먹고' '잘 사는'의 주어는 '강부자(강남·부자)'와 '고소영'(고려대·소망교회·영남)으로 밝혀졌으며, 주어 자리에서 배제된 빈민과 노동자, 서민, 청년들은 생계의 궁지로 내몰리고 걸핏하면 '테러리스트'로 낙인 찍혀 탄압당했다. 무한 경쟁을 통해 최선의 실적을 올리는 사원을 추려 내고 무능력한 사원은 잘라 내듯, 푸코의 말을 빌리면 국민을 경쟁 속에서 살게 만들든지 혹은 가난과 절망 속에 죽도록 내버려 두든지가 바로 실용주의

---

2 「'정의란 무엇인가' 샌델 바람」, 『한국일보』, 2010년 8월 19일자.

의 맨 얼굴로 밝혀졌다. 이런 정황들로부터 샌델 신드롬의 배후에는, 이 사회에는 정의가 없으며 사라진 정의에 대한 대중적 욕망이 신드롬의 원인이라는 진단이 추출되었던 것이다. 아, 진정 우리에겐 정의에 대한 배고픔과 갈증이 있었나 보다! 그게 사실이라면 이 허기가 채워지지 않는 한, 정의는 영원히 꺼지지 않는 욕망의 화두로 남아 있어야 옳지 않겠는가?

3. '공정한 사회', 혹은 코믹하고도 무서운 세상

지난 연말에 교보문고에 가 보니 인문서적코너의 1위는 여전히 샌델의 차지였다. 하지만 출간 2년여를 앞둔 시점에서 그 신드롬은 어느새 거품이 부쩍 빠진 느낌이다. 『정의란 무엇인가』가 대중을 사로잡고 갑작스런 독서열을 부추겼을 때, 한국의 지식 사회는 나름대로 샌델의 선정적이고 도발적인 이 질문에 답하고자 노력했던 게 사실이다. 제도권 안팎의 연구 단체에서 이 책에 관해 해설하는 강좌가 열리거나 혹은 비판적인 질문들을 던졌고(〈수유너머N〉도 후자 중 하나였다), 정의를 테마로 한 관련 서적들이 쏟아져 나왔으며, 특히 『정의란 무엇인가』를 비평하는 차원에서 따로 여러 권의 책자들이 집필되었을 정도였다.

이렇듯 샌델과 그의 책이 제기한 물음인 "정의란 무엇인가?"는 다양한 지식 담론들을 재생산해 내며 한국 사회를 새롭게 각성시키고 모종의 전환적 계기를 형성하는 데 일조했다고 말해도 좋을 듯하다. 샌델에게 동의하고 그의 신드롬에 편승하는 것이든 반대로 비판하거나 거부하는 것이든, 지식인이라면 정의가 새삼 사회적 공론의 화두가 된 사실을 의미 있게 받아들이고 자신의 입장을 개진해야 하지 않겠는가?

그런데 갑자기 코미디가 시작되었다. 아니, 그것은 정의에 대한 '배고픔'과 '갈증'에 거의 동시적으로 시작된 소극(笑劇)이었을지 모른다. 2010년 8·15 기념사에서 MB가 돌연 집권 후반기의 핵심 가치로서 '공정 사회'를 천명하는 사태가 벌어진 것이다! '실용'을 내세우며 이전 정부들의 진보적 가치들을 망가뜨리는 데 열중하던 그간의 태도에는 어울리지 않게 뜬금없는 발표였다. 하지만 공정 사회는 공표되자마자 곧 장관에서부터 말단 공무원에까지 한국 정치 문화의 쇄신을 위해 불가결한 국가 시책인 양 공론화되기 시작했다. "정의란 무엇인가?"라는 진지하고 엄숙한 질문이 우스꽝스런 성대모사마냥 희극적으로 울리기 시작한 것은 바로 여기서부터다. 대체 무슨 일이 벌어진 것인가?

공적 정의(public justice)에 대한 대통령의 선언을 듣지도 못했다는 듯, 바로 같은 달 외교부 장관의 딸이 '아버지의 이름'으로 특채된 사실이 드러나 장관직을 내놓아야 했고, 곧이어 MB정부의 차기 권력자로 점쳐지던 40대 총리 후보자가 거짓말과 비리 의혹에 휘말려 사퇴하는 광경이 연출되었다. 그뿐인가? 다음 해 예산안을 날치기로 통과시킨 여당 대표는 뻔뻔히도 자기들의 행위가 '정의를 위한 것'이라며 강변했다. 급기야 2011년 가을, MB는 현 정부야말로 "도덕적으로 완벽하다"라고 발언함으로써 정의에 대한 '배고픔'과 '갈증'을 다시 한 번 만방에 선포하고 말았다. 아마도 정의에 대한 욕망은 일반 대중들에게만 국한된 게 아니었나 보다!

애초에 샌델 신드롬은 지식인 담론의 대중화, 대중화된 지적 담론의 형태로 등장했다. 아이러니컬한 점은, 이 신드롬이 지식 공간을 벗어나 현실과 접촉하자마자 '견딜 수 없는' 농담이 되어 버렸다는 사실이다. 그런데 이것이 한 번 웃고 말면 끝날 문제가 아니라 지금 현재로부터도 적어도 몇 개월은 더 참아야 하는 매우 서글픈 농담이다. 최악은 아직 더 남아 있다. 사태는 웃거나 우는 것으로 간편하게 끝나지 않는다. 샌델의 책을 "맥도날드 매장에서 고등학생들이 햄버거를 먹으며 할 수 있는 잡담"이라고 매섭게 깔아뭉개거나(장정일) 대중의 흐름을 돈에서 정의라는 포인트로 이동시켜 주었다는 점에서 "문제적이면서도 긍정적"이라고 평가한 것(로쟈) 등은 어떻게든 샌델 신드롬을 한국 지식 담론의 차원에서 흡수하고 나름대로 유의미하게 소화해 내놓은 결과였다. 어쨌든 샌델을 계기로 우리는 돈 이외에는 그 무엇도 필요없다는 실용주의 시대에 하나의 가치 담론을 포지티브하게 제출하도록 촉발받았기 때문이다.

정작 문제는 이제 지식(지적 담론)이 권력(현실 정치)과 만나자마자 흡사 허공에서 사라져 버리듯 해체되었다는 점에 있다. 하버드 대학 교수가 떠들고 대중과 지식인들이 한참 시시비비를 따졌어도, MB가 한번 나서서 '놓치고 나니' 정의든 뭐든 죄다 순식간에 '개 풀 뜯어먹는 소리'가 된 것이다. 지식이든 정의든 하나도 중요하지 않다! 과거에 지식은 권력에 추종하고 봉사했기에 비난받았지만, 이젠 아예 공중분해되는 운명만 남았다! 마치 "정의란 무엇인가?" 따위의 질문은 잠꼬대에 불과했다는 듯한 이런 사태의 귀결이야말로 니체가 말한 '모든 가치의 허무주의'를 가장 적절히 보여 주는 게 아니면 또 무엇일까?

MB의 공정 사회론에서 '유머에의 의지'를 찾아내 한바탕 웃었다면 나쁘지 않다. 하지만 그렇게 웃는 와중에 지금껏 한국의 지식 사회를 지탱해 오던 가치 담론이 완벽히 허물어졌다는 사실만은 일단 냉정히 받아들여야 한다. 물론, 공정 사회라는 한 마디에 갑자기 '지옥문'이 열린 것은 아니다. 사실 그 문은 서서히 이미 절반 이상 열린 상태였다.

진보 진영의 주된 힘은 가치를 담은 개념과 말, 그 지식의 전유에 있었다 (보수의 정의는 '꼴통' 아닌가?). 그런데 실용주의 정부가 수립된 이후 그 힘은 차츰 약탈당해 왔다. 예컨대 '상생 정치'나 '녹색 성장', '지속 가능한 발전' 등은 정부의 공식적 정책 의제로 발표되었고 최근에는 '복지 국가'라는 의제마저 보수적 가치의 하나로 수렴되어 가는 실정이다. 빼앗기지 않는다면 적어도 보수와 공유해 그 진정성이 희석되고, 결국 발사되지 않는 총과 같은 애물단지로 전락해 버리고 만다. 그렇게 진보의 주요 의제와 개념, 언어들이 노략질 당하고 마침내 '정의'마저 내용없는 언표가 되어 버린 이 시점에서(이쯤이면 거의 막장 아닌가?!) 한국의 진보적 지식 담론은 다시 어떤 개념과 언어를 취할 수 있을까? 그게 가능하긴 할까?

4. 「나꼼수」, 무학의 통찰이 열어젖힌 공간

지금 한국에서 「나는 꼼수다」를 모르면 간첩이다. 공중파 라디오가 아닌, 팟캐스트 방식으로 원하는 사람들이 내려받아 들을 수 있는 이 인터넷 방송은 2011년 4월 28일 첫 방송 이래 순식간에 20~40대 중 과반수를 넘는 청취자층을 확보했다.

인터넷 언론 「딴지일보」의 총수 김어준과 『시사IN』의 기자 주진우, 17대 국회의원 정봉주, 시사평론가 김용민의 네 사람이 녹음해 주 1회 방송하는 이 라디오 프로그램은 MB정부하의 공식적 정책 이면에 숨겨진 '꼼수', 즉 뒷거래를 걸쭉한 입담으로 폭로한다. 그런데 '건전한' 언론이라면 용인될 법한 '시사 풍자'가 「나꼼수」의 목적이 아니다. 에둘러 말하기, 곧 집권자에게 반성의 계기를 제공하고 잘못된 정부 시책을 바로잡는 기능 따위는 필요없다. 오히려 거짓말을 일삼고 공익을 빌미로 사익을 챙기는 현 정부의 퇴진, 나아가 사리

사욕을 추구하는 과정에서 수많은 사람들을 파멸시킨 책임자 MB에 대한 형사적·사법적 척결을 요구하는 게 「나꼼수」의 최종 목표……라는 게 나의 추정이다(!).

바로 이 점이 중요하다. 「나꼼수」는 그 형식에 있어서도, 내용에 있어서도 기성 지식 담론의 연장선에서 평가될 수 없다. 「나꼼수」는 정치를 직접 겨냥하고 있지 않지만(그들은 '소설가'를 자임하지 않는가?) 또한 '편들기'를 통한 정치적 이슈화를 구태여 회피하지도 않는다(현실 정치를 '분석만' 하는 숱한 정치학 논문들을 비교해 보라). 픽션과 논픽션, 정치와 일상, 담론과 삶의 이 애매한 경계선에 바야흐로 '나꼼수'라는 유령이 떠돌고 있다.

2011년 8·24 무상급식 투표에서 전면에 드러났고 10·26 서울시장 선거에서 명확히 입증되었듯, 「나꼼수」를 배제하고 현재 한국 정치 여론의 동향을 묻는 것은 어리석은 짓이다. 이 자리에서 「나꼼수」에 관련된 여러 사회적 기능이나 현상의 원인과 추이 등에 대해 길게 떠들진 않겠다. 다만 나는 「나꼼수」가 대체하고 있는 지식 담론의 공간에 주목하고 싶다. 그것은 무엇을 대체하고 어떻게 작동하고 있는가? 「나꼼수」는 한국의 전통적 진보 담론이 펼쳐지던 지식 공간과는 판연히 구별되는 공간에서 움직이는 동시에, 과거의 진보 담론이 추구했던 것과는 전혀 다른 역할, 즉 정치화(politicize)라는 과제를 수행하고 있진 않은가?

재미있게도 「나꼼수」의 4인방은 모두 자기 저작을 내놓은 상태다. 특히, 출간 전부터 서점가에 엄청난 기대를 몰고 온 책은 김어준의 『닥치고 정치』(푸른숲, 2011)일 텐데, 진보에 속하면서 본격적인 정치 저작을 썼던 다른 지식인들에 비할 때 그의 입장은 진정 특이하다. 진보적 지식 공간의 운명에 관심을 두고 지켜보는 사람라면 충분히 주목하고 음미할 필요와 이유가 분명히 있다.

김어준에게 으리으리한 학력이나 이력 따위는 없다. 그의 관점은 현란한 이론이나 사상에 기반해 있지도 않다. 그가 기댄 것은 다름 아닌 '무학(無學)의 통찰'이라는 기민한 직관과 감수성일 뿐이다. 어느 인터뷰에서 밝혔듯, "정치야말로 내 스트레스의 근본"이라는 그의 발언은 현실 정치에 대해 일상인이 느낄 법한 반응 그 이상도 이하도 아니다. 하지만 이 스트레스는 그가 정치를 비판하고 발언하게 만드는 출발점이 되었으며, 현재의 정치적 상황에 실망하고 분노하는 수많은 대중을 각성시키는 전환점이 되었다. 이로부터 그는, 가령 좌파와 우파의 이념적 차이가 아니라 그 '생리적' 차이에 대해(두려움에 대한 반응), (MB의) 불법이 난폭하고 무례한 게 아니라 지극히 '성실'하며 도리어 '준법적'이라는 것에 관해, 또한 박근혜식 정치의 본질은 이데올로기도 탐욕도 아니라 지극히 한국적 마인드라 할 '효도'와 같은 애티튜드에 있음을 역설한다. 이것은 다름 아닌 감수성의 정치학이다.

『닥치고 정치』의 서술 방식은 논리정연한 논문 스타일을 좇지 않는다. 확실히 이 책은 학술 서적이나 그간의 정치 비평서들과도 결연한 선을 긋고 있다. 김어준은 껌이나 씹고 담배나 피우며 나눌 법한 삐딱함으로 시종일관 논지를 이어 간다. 거리낌없이 농담하듯. 그래서 그의 분석을 웃어넘겨야 할지 진실로 믿어야 할지 망설여질 정도다.

애초에 조국의 『진보집권플랜』(오마이뉴스, 2010)의 B-편으로 기획되었다는 『닥치고 정치』는 실제적인, 지금-여기 살고 있는 '생활인'의 정치적 삶을 정조준한다. 따라서 이 책의 농담과 우스개도 단지 농담과 우스개만큼의 무게로는 전혀 달아질 수 없다. 그리고 마침내 김어준이 정치는 '논리'가 아니라 '마음'에 기대는 것이라고 주장할 때 그 핵심이 폭발적으로 드러난다. 언제나 대의(大義)에서는 옳음을, 정의를 가져가지만 현실에서는 항상 패배하고 조롱당하는 진보에 대해 언제 어떤 정치학자나 평론가가 이런 쓴소리를 해보았을까? "자기들이 똑똑하고 정당한 게 뭐가 그렇게 중요해. 정치에서 중요한 건 사람들 마음을 얻는 건데, 마음은 대단히 제한된 자원이라고. 비슷하다고 생각되는 곳에 여러 번 나눠줄 만큼 많지가 않아."

'녹색'이니 '상생'이니 '지속 가능성'이니 진보가 온갖 좋은 소리를 끄집어냈으면서도 보수우파에 금세 빼앗겨 버리고 벙어리가 된 이유를 이제 알겠는가? 단지 옳은 소리, 어마어마하게 정직한 이데올로기나 가슴 찡한 신념을 공표하는 것으로는 절대 세상을 움직일 수 없다. 진보에 표를 던져 줄 대중은 이해하지 못하고, 굳이 말해 주지 않아도 아는 지식인들은 들을 필요가 없기 때문이다. "자신들이 설득할 대상과 가장 먼 언어로 말하는 이들이 진보 정당 사람들이라는 거. 계급을 말하면서 시장통 아줌마들은 결코 이해할 수 없는, 신자유주의를 키워드로 삼는 것 자체가 말이 안 된다고 나는 봐. 진보 정당이 구사하는 언어는 이미 자기들이 설득할 필요가 없는 사람들만 알아먹는 언어라고…… 정치를 혼잣말로 하면 어떡해."

정치는 감수성이다. 이 말에서 파시즘의 대중 선동 전략을 불안하게 떠올릴 필요는 없다. 진보든 보수든, 좌파든 우파든 대중을 사로잡는 것은 논리가 아니라 정서라는 점은 기본적으로 아는 사실이니까. 단지 그것을 인정하는가, 인정해서 거기서부터 출발하는가는 정치의 지형도를 그리는 중요한 출발점이 된다. '이 세계'의 현실에 눈멀고 '저 세계'의 이상만을 좇는 진보는 맑스의 할아버지가 오더라도 결코 권력을 손에 쥘 수 없을 것이다. "정치는 기본적으로 연애인데, 사람의 마음을 사는 건데…… 포교 말고 연애 좀 하자고, 제발."

요컨대 정치는 욕망의 심급에서 작동하는 것이며, 대중의 욕망을 자극하고 추동하며 그에 따르는 동시에 견인할 때 정치는 비로소 가능하다는 것. 사실 이것이야말로 정치화의 핵심이 아닐까? 지도자의 의지를, 정당의 대의를 추종하던 대중이 현실을 낯설게 여기고 비판하며 스스로의 의지를 확인해 정치의 무대로 시선을 돌리도록, 궁극적으로 행동하지 않을 수 없도록 추동하는 것. 대중을 논리와 진리로써 설득하려 들지 않고, 대중의 마음을 어루만지며 통하게 하여 함께 움직이는 것.

정치화는 개인이나 국가, 대중이나 지식인, 허위 의식 또는 진리 의지의 어느 한편에 절대적으로 귀속된 운동이 아니다. 오히려 그것은 이 모든 현실의 요소들이 맥동치고 진동하는 가운데 발생하는 삶의 요구로부터 발생한다. 그런 의미에서 정치화는 자연스런 삶의 반응[reaction]이자 그 응답[action]이 되어야 한다. "정치를 이해하지 못하면 내 생활의 스트레스, 그 근본을 이해하지 못한다는 걸 알게 됐어. 그러니까 투표는 사실 민주주의를 위한 게 아니야. 그런 건 교과서에 있는 이야기야. 투표는 내 스트레스의 근원을 줄이려는 노력이야."

내뱉는 듯한 반말로 초지일관하고 "나는 잘생겼다! 크하하하"로 종결되는 '황당한' 책이 '정통' 지식인 담론에 속할 수는 없을 것이다(본인이 '무학'이라지 않는가?). 하지만 다른 한편으로 이 책은 샌델 이후 벌어진 지식장의 구조 변동을 명쾌하게 보여 주는 또다른 유형의 지식 담론이란 확신을 갖지 않을 수 없다(여하튼 '통찰' 아닌가?). 어쩌면 지식의 지위나 형태, 권위의 구조 등이 결정적으로 변환되었음을 알렸던 리오타르(Jean-François Lyotard)의 '포스트모던의 조건'이 이제야 우리에게 도래한 것은 아닐까? 이 새로운 지식은 종래의 권력에 종속된 지식의 형태를 벗어나 권력과 치고받으며 대중을 끌어모으는 정치화의 진앙지가 될 수 있지 않을까?

제아무리 소중한 진보적 가치더라도 진지하고 엄격한 얼굴로 내세운다면, 그것은 곧장 보수적이고 우파적인 관점에 탈취 당하게 마련이다. 엄숙과 진지는 보수 우파의 생래적인 표정이기 때문이다. 근엄하고 무게잡는 표정으로는 도무지 따라잡을 수 없는 쾌활함, '내 멋대로 하련다'는 식의 탈담론화, 지식 담론의 스타일 변형을 시도한 게 바로 『닥치고 정치』였다. 달리 말해, 『닥치고 정치』, 아니 그 확장 보급판으로서 「나꼼수」는 지식 담론의 예외나 변방으로 다루어져야 할 게 아니라, 더 이상 유통가능하지 않은 기성 담론 스타일의 품절을 알리는 동시에 새로이 전파되고 통용되기 시작한 소통의 스타일로 봐야 할 듯하다. 대중과 유리되거나 겉도는 지식 담론으로부터 대중의 언어로 대중의 마음을 파고드는(김어준의 표현에 의하면 '대중과 연애하는') 담론 공간으로의 전화가 그것이다.

5. (불)가능한 정의 : 쫄거나 혹은 떠들거나

샌델 신드롬에서 「나꼼수」까지 최근 몇 년간 한국 지식 담론의 변동에 관해 이야기했지만, 실상 이는 눈에 선명하게 드러나는 현상은 아니다. 이 공간은 여전히 변환 중에 있으며, 당연한 말이지만 전통적인 진지한 스타일의 지적 담론도 계속 생산될 것이다. 다만 지적하고 싶은 것은, 진지함으로부터 가볍고 유쾌한 스타일의 변형은 일정 정도 대중을 선도하는 전위적 지식인 개념으로부터 대중과 섞이고 대중을 웃기는, 그래서 함께 어울려 놀 줄 아는 지식인으로의 이미지 변화와 결부된 현상이란 점이다. 87년 민주화 체제로부터 20년 넘게 유지되던 지식인과 지식 담론의 구조는 아마도 「나꼼수」 현상을 거치며 철저히 변형되지 않을까 전망해 본다.

이제 새로이 들어선 이 지식 공간에 관해 말하기보단, 오히려 그 공간의 성격에 대해 이야기하며 마치고 싶다. 내게 그것은 무엇보다도 맘껏 떠들고 웃을 수 있는 공간의 확보이자 창설이란 점에서 중요하다. 지식 담론의 공간이란 일종의 필터링 체계를 갖고 있어 그것을 통해 지적인 정당성을 갖는지 아닌지를 판별한다. 푸코가 지적한 바에 따르면 필터링의 주요 기준은 내용이라기보다는 형식, 곧 문체와 서술 방법, 스타일에 관련된 것들이다. 지극히 외적인 요인들 같지만, 실상 이것들 때문에 지식 담론의 공간에 들어갈 수 있는

지 혹은 거부되는지의 여부가 판가름 난다. 심지어 대중이 그 공간에 관여하고자 할 때도 스타일은 문제가 된다.

『정의란 무엇인가』는 쉬운 스타일로 정평이 났다. 그런데 대중들은 오히려 그 쉬움 때문에 더 어렵다는 반응을 보였다. '쉬워서 좋다'는 샌델의 책을 해설하는 '더 쉬운' 책이 나와야 했고 여기저기서 해설판 강연회가 열렸던 것도 그 때문이다. 무작정 그의 말을 뒤따라 가보긴 하는데 잘 이해하지도 못한 상태에서 그의 (사실상 별 내용 없는) 결론에 털썩 동의해 버리고 만다는 것이다. 샌델 식 정의관에 이견을 갖긴 어렵다. 친절하고도 간결한 그의 스타일에는 샛길이 없는 탓이다. 그냥 따라가다 보면 그가 내린 결론에 어느새 함께 도달할 뿐이다. '쉽다'라는 미덕에도 불구하고, 비판적 의문을 가져 보기보단 잘 모르겠으니까 그냥 수긍해 버리는 결정적인 요인은 무엇일까? 나는 샌델의 유려한 논리는 잡음을 허락지 않는 간결성으로 인해 도리어 억압적이고 일방향적이라고 생각한다. 가령 그의 책에서 수 차례 소개된 사고 실험이 그렇다.

샌델로 인해 유명해진 '전차 문제'(trolley problem)를 떠올려 보자. 영미 논리 실증주의 전통에서는 꽤나 유명한 사고 실험의 하나라 한다. 예컨대 시속 100킬로미터로 돌진하는 기차를 조종하는 독자는 다섯 명의 인부와 한 명의 인부 중 어느 쪽을 희생시켜 다른 쪽을 구할 것인지를 결정해야 한다. 일체의 다른 조건은 없다. 다섯 명이거나 한 명, 둘 중의 하나를 선택하면 된다. 양자택일이니 쉬운가? 현실에서도 정말 다른 선택지가 없을까? 인부들은 경적 소리를 듣지도 못하고 전혀 피할 수도 없을까? 샌델이 그렇다니 그런 줄 알고 독자들은 그의 사고 실험에 동참할 도리밖에 없다. 그렇게 해서 도출되는 정의의 여러 결론들에 꼼짝없이 승복하는 것은 따지고 보면 정말 당연한 일이다. 이게 무슨 과학 실험인가? 우리네 삶이 그렇게나 간단하고 명백한가? 샌델의 스타일은 쉽고 간결하다. 그러나 파시스트적이다. 그가 내놓은 스타일 이외의 다른 선택이 불가능하기 때문이다.

MB에게도 똑같은 스타일이 재현된다. 공정 사회. 얼마나 좋은가? 우리에겐 두 가지 선택지밖에 없다(오직 '둘'뿐이라는 이 간결함이여!). 공정한 사회에서 살거나 그렇지 않거나. 전자는 정의 자체를 표방한다. 후자를 선택한다면 불의를 택하는 것이므로 '정의의 적'일 것이다. 용산에서 철거민들을 무참하게 죽도록 내버려 둔 것이나, 생존자들에게 유죄를 선고할 수 있던 것은 바로 이 양자택일의 쉽고도 간결한 논리 덕분이다. "선택은 자유다. 하지만 옳은 답안은 정해져 있으니 참고하기 바란다!" 우리는 단지 스타일이 가볍고 쉽다고 순순히 응할 수 없고, 그래서도 안 된다.

「나꼼수」를 통해 열린 한국 지식 담론의 공간은 답이 없다. 마치 보수 우파가 "저놈들은 답이 없다"고 아연실색하듯, 이 공간에는 미리 결정된 '정의의 길'이 없다. 답이 예정되어 있지 않다는 점에서 이 공간은 보수 우파에게나 마찬가지로 진보 진영과 좌파의 전통적 담론 공간과도 다르다. 더구나 스타일도 정해져 있지 않다. '씨바', '졸라' 같은 욕설이 쉼표처럼 등장하고 반말과 시비조의 전혀 친절하지 않은 논쟁이 이어지며, 어떤 작은 꼬투리라도 잡아채 농담의 호재로 활용하는 이 공간은 점잖은 지식의 장이라기보단, 잡음과 패설의 장바닥에 보다 가까울는지 모른다. 지나칠 정도로 가벼워서 그 어떤 것도 진입의 장애없이 들어와 시작할 수 있는 공터. 이런 장소에 무엇이 옳고 그른지를 처음부터 규정짓는 절대 정의 같은 게 있을 리 만무하다. 아이들 땅따먹기 놀이가 그렇듯, 정의는 그때그때 세워지고 때가 되면 허물어진다. "정의는 없다"는 식의 허무주의를 옹호하는 게 아니다. 오히려 정의는 매번 (불)가능하다는 역설 속에 정의의 진리가 있다고 말하고 싶다.

공터, 또는 광장. 그 공간은 비워져 있지만 무(無)가 아니라 있음[有], 즉 말들로 가득 찬 공간이란 점에 귀기울일 필요가 있다. 정해진 척도가 없기에 정의가 불가능하지만, 역설적으로 복수의 정의가 구성 가능한 공간이 바로 여기 아닐까? 정치화란 바로 이렇게 (불)가능한 정의를 세우고자 시도하는 사건, 그 사건화를 가리킨다. 그러기 위해서는 그 어떤 가이드라인도 없이 욕망하는 대로 떠들어 댈 수 있어야 한다. 자유로운 스타일이란 추종하기 쉬운 것이 아니라 어떤 형식으로도 변형 가능한, 내키는 대로 할 수 있는 스타일이다. 맘껏 웃으라는 것. 악착같이 떠들라는 것. 법도 도덕도, 한계를 설정하고 공포와 두려움을 조장하는 그 무엇에 대해서도 "감히 맞서라. 웃고 떠들라"는 격려와 박수가 여기에 있다. "쫄지 마!"가 우리 시대의 명령-어(slogan)로 던져진 까닭 역시 그에 다르지 않다.

추기 1

이 글을 마무리짓는 2월 현재 정봉주 의원은 MB에 대한 허위사실 유포죄가 적용되어 구속되었고, 「나꼼수」의 구성원들에 대한 보수 언론 및 검·경의 압박도 날로 수위를 높여가고 있다. 최근 방송에서 김어준은 이런 야비한 현실이 그의 '투표 근육'을 씰룩거리게 한다고 이죽거렸는데, 나꼼수 현상에 대한 아이러니컬한 주의를 환기시키는 지점이 여기다. 지극한 반골 성향, 반권위주의가 왜 선거라는 '정통적'인 정치적 의사결정 수단을 보루로 삼는 것일까? 무상급식 투표나 서울시장 선거에서도, 민주통합당과 통합진보당 등의 결집에서도 선거 독려는 「나꼼수」의 주요한 과제였다. 집권당의 온갖 비리와 더러운 꼼수를 낱낱이 공개해 대중의 분노와 적개심을 불질러놓고도 그들의 외침은 "쫄지말고 투표해!"에서 정점을 찍었던 것이다. 어쩌면 「나꼼수」는 진보 담론이 새롭게 전화한 것이 아니라, 기성 담론이 진화한 마지막 형태는 아닐까? 또는, 우리는 아직 환골탈태를 진행 중인 담론 공간의 도착적 상태를 보고 있는 것인가? 답변은 아마도 올해 총선과 대선을 거치며 듣게 될 가능성이 농후하다. "투표해!"에 이어지는 그 다음 명령-어가 무엇일지 우리는 주의를 기울여야 할 것이다.

2012.02.06

추기 2

출판을 위해 다시 2개월이 지나는 동안 정치와 담론의 지형에서 또다른 변화들이 일어났다. 4·11 국회의원 선거는 그 중심이 될 텐데, 이번에는 나꼼수가 무대의 중앙에 나섰다. 정봉주의 지역구인 서울 노원갑에 김용민이 출마함으로써 정치 운동의 전면에 뛰어들었던 것이다. 처음엔 총리실의 민간인 사찰 등 악재들이 연이어 터져나와 야당의 대승이 낙관되었고, 나꼼수의 대중적 인기는 김용민의 당선을 손쉽게 점치도록 만들었다. 하지만 무명 시절에 그가 인터넷 방송에서 여성 비하적인 '막말'을 했다는 사실이 밝혀지면서, 여당은 총선을 'MB심판'의 구도에서 '김용민 심판'의 구도로 뒤집기 위해 온갖 수단을 동원했다. 사실 그의 '막말'에는 미국의 이라크 침공에 대한 비판이 맥락화되어 있었으나, 그런 사정들은 전부 무시된 채 말의 폭력성만이 부각되었고 김용민을 공천한 민주당조차 정확한 입장을 세우지 못한 채 수세적 자세로 일관했다. 김용민이 완주를 다짐하고 나꼼수는 그를 방어하기 위해 총력을 기울였지만, 그들을 기다린 것은 이름을 바꾼 한나라당의 대승과 김용민의 낙선이었다. 나꼼수의 '정치 진출'은 그렇게 실패하고 말았다.

4월 중순 현재, 선거에 대한 총체적인 분석이 끝나지 않은 상황에서 무엇이든 섣불리 단언하긴 힘들다. 게다가 12월 대선의 '본게임'은 아직 시작되지도 않았다. 비록 '정치 진출'에는 좌절했어도 나꼼수의 '정치 실험'이 끝나지 않았음은 두 말할 것도 없다. 다만, 작년 서울 시장 선거 때 보여주었던 나꼼수의 대중적 흡입력이 수도권과 20~30대 젊은 층을 제외하고는 제한적인 효과만을 발휘한다는 사실은 뚜렷하게 밝혀진 듯하다. SNS로 대표되는 새로운 테크놀로지와 진보 담론, 젊은 세대의 연합은 우리의 기대보다는 여전히 미미한 수준에 머물러 있을지도 모른다.

정말 중요한 문제는 따로 있다. "무엇을 상상해도 그 이하였던" MB 시대를 겪으며, 한국의 진보 진영은 별다른 근거 없이 다수 대중의 공감과 분노를 얻었다는 강한 확신을 갖고 있었다. MB의 실패가 곧 진보의 승리로 이어지리라는 위험천만한 낙관론에 의지해 있었던 것이다. 하지만 총선의 결과는 대중에 대한 진보의 구애가 여전히 짝사랑 수준에 머물러 있으며, 김어준 식으로 말해 '연애'하는 단계로는 나아가지 못했음을 여실히 보여 준다. 대중의 마음을 얻는 것, 그것은 적의 실패로 거저 얻을 수 있는 게 아니다. 타인의 마음을 얻는다는 것은 그렇게나 어려운 일이다.

2012.04.15

추기 3

다시 시간이 흘러 대선을 두 달 정도 남겨둔 시점이다. 그 사이, 정치는 대중과 얼마나 사랑에 빠졌는가? 대중에 대한 정치의 구애는 지난 5년의 악몽을 걷어낼 만큼 크고 강력한 힘을 갖게 되었는가? 마음의 정치를 강조하던 나꼼수가 대선을 향해 다시 팔을 걷어 부칠 때, 그들이 내세우는 담론은 어떤 것인가? 설익은 전망을 대신해, 나꼼수를 위시한 진보 담론의 '낯익은 귀환'에 대해서만 간략히 말하도록 하자. 현재 한국 지식 담론의 주요 의제는 마음의 문제이다. 예컨대, 지식과 정보가 아닌 마음을 통해 사회를 들여다보고(김홍중, 『마음의 사회학』, 2009), 제도 이상의 실정적인 것으로서 마음이 정치의 대상이 되며(『문화/과학』 64호, 2010), 정치는 상처받은 사람들의 마음을 위로해 주는 것이어야 한다는 주장(파커 파커, 『비통한 자들을 위한 정치학』, 2012)들이 그러하다. 또, 『닥치고 정치』의 시작은 조국 출마를 위한 바람잡이가 되겠다는 김어준의 고백이었으나, 문재인에 대한 기대로 마무리가 될 즈음 그가 강조한 것은 다름 아닌 대중(의 마음)과의 연애다. MB 시대가 남긴 가장 큰 생채기는 경제 지표나 사회 제도가 아니라 바로 대중들의 마음에 있다.

　박근혜, 문재인, 안철수의 대권 3인방이 주력하는 정치의 현장 역시 마음이다. 동네 시장통을 돌며 찬거리 물가를 묻는다든지, 농성장을 방문해 노동자들과 손을 맞잡거나, 대학생들과 어울려 학생 식당 밥을 먹는 장면들을 연출하는 것 역시 넓게는 대중의 마음을 얻는 과정, 곧 '연애'의 한 자락일 것이다. 하지만 동시에 그 장면들이 근대 대중 정치의 전형으로서 이미지의 정치학과 잘 구별되지 않는 것도 사실이다. 마음을 움직이는 것도 이미지를 만드는 것도 퍼포먼스(/수행성)와 분리되지 않기 때문이다. 그렇다면, 어쩌면 감동을 이미지로 주조해 대중에게 각인시키는 것이야말로 마음의 정치가 작동하는 본질적 양상은 아닐까? 이미지 정치에 대한 비판과 마음의 정치에 대한 강조는 동일한 사태의 두 면을 구별하지 못한 것뿐이지 않을까? 결국 마음의 정치, 혹은 대중과의 연애란 우리가 익히 알던 정치의 또다른 레테르, 한나라당이 이름을 바꾸고 깃발 색을 바꿔 되돌아온 것과 같은, 구태 정치의 귀환은 아닐까?

　사랑처럼 좋은 말이 없지만, 또한 사랑처럼 모호한 말도 없다. 이 좋은 말이 지금 대권가도에서 모호하게 들리는 까닭은 그 대상이, 사랑의 상대가 누구인지 모호하기 때문이다. 마음에 가닿아야 할 언어가 이미지 조각들로 훌훌 날리는 것도 그 수신자가 불명료하게 남겨진 탓이다. 단지 '대한민국 국민들', '대중들'을 향하는 것으로는 부족하다. 마음의 정치학이 낯익은 정치의 뻔한 귀환으로 사장되지 않기 위해서는 그 마음이 누구의 마음인지 명확히 밝혀야 한다. 쌍차 노동자들에게 분향하면서 그들을 생계보전 대책 속에 가두어 두려는 시도, 인혁당 유족들에게 번지르르한 사과나 던져 주고 국민의 이름으로 회수하려는 시도들은 그래서 사랑의 기만에 다름 아니며, 마음의 정치가 아닌 통치, 또는 치안의 다른 이름들이다.

　네 사랑이 누구를 향한 것인지 말하라! 지금 마음의 정치가 떠안은 가장 중요한 질문이 여기 있다. 국민과 대중에 대한 사랑이라는, 언제든 빠져나갈 구멍을 봐둔 실체없는 사랑이 아니라, 물러설 곳 없이 자신을 던져넣는, 하나를 선택하고 책임지는 사랑이야말로 정치가 직면한 절체절명의 과제 아닌가?

부동산 경기 부양이나 국민 대통합, 혹은 '폭넓은 중도를 껴안는' 그저 좋기만 한 추상적 말잔치 따위를 던져버리고, '747'이나 '국격'의 미명 아래 피땀흘리고 눈물 쏟았던 민중을 직접 호명하며 그들과 사랑하겠다고 선언해야 할 것이다. 살던 집이 강제로 철거당하고, 일터에서 쫓겨나며, 용역들에게 얻어맞고 감당할 수 없는 벌금에 목매고 살해당한 이들이 내 사랑의 대상이라고 표명하지 않는다면, 마음의 정치는 또다시 이미지의 정치로 굴러떨어지고 말 일이다. 또한 동시에, 사랑의 이면은 언제나 돌이킬 수 없는 증오라는 점 역시 그 어느 때보다 처절히 기억하지 않으면 안 될 것이다.

2012.10.07

02 한국 개신교의 정치적 태도에 담긴 열망

손기태

한국 개신교의 친미·반공적 성향과 국가권력과의 유착관계는 비교적 잘 알려져 있다. 미군정기와 이승만 정권, 그리고 박정희 군사정권을 거치면서 그러한 성향이 강화되고 고착화된 것이라 할 수 있다. 70, 80년대에 반독재 민주화 운동의 한 축을 담당하기도 했던 한국 개신교는 진보적이면서도 독자적인 목소리를 담아 내기도 했었다. 하지만 김대중, 노무현 정권 시기에 개신교 내 진보진영 인사들이 청와대, 정부, 그리고 제도권 정당으로 들어가면서 개신교 진보진영의 독자적 목소리는 점차 찾아보기 힘든 상황이 되었다. 오늘날에 이르러서 한국 개신교는 근본주의 세력들의 극우적 행보와 함께 수구적이고도 부패한 권력집단의 이미지로 대중들에게 각인되고 있다.

한국 개신교의 보수진영은 2000년 이후 두 번에 걸친 대선을 통해 극우적인 정치색을 드러내면서 자신들을 하나의 정치세력으로 드러내었다. 오늘날의 한국 사회를 위기상황으로 진단하고, 야당을 위시한 각종 시민단체 등의 '친북좌파'를 척결하는 것이 최우선의 과제라고 밝히기도 했다. 이명박 정권 또한 출범 직후부터 소망교회 출신 인사들을 대거 정부 주요 요직에 앉히면서 각종 종교 편향 정책들을 추진하기도 했고, 정부에 대한 비판여론에 대해서도 원색적인 종교 용어를 동원해 가며 비난하는 근본주의적 시각을 보여 주기도 했다.

한국 개신교의 이러한 정치적 행보는 무엇을 의미하는가? 그러한 정치적 행보를 계속 이어갈 것인가, 아니면 새로운 형태로 바뀔 것인가. 기존의 수구적

·권력지향적 행태가 당장에 새롭게 바뀔 것으로 기대하기는 어려울 것이다. 여전히 한국 개신교 교인들의 정서는 보수적 반공 이데올로기가 지배적이기 때문이다. 하지만 한국 개신교가 앞으로도 계속 과거와 동일한 정치적 태도를 계속 유지할 것인지에 대해 판단하기 위해서는 몇 가지 검토할 점들이 있다. 오늘날의 사회적·정치적 변동과 맞물려서 한국 개신교가 앞으로 어떠한 정치적 태도를 지니게 될 것인지 되물을 필요가 있는 것이다.

여기서는 한국 사회의 역사적·정치적 변동 과정에서 한국 개신교의 정치적 태도와 영향력이 어떤 과정을 통해 확립될 수 있었는지, 또한 그것은 어떻게 한국 개신교 교인들의 정서에 뿌리내릴 수 있었는지 주목하고자 한다. 특히 한국 개신교 보수진영의 정치적 태도에 담긴 욕망은 어떤 것이며, 그것이 어디를 향해서 나아가고 있는지에 대해 살펴볼 것이다.

1. 해방 전후 한국 개신교와 국가권력과의 관계

(1) 일제 식민통치 시기의 한국 개신교

한국 개신교는 형성과정 초기부터 국가 권력에 대해 의존적이고도 순응적인 태도를 지니고 있었다. 이는 한국에 개신교를 전파한 선교사들의 영향이 적지 않은데, 특히 미국 근본주의 계열의 선교사들이 지니고 있던 개인주의적·내세지향적 신앙이 가장 커다란 영향을 끼쳤다고 할 수 있다.

미국 개신교 근본주의는 1900년대 초반에 등장하였는데, 미국사회와 학계에 널리 퍼져 나가던 진화론과 역사적 성서 해석방식에 대한 반발로 생겨난 극단적인 보수 성향의 운동이었다. 성서의 축자적 해석, 무오류성, 동정녀 탄생 및 십자가 부활, 종말론 등을 문자 그대로 믿을 것을 주장하면서, 사회적 차원보다는 개인적 차원의 신앙을 강조하였다. 그리고 시대가 도덕적으로 타락하였으며 이로 인해서 곧 세상이 신의 심판을 받게 되리라는 절박한 위기의식을 지니고 있었다. 따라서 이들에게는 종말의 시대를 살아가는 전 세계의 영혼들에게 최대한 많은 선교사를 파송하는 것이 가장 시급한 지상과제였던 것이다.

한국에 개신교가 전파되던 시기에 국내로 들어온 선교사들 가운데 70% 가량이 바로 이러한 근본주의적 성향의 미국 선교단체 출신이었다. 미국 선교사들의 이러한 시대 인식과 개인주의적·내세지향적 성향은 한국 개신교의 정치적 태도를 결정짓는 데 상당한 영향을 끼쳤다. 개신교 근본주의가 던져 주는 메시지는 박해받는 민족에게 들려주는 일종의 구원의 메시지와도 같았다. 한국이 나라를 빼앗긴 것은 오랜 우상숭배의 역사 때문이며, 한국 민족에게도 복음이 전파되어 종말의 시대에 구원을 얻게 하시려는 신의 섭리라는 것이다. 근본주의의 메시지를 일제 당시 한국이 처한 위기상황에 그대로 대입하여 해석하려 했던 것이다.

　미국 선교사들은 일본으로부터 선교활동을 보장받는 대가로 한국 개신교인들의 정치참여와 민족운동을 교리적으로 '불순한 행위'로 규정하면서 체제순응적인 태도를 지니도록 만들었다.[1] 선교사들의 이러한 태도는 신도들로 하여금 일제 당시 독립운동에 대해서도 비관적이고 소극적인 태도, 그리고 항일독립운동에 대해서도 기피하는 경향을 지니게 만들었다. 이 때문에 민족주의적 경향을 지닌 개신교 인사들과 미국 선교사 간의 갈등이 빚어지기도 했는데, 1907년 안창호가 미국에서 귀국한 후 평양의 부흥운동의 열기를 보고서 "교인들이 예배당에 모여 죄를 자복한다 하며 울부짖고 땅에 구르는 것을 보고 저 어리석은 백성을 어떻게 깨우칠꼬" 하며 한탄했다는 것은 유명한 일화다.[2]

　한국 개신교의 주요 교단들은 일제에 대한 정치적 태도에 있어 매우 순응적이고 혼란스러운 양상을 나타내었다. 사회참여에 있어서 비교적 적극적이었던 자유주의 계열의 교단들에서는 일제의 정책에 동조하는 입장을 보였고, 상대적으로 소극적인 태도를 지녔던 근본주의 진영의 일부 목회자들과 신자들은 일제의 신사참배 요구에 반발하는 모습을 보였던 것이다. 하지만 대다수의 자유주의 계열의 교단들과 근본주의 계열의 교단들은 일제의 신사참배 요구를 수용하기로 공식 결의하였다. 근본주의 계열의 일부 신자들이 이에 반발하여 신사참배를 거부하고 투옥되기도 했으나, 한국 개신교의 대체적인 흐름은 일제의 신사참배 요구를 받아들이자는 것이었다. 해방 이후에 과거의 신사참배에 대해 참회하자는 요구가 있었지만, 이를 수용하여 공식적인 사과를 표명한 교단은 극소수에 불과했다.

■

1 한국기독교역사연구소, 『한국 기독교의 역사 II』, 기독교문사, 1998, 169쪽.
2 강준만, 『한국 근대사 산책 4』, 인물과사상사, 2007, 274쪽.

(2) 해방 후 이승만 정권과 한국 개신교

일제로부터 해방이 되어 국가가 형성되는 과정에서 한국 개신교는 미국 선교사와의 인맥을 배경으로 하여 국가 권력과의 유착관계를 공고히 할 수 있었다. 미군정은 자신들의 정책에 가장 우호적이었던 개신교 인사들을 광범위하게 기용하였고, 한국 개신교는 이를 통해 자신들의 정치적 위상을 한층 높이는 계기로 활용했던 것이다. 또한 미국 선교사들은 일제에 의해 해체되거나 강제로 통합된 교단을 재건하고 한국전쟁으로 인한 파괴로부터 교회와 기관을 복구하는 과정에서도 적잖은 기여를 하였다. 특히 한국전쟁으로 피폐한 상황에 놓여 있던 한국 교회는 미국 교회의 재정적 원조가 본격화되면서 더욱 의존적인 경향을 보일 수밖에 없었는데, 미국 선교사들은 이를 자신들의 근본주의적이고 교권주의적인 신앙을 강화하는 계기로 삼았던 것이다.[3]

미국에서 유학을 했었고 개신교 신자이기도 했던 이승만이 미군정기 직후 대통령으로 당선되면서 한국 개신교는 정권의 각종 특혜와 비호 아래 비약적인 성장을 하게 되었다. 해방 직후 남북한 합쳐서 30만 명에 불과하던 개신교 신자 수는 1960년에 150만 명으로 급속히 증가하였다. 이승만 정권 또한 주요 국가조직에 개신교 인사를 다수 포진시킴으로써 사회 전반에 개신교의 영향력이 커지도록 하였다. 또한 개신교에게만 특혜를 주고 타 종교에는 암암리에 억압적인 정책을 시행하는 등 종교편향적인 정책을 펼치면서 많은 반대 여론을 불러일으키기도 하였다. 크리스마스를 법정 공휴일로 지정한 것, 형무소 목사제도를 시행하여 타 종교를 배제하고 개신교 목사만 임명되도록 한 것, 개신교와 천주교에만 군종 장교제도를 허용한 것 등은 그 대표적 사례들이다. 한국 개신교 또한 정·부통령 선거와 국회의원 선거를 앞두고 범 교단 차원의 '기독교 대책위원회'를 만들어 조직적으로 이승만을 지원하는 등 국가 권력과의 상호유착 관계를 형성해 나갔다.

이처럼 한국 개신교는 형성 초기 단계에서부터 국가 권력에 순응하고 국가 체제 내부로 편입되는 구조를 만들어 내었다. 미국 선교사들과 뿌리 깊은 인맥을 형성하고 있던 한국 개신교는 대미 외교 창구로서의 역할을 자임하였고, 또한 이를 통해 자신들의 정치적·사회적 영향력을 강화시킬 수 있었다. 한

3 강인철, 『한국 기독교회와 국가·시민사회: 1945~1960』, 한국기독교역사연구소, 1996, 127쪽.

국전쟁을 거치면서 민족주의적이고 사회주의적인 경향의 개신교 인사들은 대거 월북을 하고, 친미적이고 보수우익적인 경향을 지닌 개신교 인사들이 월남하면서 한국 개신교는 자연스럽게 반공주의적이고 친미적인 경향을 자신의 주된 성격으로 갖게 되었다.

2. 박정희 군사정권 시기의 한국 개신교의 정치적 태도

(1) 박정희 정권과 한국 개신교의 분화

박정희 정권에 와서 개신교는 이승만 정권 때와는 다른 방식으로 국가 권력과의 관계를 형성한다. 그간 이승만 정권의 개신교 편향 정책으로 인해 타종교 측의 불만이 있었던 것이 사실이다. 이로 인한 반대 여론도 박정희 정권에게는 부담이 되었을 것으로 보인다. 박정희 정권은 종교편향 논란을 의식하여 개신교, 불교, 천주교 등 주요 종교들과 각기 적절한 거리를 두고자 하고자 하였고, 한편으로 5·16 쿠데타로 집권함에 따른 정치적 취약함을 보완하기 위해 종교를 적극적으로 활용할 필요도 있었다. 1960년대 당시 종교만큼 커다란 규모의 사회적 영향력을 지닌 시민 조직은 찾아보기 어려웠던 탓이다.

박정희 정권하에서 한국 개신교는 진보적·자유주의적 교단과 보수적·근본주의적 교단으로 서로 분열되면서 정권에 대한 태도 역시 상이한 양상을 보이고 된다. 진보적 경향의 교단에서는 한일회담 반대, 베트남 파병 반대, 유신 철폐 등의 민주화 운동을 통해 정권과 대립각을 세웠던 반면, 보수적 경향의 교단에서는 반공주의적·친미적인 태도를 강화함으로써, 특히 광범위한 미국 인맥 등을 통해서 대미 외교 교섭창구로서의 역할을 맡고자 하였다. 국가조찬기도회, 국회조찬기도회 등을 통해서 정치권과의 협력적 관계를 구축하고 5·16 쿠데타에서부터 한일회담, 베트남 파병, 유신 개헌 등에 이르기까지 주요 사안마다 지지성명을 내면서 박정희 정권에 대한 일관된 지지를 나타내었다. 이를 통해 이승만 정권 시절부터 유지해 왔던 자신들의 정치적 입지와 영향력을 보전하고자 한 것이다.

한국 개신교 내의 진보적 진영은 KNCC(한국기독교교회협의회)라는 교단 연합 조직을 통해서 자신들의 목소리를 낼 수 있었는데, 여기에는 진보적이고 자유주의적인 경향의 WCC(세계교회협의회)와 USNCC(미국교회협의회) 한국위원회의 정책적·재정적 후원이 상당한 기여를 하였다.[4] 국가 권력에 대항하여 진보적인 목소리를 내던 집단은 한국 개신교 내에서 극히 소수에 불과했다. 하지만 KNCC가 종교 단체라는 점, 그리고 WCC 등의 국제적 네트워크의 지원을 받고 있었다는 점이 박정희 정권의 강압적인 통치 아래에서도 주도적으로 민주화 운동을 펼쳐 나갈 공간을 확보할 수 있었던 이유였다. 이를 통해 KNCC는 사회적 약자와 노동자, 농민의 목소리를 대변하고 군사 독재에 맞서는 민주화 운동의 주요 근거지로 자리매김하게 되었다. 이러한 국제적 네트워크가 없었더라면 KNCC의 활동이 국내뿐만 아니라 국제 사회의 이목을 집중시켰던 것도 가능하지 않았을 것이다. 이를 통해 한국 개신교의 진보진영은 군사정권의 독재에 대항하여 민주화 운동을 주도적으로 펼칠 수 있었던 기반을 마련할 수 있었다.

박정희 정권하에서 한국 개신교는 정치적으로 진보와 보수라는 지형을 만들어 내면서 서로 분화되었는데, 보수적 진영의 교회들 대부분은 정치적·사회적인 문제들보다 자신들의 교세 확장에 더 많은 관심을 지니고 있었다. 일부 개신교 인사들이 정권과 유착관계에 있거나 일정한 영향력을 지녔다고 하더라도, 한국 개신교는 자신의 존립에 이익이 되는 한에서 정권에 대한 지지자로 남아 있었을 뿐이었다. 보수적 진영의 정치적 태도는 개신교 자신의 이익 여부에 따라 선별적으로 참여하는 수준에 머물러 있었다고 할 수 있다. 박정희 정권 시기에 한국 개신교는 급속한 성장을 거두지만, 한국 사회의 정치적·사회적 문제들에 대해서는 도외시하였다는 비판을 면하기 어렵다. 박정희 군사정권 하에서 개신교의 반독재 민주화 운동에 대한 기여는 오로지 진보진영의 몫으로 돌릴 수밖에 없는 것이다.

(2) 한국 개신교의 친미·반공주의와 대형교회의 등장

앞서 살펴본 대로 해방 이후 개신교 교회는 초기부터 친미·반공주의를 자신의 주된 성격으로 지니게 되었다. 해방 직후부터 북한으로부터 내려온 월남민들이 주축이 되어 설립된 남대문교회, 충현교회, 영락교회 등이 그 대표적 교회들이다. 대부분 아무런 연고나 인맥이 없는 상태에서 빈손으로 내려온 탓에

---

4 강인철, 「박정희 정권과 개신교 교회」, 『종교문화연구』 제9호, 한신인문학연구소, 2007, 97쪽.

월남민들은 남대문 시장, 동대문 시장 등 시장 인근에서 장사를 하며 생계를 꾸려갈 수밖에 없었고, 교회들은 고향을 상실한 월남민들에게 정서적으로 의지할 공간을 제공해 주는 일종의 커뮤니티로 기능한 것이다. 영락교회의 경우 서북청년단이나 대동강동지회 같은 반공 테러 집단들의 근거지이기도 했다. 월남민이 중심이 된 대형교회들은 한국 사회에서 반공주의의 중요한 구심점 역할을 하게 되었다.

한편, 1960년대 이후에는 친미·반공주의적 성격을 기반으로 하면서도 박정희 정권의 개발독재와 맞물리면서 축복과 성장을 강조하는 대형교회들이 등장하게 되었다. 박정희 정권의 경제개발 정책으로 인해 농촌 지역의 경제는 더욱 피폐해졌고 일자리를 찾아 고향을 등지고 대도시로 들어오게 되는 이농민들을 대거 양산해 내었다. 서대문구, 영등포구, 관악구, 광진구, 성동구, 중랑구, 성북구 등 서울 변두리 지역으로 이들이 몰려들면서 무허가 판자촌이 밀집한 일명 달동네를 형성하기 시작하였다. 이들은 향후 도시 하층민의 대다수를 차지하게 되었고, 교회는 가난과 좌절의 현실 속에서 의지할 곳 없이 살아가는 이농민들에게 위로와 축복을 선사해 주는 고마운 존재로 받아들여졌다. 대표적인 사례로 조용기 목사의 순복음교회를 들 수 있는데, 1958년 불광동 판자촌에서 출발하여 6년 만에 교인수가 3천 명이 넘어섰고 여의도로 교회를 옮기고 나서 1979년에 10만 명, 5년 후에는 다시 40만 명에 이르는 폭발적 성장을 거듭하였다. 이러한 폭발적 증가의 배경에는 농촌에서 올라온 저소득, 저학력 도시 하층민들이 있었다. 서대문 인근의 판자촌 주민들, 그리고 구로, 영등포 등지의 공단 노동자들이 대거 교회로 몰려든 것이었다.

이러한 대형교회 역시 친미·반공주의적인 성향을 지니고 있었지만, 월남민 교회와는 또 다른 멘털리티를 지니고 있었다. 집회의 성격도 부흥회와 유사하게 병을 고치거나 방언 기도를 하는 등 열광주의적 분위기가 크게 지배하였다. 회심 이후에 기적적으로 병 고침을 받았다거나, 사업 등에서 커다란 성공을 거두었다는 식의 간증들이 줄을 이었다. 이 안에는 급속한 자본주의화 속에서 경험된 현실의 좌절감과 상실감이 깊게 자리하고 있었다. 그들에게 축복이란 자신들이 처한 현실로부터 구제될 수 있는 경제적·사회적 성공이라는 보상으로 기대되었다. 여기에 박정희 정권이 추구하는 경제성장 구호는 개인의 성공이자 교회의 부흥, 대형화와 다르지 않았다. '조국 근대화'가 '민족 복음화'와 등식을 이루고, '잘살아 보세'가 조용기 목사의 '삼박자 축복'과 등식 관계를 이뤘던 것이다.[5]

이처럼 해방 후에 설립된 월남민 교회들이나 도시 하층민들로 이루어진 대형교회들의 경우, 자신들의 기반과 고향을 잃어버린 사람들, 삶의 기반 자체가 뿌리 뽑힌 경험을 지닌 사람들에 의해 만들어진 교회라고 할 수 있다. 일제의 식민통치에 이은 한국전쟁, 그리고 파괴와 폐허, 그 이후에 찾아온 극도의 가난 등은 사람들에게 쉽게 사라지지 않을 일종의 트라우마로 남게 되었다. 이를 가장 고통스럽게 겪은 사람들이 바로 월남민과 도시 하층민들이라 할 수 있을 것이다. 이로부터 벗어나기 위한 열망은 한국 개신교가 급성장하게 된 중요한 계기로 작용한 것이다.

월남민과 도시 하층민들에게 있어 북한과 공산주의는 자신들이 경험한 불행한 현실의 원인제공자였으며, 미국은 일제와 공산주의를 물리치고 경제적 성장을 가져다줄 기독교의 나라로서 진정한 해결책으로 간주되었다. 미국을 위시한 서구 유럽 국가들이 경제적으로 부강하게 된 것도 그들이 기독교 국가이기 때문이며, 한국의 경제성장 또한 미국 선교사들이 한국에 기독교를 전파해 주었기 때문에 이룩될 수 있었다. 미국은 곧 기독교 국가가 경제적으로 축복을 받게 된다는 증거이며, 미국의 종교인 기독교가 한국에 전파된다는 것은, 곧 한국도 미국처럼 경제적으로 성공한 국가가 된다는 이데올로기가 자리하고 있는 것이다.

하지만 월남민 교회와 도시 하층민로 이루어진 대형교회들 간에는 각기 상이한 두 가지 신앙 유형 또한 발견된다. 월남민 교회들은 대체로 가부장적이고 권위적인 리더십을 나타내는데, 이를테면 한 명의 제왕적 목회자에 의해 교회운영 대부분이 결정되는 모습을 보이고 있다. 다소 엄숙하고 차분한 전통적인 장로교회 유형으로 분류될 수 있다. 한편, 도시 하층민들로 이루어진 대형교회들의 경우 카리스마적이면서 열정적인 리더십을 바탕으로 교회활동에 헌신하도록 만드는 경향을 나타내는데, 축복과 성공을 약속해 주는 메시지, 그리고 교회 성장을 위해 전력으로 매진하는 역동적인 양상을 띠고 있다. 이를

■

5 최형묵, 「한국 기독교의 보수화, 힘을 향한 부적절한 동경」, 최형묵·백찬홍·김진호, 『무례한 자들의 크리스마스』, 평사리, 2007, 43쪽.

가장 잘 보여 주는 교회가 바로 여의도순복음교회였다. 이러한 유형의 대형교회들은 교회 내에서도 여성 교인들 다수가 교회의 각종 활동에 주도적인 역할을 맡고 있다. 교회 내의 위계질서에 있어서 월남민 교회보다는 덜 수직적인 모습을 보인다. 월남민 교회들이 가부장적이고 권위적인 남성중심적 위계질서를 통해 여성 교인들을 주변적 지위에 머무르도록 했다면, 순복음교회 유형의 대형교회들은 열정적 신앙을 지닌 여성들을 여성 전도자(일명 전도부인)로 세움으로써 교회 내에서 일정한 역할을 맡을 수 있도록 하였다. 또한 구역장 제도를 통해 다수의 여성 교인들이 교회 내에서 주도적인 주체로 나설 수 있게 하였다.

3. 1980년대 중반 이후에 등장한 중산층 대형교회

(1) 미국식 종교 비즈니스를 추구하는 신흥 대형교회들

박정희 정권이 끝나고 1980년대 중반에 들어서면서 예전과는 다른 새로운 유형의 교회가 등장하게 되었다. 기존의 대형교회들이 월남민이나 도시 하층민에 기반을 두고 있었던 것과 달리, 이 교회들은 도시 중산층들이 밀집한 지역에 자리를 잡기 시작하였는데 정서적으로도 기존의 대형교회들과는 많은 차이점을 갖고 있었다.[6] 기존의 대형교회들이 점차 고령화하면서 젊은 층들이 빠져나가고 교인 수의 증가 추세 역시 눈에 띄게 둔화하였던 반면, 새로운 유형의 대형교회들은 중산층과 젊은층 교인들의 적극적인 호응을 받으면서 급성장하는 대조적 양상을 나타내었다.

이러한 신흥 대형교회의 주축은 기존 교회로부터 이동해 온 중산층 및 젊은 연령대의 교인들이었는데, 온누리교회가 그 대표적인 사례라 할 수 있다. 온누리교회는 중산층 밀집 지역인 서울의 동부이촌동 인근을 근거지로 하여 설립되었는데, 이들은 기존의 가부장적이고 카리스마적인 1인 중심의 전통적 목회와 달리 탈권위적이고 감성적인 문화 코드에 호소하였다. 교회 안에는 카페와 서점, 전시 공간 등이 마련되어 있고, 각종 음악회나 공연을 통해 중산층

---

6 정정훈은 한국 개신교의 변화 양상을 분석하면서 기존의 전통적인 유형의 대형교회들을 '강북형 대형교회'로, 중산층을 기반으로 새롭게 등장한 신흥 대형교회를 '강남형 대형교회'로 분류하고 있다. 이에 관해서는 정정훈의 「교회와 세상, 그 코드적 동일성에 관한 묵상 – "기독교인만의 문화적 문법"의 세속적 기초와 교회적 기능」(교회의 날 행사 발표문, 2007)을 참조할 것.

의 문화적 취향을 충족시키고자 하였다. 예배도 대형 스크린에 최첨단 영상, 음향 장비를 동원하여 그야말로 잘 구성된 한 편의 공연에 가까운 느낌을 전해 주었다. 일렉트릭 기타, 드럼 및 신시사이저 등의 악기를 사용하여 현대적 감각으로 편곡된 CCM이나 복음성가 등은 파이프오르간과 피아노로 엄숙하게 찬송가를 부르던 기존의 교회들에게 일종의 문화적 충격으로 다가왔다.

교회의 운영이나 교육방식에 있어서도 온누리교회는 기존 교회들과 다른 모습을 보였다. 월남민이 중심이 된 대형교회들의 경우, 권위적이고 가부장적인 목회자에 의해 교회 운영의 제반 사항들이 결정되는 경우가 대부분이었다. 도시 하층민이 중심이 된 순복음교회 유형의 대형교회들도 카리스마적 권위를 지닌 목회자에 의해 교회 운영 전반이 결정되기는 마찬가지였다. 온누리교회와 같은 중산층 대형교회들에서도 담임 목회자가 갖는 영향력은 기존의 교회들처럼 독보적인 지위를 차지한다. 하지만 담임 목회자의 입장을 일방적으로 관철시키는 기존의 교회들과는 달리 일반 교인들의 자발적인 참여를 유도하였다. 예배 시간의 설교도 감성적으로 친근하게 다가서면서 교인들이 부담스러워 할 주제는 가급적 다루지 않는 모습을 보였다. 무엇보다도 교인들의 다양한 관심사와 욕구를 충족시키면서 교회가 지향하는 신앙 체계 안으로 수용하기 위한 문화 사역이 강조되었다. 온누리교회는 초기부터 미국의 윌로우크릭 교회를 모델로 하여 예배 형식부터 교회 운영 전반에 이르기까지 미국식 복음주의의 문화적 코드를 고스란히 이식한 교회라 할 수 있다. 이를 구체적으로 기획하고 실행하기 위한 분야별 전문 사역자들을 대거 포진시켰는데, 담임 목사를 보좌하는 수십여 명의 부목사들과 수백여 명에 이르는 스태프들, 그리고 이들을 지원하는 평신도 자원봉사자들이 주축이 되었다.

이와 비슷한 유형의 중산층 대형교회들은 마치 상품을 판매하는 기업처럼 교인들의 요구를 정확하게 파악하여 교인을 공략하고 관리하는 마케팅 기법을 교회 운영 전반에 도입하였다. 교인들의 연령과 직종, 그리고 그들의 취향과 기호에 맞춘 다양한 프로그램과 분야별 위원회들이 만들어지고, 교인들은 백화점 문화센터의 교양강좌를 수강하듯이 각종 프로그램에 참여하고 자신들의 전문적 역량을 발휘할 수 있는 분야별 위원회에서 활동할 수 있었다. 기존의 교회들처럼 담임 목사의 지시를 일방적으로 수행하는 방식이 아니라, 교인들 각자가 자신이 속한 곳에서 자발적으로 참여하고 활동하는 주체가 되는 방식이었던 것이다.

　이러한 교회 운영방식은 기존의 교회들과 구별되는 일종의 새로운 브랜드가 되었고 온누리교회는 이를 바탕으로 더욱 공격적인 마케팅을 시도하기에 이른다. 온누리교회는 자신들의 교회 운영방식을 동일하게 적용한 지교회(支教會)를 전국으로 확대시켰고, 마치 대형 할인매장이 지역 상권을 장악하듯이 지역 교회들의 교인을 대거 지교회로 흡수하는 효과를 거두었다. 온누리교회의 이러한 공격적 마케팅에 대한 지역교회의 반발과 교계의 비판 여론도 있었으나, 오히려 신흥 대형교회들은 온누리교회를 모방하여 앞다투어 지교회에 설립에 뛰어들게 되었다. 이를 가리켜 흔히 '맥처치'(McChurch) 현상이라고 부르는데, 교회들의 운영방식이 마치 패스트푸드 업체들이 고객의 입맛에 맞춘 상품을 출시하고 이를 브랜드화하여 점포를 확대하는 방식과 매우 유사하다는 것을 지칭하는 표현이다. 즉, 교회들은 교인들의 기호와 취향에 맞는 설교와 프로그램을 제공하고 또한 자신들의 표준화된 교회 운영방식을 브랜드화함으로써 이를 지교회 설립에 적극 활용하여 교세를 확장시키고 있는 양상을 잘 보여 주고 있는 것이다.

(2) 중산층의 욕망을 정당화하는 설교 담론

저소득·저학력 교인들 위주의 기존 대형교회들이 경제적 성장과 물질적 축복과 같은 교인들의 열망에 호응해 왔다면, 80년대 이후 등장한 고소득·고학력·전문직 교인 위주의 중산층 대형교회들은 그들이 획득한 부와 사회적 지위에 대해 종교적인 정당성을 부여하고자 한다. 이제는 과거처럼 교회 성장을 위해 물심양면으로 헌신하는 것이 교인으로서의 올바른 태도이자 축복받는 지름길이라고 설교하지 않는다. 그보다는 기독교인으로서 한국과 세계에 상당한 영향력을 끼칠 수 있을 만큼 사회적 부와 지위를 획득한 교인이 되라고 설교한다. 오늘날 사람들을 무한경쟁으로 몰아가는 사회의 문제점에 대해서는 언급하지 않는다. 그보다는 경쟁구조 속에서 다른 사람보다 더 열심히 노력해서 앞선 사람이 되라고 설교한다. 그렇게 해서 획득한 사회적 지위와 재산을 통해 기독교적인 원리를 세상에 확산시키는 리더가 되어야 한다고 가르친다.

　이는 높은뜻숭의교회 김동호 목사에 의해 청부론(淸富論), 고지론(高地論)이라는 명칭으로 정식화되어 기독교계 내에 널리 통용되는 설교담론으로 자리 잡게 되었다. 이제는 청빈(淸貧)만을 미덕으로 삼던 과거의 패러다임에서 벗어날 필요가 있다. 부정한 방법이 아니라 깨끗하게 돈을 벌고, 그렇게 해서 깨끗한 부자가 되는 것은 오히려 적극적으로 장려되어야 한다. 이렇게 모은 재산을 기독교적인 방식으로 사용한다면, 그래서 세상에 기독교의 선한 영향력을 널리 확대시킬 수 있다면 그것은 오히려 바람직하다는 것이다. 또한, 고지론(高地論)은 기독교인들이 사회의 상층부, 즉 고지(高地)를 먼저 점령할 필요가 있다는 주장이다. 기독교인들은 전문직이 되거나 대기업 임원, 고위직 인사 등 사회지도층이 되는 것을 꺼릴 필요가 전혀 없다. 아니 오히려 기독교인들이 먼저 사회 최상층부를 점령함으로써 세상 속에 기독교의 영향력을 더 확대하도록 노력해야 한다는 것이다. 자신이 지닌 재능과 능력을 아낌없이 발휘해서 해당 분야의 성공한 엘리트가 되는 것은 바람직한 일이다. 그렇게 기독교인들이 사회지도층의 다수를 차지함으로써 세상을 더욱 효과적으로(!) 기독교적인 방향으로 이끌 수 있으리라는 것이다.

이렇듯 중산층 대형교회들의 설교 담론은 시중의 자기계발 담론이나 각종 성공학 강좌들이 주장하는 바와 거의 다르지 않아 보인다. 오히려 여기에다 '종교적'인 명분까지 제공함으로써 기독교인들은 다른 사람들보다 더욱 확신을 가지고 자신의 인생 성공을 향해 매진할 수 있게 되었다. 뿐만 아니라, 중장년의 교인들에게는 70~80년대 민주화 투쟁 등을 외면하고 평생을 오직 자신의 성공만을 위해 살았다는 심리적 죄책감을 덜어 주는 계기가 되었다. 세속적 성공 과정에서 따를 수 있는 심적 불안들, 이를테면 부와 지위를 획득하기 위해 다른 사람들을 밟고 올라서야 했던 생존 경쟁의 스트레스 등을 완화시키는 기제로 작용했다.[7] 이제 그들은 사회 속에서 선한 영향력을 행사할 수 있는 자격과 지위를 획득함으로서 나름대로 사회적 참여를 실현할 수 있는 유능한 사명자가 된 것이다. 아프리카 기아 지역에 대한 의료봉사 및 구호물품 지원, 중동 지역 선교 등에 참여하면서 자신들도 고통 받는 약자에게 나름의 관심과 배려를 베풀며 살아가고 있다고 믿게끔 해주었다. 온누리교회와 같은 신흥 대형교회들이 젊은 층과 중산층들로부터 호응을 불러일으킬 수 있었던 이유 가운데 하나는, 바로 이러한 심리적 공백을 세련된 담론과 각종 봉사, 선

■

7 이국헌, 「강남 신자들의 신앙적 문법」, 『기독교사상』, 2007년 11월호, 57쪽.

교활동 등으로 채워 주었기 때문이었다.

또한, 이들 중산층 대형교회들이 사회의 경쟁 논리를 그대로 수용한 만큼, 교회는 각자 개인으로 살아가는 교인들에게 정서적으로 친밀하게 의존할 수 있는 소모임을 만드는 데 주력하였다. 교인들 전체를 지역이나 연령, 성별, 직업 등으로 나누어 순(筍), 목장, 셀과 같은 최소 단위로 구성하고, 이러한 소모임을 통해 개인들 각자가 지닌 문제에 대해 공유하면서 리더나 다른 사역자들에게 상담을 받는 자리가 되게끔 하였다. 이는 또한 새로운 인적 네트워크를 형성하면서 교회 내의 세분화된 활동들로 이어지는 구조를 만들어 내었다. 교회의 최소 단위로서 이러한 소모임들은 그 구성원들로 하여금 인격적인 교제와 정서적인 공감대를 형성시키는 일종의 친교의 커뮤니티로 기능하였다고 할 수 있다. 자신의 성공을 위해 언제나 경쟁 속에서 고된 삶을 살아가지만, 그 것을 일종의 신앙적 소명의식처럼 받아들이도록 만드는 기제가 작동하고 있는 것이다.

4. 2000년 이후의 한국 개신교의 정치적 행보

앞에서도 살펴보았듯이 한국 개신교 보수진영이 정치세력화한 것은 최근의 일이 아니다. 이미 이승만 정권 시절부터 자신들의 존립기반을 확보하고 사회적인 영향력을 확대하고자 친정부적이고 체제옹호적인 활동을 나타내고 있었다. 그야말로 국가권력과 일종의 공생관계를 구축해 온 것이다.

개신교 보수진영이 정부와 대립각을 세우기 시작한 것은 대략 2000년대 이후 김대중 정권 시절부터라고 할 수 있다. 그간 반공과 친미를 기치로 내세워 왔던 개신교 보수진영은 야당 지도자가 대통령으로 선출되는 정권 교체를 처음으로 경험하게 되었고, 특히 개신교 진보진영의 인사들이 정부 관료로 입각되는 것을 지켜보면서 그동안 자신들이 누려왔던 사회적·정치적 영향력 상실에 대한 위기의식이 정부에 대한 반감으로 나타난 것이다.

한국기독교총연합회(이하 한기총)로 대표되는 개신교 보수진영 내의 근본주의 세력들은 김대중 정부의 대북 햇볕정책에 대해 강하게 반발하면서 '좌파=친북=사탄'이라는 공식을 만들어 냈으며, 사학법 파동을 거치면서 노무현 정권과 전면적으로 대립하는 모습을 보였다. 이를 잘 보여 주는 사건이 2003년 한기총 주최의 서울시청 앞 광장에서의 집회일 것이다. 민주화 운동의 가장 상징적인 시위 장소인 서울시청 앞 광장에서 대규모 군중동원 기도회를 열면서 기독교의 종주국이자 하나님의 축복을 받은 나라인 미국을 비판해서는 안 되며, 이를 조장하는 친북·좌파 세력들을 척결해야 한다고 주장했다. 태극기와 성조기를 휘날리며 구호를 외쳤던 그날의 행사는 개신교단의 기도회라기보다는 기존 보수 우익단체들의 일종의 반북, 친미시위이자 정부 규탄대회에 더 가까웠다.

교계 내에서 개신교 근본주의 목사들과 대형교회들이 한기총을 중심으로 정치적인 발언을 쏟아냈다면, 김진홍 목사, 서경석 목사 등은 '뉴라이트'라는 시민단체 조직을 통해서 교계 내·외부에서 자신들의 정치활동을 본격화하였다. 과거 좌파 운동권에서 극우로 전향한 인사들과 기독교 운동가, 대형교회 목사들이 주축이 되어 '뉴라이트 전국연합'이 결성되었는데 이를 주도했던 김진홍 목사가 초대, 그리고 제2대 상임의장을 역임하였다. 뉴라이트는 결성 초기부터 정권 교체를 자신의 일차적인 목표로 내세웠으며, 2007년 대선 시기에는 아예 뉴라이트 출신 개신교 인사들이 이명박 선거캠프에 참여하면서 이후에 청와대 및 정부기관의 주요 요직으로 진출하기도 하였다.

개신교 보수진영의 이러한 정치적 행보의 배경에는 외부적 요인 또한 크게 작용하였다. 김대중, 노무현 정권을 거치면서 위기의식을 느낀 보수 우익 세력들은 개신교를 적극적으로 자기편으로 끌어들이고자 하였다. 정권을 재창출하는 데 실패한 그들은 한국 사회에서 개신교 교인들만큼 반북·반공정서가 강하면서도 조직적으로 대규모로 동원될 수 있는 집단을 찾기 어려웠던 것이다. 조갑제와 같은 극우 논객들은 아예 노골적으로 한국의 개신교인들을 보수 정치세력이 활용해야 한다고 주장하기도 했다. "한국에는 잘 조직된 거대한 반공 보루가 있습니다. 전 인구의 약 30%나 되는 개신교 세력과 약 70만 명을 헤아리는 군대가 그것입니다."[8] 한기총은 보수 우익세력들의 제안에 적극 호응하면서 재향군인회, 반핵반김 국민운동본부 등과 같은 극우 단체들과 함께 잇달아 집회를 열었다. 이것은 또한 보수 우익단체들의 힘을 통해 자신의 정치적 입지를 확보하려는 교계 목사들의 권력욕이 결탁하여 만들어진 것이

■

8 조갑제, 「조용기 목사 — 김정일의 연극에 속지 말자」, 조갑제닷컴, 2000. 6. 1. 김지방, 『정치교회』, 교양인, 2007, 65쪽에서 재인용.

기도 했다. 보수 우익단체들과 개신교 보수진영이 한 자리에 모여서 대규모로 '궐기'한 행사가 바로 2003년 서울시청 앞 광장에서의 기도회였던 것이다.

한기총의 이러한 행보에 대해 기독교 교계 내부에서 논란이 없었던 것은 아니었다. 점차 한기총에 대한 비판적인 여론이 거세지자 시청 앞에서의 집회 참석에 주저하는 모습을 보이기도 했다.[9] 지나치게 정치색이 강한 집회에 교회가 동원되어서는 안 된다는 교계 목소리에 한 발짝 물러선 것이었다. 하지만 김진홍, 서경석 목사 등 뉴라이트 계열의 목사들은 오히려 정권 교체의 목소리를 더욱 강하게 높였다. 뉴라이트 인사들이 노골적으로 이명박 후보에 대한 지지를 표명하는 것 때문에 일부 교계 원로급 인사들과의 마찰이 빚어지기도 하였다. 행사를 개최할 때마다 한기총의 극우·보수 성향의 대형교회 목사들을 전면에 내세워 개신교가 행사를 주최하는 것과도 같은 효과를 나타내려 했다. 최근에는 2012년 대선을 앞두고 보수적 시민단체와 종교 단체들로 하여금 정권 재창출을 위해 다시 힘을 모을 것을 주창하면서 한국시민단체협의회, 기독교시민단체협의회 등을 결성하였다.[10]

2000년대에는 개신교 보수진영의 정치적 활동이 그 외연을 넓혀 가고 있었던 반면, 진보진영은 오히려 위축되거나 쇠퇴하는 모습을 보였다. 과거 KNCC를 통해 민주화 운동의 주도적 역할을 했던 개신교 인사들이 김대중, 노무현 정부로 흡수됨에 따라 그 동력을 점차 상실해 갔던 것이다. 특히 노무현 정권하에서 이루어진 이라크 파병이나 한미 FTA 추진, 새만금 사업, 대추리 사건, 각종 친재벌적 정책 등에 대해 개신교 진보진영 출신 인사들은 거의 아무런 목소리를 내지 못했다. 오히려 정부의 신자유주의적 정책들을 옹호하는 태도를 보이기까지 했다. 과거 KNCC를 근거지로 하여 명망가 위주로 전개되어 왔던 개신교 진보진영의 활동들은 이제 기독교 시민사회단체의 영역으로 그 중심축이 옮겨지고 있는 것으로 보인다. 보수진영 내의 개혁적 성향의 단체들의 목소리가 점차 커지는 것도 그러한 주목할 만한 변화 가운데 하나라 할 수 있다.

2000년 이후의 개신교 보수진영의 정치적 스펙트럼을 단순히 극우 편

9 김지방, 『정치교회』, 71쪽.
10 『문화일보』, 2011년 12월 9일 ; 『한국일보』, 2011년 12월 17일.

향 일색인 것으로 단정 짓는 것은 지나친 단순화일 것이다. 개신교 보수진영이 정치적으로 균질적인 집단이 아닐 뿐만 아니라, 1980년대 중반 이후 등장한 중산층 중심의 대형교회들의 경우 그 이전의 도시 서민층 중심의 대형교회들과는 전혀 다른 정치적 성향을 보여 주기 때문이다. 물론 이 두 유형의 교회들은 넓은 의미에서 보수적이라는 점에서는 서로 일치한다고 할 수 있다. 하지만 정치적인 정서나 그것을 표현하는 방식에 있어서도 상당한 차이점을 지니고 있다. 일례로, 지난 2003년 한기총 집회에 동원된 대형교회 교인들 가운데에는 중산층 대형교회 출신의 교인들도 상당수 포함되어 있었는데, 이들은 군복을 입은 극우단체 회원들이 기도회 중간에 좌파 척결 구호를 부르짖고 북한 인공기를 불태우는 것에 상당한 이질감과 불편함을 느꼈다고 전하고 있다. 또한 지도부의 일방적 지시에 따라 대규모로 군중을 동원하는 방식은 중산층과 젊은층이 대부분인 신흥 대형교회 교인들의 정서에 거의 부합되기 어려운 것이었다. 개신교 보수진영과 극우단체들이 함께 개최하는 대규모 군중동원 집회는 그 후에도 몇 차례 더 열렸지만 그 횟수나 동원된 군중의 숫자는 눈에 띄게 줄어들기 시작했다. 특히 한기총 대표회장 선거에서 뿌려진 돈 봉투 파문이나 이명박 정권의 개신교 편향 논란 등은 개신교에게 '수구세력', '기득권층', '부정부패'라는 이미지를 안겨 주었고 사회적인 신뢰도 역시 더욱 하락하는 계기가 되었다. 중산층 대형교회들에서는 한기총이 위주가 된 극우 편향적 정치활동들, 그리고 그로 인해 확산되고 있는 반(反)기독교 정서를 다소 부담스러워 하고 있다.

물론 여전히 개신교 보수진영은 이후에도 보수·극우단체들과 연계하여 앞으로 치러질 총선이나 대선에서 일정한 영향력을 행사하고자 하겠지만, 향후 정치적 활동의 방식은 예전의 패러다임과는 다른 방향으로 전개될 것으로 생각된다. 이전처럼 교단이나 목회자 개인의 지시에 따라 대규모로 교인들을 동원하는 형태가 아니라, 자발적인 참여를 바탕으로 하여 엄격한 도덕성을 요구하는 시민운동의 형태가 점점 더 일반화되리라는 것이다. 이를테면, 각종 윤리적·도덕적 쟁점들을 정치적으로 이슈화함으로써 이를 법제화하도록 정치권에 영향력을 행사하는 형태의 운동을 생각해 볼 수 있다. 이를테면, 도덕성과 합리성을 바탕으로 하는 도덕성 회복 운동을 일례로 들 수 있다. 혼전 순결이나 동성애 반대, 인터넷 상의 음란퇴폐문화와 청소년 유해업소 추방, 학생인

권조례 반대, 학교 폭력, 영상물 및 게임물 심의, 북한 인권 개선 등 보수진영에서 제기해 오던 다양한 이슈들이 포함될 것이다. 기존의 기독교 뉴라이트 운동의 한계를 넘어서면서 기독교 내·외부에 뿌리내리는 시민운동의 형태를 취할 것으로 보인다. 이를 통해 정치와 경제, 사회 전반에 걸쳐 자신들의 입장에 맞는 정책을 요구할 것이고 언론, 출판, 방송뿐만 아니라 정치권에까지 직간접적으로 영향력을 행사할 수 있는 세력으로 자신들을 확장시키려 할 것이다.

한국 개신교 보수진영의 최근의 정치적 행보는, 미국 정치에서 우파의 목소리를 대변하면서 미 의회와 행정부에 영향력을 행사하고 있는 개신교 근본주의 교회들을 떠올리게 한다. 미국의 개신교 근본주의 교회들은 인본주의적 사상과 문화로 세속화되고 있는 미국 사회에 보수적 가치를 되살리고자 정치권에 직간접적인 영향력을 행사하고자 하였다. 이러한 미국 개신교 근본주의의 정치적 입장에 이론적인 기틀을 마련한 사람은 프랜시스 쉐퍼(Francis Schaeffer)로, 한국 개신교에도 널리 이름이 알려진 인물이다. 그는 미국 근본주의 내에서도 가장 배타적인 입장을 지닌 분리주의적 근본주의자로서, 세속적 조류에 맞서 개신교 근본주의의 신념을 삶의 모든 영역에 관철시킬 것을 주장하였다. 사회적인 이슈에 대해 충분한 논리를 갖추어 대응하지 못했던 근본주의 개신교인들에게 쉐퍼는 철학적·신학적 기초를 제공해 주었던 것이다. 쉐퍼로부터 지대한 영향을 받은 팻 로버트슨(Pat Robertson), 제리 폴웰(Jerry Lamon Falwell) 목사 등은 이를 실행하기 위한 '도덕적 다수'(Moral Majority)라는 이름의 단체를 설립하였다. 그들은 비단 종교적인 이슈뿐만 아니라 친기업 정책, 세금 축소, 사회보장제도 폐지 등 미국 우파의 정책을 적극적으로 옹호하였는데, 이러한 정책들에 동의하고 이를 위한 실질적 조치를 약속한 정치인과 대통령을 당선시키겠다는 것이다. 이미 그들은 1980년대부터 대통령 선거에서 개입하여 자신들과 같은 입장을 지닌 공화당의 레이건, 부시 등을 조직적으로 지원함으로써 당선에 결정적인 영향을 주기도 했다.[11]

이라크 전쟁 이후로 부시 행정부의 개신교 근본주의적 편향은 매우 우려할 만한 수준의 것이었는데, 그는 매일 백악관에서 새벽기도회를 열면서 업무를 시작했다고 전해지며 그의 연설과 정책에서도 '죄', '악', '선' 등의 기독교적

11 류대영, 『한국 근현대사와 기독교』, 푸른역사, 2009, 383~402쪽 참조.

용어가 빠지지 않았다. 개신교 근본주의자들은 미국을 하나님의 나라로, 미국의 군대는 하나님의 군대, 즉 십자군으로 간주하고 있는데, 부시는 이러한 개신교 근본주의자들의 인식을 그대로 이어받고 있는 것이다. 특히 미국이 이라크를 침공할 때, 스스로를 적그리스도이자 사탄의 세력인 이라크를 파멸시키는 정의의 사도로 자처하고, 이라크 전쟁을 하나님의 성전(聖戰)으로 규정하기도 했다.

한국의 경우에도 이명박과 그 주변 인사들이 지닌 근본주의적 시각이 논란을 일으킨 바 있다. 이명박 대통령은 서울시장 재직 시절부터 서울시를 하나님께 봉헌한다는 발언으로 구설수에 오르기도 했고, 취임 직후 소망교회 및 개신교 뉴라이트 출신 인사들이 상당수 청와대와 정부 부처에 입각하면서 종교편향 논란을 더욱 부채질하기도 했다. 특히 2007년 촛불시위 당시 청와대 추부길 비서관은 현 정권에 비판적인 정당이나 사회·시민단체를 '친북좌파'로 규정하고 '사탄의 무리'라는 원색적인 종교 용어를 동원하여 비방하기도 했다. 물론 한국 개신교 근본주의와 제도 정치권의 종교편향적 행태를 미국 개신교 근본주의와 동일한 것으로 간주하기는 어려울 것이다. 미국 개신교 근본주의는 미국의 세속화를 막아 내려는 종말론적 위기의식으로부터 발생하여 미국 내 강경 우파의 입장을 대변하는 경향을 지니고 있다. 이와 달리, 한국 개신교 보수진영은 일정 정도 극우적 경향을 포함하면서도 도덕성과 합리성으로 포장된 보수적 시민운동의 방식을 모색하는 것으로 보인다. 물론 이들이 추구하는 목표는 미국 개신교 근본주의처럼 각종 입법과 정책을 관철시킬 수준으로까지 한국 사회 내에서 실질적인 영향력을 확대하는 데 있다. 정치, 경제, 사회, 언론, 문화, 예술 등 모든 영역에 걸쳐 한국 개신교 근본주의의 정신을 실현하려는 것이다.

5. 맺으며

한국 개신교는 그 형성 초기인 일제 시기부터 체제 순응적이면서도 국가 권력의 향방에 민감하게 반응하는 태도를 지녀 왔다. 여기에는 일제 당국과의 마찰을 피하고자 국가 권력에 침묵하거나 동조함으로써 선교활동을 보장받았던 미국 선교사들의 영향 또한 적지 않았다. 해방 직후부터 개신교 보수진영은 국가 권력과의 본격적인 유착관계를 형성하였으며, 친미·반공적인 경향 역시 강하게 지니게 되었다. 친미와 반공은 한국 개신교 보수진영의 정신적인 기반이자 물질적인 기반으로 자리 잡게 된 것이다. 국가 권력 또한 개신교를 자신들의 지지 세력으로 활용할 필요가 있었기에 점차 한국 개신교와 국가 권력은 공생 관계를 구축하게 되었다.

1980년대 이전의 기존 대형교회들과 그 이후에 등장한 중산층 위주의 신흥 대형교회들이 갖는 정치적 태도의 차이점에 보다 주목할 필요가 있다고 생각된다. 지난 대선 시기의 기독교 뉴라이트와 한기총의 결합은 1980년대 이전의 기존 대형교회의 패러다임을 그대로 답습한 극우적 편향에서 벗어나지 못한 한계를 그대로 드러내었다. 오히려 개신교의 사회적 신뢰도를 추락시키고 반(反)기독교 정서를 확산시키는 데 일조했을 따름이었다.

한국 개신교 보수진영은 한국 사회의 급격한 사회적·정치적 변동에 가장 민감하게 반응하면서 또한 가장 빠르게 적응해 왔던 집단이라고 할 수 있다. 친미·반공이라는 수구적 이데올로기에 기대어 사회적 영향력을 확보해 왔던 기존의 정치적 태도와는 별개로, 도시 중산층의 욕망과 그들이 추구하는 보수적 합리성에 호응하면서 이를 사회의 전 영역에 걸쳐 실현시키려는 열망이 또 다른 정치적 태도로서 자리를 잡아 가고 있다. 기존의 극우적 편향과 거리를 두면서 합리성과 도덕성을 앞세운 보수적 신앙운동의 형태로 자신들의 정치적 지지기반을 확대하고자 시도할 것이다.

카페와 문화 실천 03

와타나베 후토시
번역 오하나

1. 들어가며

현재 나는 오사카 교외의 다카쓰키 시(高槻市)에서 카페 코먼스를 거점으로
'코먼스대학', '코먼스초등학교', '니토피아'('니트+유토피아 — 옮긴이) 활동을
한다. 최근 몇 년간 대학에서 불안정 연구자로 일하며 대학 밖에서의 활동에
큰 매력을 느꼈다. 카페 코먼스에서 활동하기 이전 오사카 시내에서 주말에만
'집 카페'를 약 2년간 운영했다.

　카페를 거점으로 활동할 때 김우자 씨가 편역한 『걸으면서 묻는다』[2]('임팩
트 출판회)를 읽으며 수유너머에서 벌이는 실천을 통해 많은 힘을 받았다. 책에
서 다루는 「코뮨의 경제학」(증여의 경제, 사양 없이 넙죽 받기!), 「코뮨의 생태학」
(공간 배치, 흔적을 남기지 않기, 청결!), 「습속」(마음처럼 움직이지 않는 신체성, 근대
성을 극복하는 신체 감각!)은 신선한 충격이었고, 장소가 거점이 되며 생겨나는
집단성과 공동성을 떠올리는 좋은 밑거름이 되었다.

　이 글을 통해 그간 내가 함께해 온 활동을 소개하고, '수유너머' 코뮤넷의
이념에 촉발 받은 바를 통해 앞으로의 미래에 대해 생각해 보고 싶다.

■

1 니트와 유토피아를 합친 말. '니트'(NEET)에 관해서는 이글의 각주 6 참조. — 옮긴이
2 金友子 編訳, 『歩きながら問う―研究空間 'スユ＋ノモ'の実践』 インパクト出版會, 2008.

2. 집 카페 다이요(태양)

카페 다이요는 오사카역에서 재개발이 진행중인 구 국철 화물상 자리를 사이에 두고 걸어서 15분, 골목 안쪽에 자리한다. 카페 다이요는 언뜻 보기에 보통 집 같아서 간판을 보지 못하면 카페인 줄 모른다. 이곳은 현관에서 구두를 벗고 '고타쓰'³에 들어가 커피를 홀짝이는 희한한 공간이다.

나는 2003년경 오요도미나미(大淀南地) 구 전문학교에서 비상근 강사로 일하며 강의 틈틈이 카페 다이요를 찾았다. 처음 갔을 때는 아무리 봐도 살림집으로밖에 보이지 않던 그 공간의 임팩트에 놀랐지만 이윽고 익숙해져 곧잘 드나들게 되었다. 모두 고타쓰에 들어가 차를 마시는 카페였기에 손님과 거리도 가까워 자연스레 아는 이도 늘었다.

곧이어 주인과도 친해진 나는 이윽고 카페 다이요에서 「까탈연」(ややこし研 : 까탈스러운 일에 대해 까다롭게 생각하는 연구회)이라는 시민 연구회를 꾸리게 되었다. 매번 누군가 한 주제를 골라 오면 모두 그것을 생각하는 모임으로 대체로 한 달에 한 번 정도 모였다. 카페의 단골 손님들이 함께해 매번 열 명 정도가 모여 여러 얘기를 했다. 참가자는 학생, 회사원, 프리터, 실업자 등 다양했다. 대학 밖에서도 '연구회'라 할 만한 것을 만든 것이 신선했다.

쓰루미 슌스케(鶴見俊輔)는 '한계 예술'(marginal art)이라는 개념으로 생활과 예술 사이 일상적 예술을 실천하자고 말했다. 한계 예술은 일반적으로 '예술'이라 불리는 '순수 예술'(pure art) 및 상품으로 유통하는 '대중 예술'(popular art)과 대비된다. 예를 들어 음악으로 치자면 예술적 가치를 인정받는 현대음악이나 서양 고전음악을 '순수 예술', 최신 차트를 요란하게 채우는 팝 음악을 '대중 예술'이라 할 때, '한계 예술'은 콧노래나 자장가에 해당된다.⁴ 이를 지식이나 학문에서 찾아 보자면 대학 내 학문지상주의에서 다루는 '순수 연구', TV 퀴즈 프로그램이나 잡학 등을 다루는 '대중 연구'와 견주어 생활이라는 장에서 '한계 연구'라 할 만한 것을 생각해 볼 수도 있다.

그 뒤 카페 구석 창고가 비자, 그곳을 이웃 다카하시(高橋淳敏)와 공동으로 임대하여 '오브 스페이스'라 이름 짓고 카페 다이요의 주인과 손님들을 불

---

3 일본의 실내 난방 장치. 키 낮은 탁자 상판 안쪽에 화로를 넣고 그 위에 안전하게 이불·포대기를 씌운다. 이 탁자에 둘러 앉아 이불 속에 손·무릎·발을 넣고 몸을 녹인다. — 옮긴이
4 鶴見俊輔, 『限界芸術論』 筑摩書房, 1998.

러 모았다. 우리는 창고를 청소하는 것부터 활동으로 쳤다. 오브 스페이스는 무언가 하기 위한 장소이며 동시에 그 자체가 한 프로젝트이기도 했다. 그리 명확히 앞날을 전망하기보다 우선 장소부터 만들고 나서 무엇을 할 수 있는지 실험해 보고 싶었다.

오브 스페이스에서 지역 통화(通貨) 오사카 LETS 모임,『자본론』독서회, 실험 철학 카페,『다중』(multitude) 독서회, 명상회 등 다양하게 모였다. 오사카 시 중심지에서 가깝다 보니 모이기 편해서 연구모임 장소로 삼자고 이야기할 정도였다. 일단 터를 잡자 그곳에 다양한 관계가 생겨났다.

어느날 카페 다이요 주인이 가게를 닫겠다고 선언하며 이곳은 전환기를 맞았다. 카페가 사라진다 생각하니 어쩐지 아쉬워 단골손님들 중 누군가 뒤를 잇는 게 어떠냐는 말이 오갔다. 결국 내가 뒤를 잇기로 했다. 그때가 2005년이 었다. 다만 대학에서 비상근 강사 일을 해야 했기에 평일은 쉬고 토요일과 일 요일인 주말 영업을 선택했다. 메뉴도 줄여 매상을 크게 신경쓰지 않고 사람 이 모일 장소를 유지하기로 마음먹고 카페 다이요를 이어나갔다.

돌아보면 퍽 대담한 결단이었지만 그때는 주저함이 없었다. 카페를 운영 해 본 적도 없었고 대학에서 일하며 카페 일도 과연 모두 할 수 있을지 짐작도 가지 않았다. 그런데 당시는 어떻게든 될 거라 생각했고, 실제로 나름 잘 꾸려 나가기도 했다. 다른 손님들이 도와줘 장소를 유지하겠다던 처음 취지도 얼추 이루었다.

집 카페라는 형식은 지나고 난 뒤 알았지만 꽤나 어처구니없는 발상이었 다. 생활을 위한 사적 공간을 공공의 장으로 다른 사람에게 열어젖힘으로써 무의식 속에 파묻힌 신체 감각이 깨어났다. 힘들 때도 있었지만 그처럼 감각 이 요동치는 것을 은근히 즐기기도 했다. 이윽고 그 같은 기묘한 상황에도 익 숙해졌다. 카페를 운영하며 알게 된 커다란 발견 중 하나, 사람은 [어떤 일에도] 익숙해진다는 위대한 사실. 사람은 대부분 결국 익숙해진다는 것이다.

3. 카페 코먼스

주말 카페는 약 2년 동안 했다. 그 후 나는 오사카 시내와 가게를 떠나 시외 교 외 주택지로 이사했다. 일이 바빠 카페를 계속할 수 없었고 길고양이를 데려 다 기르면서 환경을 바꾸는 등 몇몇 이사 가야 할 이유가 겹쳤다. 카페 다이요는 또 다른 손님이 뒤를 이었다. 집 카페를 그만두고 당분간 공원 카페나 하천 부지 프리 콘서트 등 거처 없이 비정기적으로 사람을 모으는 이벤트를 했다. 그런 활동 가운데 역시 정기적이고 반복적으로 사람이 모일 장을 찾는 것이 지속적 공동성을 만들 때 소중하다는 것을 알았다.

그리하여 카페 다이요의 이웃 다카하시(高橋淳敏)가 참가하던 히키코모리(은둔형외톨이) 지원 NPO(Non Profit Organization) 법인이 운영하는 카페 코먼스에 관여하게 되었다. 2009년 5월부터 카페 코먼스에서 매주 금요일 밤 '코먼스대학'이라는 모임을 시작했다.

코먼스대학에서는 저녁 식사를 함께하고 맥주를 마시며 이야기를 나눈다. 논의 주제는 매번 모인 사람들에 따라 다르다. 강의 식으로 누군가 정리된 내용을 지도하고 알려 주는 풍경은 보기 드물며 대부분 느슨한 세미나처럼 오손도손 누군가 던진 주제를 거기 모인 사람들이 토론하는 형식이다. 밥을 먹고 맥주를 마시며 이야기하기 때문에 때로 삼천포로 빠져 본 주제로 돌아오지 못한 채 다른 이야기로 넘어갈 때도 있고 비교적 진지하게 한 주제를 논의하기도 한다.

처음 코먼스대학을 개교했을 때 가장 인기가 있던 화제는 '발효'였다. 카페 코먼스는 화덕이 있어, 이 화덕으로 구운 피자가 맛있기로 유명하다. 피자를 만들기 위해서는 생지를 반죽해 발효해야 한다. 빵도 그렇다. 빵이 없다면 직접 구워 보자? 그러기 위해 우선 발효해야 한다.

발효한 식품은 맛있다. 양조주도 발효의 은혜를 입은 것이다. 우리는 발효 식품을 먹으면서 발효를 예찬하고 효모를 경외했다. 그리하여 어떤 이는 과일에서 천연 효모를 찾아냈고, 어떤 이는 맥주 제작 키트를 구입해 양조에 힘썼고, 어떤 이는 치즈 덩어리를 가져왔고, 어떤 이는 3년산 묵은지(古漬け)를 입수했고, 어떤 이는 주세법의 역사를 조사해 '탁주 재판'[5]에 대하여 분개했다.

또 발효라는 말의 비유적 표현도 흥미가 생겨 "성장한다[는 말]보다 발효

---

5 '탁주 재판'이란 일본에서 면허 없이 술을 빚은 자에게 주세법위반의 죄를 물은 사건이다. 이 재판으로 행복추구권이 쟁점화되었다. 다음은 1989년 12월 일본 최고재판소의 판례 전문이다. "주세법은 자기소비를 목적으로 하는 주류 제조에 대해서도 이를 방임할 경우 주세 수입의 감소 등 주세의 징수 확보에 장애를 가져올 사태가 예상되므로, 국가의 중요 재정 수입인 주세 징수를 확보하기 위해 제조 목적의 여하를 따지지 않고, 주류 제조를 일률적으로 면허의 대상으로 하여 면허를 받지 않고 주류를 제조한 자를 처벌하는 것으로, 이에 따라 자기 소비 목적의 주류 제조의 자유가 제약된다 해도 그러한 규제가 입법부의 재량권을 면탈해 현저히 불합리하다는 점이 명백하다고 할 수 없어 헌법 31조 13항에 위배되는 것이 아니다."

된다는 편이 좋지 않나", "성장 경제에서 발효 경제로", "인간이 발효되면 어떻게 될까", "히키코모리는 오히려 발효가 덜 됐다", "화폐의 증식은 발효와 다른가", "썩는 돈이라는 발상을 해봤다", "날생선을 화폐로 하면 좋다" 등 끝없는 이야기가 계속되었다.

코먼스대학은 왜 대학이라고 부르냐고 사람들이 몇 번 물었다. 오늘날 대학은 갈수록 자유로운 배움의 장소로 기능하기 어렵다고 한다. 연구할 새가 없다며 대학 연구자들이 하소연한다. 그렇다면 바로 이곳에서 자유로운 배움을 위한 대학을 열면 된다.

카페 코먼스의 이벤트 중 또 하나 소개하고 싶은 것은 코먼스초등학교이다. 코먼스대학을 일단 '논의의 장'으로 정의할 수 있다면, 코먼스초등학교는 '음악과 식사와 공동 조리를 즐기는 장'이라 할 수 있다.

2009년 여름방학 제1회 코먼스초등학교를 개최해 이를 몇 번 더 시행하다 보니 서서히 틀이 잡혔다. 코먼스초등학교는 공동으로 요리하는 것이 기본이다. 앞서 보았듯 카페 코먼스에는 거대한 화덕이 있다. 화덕으로 피자를 구워도 맛있지만, 피자의 생지를 반죽·발효시켜 납작하게 편 뒤 토핑을 얹어 화덕에 굽는 과정도 즐겁다. 그렇다면 그 즐거움을 공유하자는 데 뜻을 모아 코먼스초등학교에서는 참가자 모두가 생지를 반죽하고 피자를 굽는다.

대체로 적당히 가감해 눈대중으로 강력분과 박력분을 섞은 후, 효모를 이용해 발효를 촉진한다. 생지를 반죽할 때 힘이 드니 교대하며 모두가 반죽한다. 발효하는 동안 음악 연주를 즐긴다. 발효시킨 생지를 펴 토핑을 적당히 얹어 피자를 만들고 불을 지핀 화덕에 굽는다. 피자를 먹고 누군가 가져온 와인을 마시며 다시 음악 연주가 시작된다. 그 뒤엔 술이나 커피를 마시며 이야기를 하고, 그 자리에서 다음 번 코먼스초등학교를 위한 이야기도 나누며 모두가 와작와작하는 사이 시간이 간다.

대체로 요즘 이와 같이 코먼스초등학교를 꾸리고 있다.

요금은 모두 모금한다. 음식과 음료, 음악가에게 주는 돈도 모두 모금에 의존한다. 애초 다른 곳처럼 요금을 받을 생각이었지만 장소의 분위기상 정해진 가격을 받는 것이 맞지 않다는 생각에 실험적으로 전부 모금하고 있다. 모금을 하고 주방을 개방함으로써 카페, 즉 '장사'를 위한 장이 다른 의미의 장으로 변모한다. 모금을 하면 "얼마나 지불해야 될지 모르겠다"고 당황하는 이도 많지만 그럴 때는 마음껏 당황해 주기 바란다. 물건 하나하나와 사건에 계산 가능한 가격이 붙은 편이 실은 더 이상하고 억지스럽지 않을까? 낯선, 서로 섞이는, 즐기기 위한 장을 만들어 간다는 점에서 코먼스초등학교의 경험은 소중하다.

코먼스대학이나 코먼스초등학교가 별일 없이 쭉 발전해 온 것은 아니다. 당초는 서너 명이 모여 적막하게 발효 얘기를 하곤 했다. 코먼스초등학교도 사람들이 오지 않아 출연자와 주최자까지 합쳐 네 명이 모여 음악회를 한 적도 있다. 모이는 김에 많은 이들이 오면 좋겠지만, 소모임도 나름 재미가 있다고 생각한다.

어떤 이벤트를 열 때 손님이 없으면 무심코 실패라 여기기 쉽지만 실은 그렇지 않다. 카페 코먼스는 카페영업이라는 '장사'의 형식을 띠고 있지만 자본주의적인 '장사'를 하는 것은 아니며 '벌이'를 추구하지도 않는다. 이벤트의 성공 여부를 손님 수로 보는 자본주의적 평가 기준은 코먼스라는 장소에 걸맞지 않을 터, 또 다른 기준을 찾아내고 싶다.

4. 문화 실천

카페 코먼스에서는 '니트'(NEET=Not in Employment, Education and Training)[6]를 중요한 핵심어로 쓰고 있다. 니트는 본래 영국 노동 정책에서 사용되다 일본 청년 고용 정책에 수입된 말로 "일을 하지 않고 일을 찾지도 않는 젊은이"라고 정의된다. 2000년대 전반 니트라는 말은 나태한 젊은이를 비판적으로 그리기 위한 상징으로 언론에서 소비되었다. 오늘날까지 니트라는 말은 부정적인 색채를 강하게 띤다.[7]

그러나 고용 정세가 악화되는 가운데 노동 조건은 불안정하고 가혹해져 운 좋게 일을 찾는다 해도 저임금·중노동에다 생존이 보장되지 않는 불안정 고용인 경우가 태반이었다. 그 속에서 "일하고 싶지 않다!"고 느끼는 것은 당연하지 않을까. 우리는 니트라는 신조어에 70년대 아우토노미아 운동에서 외

---

6 '백수'가 취직을 하지 못한 산업예비군의 의미로도 쓰이는 데 반해, '니트'는 일할 의사, 나아가 자기계발할 의사가 없어 취직을 자발적으로 하지 않는다는 의미가 강하다. 일본의 경우 '니트'의 용법은 일반적으로 한국의 '백수'에 가깝다. ― 옮긴이

7 本田由紀·內藤朝雄·後藤和智, 『「ニート」って言うな!』, 光文社, 2006.

친 '노동 거부'의 잔향을 보았다. 실업자나 니트를 규탄하는 일본 사회는, 단지 [목적 없이] 살아갈 것을 부정하는 사회이다. 누구나 단지 살아 있음을 긍정하는 사회, 이를 목표로 우리는 그 미래를 '니트피아'(니트＋유토피아의 조어)라는 말을 빌려 몽상중이다.

취직 못하는 것을 자기 탓으로 돌려 자살로 치닫는 일. 경제적으로 고립되어도 도움을 청하는 일 없이 절망 속을 하루하루 보내야 하는 일. 매일 100명 가까이 자살하고 그 열 배가 자살미수로 추정되는 일. 우리는 이 고립을 공통의 체험으로 만들기 위해 일단 모이고 이야기하고 어떻게 살아남을지 머리를 맞대고 싶다.

레이먼드 윌리엄스(Raymond Williams)는 "커뮤니케이션은, 독자적인 체험을 공통의 체험으로 하는 과정이다. 그것은 특히 살아 있음을 주장하는 것"[8] 이라 말한다. 커뮤니케이션을 통해 체험을 공유, 다른 사람과 함께 관계를 구성해 가기. 커뮤니케이션을 통한 공동성[共同性]으로 우리는 경제적인 고립화 경향에 저항한다. 그러한 공유의 장을 만들어 우리는 자율적으로 살아가기 위한 조건을 다질 수 있다.

쓰루미 슌스케는 1950~60년대에 왕성해진 서클 운동의 맥락에서 "현대 사회의 한가운데 한 사람 한 사람이 홀로 혹은 협력해 단순한 생활의 실험을 해나가야 한다"[9]고 말했다. 실험의 장에서는 무슨 일이 일어날지 알 수 없다. 그러한 실험을 통해 우리는 고립과 절망으로부터 빠져나와 다른 이들과 관계 맺을 수 있다.

쓰루미는 또한 서클 운동에서 커뮤니케이션이 주는 독특한 즐거움을 말한다.

서클 속에서 이야기함은 생각함이 될 수 있고, 생각하면서 이야기할 수도 있다. 타인의 주장을 받아 안아 자기 것으로 이야기하는 일 역시 당연한 일로 생각된다. 사상[적] 실현이라는 영역에 한정되는 일이지만, 여기서는 사적 소유를 넘어서고 있고 서클이 그에 속하는 자에게 주는 풍부한 감각의 원천이 있

■
8 R. Williams, *The Long Revolution*, Chatto and Windus, 1961. 若林繁信·妹尾剛光·長谷川光昭 訳, 『長い革命』 ミネルヴァ書房, 1983, 40쪽.
9 鶴見俊輔, 『鶴見俊輔集 9－方法としてのアナキズム』 筑摩書房, 1991, 16쪽.

다. 자기 생각이 타인의 생각과 결합하고 교류하여 증식해 나가는 느낌을 체험할 수 있다.[10]

체험을 공유하고 서로 삶을 긍정할 수 있는 장을 만들고 싶다. 누구도 필요하지 않은 관계가 아니라 누구나 누군가를 필요로 하여 살갑게 살아가기 위하여. 카페 활동을 계속하는 가운데 나는 사람이 모여 이야기함으로써 지금의 상황과 다른 사회의 가능성, 말하자면 대안적 사회를 생각하게 되었다.

우리의 조그만 활동은 조금 그럴 듯하게 말하자면 문화와 사회 실험이다. 사람과 사람이 만나 협동하는 사회적 장으로, 음악과 식사와 논의를 즐기는 문화적 장으로, 노동과 경제를 되묻는 장으로, 그 밖에 온갖 인간적 활동의 가능성을 열기 위한 장으로, 카페 코먼스라는 장을 풍요롭게 만들고 싶다.

히키코모리 가정에 대한 방문 활동을 하는 다카하시는 언젠가 "타인에 대한 지원이 만약 가능하다면, [그] 지원이란 장소를 만드는 것에 다름 아니"라고 했다. 그럴지도 모른다. 사람이 모이는 장에는 그곳에 어떤 새로운 것이 전개될 가능성이 잠재돼 있다. 이때 우연이라는 요소도 중요하다.

내가 카페 다이요를 이어간 것은 주체적 결단이라기보다 '형편상/하다 보니' 우연히 그리되었다고 할 수 있다. 그 후 이웃 다카하시와 만나 카페 코먼스 활동에 참여하게 된 것도 역시 '하다 보니' 그렇게 된 것이었다. 지금 나는 또 하나의 활동으로, 대학 내 비정규 노동을 문제화하는 노동운동에 함께 하지만 이 또한 사람이 매개가 되어 '하다 보니' 깊이 관여하게 된 것이다.

문화 활동이나 사회운동에서 주체적 결단을 통한 결합 말고 어느 쪽이냐면 '하다 보니' 그리되었다는 비주체성이 내겐 소중하다. 카페 활동에 대해 인터뷰할 기회가 몇 번 있었지만 왜 이런 활동을 하고 있는지 묻는 말에 언제나 대답하기 쉽지 않았다. 내 활동에 사회적인 의미를 부여해 그러한 목적으로 활동해 왔다는 설명은 입에 담으면서도 겉돌았다. 그저 "하다 보니 하고 있습니다"라고 대답하는 게 가장 적당한 듯하다.

'하다 보니'[라는 조건]가 만들어지려면 그리고 새로운 활동이나 관계가 '하다 보니' 연결되려면 우연한 계기에서 비롯되는 이 조건['하다 보니']을 풍

■

10　鶴見俊輔,『鶴見俊輔集 9－方法としてのアナキズム』, 102쪽.

부하게 길러낼 무언가가 필요하다. 그 무엇을 '문화'라 부르고 싶다. 아마 카페 다이요라는 장, 카페 코먼스라는 장 모두 국지적인(local) 관계성을 기르는 문화가 싹트고 있었기에 나 또한 이 조건에 몸을 맡길 수 있었다고 생각한다. 다른 다양한 사회운동 역시 이와 같지 않을까?

또한 '하다 보니'[라는 조건]의 가능성을 최대한 넓히기 위해서는 이 조건에 몸을 맡길 유연함이 필요하다. 카페에서는 명확히 제도화된 커뮤니케이션 방식이 없다. 거기에는 그때마다 모인 사람들 사이에 오고 간 커뮤니케이션으로 공유된 체험이 모색된다. 우연한 만남을 계기로 서로 다른 맥락의 '하다 보니'로 돌연 변이한다.

나는 '하다 보니'에서 생겨난 다양한 문화적 실천 속에서 그때까지 혼자서는 생각지도 못한 끝없이 다양한 미래를 상상하게 되었다. 이전까지는 '연구'도 대학 안에서만 할 수 있는 일이라 생각했다면, 이제 대학 밖에서 '연구'를 계속하면서 살아갈 가능성을 생각하게 됐다. 지금의 큰 경제 속에서 살아남을 수 없다 해도 스스로 만드는 국지적 경제 속에서 살아갈 가능성을 생각하게 됐다. 상황이 어떻든 지금 나는 연구하며 사는 삶을 긍정할 수 있다.

04 예술의 새로운 가능성
– 예술과 직접행동의 만남

박은선

니체에게서 분명한 것은, 사회가 최종심급일 수 없다는 것이다. 최종심급. 그
것은 창조, 예술이다. 혹은 예술이란 최종심급의 부재와 불가능성을 나타낸다
고 하는 것이 타당할 것이다. 초기 작업에서 이미 니체는 국가나 사회의 목적
보다 훨씬 고귀한 목적이 있음을 주장한다. …… 니체가 반시대성이라 부른
것은 바로 시간의 내부에 있으면서 동시에 시간에 반하여 작용하는 이 새로
운 차원이다. 해석으로서의 삶은 바로 여기서 발원한다.[1]

예술대학이라는 국가와 자본이 만들어 낸 시스템에서 대량으로 생산된
예술 종사자들은 신자유주의 사회 시스템에서 창의력이란 이윤을 만드는 중
요한 수단이 되었다. 디자이너와 예술가들은 자신들의 창의력과 열정을 자본
과 국가 시스템에 저렴한 가격에 공급하고, 사회적인 안전망에서는 배제되고
있다. 문제가 되는 부분은 예술가 집단이 사회적 안전망에서 제외되었다는 점
보다 그 집단이 시스템의 착취 순환 고리에 고착되는 데 익숙해져 간다는 점
이다. 예술가들의 창의력이 빠른 속도로 소비되는 시스템에서 과연 예술은 의
미를 생산하고 있는가?

2000년대 김대중 정부가 국가기금으로 미술을 지원하고 미술시장의 규
모가 빠르게 확장되면서 젊은 작가들에게도 작품을 전시할 수 있는 기회들이

---

1 안 소바냐르그, 『들뢰즈와 예술』, 이정하 옮김, 열화당, 2009, 30쪽.

많이 늘어났다. 그런데 2000년대 중반 미술시장의 붐이 시작되자 젊은 작가들이 '팔 수 있는' 형태, 소비가 가능한 형태의 작품을 주로 생산하게 되며, 도리어 미술의 다양성이 좁아지는 현상이 일어났다. 당시 미술이란 대부분 힘을 포획하고 가치를 전복시키는 존재가 아니라 자본주의 시스템에서 하나의 새로운 부가가치 생산을 하는 상품의 역할을 하는 데 머물렀다. 이 혼란스러운 풍경은 이명박 정권이 들어선 2008년, 광우병 소고기 수입 관련 대규모 촛불집회로 전환기를 맞이한다. 촛불집회 이후로 정부는 시민단체와 예술단체를 공격해 기능을 마비시켰는데 그때 역설적으로 새로운 '예술-직접행동' 주체들이 탄생했다.

　　새로운 주체의 탄생은 촛불 집회가 단순한 집회가 아닌 혁명이었음을 증명해 주었다. 촛불이 꺼진 지 4년이 지난 지금, 새로운 주체들은 정부의 강 파괴에 반대하는 활동, 용산-두리반-명동 마리로 이어지는 세입자들의 점거 투쟁, 강정마을 해군기지 반대, 재능교육, 비정규직 탄압 규탄 집회, FTA반대 집회, 등록금 집회, 대학입시 거부 운동, 쌍용자동차 정리해고, 청소년 인권문제, 장애인 차별철폐까지 자신들의 요구의 표현을 위해 예술적 장치들을 적극 활용하였고 리슨투더시티 같은 미술을 기반으로 한 예술그룹은 직접행동을 장치로 써서 새로운 영역을 만들어 갔다. 새로운 예술의 가능성은 모더니즘-포스트모더니즘의 변증법적인 과정에서 도출된 것이 아닌 1%의 착취와 기업의 착취를 노골적으로 지원하는 정권에 맞서 노동자와 예술가와 액티비스트가 시민과 연대를 하는 과정에서 우발적으로 그리고 자연스럽게 도출되었다. 리슨투더시티는 강 지키기 활동, 두리반·마리 점거 투쟁과 희망버스 운동을 여러 활동가들과 함께 만들어 간 주체로서, 분리되어 있는 운동의 영역을 잇는 역할을 수행하는 매체로서, 예술이 교환가치로 환원되는 것을 거부하는 예술그룹으로서, 2008년 대규모 촛불 집회 이후의 예술과 운동의 만남, 그리고 그것의 작용에 대해 두리반과 4대강 관련 활동을 중심으로 서술하고자 한다.

1. 스펙터클 사회에서의 예술

네그리는 「예술과 혁명」에서 사용가치를 상실한 시대의 예술에 대해 질문한다. "맑스는 상품들의 교환가치와 그것들의 사용가치를 구분했습니다. 그리고 이 사용가치라고 하는 것은 각각의 착취방식에도 불구하고, 교환을 가치화하는 방식에도 불구하고, 교환을 가치화하는 것이었는데, 이러한 사용가치는 이미 흔적도 볼 수 없게 되었습니다. 세계는 완전하게 물상화·추상화되고 말았습니다. 그러한 정황에서 예술이라고 하는 것에 어떠한 의미가 있을 수 있었을까요?"

네그리가 지적한 바와 같이 모든 것이 상품이 된, 모든 것이 스펙터클이 되어 버린 세계에서 예술은 무엇인가? 아서 단토(Arthur C. Danto)는 『예술의 종말 이후』(After the End of Art)에서 예술의 종언을 선언한다. 예술의 종말은 모더니즘 예술 즉 선언문의 시대가 끝이 났음을 이야기하는 것인데 이제 예술이 취해야 할 역사적 방향 같은 것은 더 이상 존재하지 않음을 의미한다. 그것은 역사의 관점에서 볼 때 어떠한 방향도 나머지 다른 방향들과 동등하게 좋다는 뜻이기도 하다. 그리고 예술에 대한 '독서'를 돕기 위해 철학-미술비평이 필요하다고 주장한다. 예술의 어떤 흐름도 우열이 없음을 주장하는 것은 충분히 설득력이 있다. 모더니즘의 시대가 '빼기'의 시대였다면 그 이후는 '더하기'의 시대였는데 문제는 그 관용성은 다양성을 인정함과 동시에 미술이 교환가치로 작용하는 것도 자연스럽게 수용했다는 점이다.

거의 모든 예술가들은 예술작품을 만드는 과정 자체를 즐기며 교환가치로서의 작품이 아닌 사용가치를 만들지만 세계 시장의 개입은 예술가의 작품을 재빠르게 교환가치화시켰다. 그래서 앤디 워홀(Andy Warhol)의 브릴로 박스(Brillo Box)를 두고 '평범한 사물이 미술이 되었다'는 해석은 단순하고 위험하다. 들뢰즈도 차이와 반복에서 앤디 워홀의 작품을 예로 들며 "팝아트가 모사, 모사의 모사 등등을 밀고 나가 결국 모상이 전복되고 허상으로 변하게 되는 그 극단의 지점에까지 이르는 방식을 보라.(가령 워홀의 그토록 멋진 '계열발생적' 시리즈들 에서는 습관, 기억, 죽음 등의 모든 반복들이 서로 결합되어 있다)"[2]라고 앤디 워홀을 극찬한다.

하지만 앤디 워홀과 그 뒤를 잇는 팝아트 계열의 작품들 예술의 가장 중요한 차이는 예술의 '교환가치'를 전면 수긍하고 일반화시키는 데 있다. 문제는 비단 팝아트 계열의 작가들뿐만 아니라 예술계 전반에 미술품의 교환가치화에 대한 비판적 시각이 거의 전무하다는 점이다. 68운동을 전후로 미술은 '대

2 Gilles Deleuze, *Difference et Repetition*, p.613.

지미술'(Land-Art)이나 '아르테 포베라'(Arte-Povera), 해프닝(happening), 플럭서스(Fluxus)처럼 소유 불가능한 형태로 발전하기도 한다. 하지만 결국 이 실험마저도, 극소수의 예를 제외하고 대부분 빠르게 박물관과 컬렉터들의 소유가 가능한 형태로 작품이 변형되었다. 미술계에는 자본의 예술의 지배에 대한 대안은 고사하고, 뚜렷한 반감도 형성되지 않았다. 1980년대 이후에는 미술이 본격적인 신자유주의의 전략과 만나 최고 부가가치를 지닌 상품이 되어 세계시장에서 유통된다. 세계의 과열된 미술품 경매 시장과 영국의 사치 컬렉션(Saatchi Collection)을 필두로 하는 '거부(巨富)의 선택'은 전지적 권력으로 미술계를 휘어잡았고, 상품으로서, 교환의 가치가 성립되지 않는 작품들은 '무가치'한 물건으로 전락하는 오류에 급속하게 빠지게 됐다.

그러한 세계 미술의 경향은 2000년 김대중 정부가 신자유주의를 적극 도입한 이래 한국 미술계에도 동일하게 나타났다. 김대중 정부의 예술 지원 정책은 한국 현대미술이 질적·양적으로 팽창하는 데 결정적 역할을 했다고 평가된다. 2000년대 초 대안공간이 등장했고 많은 소형 상업갤러리가 등장했으며 국가가 지원하는 레지던시가 생겨났다. 이런 물리적 지원으로 젊은 작가들에게 전시의 기회가 대폭 늘었다는 것은 누구도 부정할 수 없는 사실이다. '대안공간 풀', '사루비아 다방', '루프' 등 2000년대 담론을 만든 독립공간들이 직간접적으로 정부 지원을 받아 운영되었으며 '인미공', '아르코' 등 국가 소속 미술공간에서도 활발한 활동을 하였다. 대안공간에서 신선한 작품을 보인 많은 작가들은 바로 주류에 진입했다. 2000년대는 대안공간이 대안이 아닌 주류가 된 시기였다. 대안공간 출신이 아니더라도 많은 젊은 작가들이 노무현 정부 때 미술시장 호경기라는 기이한 현상의 여파로 상업 갤러리와 전속계약을 맺기도 했으며 작품을 팔아 생계를 꾸릴 수 있는 작가들이 등장했다. 그리고 그들은 미술가들 사이에서 선망의 대상이 되었다. 미술계의 다수는 잘 팔리는 작품, 비싸게 팔리는 작품이 좋은 작품이라는 논리를 비판하고 대안을 만드는 대신 시장의 논리에 암묵적으로 동의하고 있었다. 독재정권에 맞서 싸우던 민중미술계열의 작가들도 신자유주의적 가치를 좇는 후배들이나 갤러리를 비판하는 것보다는 방관하는 분위기였고, 그 중 소수는 작품이 상품이 될 수 있는 형태로 작품을 변형시키기도 했다. 그 풍경은 대단히 혼란스러웠다.

2. 촛불과 탄압 그리고 새로운 예술-행동의 주체

발터 벤야민은 프롤레타리아트의 역사는 변증법적으로 발전하는 것이 아니라 파국에서 시작된다고 이야기했다. 이명박 정부는 1%만을 위한 정책과 일방적인 미국산 소고기 수입의 결정과 FTA의 시작, 민영화, 대운하 사업 등 정상적 사고로는 이해하기 힘든 정책들을 쏟아냈고 시민들은 위기를 느껴 밖으로 모여들었다. 2008년 3월에서 6월까지 100일이 넘는 기간 동안 매일 만 명이상이 모여 촛불을 들었고 6월 18일에는 100만 명이 모였다. 촛불은 도시를 멈추었고 대로를 대화의 공간으로 바꾸었다. 이것은 대의정치에 대한 불신을 직접행동으로 표출하는 시간이었으며, 웹(web)상 정보공유를 기반으로 했다. 하지만 시민들은 정부가 만든 바리케이트를 넘지 못했다. 그것은 무력 충돌에 대한 두려움 때문이었을 수도 있고 권력의 쟁취가 목적이 아니었던 다중의 투쟁이 가져온 당연한 결과였을 수도 있다. 촛불시위는 프랑스 68혁명과 마찬가지로 단기적 결과물로 얻은 것은 많다고 보기 힘들지만 도로를 점거하고, 광장을 지배한 경험 자체가 가장 중요한 학습이었다. 당시 촛불을 들고 거리에 나왔던 사람들은 도로를 횡단하며 규율에 대한 해방감을 느끼고 스스로 준비해 온 퍼포먼스를 선보이면서 자신을 표현했다. 특히 깃발 아래 대오를 맞춰 질서정연하게 구호를 외치고 투쟁가를 부르는 것이 아닌, 사람들끼리 삼삼오오 앉아 아는 노래를 그야말로 막 부르고 두런두런 이야기를 나누고, 먹을 것을 나누어 먹었던 경험은 연대의 쾌감을 느끼게 했고 '재미'있었다. 이것은 열사들의 죽음에 대한 부채 의식을 마음에 지고 투쟁했던 진정성 시대 이후 새롭게 등장한 다중이었고 새로운 감수성의 탄생이었다. 비장미는 전혀 없었지만 이러한 느슨한 연대는 민주주의의 한계를 직접적 행동으로 극복하려는 적극적 의지였다. 타인을 해방시키러 온 것이 아니라 자신의 해방을 위해서 온 자들은 즐거울 수밖에 없었다. 자율적인 투쟁 방식——웃고 떠들며 노래하는 방식은 운동의 감각을 바꾸어 놓았으며, 많은 이들을 휘말리게 했다.

'예술-직접행동' 주체들의 등장의 결정적 동인이 된 것은 촛불 경험 자체보다는 이후 정부의 억압에 의해 드러난 시민단체와 소위 진보세력들의 허약함이었다. 거의 모든 진보운동 단체들과 예술단체들이 국가 보조금에 의지 하고 있었던 탓에, 그들의 독립성은 약해져 있는 상황이었다. 촛불집회 이후 국가는 촛불집회에 참여하였던 혹은 조금이라도 진보적 성향을 지닌 공간과 단체를 탄압하기 시작했다. 각 기관을 무력화시키는 가장 효과적인 방법은 국가 지원금을 중지시키는 일이었다. 환경단체, 사회단체와 예술기관들은 예산 삭감과 감사로 인해 몸을 제대로 추스를 수도 없었고, 정권을 체계적으로 비판할 수 있는 시스템도 거의 정지되었다. 게다가 4대강으로 대표되는 생명파괴 문제, 여성문제, 소수자 운동, 비정규직 투쟁과 긴밀하게 연대하지 못하는 기존 노동운동의 비유연성은 진정성의 시대를 살아온 선배들에 대한 신뢰를 잃게 했다. 천박하게 재벌만을 옹호하는 정부 때문에, 구조적 문제는 더 심각해지고 용산, 4대강, 쌍용자동차, 비정규직 문제 등으로 그 고통이 전면으로 드러나도 대부분 진보 단체들도 적극적인 대응을 할 수 있는 기능을 상실하고 있었다. 이러한 상황은 10대~30대 예술가, 활동가들이 허탈함을 극복하고자 적극적으로 새로운 공동체(자율적이고 물리적으로 작아 구조적으로 자본과 국가로부터 독립적일 수 있는)를 만들어 행동하게 한 동인이 되었다. 젊은 활동가들, 예술가들은 자발적으로 철거 농성장 두리반이나 4대강 공사에 맞서 농토를 지키는 두물머리 같은 곳에서 자신들의 방법으로 직접행동과 예술 그 사이를 넘나드는 창조를 하게 된다. 이 현장에서 그들은 철거민을 해방시키고, 농민을 해방시키는 계몽적 역할을 한 것이 아니라 자신의 예술을 연대의 방식으로 풀어냈다. 점거의 공간에서 노동자, 농부, 예술가와 활동가가 만나게 되었고, 노동자와 활동가는 필요에 의해 예술가가 되고, 예술가는 활동가가 되었다. 그리고 거기에는 관객과 예술가의 구분이 불필요했다.

3. 촛불-용산-두리반-마리-4대강으로 이어지는 흐름

촛불의 경험은 2009년 용산 그리고 두리반이라는 철거 농성장으로 이어졌다. 삼성이 용산 지구를 개발하기로 했으나 그 지역에서 장사를 하던 세입자들에게는 제대로 된 보상이 이루어지지 않았다. 2009년 1월, 평균 연령 60대의 철거 농성자들은 살기 위해 남일당 건물을 올랐지만 살아서 내려온 사람은 몇 되지 않았다. 평균 연령 60대의 평범한 시민에게 고도로 훈련을 받은 테러전담 특수경찰을 배치했다는 것은 상식적으로 이해하기 힘들었다. 용산 철거민들의 투쟁을 경찰이 무리하게 진압하는 과정에서 화재가 발생했고 5명의 평범한 시민과 한 명의 경찰 특공대가 목숨을 잃었다. 하지만 국가는 이에 대한 사과와 손해배상은 커녕 시신을 몰래 빼돌리고, 함께 투쟁했던 사람들에게 징역 5~7년이라는 중형을 선고했다. 1년 넘게 용산에서는 국가의 사과와 삼성의 사과를 요구하며 점거에 들어갔다. 젊은 활동가들과 예술가들이 용산의 카페 레아를 점거하고 만든 '카페 레아'는 카페이며 동시에 라디오를 진행하였다. 그리고 민중미술의 계보를 잇는 파견미술팀이 용산에서 활동을 하기 시작했다. 용산의 점거가 끝난 이후에도 이들의 움직임은 두리반, 희망버스, 콜텍, 기륭 일일이 나열할 수 없는 많은 현장으로 퍼져나갔다.

특히 두리반에서 투쟁의 방식은 새로운 예술-직접행동 주체를 설명하는 데 가장 중요한 이정표가 되었다. 두리반은 홍대입구역 근처의 작은 칼국숫집이었는데 GS 건설이 보상 없이 세입자를 내쫓은 것에 항의해 자신이 운영하던 국숫집을 점거하여 무려 500일 동안이나 투쟁을 이어 갔고 결국 2011년 6월 승리했다. 두리반 투쟁의 승리요인 가운데에는 거리의 계급인 예술가들의 자발적 참여가 결정적이었다고 할 수 있다. 용산과 달리 두리반은 지리적으로 예술가들과 인디밴드들이 자주 오가는 홍대에 위치하여 젊은 예술인과의 교류가 용산보다 수월했다.

두리반은 철거농성장이자 자유로운 개인이 자발적으로 자신을 표현하는, 예술가들이 자신의 해방을 위해 창조적 생산을 일궈내는 하나의 코뮌이었다. 두리반에서는 매주 화요일 '푸른 영상'에서 독립영화 상영회를 열었고, 목요일에는 '작가회의'에서 시 낭독회를, 금요일과 토요일에는 각각 '칼국수 음악회'와 '자립음악회'라는 이름으로 인디밴드들이 콘서트를 했다. 뿐만 아니라 길가에 스피커를 놓고 라디오 프로그램을 진행하기도 했으며, 도시영화제, 여러 종류의 세미나와 강의, 그리고 뒷마당에서는 컨테이너 갤러리 '스페이스 모래'가, 51+ 음악 페스티벌이, 벼룩시장이, 카페가 끊임없이 열렸다가 사라졌다. 이것들은 모두 전깃불도 들어오지 않는 침침한 농성장을 뜨겁고 개방적인 예술의 장으로 바꾸었고, 철거 문제나 사회 부조리에 관심을 두지 않던 이들의 발걸음을 유혹하고 문턱을 낮추는 중요한 역할을 했다. 명동 마리 철거 농성장에서도 활동했던 '주온'은 칼국수 음악회에 갔다가 만난 사람들과 친구가 되어 두리반에 연대하게 되었고, '성수'는 '51+ 음악 페스티벌'의 자원봉사자로 왔다가 "잘 곳도 있고, 밥도 주고, 장소가 홍대인 것이 너무 좋아서" 그날부터 1년 동안 두리반에서 거주하게 되었다고 한다. 두리반 철거 농성장이 인디 음악, 예술, 문화의 장소가 되었던 것처럼, 지금 전국의 운동 현장은 그 운동을 사건화하고, 과정을 즐기기 위해 예술과 긴밀하게 호흡하는 방향으로 바뀌게 된다.

이는 단순히 재미를 더하기 위해 콘서트나 전시를 삽입하는 정도가 아니라, 음악가, 미술가 혹은 예술적 행위를 하는 여타 모임이 적극적으로 운동을 기획하고 창조하는 것이다. 이는 운동가들이 행사를 기획하고 그 기획에 따라 도움을 주는 식의 참여와는 적극성의 측면에서 다르다.

두리반의 활동가, 예술가들은 자연스럽게 명동 철거 농성장 카페 마리에 결합하게 되었다. 이들은 콘서트와 전시가 지속적으로 열려 사람들이 좀더 현장에 쉽게 연대할 수 있도록 많은 기획을 내놓았다. 하지만 마리의 경우 용역 깡패의 잦은 침탈로 두리반처럼 안정적인 문화 프로그램을 만드는 것은 힘들었다. 여러 활동가들과 투쟁 주체들의 노력으로 마리도 2011년 9월에 협상이 타결되었다. 두리반과 마리에서 성장한 활동가들과 인디 음악가들은 희망버스에도 적극 결합하였고 그 이후 수많은 투쟁현장에서 연대하게 된다.

4. 예술과 직접행동은 어떻게 연결되는가?

미국 뉴욕에서 벌어진 다양한 운동의 흐름을 기록한 책 『뉴욕열전』의 저자 고소 이와사부로는 '신자유주의 흐름에서 예술과 액티비즘은 노동의 가치를 물질의 교환의 대상이 아닌 참된 일하는 즐거움으로서의 노동을 추구하기 때문에 쌍둥이와 같다'고 했다. 미국 아티스트 액티비즘 그룹 '액트 업'(Act up)은 '예술은 충분하지 않다/에이즈를 끝내기 위해 직접행동을 하자'(Art Is Not Enough/ Take Collective Direct Action to End up the AIDS Crisis)라는 포스터 문구를 만들었고, 그 외 예스맨(Yes Man)이나 크리티컬 매스(Critical mass) 같은 그룹들이 예술적 장치를 통해 사회의 상황에 개입하며 활발히 활동하고 있다.

직접행동은 중앙 국가권력의 성장, 중앙권력을 제한하고 국민의 대표성을 강화하려는 요구, 시장경제의 발전과 산업화 추세, 그리고 새로운 통신기술의 영향력 등과 밀접한 연관을 지으며 발전했다. 직접행동은 한편으로 민주주의의 결여에 대한 반응이자, 다른 한편으로 민주적 자력화의 수단이다. 그런데 지금의 직접행동은 전투적인 방식보다는 비폭력방식을 선호하며 특히 예술과 긴밀히 협조하며 신자유주의 구도에 대항하고 있다. 직접행동은 왜 창의력을 필요로 하며 예술은 왜 직접행동을 택하고 있는가?

고소가 지적한 바대로 예술과 액티비즘 모두 물질적 대가를 원하지 않는 순수 노동이라는 공통점을 지니고 있다. 포스트 포디즘 세계에서는 창조성이 부가가치 생산에서 가장 중요한 역할을 하며 자본주의 세계에서 교환가치로 환원되지 않는 것은 무시된다. 예술가와 액티비스트들은 모두 이러한 매커니즘을 거부하고 자신이 원하는 노동을 자발적으로 하는 동료이다.

액티비즘은 자본주의로 고장 난 사회의 공동체성을 치유하기 위한 윤리적 양태이다. 그런데 윤리의 추구는 타인에게 강요하는 태도를 가질 수도 있고, 초월적 가치 추구는 사고를 경직시킬 수도 있다. 그렇기 때문에 액티비즘은 예술과 함께 협력하면서 그 경직성을 무마시킨다. 민중은 오랫동안 윤리의 경직성을 해제시키기 위한 전술로 '재치'와 '익살'이라는 장치를 사용해 왔다. 반대로 예술은 모든 창조를 사용가치로 전환시키는 구도에 반하기 위해 액티비스트들과 협력하면서 '직접행동'을 수행한다. 이 행위들은 모더니즘 미술이 스스로 갇혀 있었던 화이트 큐브(white cube)를 넘나들며 중산층에만 고정되어 있었던 예술 향유층을 넓히고 있다.

다다이스트(Dadaist)들은 1차 세계대전 이후로 계기로 인간이 쌓아 온 진보와 이성에 대한 염증을 표현하였다. 그들은 진보의 환상에 가려진 인간의 비합리성을 드러내기 위한 장치들을 만들었다. 그들의 낯선 말 만들기, 포토 몽타주, 해프닝(happening)은 아방가르드이자 인간의 고장 난 심성을 치유하기 위한 무당의 굿과 같았다. 대표적 다다이스트인 마르셀 뒤샹(Marcel Duchamp)은 변기에 변기 회사 사장의 이름인 R. MUTT라는 서명을 하여 뉴욕의 한 전시장에 내놓았다. 그 외에도 병 걸이, 자전거 바퀴를 전시했는데 이는 이미 존재한 사물들이 전시장이라는 공간에 들어오면서 어떻게 변하는가를 보여 준다. 즉 예술가의 선택이 일상의 오브제를 다른 것으로 만들기도 하고, 일상에서 예술가가 아닌 사람들이 만들어 낸 어떤 사물도 예술품일 수 있음을 이야기한 셈이다. 뒤샹이 예술가와 비예술가의 경계가 무의미함을 드러냈듯이 직접행동을 수행하는 활동가와 예술가에게는 어떠한 위계가 무의미하다.

5. 예술가와 비예술가의 경계가 사라진 축제−총파업

2012년 5월1일 한국에서는 처음으로 노동조합 없는 자들의 파업, 즉 일할 수 없는 자들, 일을 해도 불안한 자들이 명동 거리를 점거한 '모두의 총파업'을 만들었는데 이것은 촛불 이래 탄생한 반권력적 성향의 예술-직접행동 세력이 만들어 낸 사회적 심급을 넘어선 하나의 예술적 창조였다.

이번 노동절 총파업은 전통적으로 노동자들이 주도해 온 '노동절'과 다르게 일을 하지 않는 사람들, 고용주가 불확실한 사람들, 학생들, 직업이 있건 없건 하루하루가 불안한 시민들, 장애인들, 예술가와 디자이너들의 총파업이었다. 비록 300명 정도가 모인 작은 규모의 집회였지만 각각의 의제를 창의적으로 재치 있게 표현하였고 그것을 공유하는 시간은 어떤 전시보다도 흥미로웠다. 이번 총파업이 예술적이었던 이유는 예술가들이 주가 되어 기획을 했기 때문이라기보다는 참여자 모두가 창조적인 자기표현에 몰두하였기 때문에 모두가 창조적 능력을 발휘했다고 볼 수 있다.

총파업은 불안한, 불완전한 삶을 사는 자들이 대기업과 국가가 제시한 환상이 아닌 자신들의 온전한 삶을 상상하는 것이었다. 상상하기는 도시가 만들어 낸 환상을 부수는 가장 중요한 기술이다. 총파업의 가장 중요한 약속은 자신만의 표현 도구를 가져와 다함께 퍼레이드를 하며 명동 거리를 점거하는 부분이었는데, 서울 한복판 – 물질적 진보와 새로운 유행이 자신을 소란스럽게 드러내는 스펙터클의 거리를 축제의 공간으로 만들었다. '기본소득청소년네트워크'에서는 기본소득 받아서 왕처럼 쓰라는 의미로 참가자들에게 왕관을 씌워줬고, 두물머리 발전위원회에서는 씨앗폭탄을 던졌고, 예술 디자인 라운드 테이블에서는 모두에게 기본소득을 달라는 의미에서 '상상력에 밥을'이라는 현수막을 만들었다. 심지어 이동식 생태 화장실도 등장했는데, 대학 내 공터에서 텃밭을 가꾸는 이 사람들은 생태화장실에서 오줌을 받아 비료로 쓰겠다고 했다. 그 외 4대강, 삼성문제, 성소수자, 성노동자, 젠더 등등의 이야기들을 재치 있게 표현했다.

미디어 이론가인 스티븐 던컴(Stephen Duncombe)은 스펙터클의 가능성을 민중의 측면에서 바라본다. 그에게 스펙터클은 꿈꾸고 몽상하는 힘으로 이것을 '몽상의 정치'(Dreampolitik)라 부른다. 권력과 자본의 전유물이 된 스펙터클을 민중이 되찾아 '반권력적인 스펙터클'을 생산해야 한다고 한다. 이것은 벤야민이 말한 '신화'를 이기는 '동화'와 같은 역할을 할 것이다. 총파업에 참여하는 시민들은 '반권력적인 스펙터클'을 만들어 내는 데 성공했고 다음을 기획하고 있다.

들뢰즈는 『차이와 반복』에서 예술을 "혁명적 잠재력의 현실화"로서 사유하였다. "문학 기계가 이제 도래할 혁명 기계를 계승할 것이다. …… 소수적인 것만이 위대하고 혁명적이다. 모든 지배자의 문학을 증오할 것." 천재적 예술가가 예술사를 바꾸는 시기는 끝이 났고, 천재적 정치인이 사회를 바꾸는 시기는 온 적이 없다. 공동체적인 것을 부수는 신자유주의 구도에서 우리가 필요한 것은 한둘의 뛰어난 예술가나 정치가가 아니라 다중의 창조이다. 니힐리즘을 극복할 수 있는, 프레카리아트 계급의 유일한 무기는 다중적 창조성이다.

'나는 행운아' 만들기 05
– 이진원 추모공연을 둘러싼 2011년 인디음악신의 문화기술지

홍서연

1. 서론 – 배경과 목적

2010년 11월 8일, 인디음악가 이진원이 숨졌다. 11월 1일 자택에서 뇌출혈로 쓰러진 채 발견되어 중환자실에 입원했다는 사실이 이미 매체를 탄 후였다. 11월 4일 『한겨레』는 싸이월드가 고인에게 사이버 머니인 '도토리'로 음원 수익금을 지급하겠다고 제안했다는 기사를 내보냈다. 그 이야기가 퍼져 나가면서, 음원수익 배분구조에 대한 일반적인 문제가 제기되고 있었다. 약 3개월 후 시나리오 작가 최고은이 지병과 굶주림으로 사망했을 때와 유사하게, 사람들은 모처럼 고인에게 관심을 기울이고 있었다.

이 시대에 우리 사회에서 공중파 방송을 중심으로 마케팅을 하는 스타 시스템에 속하고자 하지 않는 음악가가 그 무명성에도 불구하고 음악으로 생계 유지하기를 포기하지 않는다는 것은 무엇을 의미하는가. 그것은 고인의 노랫말에 자주 등장하는 주제였고, 2010년 11월 그는 스스로의 죽음으로써 그것을 말해 주었다.

관심은 지속적인 토론으로 조직되지는 않았다. 음원 유통구조에 대한 논의는 한두 번의 토론회가 개최된 후 더 이상 공론화되지 않은 채 끝나고 말았다. 예를 들어 11월 19일에는 문화연대와 민주당 최문순 의원실이 공동으로 토론회를 개최했다. 장소는 인디음악의 본산지 홍대앞 상상마당이었고, 주제는 '한국 인디음악의 미래는 있는가: 자생적인 음악 시장을 만들기 위한 대안 찾기'였다. 상징적 장소에서 시기적절하게 기획된 토론회였지만 요식행위에

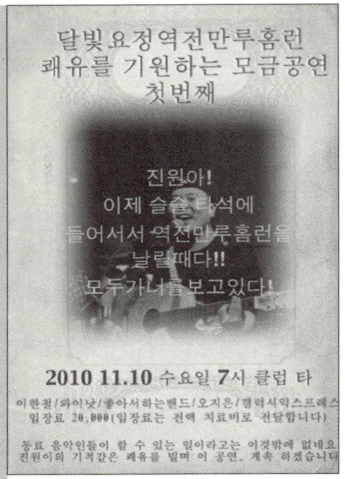

가까웠다.[1]

관심은 다른 방향으로 표출되었다. 홍대앞 인디신의 몇몇 주체들이 조직한 이벤트를 통해서였다. 최초의 계획은 11월 4일 동료 음악가들에 의해 모금공연의 형태로 제안되었으나, 11월 10일로 예정되었던 이 공연은 달빛요정이 8일에 사망함에 따라 취소되었다. 이후 애초의 계획보다 훨씬 큰 규모를 가진 추모공연이 조직되기에 이르렀다.

최초의 계획 – 모금공연 포스터

이 글은 2011년 1월 27일에 개최된 '나는 행운아'라고 명명된 추모공연의 조직과 진행 과정에 대한 기술을 중심으로 하는 문화기술지(ethnography)이다. 그 목적은 1회에 걸친 이벤트로 끝난 하나의 사건을 기억하는 데 있다. 이 사건은 두 가지 이유에서 기억될 필요가 있다. 한 가지는 '홍대앞'이라는 지역을 중심으로 전개되어 온 한국 인디음악의 역사가 이 사건을 통해 극적으로 표출되었다는 점이고, 다른 하나는 이 사건을 통해, 현재 커다란 변화를 보이고 있는 인디음악신의 변동이 특징적으로 드러났다는 점이다.

글쓴이는 이 추모공연에 무보수 스태프인 '자활'(자원활동가)의 자격으로 참여하여 기획, 조직, 진행의 과정을 관찰하였고, 홍대앞 인디음악신의 주체들, 즉 음악가들, 업소(클럽)들, 기획사, 음악산업 관계자들이 대중과 고인의 가족과 상호작용하면서 어떻게 일을 조직하고 수행했는지를 업무수행, 대화, 면담을 통해 관찰하고 기록하였다.

인디음악의 의미는 장르로 설명되는 음악적 형식 이전에 문화적 실천의 과정으로 존재한다. 다양한 주체들이 참여하여 이벤트를 조직해 나간 과정의 기록을 통해, 현재에 이르기까지 형성된 한국 인디음악이 어떤 성격과 방향성을 가지고 있는지 고찰하고자 한다.

■

1 김작가, 2011. 2. 11. 면담.

2. 홍대앞 인디음악신의 과거와 현재

'홍대앞'은 홍익대학교를 중심으로 하여 서교동, 동교동, 상수동 일대를 포괄하는 지역적·문화적으로 동질적인 공간을 가리키는 고유명사다. 이 지역의 문화적 동질성을 구성하는 중요한 한 축을 인디음악이 담당하고 있다. 그러한 점에서 홍대앞이라는 지역은 음악에 있어서 인디 문화가 산출된 하나의 실천적 장으로 기능하는 문화공간을 형성해 왔으며, 음악이라는 문화상품이 고유한 시장과 영역을 가지고 순환하는 권역으로 작용해 왔다.

　한편 '인디펜던트'(independent)의 준말인 '인디'(indie)는 산업경제학용어에서 출발한 문화용어이다. 음악 분야에서 그 기반은 메이저 레이블에 대비되는 인디펜던트 레이블이다. 인디 문화는 문화의 획일성, 비진정성, 창작과 수용의 커뮤니케이션의 단절적 순환과 그로부터 비롯된 창조성의 제약과 같은 문제들의 원인을 메이저를 중심으로 한 문화산업 구조에서 찾고, 이에 대한 반작용으로 발생한 문화적 실천을 가리킨다.[2] 기존 문화에 대한 비판으로부터 발생한다는 점에서 대안 문화이며, 그 대안의 성격은 산업적인 동시에 문화적이다. '언더그라운드', '얼터너티브', '반문화'(counter-culture) 등은 인디 문화의 의미망과 포개어지며 각자의 결절점과 변별성을 갖는 용어들이다. 이러한 용어들은 공통적으로는 모두 주류(mainstream)로 표현되는 지배적 권력과 그러한 권력으로부터 발생하는 사회적 효과에 대해 거리감을 가지고 있는 문화적 흐름을 가리키며, 주변부 문화라는 의미망에 의해 서로 접속되어 있다.[3]

　무엇보다도 음악에서의 인디 문화에 대해 말할 때 가장 먼저 분명히 해두어야 할 것은 '인디'가 음악 장르를 가리키는 용어가 아니며, 무엇보다도 우선 산업적 기반을 갖는다는 사실이다. 이 글이 고찰하고자 하는 현상은 문화적 산물로서의 '인디음악'에 국한되지 않으며, 음악을 생산해 내는 음악가들과 음악산업 관계자들의 협업적 실천에 관련된다. 이러한 실천에는 주체의 창작행위뿐 아니라 산업적·문화적 환경이 개입된다는 것을 강조하기 위해 글쓴이는 '인디음악신'이라는 용어를 사용할 것이다. '신'(scene)은 문화적인 동시에

■

2　김민규, 「한국 인디문화(indie culture)에 대한 사회학적 연구」, 고려대학교 대학원 사회학과 박사학위 논문, 2001.
3　김민규, 「한국 인디문화(indie culture)에 대한 사회학적 연구」.

산업적 산물인 창작물과 함께 주체들이 활동하는 문화적 실천의 장을 포괄한다. 또한 '신'은 문화상품이 수용되고 소비되면서 순환하는 시장으로서의 지역적 환경을 아우르는 체제(system)를 가리킨다.

80년대 이전까지 메이저급 음반사들에서 앨범을 내면서 TV에 출연하지 않고 라이브를 중심으로 활동했던 언더그라운드 음악은 '인디'라는 용어로 지칭되기에는 반문화적 잠재성이 약했고, 그보다는 오버그라운드보다 밀도 있는 진정성을 추구한다는 점에서 메인스트림과 거리를 두고 있었다. 그 본거지는 포크의 경우 신촌이나 명동 지역의 음악 카페였고, 헤비메탈의 경우 종로 낙원동과 이태원이었다. 90년대에 들어서 이들의 흐름이 끊어진 후, 인디음악신은 공간적으로는 홍대앞에 문을 연 라이브 클럽들을 중심으로, 장르의 측면에서는 아마추어리즘, 키치, 하드코어, 안티록, 얼터너티브 등으로 다양하게 변주된 펑크를 배경으로 90년대 중반부터 형성되기 시작했다.

그 첫번째 사건은 1994년 7월 '펑크 & 얼터너티브 바'라는 모토를 건 첫번째 라이브 클럽 드럭의 탄생이었다. 드럭은 록 음악과는 큰 관련 없이 술을 마시고 춤을 출 수 있는 '락 카페'라 불리던 당시의 유행 술집 포맷과 유사한 포맷을 가진 장소로 출발했지만, 95년 4월 '커트 코베인 사망 1주기 추모 공연'으로 명명된 첫 공연을 통해 인디음악신의 중심 공간으로 거듭나게 되었다. 홍대앞은 홍익대학교 미대생들이 작업실을 학교 근처에 차리면서 시작된 '작업실 문화'를 바탕으로 독특한 분위기의 카페와 클럽으로 발전해 갈 뿌리를 이미 가지고 있었다.[4] 커트 코베인 추모공연 이후 드럭은 주말마다 록 공연이 열리는 클럽으로 자리를 잡아 가면서, 홍대앞 소비문화 공간에서 유행을 선도하는 하나의 모델로 기능하게 되었다.

홍대앞 인디음악신이 형성되기까지 몇 번의 결정적 순간들이 있었다. 초기 인디신의 분기점이 된 상징적 사건은 96년 5월 홍대앞 현재 상상마당 앞과 명동에서 열린 '스트리트 펑크 쇼'라는 거리 공연이었다. 이 공연에는 크라잉 넛, 옐로 키친 등 초기 드럭 소속 밴드들이 참여했다. 대기업의 지원이 투여된 행사였고, 그것은 펑크가 새로운 트렌드로서의 가능성을 인정받았다는 것을 뜻한다. 이틀간 약 1천여 명의 청중들과 행인들이 밴드들과 어우러졌다. 김작

---

4 이동준 엮음, 『홍대앞으로 와』, 바이북스, 2005, 7쪽.

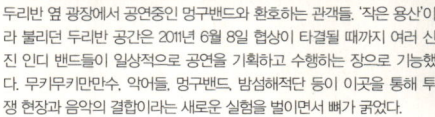
두리반 옆 광장에서 공연중인 멍구밴드와 환호하는 관객들. '작은 용산'이라 불리던 두리반 공간은 2011년 6월 8일 협상이 타결될 때까지 여러 신진 인디 밴드들이 일상적으로 공연을 기획하고 수행하는 장으로 기능했다. 무키무키만만수, 약어들, 멍구밴드, 밤섬해적단 등이 이곳을 통해 투쟁 현장과 음악의 결합이라는 새로운 실험을 벌이면서 뼈가 굵었다.

가는 이때의 광경을, "보는 이들은 그저 흥분해서 난장판이 벌어졌다"고 묘사했다.[5]

삐삐밴드와 크라잉넛 등 초기 인디신을 개화하는 전위가 된 것이 펑크를 근간으로 하는 록신과 록 담론이었기 때문에 한국에서 인디음악은 종종 펑크 경향의 록 장르와 혼동되어 왔으나, '스트리트 펑크 쇼'가 열린 지 15년이 지난 2011년 당시에는 하드록, 모던록, 슈게이징, 일렉트로닉 음악, 팝, 포크, 가요, 블루스 등 다양한 장르적 특성이 혼재된 다종성을 보이고 있었다. 홍대앞에 공연을 위주로 하는 라이브 클럽으로는 2011년 당시 27개 가량의 업소가 있었으며, 다수의 인디 레이블이 생겨났다 사라지기를 반복하고 있었다. 앨범이나 공연을 통해 알려진 밴드의 수는 100팀을 훨씬 웃돌고 있었으며, 알려지지 않은 음악가들을 포함한다면 그 수는 훨씬 많았을 것이다.

한편 동교동 167번지에 대한 재개발 계획이 시행되면서 불합리한 철거 보상 조건에 맞서 2009년 12월 26일부터 농성을 벌이고 있었던 식당 두리반은 일상적으로 공연과 바자회 등의 이벤트가 기획되는 만남과 소통의 장소가 되어 있었다. 2010년 5월 1일 열린 '세계노동절 120주년 맞이 뉴타운컬처 제공 재개발파티 51+'는 두리반 철거반대 투쟁뿐만 아니라 인디음악신에서도 상징적인 사건이었다. 30여 명을 수용할 수 있는 두리반 건물 지하 1층을 위시하여 100여 명을 수용할 수 있는 3층, 그리고 야외 공간을 활용해 철거상가를

5 김작가, 트위터 http://twitter.com/groovecube, 2011. 1. 27.

Support Show for
아. 오늘 일인의 아나
Conscientious Objector
키스트로서 국가의
Ahn Jeehwan
역(役)에 거부한다.

병역거부자 안지환을 위한
자립음악생산자무무명의 지지공연

2011년 1월24일 저녁8시
회기동단편선/하헌진/이랑
/이미츄어증폭기를위한이미츄어증폭기
입장료 5000원 / 장소:서자(클럽빵 2층)

병역거부자 안지환을 위한 자립음악생산자모임의
지지공연 포스터

공연장으로 변화시켰고, 이곳에서 하루 동안 64개 팀이 공연을 벌였다. 이 공연을 거치면서 '자립음악생산자 모임'이 탄생했다. 이 모임에 속한 음악가들은 "음악가들의 생계에 대한 현실적인 타개책 없이 '인디'로 포장(팬시화)하여 대중음악산업으로 편입하는 것에 의문을 품고 이의를 제기"한다고 선언하고,[6] 기존의 음악 생산 유통 시스템에 반대하여 지역공동체들과 연대하여 사회적 의미를 생산하고자 하는 지향성을 가지고 있었다. 이러한 태도는 홍대앞 인디음악신에서 활동했던 과거의 인디음악가들과 뚜렷한 차이를 나타낸다. 과거의 인디음악가들이 반문화적 감성을 사회적 지향성보다는 자유로운 창작에서 찾았다면, 이 모임은 연대와 사회적 실천을 지향했으며 생산자로서의 분명한 자의식을 가지고 있었다. 이러한 지향성을 변별적으로 표현하기 위해 이들은 '인디음악'이라는 이름을 버리고 '자립음악'이라는 명칭을 선택했으며, 뮤지션, 아티스트 등 음악가를 뜻하는 용어를 배제하고 '생산자'라는 용어를 채택함으로써 음악생산 주체들의 실천이 산업적 구도 안에 위치하고 있음을 강조하였다.

현재 홍대앞이라는 공간은 더 이상 인디음악만으로 특징지어지지 않는 거대한 상업지구가 되었고, 인디음악은 그러한 소비 공간을 포장하는 문화적 장식물로 이용된 지 오래다. 2011년 1월 20일 홍대앞 업소들의 모임인 '클럽문화협회'는 2001년 3월부터 매월 한 번씩 주최하던 '클럽데이'를 중단한다는 공고를 냈다. 홍대앞에는 오래전부터 DJ가 주관하는 댄스 클럽과 밴드가 공연을 하는 라이브 클럽이 혼재하고 있었고, 그에 따른 업소간의 정체성 논란과 경쟁이 있어 왔다. 더 이상 공동으로 정기적인 행사를 개최할 수 없을 만큼 이해관계의 대립은 갈수록 심해졌다.

'나는 행운아'가 위치하고 있었던 공간적·시간적 좌표는 이러했다. 한 편으로는 인디음악신의 양적·질적 성장과 함께 대중화의 가능성이 존재하고 있

---

6 『자립음악생산자 모임 소개』, 자립음악생산자 모임의 블로그[http://jarip.tistory.com/notice/2].

었고, 그와 함께 기존 체제로의 편입
이라는 위험이 도사리고 있었다. 이
러한 상황에서 상업주의를 우려하는
주체들과 그것을 이용하고자 하는
주체들의 이해관계가 대립하고 있었
다. 다른 한편으로는 인디신의 성장
에도 불구하고 여전히 반복되고 있
는, 뮤지션의 생존을 위협하는 악조
건들에 대해 문제제기하며 여타 사
회운동과의 접점을 모색하고자 하는
움직임들이 생겨나고 있었다.

「전투형 달빛 요정 PROTOTYPE A」앨범 재킷 배경은 쩍쩍 갈라
진 청계천이다.

3. 인디음악가 이진원의 죽음

2010년 11월 1일, 이진원은 예정되
었던 녹음 시간에 2시간이 지나도 나
타나지 않자 집으로 찾아온 동료들
에 의해 쓰러진 채 발견되었다. 지병

이진원의 2009년 Grand Mint Festival 공연(달빛요정역전만루홈
런 홈페이지)

이었던 뇌경색에서 비롯된 뇌출혈이었다. 일주일 후 그는 중환자실에서 깨어
나지 못하고 서른일곱의 나이로 세상을 떠났다. '달빛요정'이라는 별칭으로
불렸던 그는 '달빛요정역전만루홈런'이라는 1인 프로젝트 밴드의 형식으로
2003년부터 3장의 정규 앨범과 3장의 미니 앨범을 낸 중견 인디음악가였다.

첫 앨범 『Infield Fly』는 2003년에 홈 레코딩으로 제작되었다. 이듬해
2월에 문화방송의 라디오 프로그램인 「신해철의 고스트네이션」 '인디 차
트'에서 앨범 수록곡 「절룩거리네」가 5주 연속으로 1위를 차지하였다. 자
체제작한 첫 앨범 2천 장이 매진되고 정식 앨범으로 발매되었고, 같은 해
에 EP 『Sophomore Jinx』가 나왔다. 2년 후인 2006년 이진원은 두번째 앨
범 『Scoring Position』, 2007년 싱글 「Single Hit #1」, 2008년 세번째 앨범
『Goodbye Aluminium』, 2010년 싱글 「전투형 달빛요정: Prototype A」를 내
놓았고, 서울과 지방을 오가며 다수의 공연을 가졌다.

책으로 엮기 위해 정리하고 있었던 에세이 원고를 사후 발간한 『행운아』

의 기획자는 고인의 정체성을 "인디 뮤지션, 싱어 송 라이터"로 규정했다. 그러나 정작 이진원은 자신에게 '인디 뮤지션'이란 "원치 않는 훈장 같은 것"이라고 썼다.[7] "자본주의라는 게 결국 돈 놓고 돈 먹기. [인디 뮤지션이라는 명칭은] 거대 기획사들만큼 자본 동원력이 없는 중소 규모의 기획사들이 별 것 아닌 뮤지션을 아티스트 급으로 포장할 때 써먹기도" 하는 말이기 때문이다.[8] 그는 자신의 참모습에 더 가까운 술어는 "달빛요정이라는 가명을 쓰며 찌질한 노래를 부르는 키 작고 배 나온 말더듬이 아저씨",[9] 혹은 "가내 수공업 뮤지션"[10]이라고 썼다. 형식으로 보면 가요와 80년대 풍의 메탈이 가미된 록이 혼합되어 있었고, 무대는 클럽보다는 콘서트 홀이었으며, 인디음악만을 특별히 선호하지 않는 대중이 주된 팬덤이었고, 야구 모자에 야구 유니폼을 입고 통기타를 든, 외모에 크게 주의하지 않는 것처럼 보이는 '아저씨' 스타일이 그의 패션이었으므로, 확실히 그는 사람들이 흔히 '인디 음악'이라는 범주에 포함시키는 음악가의 이미지와는 거리가 있었다.

그러나 한편으로 '뮤지션'에 붙은 '가내수공업'이란 수식어는 장기하와 얼굴들 이래 대중에게 낯설지 않았다. 장기하와 얼굴들 소속 인디 레이블인 붕가붕가레코드가 레이블의 뒷얘기들을 기록한 『붕가붕가레코드의 지속가능한 딴따라질』은 음악을 하는 것의 실상이 "너저분할 정도로 현실적"이라 말한다.[11] 음반을 내기 위해 사람과 돈과 장비와 인력을 모아야 했고 만들고 나니 팔아야 했으므로, 그들이 맞닥뜨린 고민은 "집세를 내야 한다거나 빨래가 밀렸다거나 치과에 가야 한다는 식의 걱정과 흡사한 것"이었다고 덧붙인다.[12] 2008년과 2009년 인디 밴드로서는 이례적인 선풍을 일으키며 공중파에 등장한 장기하와 얼굴들의 성공 뒤에 시디를 직접 굽고 스티커를 붙이고 포장하는 '가내수공업'이 있었다는 사실은 이미 TV를 통해 보도되었으므로, '인디=가내수공업'이라는 설명은 더 이상 놀라운 이야기가 아니었다. 오히려 '가내수공업'은 거대 상업자본과 유통 시스템으로부터 독립되어 있음을 뜻하는 산업경

7 달빛요정역전만루홈런, 『행운아』, 북하우스, 2011, 95쪽.
8 달빛요정역전만루홈런, 『행운아』.
9 달빛요정역전만루홈런, 『행운아』, 23쪽.
10 달빛요정역전만루홈런, 『행운아』, 24쪽.
11 붕가붕가레코드, 『붕가붕가레코드의 지속가능한 딴따라질』, 푸른숲, 2009, 77~78쪽.
12 붕가붕가레코드, 『붕가붕가레코드의 지속가능한 딴따라질』.

제학 용어에서 비롯된 '인디'에 대한 정확한 술어이다.

이진원은 주류에 편입되지 않은 채로 독립 레이블에서 음반을 내며 홍대 앞에서 독립적으로 활동을 해왔다는 사실 외에는 기존의 홍대앞 인디음악과 큰 공통점을 가지고 있지 않았다. 그리고 이 사실은, 이제는 홍대앞 인디음악 신이 더 이상 초창기처럼 펑크와 락 중심이라는 장르적 특성으로 범주화될 수 없으며, 반드시 소규모 클럽 공연을 기반으로 하는 것도 아니라는 사실을 보여준다. 더 나아가, 인디음악신이 더 이상 홍대앞이라는 지역적 환경에 강한 기반을 두고 있지 않다는 사실 또한 확인할 수 있다.

다양성이 강화된 현상은 더 많은 음악가들이 더욱 다양한 방식으로 활동을 벌이고 있음을 의미하지만, 그것은 결코 그들의 조건이 나아졌음을 의미하지는 않는다. 오히려 예전이나 지금이나, 답이 나오지 않는 생계 문제를 생각하지 않고 그저 "음악에 미쳐야만" 인디 음악가로 살아가는 것이 가능하다.[13] 헤비메탈 시대에 로커들은 청계천과 충무로의 인쇄골목, 을지로 공구상가 등 상가들이 밀집한 곳에서 점심시간에 식당에서 밥 배달을 했다. 그때처럼 지금도 많은 음악가들은 까페 서빙, 택배 등 고정시간을 많이 투자하지 않아도 되는 알바로 생활비를 충당한다. 자기 깜냥에 맞춰 알바를 하고, 소득이 없으니까, 안 벌고 안 쓴다.[14]

"매달 23일이면 저작권료가 나온다. 월급날이다. 50곡 넘게 발표한 3집 중견가수인데 나오는 저작권료는 남들에게 밝히기 부끄러운 수준. 가스, 전기, 휴대폰, 케이블TV 요금에 1집 만들 때 빚진 카드 값을 내고 나면 남는 게 거의 없다. 모자라기도 한다. 그러면 또 뭘 하나 팔아야 하는데 이젠 더 이상 뭘 팔지 않으려고 잘 사지도 않는다."[15] 생계 문제는 이진원의 노랫말에 자주 등장하는 주제였다. 그는 세상을 떠나기 전, 첫 앨범을 제작한 2003년에 비해 형편이 더 나아지지 않았으며 앞으로도 나아지지 않을 것이라는 현실 인식에 이르고 있었다. "대한민국에서 음악만으로 평균적인 수준의 삶의 질을 누린다는 건 불가능하다"고 그는 썼다.[16] 11월 4일 『한겨레』가 기사화한 싸이월드 '도토리' 이

---

13 김작가, 2011. 2. 11. 면담.
14 김작가, 2011. 2. 11. 면담.
15 달빛요정역전만루홈런, 『행운아』 98쪽.
16 달빛요정역전만루홈런, 『행운아』 24쪽.

홍대앞 26개 클럽이 표시된 '나는 행운아' 공연장 지도

야기는 이러한 주제가 마치 시나리오에서처럼 극화된 사건이었다.

　고인이 위독하다는 사실이 알려진 후, 그의 노래가 싸이월드 미니홈피의 배경 음악(BGM)으로 인기를 끌었음에도 고인이 수익금을 받지 못해 항의했으며, 그 후 싸이월드는 그에게 '도토리'로 음원권리료를 지급하겠다고 제안했다는 기사였다. 이 이야기가 인터넷 상에서 빠르게 전파됨에 따라, 사람들은 이진원 한 사람에 대한 관심으로부터 음원 서비스의 구조적인 수익배분구조와 불투명한 유통구조의 문제로 관심의 범위를 넓혔다. 11월 6일부터는 다음 아고라에서 이동통신사와 SK커뮤니케이션을 대상으로 음악가들에 대한 합당한 수익분배를 요청하는 청원 서명이 시작되었고, 트위터에서는 싸이월드에 대한 비난과 비판, 불매운동 제안이 잇따랐다.

　문제의 기사는 달빛요정의 노래 '도토리'를 근거로 하고 있는데, 『행운아』에 의하면 '도토리'의 노랫말은 체험을 바탕으로 씌어지지 않았고, 고인의 동료들과 주변인들은 그 사실을 잘 알고 있었다. 덧붙이자면, 가상의 상황을 설정하여 독백을 통해 스토리라인이 있는 이야기를 들려주는 방식은 달빛요정의 노랫말에 되풀이해 나타나는 전개 패턴이다. 기타를 팔고 아파트 단지에서 치킨을 배달하는 음악지망생의 좌절을 담은 「치킨런」의 가사는 또 얼마나 절절한가. 그 절절함은 역설적으로, 기타를 팔아야 할 정도로 생계가 어려워도 기타를 팔지 않고, 직업 음악가이기를 포기하지 않기 위해 치킨집에 취직하지 않는 가수의 노래라는 사실에서 비롯된 것이었다.

마찬가지로,「도토리」는 "먹을 수도 없는 껍데기"로 권리료를 정산 받은 가상의 상황을 스토리라인으로 하고 있지만, 궁극적으로 가수가 질러 내고자 한 말은「치킨런」과 유사했다. "원했든 원치 않았든 노래를 팔아서 먹고 살아야 할 텐데", "이슬만 먹고 살 수는 없"는데, "하루하루 살아 있는 게 기적 같아"로 표현되는 절박한 상황과 "도토리 싫어", "다람쥐 반찬 싫어", "고기반찬 먹게 해줘"의 낯선 조합이 이 노래의 미학이다. 이진원의 노랫말이 자주 그러하듯이「도토리」는 솔직함과 청승과 위악과 생떼의 기묘한 동거이고, 그것이 바로 그의 노래의 미학이자 낙관성이며 화통함을 만들어 내는 기반이다.

애초에 사람들이 보인 관심은 잘못된 기사로부터 비롯되었지만, 반대로 기자와 대중이 모두 그의 노랫말에 속아 넘어갔다는 해석도 가능하다. 이진원의 죽음이라는 사건은 마치 음악가 이진원이 미리 계획한 퍼포먼스의 한 요소처럼 기능했고, 이것은 '나는 행운아'라는 이벤트가 많은 사람들을 끌어들인 중요한 요인이었다.

4. '나는 행운아'의 조직과 진행 과정

추모공연은 고인의 노래「행운아」의 한 구절에서 따와 '나는 행운아'라 명명되었다. 음악가들, 클럽들, 기획사가 무상으로 참가하여 비용을 제외한 수익금 전액을 유가족에게 전달하기로 합의했고, 프로그램은 4시간 동안의 동시다발적인 라이브 클럽 공연과 영상 콘서트로 짜여졌다. 영상 콘서트는 고인과 함께 공연했던 음악가들이 고인의 육성 녹음과 동영상을 무대에 올리며 동시에 연주를 하는 형식으로 기획되었다. 인디 레이블 대표자 협의회인 서교음악자치회, 그리고 각각 라이브 클럽 운영자들의 모임인 라이브음악문화 발전협회와 댄스 클럽 운영자들의 모임인 클럽문화협회가 주관하여 공연할 밴드를 모으고 클럽 신청을 받았다. 인디 밴드 102개 팀, 26개 클럽이 빠른 속도로 지원했다. 홍대앞 클럽 중 댄스 클럽을 제외한 거의 모든 라이브 클럽이 참가했으며, 큰 공연이라고 해도 30~40팀이 참여하는 게 보통이라는 사실을 볼 때 102개 팀 참가는 유례없이 큰 규모였다. 공연진행방식으로는 홍대앞 대중에게 익숙한 '클럽데이' 형식, 즉 1만 원으로 구입하는 하나의 티켓으로 모든 공연장을 자유롭게 드나들 수 있는 방식이 채택되었다.

합동공연 실무의 총괄은 수년간 '펜타포트 락 페스티벌'과 '글로벌 개더링' 등의 음악 페스티벌을 기획해 온 기획사 컴퍼니에프가 담당했다. 회사의 A&R 담당자인 최학송(남, 31세, 서울) 씨가 이벤트의 운영, 위기관리, 인력을 맡았다. 무대장치 작업팀 출신인 그는 까다롭기로 유명한 이석원이 이끄는 락밴드 언니네이발관의 매니지먼트 일을 하면서 무대, 공연, 음악가라는 세 요소에 대해 깊이 있는 접촉 경험을 쌓았다. 아티스트들은 까다롭고 예민하고 모두 성격이 달라서 각각의 차이를 잘 알고 그것에 맞춰야 하지만, 그래도 그에게는 아티스트를 상대하는 것이 클라이언트(업체)들을 상대하는 것보다 훨씬 편하다. 그는 무대 사운드에 관심이 많아서 그것에 관련된 기술 강좌와 공연예술에 관한 강좌들을 찾아 들었다. 요즘은 이런 강좌들이 많아서, 배우려고만 들면 얼마든지 기회를 찾을 수 있다.

최학송 씨는 공연을 20여 일 앞둔 1월 5일부터 13일까지 달빛요정의 홈페이지(http://www.rockwillneverdie.com/)를 통해 '나는 행운아' 자원활동가를 모집했다. 자원활동가의 활용은 컴퍼니에프 등의 기획사들이 음악 페스티벌과 같이 다수 주체가 관련되는 행사에서 실무 인력을 동원하는 가장 일반적인 방식으로 수년 전부터 자리잡았다. 영화제에서는 비슷한 제도를 '자봉'(자원봉사자)이라 한다. 홍대앞 '클럽데이'에서도 언제나 자원활동가를 썼다. 보통 한 달에 한 번——전성기에는 한 달에 두 번——개최되던 클럽데이 한 번당 23개 정도의 업소가 참여했는데, 이 정도 규모에 필요한 인원을 충당하는 데에는 자원활동가의 활용만큼 효율적인 방법이 없었다. '자활'들은 식사 외의 아무런 보상을 받지 않고, 심지어 교통비와 숙박비를 스스로 부담해 가면서 일하지만 알바들보다 더 일을 잘 한다. 최학송 씨 자신이 페스티벌 자원활동가로 참여했다가 기획사에 스카우트된 경우로, 자활은 경력으로 인정받을 뿐 아니라 미래의 기회를 열어 줄 수도 있는 경험으로 간주된다.

추모공연 대행 총괄을 맡은 컴퍼니에프 실장 이승환 씨(남, 33세, 서울시)는 '나는 행운아' 자활 사전교육 모임에서 '자봉'(자원봉사자)과의 비교를 통해 자활의 개념을 강조했다. 그는 두 가지 다 "대가 없이 직접적인 서비스를 제공한다는 점에서는 비슷"하지만, 자원활동가는 "스스로가 행사나 기관의 주체가 되어 주인의식을 갖고 활동을 하는 것"이라고 규정하고, 자활들에게 스스로 책임감을 갖고 담당자와 구체적인 업무 세칙을 공유하며 자신의 업무수행에 대한 반응을 구하고 스스로의 한계를 터놓고 이야기함으로써 업무를 현실적으로 조정할 것을 요구했다. 다시 말해 공연 대행 에이전시인 기획사는 다중적 주체가 참여하여 조직하는 행사에서 자활들에게 하나의 주체로서 참여할 것을 요구하고 있었다.

자활의 활용은 수년 동안 문화상품이자 이벤트로 자리잡은 클럽데이, 음악 페스티벌, 영화제 등이 적자를 피할 수 있었던 중요한 요인으로 보인다. 대규모 록 페스티벌의 경우 기획사는 자활 덕분에 3일간 150명이 넘는 진행요원을 무보수로 사용할 수 있는 것이다. 자활들은 행사 기간 동안 행사를 관람할 수 없으며 타 지방으로 이동하는 교통비와 숙박비를 스스로 부담해야 함에도 불구하고, 지정 인원의 2배 이상 지원자가 몰리곤 한다. 그 대부분은 20대 초반의 젊은이들이다. 그들은 티켓을 구매하지 않고——락 페스티벌의 3일권 티켓은 20만 원에 달한다——페스티벌에 참여할 수 있다는 것 외에도, 좋아하는 분야의 큰 행사를 스태프로서 참여한다는 데서 의미를 찾으며, 그러한 경험을 통해 개인으로서 성장하고 사회에서 경력으로 인정받기를 희망한다. 김○훈(남, 25세, 인천시) 씨와 박○현(여, 24세, 서울시) 씨는 한 번 이상의 페스티벌 자활 경력을 가지고 있었으며, 컴퍼니에프는 이러한 경력을 고려하여 그들을 6개로 나뉜 팀들의 '팀장'으로 배치했다. 돌발상황의 가능성이 존재하며 순간적인 판단력이 요구되는 진행요원의 업무에는 경험이 매우 중요하기 때문에, 과거의 자활 경력은 중요한 선택 기준이다.

'나는 행운아'에서는 100여 명의 지원자 중 73명의 자원활동가가 선발되었다. 자원활동가 신청서에는 생년월일, 직업, 학교 등의 인적사항 외에도 공연관람 경험, 페스티벌 참여 경험, 공연기획 및 자원활동 분야에서의 경력사항을 밝히고 좋아하는 음악의 장르와 아티스트를 그 이유와 함께 설명할 것이 요구되었으며, 참가희망 이유를 밝히는 자기소개란이 있었다. 최학송 씨는 신청서를 심사할 때 이미 함께 일한 경험이 있는 자활들을 알아본다. 특히 남○균(남, 25세, 춘천시) 씨는 '펜타포트 록 페스티벌'에서도 일했기 때문에 잘 기억하고 있었다. 지원서에 소녀시대를 좋아한다고 쓴 것도, 고등학교 시절 사진을 붙인 것도, 틀린 맞춤법이 5군데 이상 발견된 것도 남○균 씨 한 명밖에 없었

2011년 1월 21일 라이브클럽 쌤(현재 폐쇄)에서 사전교육을 받고 있는 자원활동가들

기 때문에 기억하기가 더 용이했다. 그러나 그러한 특이사항이 없다 해도 이미 함께 일한 적이 있는 이들은 신청서를 보면 쉽게 기억해 낼 수 있다. 또, 한 번 자활로 일해 본 경험자들이 다시 지원하는 경우가 많다. 그들은 대체로 행사와 잘 맞는 음악 취향을 가지고 있지만, 남○균 씨의 경우처럼 반드시 그렇다고는 할 수 없으며 그것이 언제나 선발 기준이 되지는 않는다. 김○훈(남, 25세, 인천시) 씨와 박○현(여, 24세, 서울시) 씨는 경력이 될 수 있고 스스로 좋아하는 일을 찾아 아르바이트와 자활 등의 일거리를 찾아 일한다. 박○현 씨는 최근에도 채용 면접을 봤고, 김○훈 씨는 행사 다음날 아침에도 아르바이트를 위한 면접 일정이 잡혀 있었다. 황○영(남, 25세, 서울시) 씨와 이○늘(남, 24세, 천안시) 씨는 인디음악을 좋아할 뿐 아니라 인디음악가들과 친교를 가지고 있으며, 홍대앞 지리에 밝고 클럽들의 특성도 잘 알고 있는 자활계의 베테랑이다. 황○영 씨와 최○현(여, 30세, 서울시) 씨는 19박 20일 동안 하루 30킬로미터씩 걷고 빈 건물에서 숙박하는 국토대장정에 참여한 경험이 있고, 학내 활동에도 참여했다. 그렇지만 자원활동을 하는 이들은 대부분 학교에서는 별다른 활동을 하지 않는다. 지방에 거주하는 남○균 씨와 이○늘 씨는 "집에 있어봐야 아무 일이 일어나지 않으니 자활과 같은 일을 해야 사람을 만날 수 있다"고 말한다. 스스로 교통비를 부담해 가며 자활 일에 참여하는 데에는 그러한 이유가 크다.

'나는 행운아'에 참여한 자활들의 연령층은 10대 후반이 5명, 20대가 65명, 30대, 40대, 50대가 각각 1명씩으로, 20대가 압도적으로 많았다. 30대, 40대, 50대에 분포한 3인은 모두 자신의 일과 관련된 개인적인 목적을 가지고 지원했다. 최○현 씨는 기획사에서 일한 경력을 바탕으로 이벤트 기획 실무경험의 폭을 넓히기 위해, 정○현(남, 54세, 서울시) 씨는 사진작가로서 이벤트를 기록으로 남기기 위해, 그리고 글쓴이

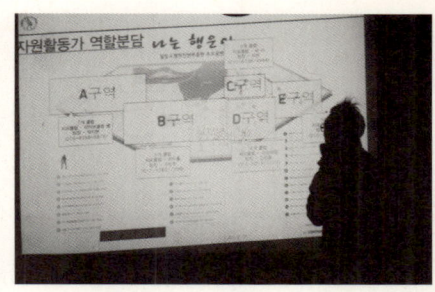

지도를 활용한 팀별 업무조직 설명(1월 21일 사전교육모임)

사전준비모임에서 준비된 프레스 목걸이 비표

(여, 41, 서울시)는 이 사건을 문화기술지로 기록하기 위해 지원했다. 이들의 참여 목적은 기획사에 충분히 전달되고 합의되었다. 성별로는 여자가 47명, 남자가 26명으로 여자가 우세했고, 서울 거주자가 35명에 불과한 데 비해 지방 수도권 거주자가 30명, 비수도권 거주자가 8명이었다.

자활들의 업무와 조직은 1월 21일 자활 전원에 대해 실시된 사전교육 모임에서 전달되었다. 2시간 30분 동안 추모공연의 기획의도, 자원활동가들이 숙지해야 할 전반적인 사항들과 업무가 컴퍼니에프 측에 의해 설명되었다.

추모공연 하루 전인 1월 26일 저녁에는 컴퍼니에프 사무실에서 팀장들이 모여 각 공연장에 비치해야 할 물품들(티켓 역할을 하는 관객용 팔찌, 이진원의 앨범 CD 6종, 브로슈어, 플라이어)을 공연장별로 수를 맞추어 포장하고 스태프와 프레스를 위한 목걸이 비표를 준비했다. 공연 당일의 집결지와 시간, 공연장 배치표는 인터넷과 sms를 통해 각각의 자활들에게 공지되었다. 자활들은 27일 공연 시작 5시간 전인 오후 2시에 라이브클럽 쌤에 모여 조별 모임을 갖고 배치된 공연장으로 이동했다. 공연장의 규모에 따라 클럽당 1~3명의 자활이 배치되었다. 팀은 공연장이 위치한 구역에 따라 5개 조로 나뉘었고, 그 외에 2개의 '특공조'로 구성되었다. 특공조는 다시, 본부(기획사 사무실)에 자리 잡

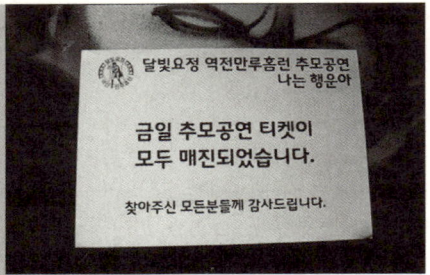
공연장에 나붙은 티켓 매진 공고(『오마이뉴스』 보도사진)

24시간 카페에서 밤을 새우는 특공조 자활들(가운데가 글쓴이)

고 각 공연장으로 물품을 조달하거나 필요할 때마다 공연장 간에 물품을 이동하고 돌발 사태에 대비하는 1개조와 사진촬영을 담당하는 사진 특공조로 나뉘었다. 각각의 조에는 총괄을 담당하는 팀장이 배치되어 무전기를 구비하고 본부와의 연락을 담당했다. 글쓴이는 특공조에 속해 각각의 공연장과 본부간의 연락상황과 진행 총괄상황을 관찰했다. 구역별 5개조에 속한 대부분의 자활들은 26개 클럽 입구에 배치되어 티켓 판매와 안내를 담당했다.

공연은 큰 성공을 거두었다. 몇몇 클럽에서는 공연 시작 시간인 저녁 7시 이전부터 티켓이 동나기 시작했고, 7시부터 매진되는 클럽이 생기기 시작해 1시간 30분 만에 총 4천 5백 매의 티켓이 매진되었다. 영하 10도에 가까운 추위에 줄을 서다가 돌아가야 했던 이들의 수는 헤아리기 어렵다. 7시부터 8시 30분경까지 본부에는 현장의 팀장들로부터 공연장들의 매진 상황이 시시각각으로 보고되었고, 지방에서 올라오거나 큰 기대를 가지고 줄을 섰던 관객들의 문의와 티켓 요청을 조절해야 할 필요성 때문에 본부에서는 매진 상황을 파악하여 관객들을 다른 공연장, 다른 구역으로 안내하도록 다시 팀장들에게 신속하게 정보를 전달해 주는 데 온 정신을 집중해야 했다.

홍대앞 클럽데이 최다 티켓 판매 수는 2천 장 정도였다. 홍대앞 공연 최대 인원수는 7천 명으로, 홍대앞 클럽 전체 최대 수용인원인 3천 명의 두 배가 넘는 수이다. 그 기록은 2008년에 있었던 '츄파춥스 50주년 기념 츄파춥스 클럽데이 파티'(2008년 10월 31일 저녁 6시~익일 새벽 6시)가 보유하고 있다. '나는 행운아'의 4천 5백 매 매진은 7천에 훨씬 못 미치지만, '츄파춥스 파티'의 7천이 12시간 동안 진행된 행사였을 뿐만 아니라 광고비 1억을 들인 홍보의 결과였다는 점을 고려할 때 하나의 사건이라 할 만큼 큰 의미를 가지고 있다(최학송 씨). 그 4천 5백은 광고비 없이 후원만으로 조직된 공연에서 네 시간 동안 한 공간에 모인 사람의 수이기 때문이다.

　공연이 끝난 후 뒷풀이 장소에는 인디음악신의 역사상 가장 큰 규모의 모임을 갖게 된[17] 밴드들이 흥분된 분위기를 자아내고 있었다. 뒷풀이 장소에 미리 배치되어 공연을 끝낸 음악가들과 업무를 끝낸 자활들을 자리에 안내하는 것은 특공조의 임무였다. 특공조 6명은 100팀에 가까운 밴드, 70여 명의 자원활동가와 스태프들을 안내하고 짧은 뒷풀이 시간을 가진 후 새벽 2시 경 뒷풀이 장소를 나와 밤참을 먹은 후 24시간 영업을 하는 부근의 카페에서 밤을 새웠다. 3명이 지방에 거주하고 있었고, 서울에 사는 2명도 택시비를 지출할 생각이 전혀 없었기 때문이다. 카페는 비슷한 이유로 새벽을 기다리기 위해 쿠션에 얼굴을 묻고 수면을 취하는 20대들로 가득 차 있었다. 24시간 영업을 하는 카페가 드문 홍대앞에서, 이 카페는 이러한 목적에 부합하기 위해 좌석마다 넉넉하게 쿠션을 구비해 두고 있었다. 몇몇의 자원활동가는 다음날 아르바이트 또는 채용 면접이 있다고 했다. 졸업 후 대부분이 고작해야 비정규직 노동자를 면하기 어려울 그들에게 이진원의 노래는 현실이고 가까운 미래이며 절망이고 위로이자 희망이었을 것이다.

5. 맺는 말 — 인디문화적 실천의 변화와 자원활동가의 역할

'나는 행운아'의 공식적인 기획 주체들은 유가족, 음악가들, 업소들, 기획사, 음악산업 관계자들이었다. 그러나 공연의 진행을 위한 구체적인 업무 수행 과정에서 자원활동가라는 또다른 유형의 주체가 개입했다. 공연의 실무를 기획하고 조직한 것이 기획사였다면 그들의 손과 발이 된 것은 '자활'들, 다시 말해 스태프 비표를 목에 건 일군의 젊은 대중이었다. 인디음악신의 변화된 지형에서 그들이 수행한 역할은 무엇인가? '나는 행운아' 공연에서 '자활'의 기능은 어떤 양상으로 나타났는가? '나는 행운아'의 문화기술지를 통해 홍대앞 인디음악신을 고찰하고자 한 이 글이 던져야 할 것은 결국 그러한 질문들이다.

　록 음악은 태생적으로 가사와 곡에 국한된 음악 장르가 아니라 "문화적 가치와 의미들이 순환하는 대중매체"이며, 음악뿐 아니라 의상 이미지, 스타

■
17 김작가, 2011. 2. 11. 면담.

일, 신체 움직임의 형식, 영상 등이 포함되는 문화형식으로 존재하고, 이러한 문화형식은 다시 다양한 문화적 활동이 가능한 사회적 환경으로 기능한다.[18] 홍대앞 인디음악신은 초기에 황신혜밴드가 유치하고 조악하고 실력이 없더라도 "누구나 음악을 할 수 있다"고 노래했듯이(「님과 함께」) 펑크적 DIY 정신을 모토로 하고 있었다. 2002년 한일 월드컵 이후 펑크로 대표되는 인디음악신의 아마추어리즘은 변화를 겪기 시작하였다. 이 시기에 서울시가 외국인 관광객을 끌어들이고자 상암 월드컵 경기장에서 가까운 홍대 주변 클럽에서 레이브 파티를 기획하면서 댄스 클럽이 증가했고, 홍대앞의 문화적 정체성은 점차 라이브에서 댄스로, 락에서 테크노와 일렉트로닉스로, 인디 DIY에서 상업적 소비문화로 변화해 갔다. 음악 페스티벌과 클럽데이의 성공, 컴퍼니에프를 비롯한 기획사들의 등장은 이러한 지형도 위에서 새롭게 나타난 현상들이다.

기획사들은 소수의 인력으로 운영되면서——컴퍼니에프의 경우 대표를 포함하여 단 3인으로 구성되어 있다——지역적 현장성에 기반을 둔 다수의 경험을 축적함으로써 쌓은 지식과, 인근 지역과 여러 인접 문화 분야에 폭넓게 뻗은 다양한 사업을 통해 실속 있는 상업적 자본의 운용——컴퍼니에프의 대표는 다수의 인근 요식업소를 운영한다——을 활동의 기반으로 보유한다는 이중의 장점을 갖추고 새롭게 신에 들어온, 인디음악신의 한 구성 요소이다. 그들은 문화적으로 주류에서 벗어나 있다는 점에서, 그리고 인디문화의 현장에서 직접적으로 구체적 임무를 수행하던 인물들로 구성되어 있다는 점에서 인디신에 속한다. 또한 그들은 문화 소비자들이 문화수용에 참여하는 방식을 기획함에 있어 특히 인디주체이다. 결국 그들은 다른 분야의 사업을 운영하고 있다 하더라도 주된 존재기반을 인디문화에 두며, 결코 이러한 기반을 완전히 버릴 의도가 없다. 그들에게 인디 실천은 한 종류의 사업 방식이자 자본의 유통 방식임과 동시에, 선호하는 사회적 실천 방식이기 때문이다.

자원활동가의 활용은 바로 그러한 방식의 실제적 핵심에 위치하고 있다. 역으로, 홍대앞 인디음악신과, 그곳의 문화적·산업적 기반을 바탕으로 하여 성장한, 공연을 중심으로 한 연행 산업은 자활 제도를 통해 여전히 인디로서의 성격을 보유할 수 있다. 자활 제도는 한편으로는 분야에 대한 전문적 지식,

---

18 페터 비케, 『록음악 — 매스미디어의 미학과 사회학』, 남정우 옮김, 예솔, 2010, 10쪽.

지역 기반, 자본을 보유한 기획사가 적자를 면할 수 있는 활로로써 활용하고 있는 무보수 고용수단이면서, 한편으로는 참여자들의 이해와 맞물리고 인디의 전통적 형식과 일치한다는 점에서 그 존재 이유를 보장받는다.

　기획사에서 일했던 자활 참여자 최○현 씨에 의하면 요즘의 대학 총학생회나 과학생회들은 기획사를 통해 신입생 오리엔테이션이나 MT를 기획한다. 기획사가 장소를 선택해 예약하고 버스를 대절해 준다. 필요한 물품들과 자료집 등의 교육안을 준비하고, 1박 2일 이상의 프로그램 진행 과정에서 일어나는 '돌발 사태'에 대비하는 것도 기획사의 역할이다. 돌발 사태란 예를 들어 새벽 시간에 심하게 취한 신입생을 응급실로 옮기거나 사라진 과대표를 찾아야 하는 상황을 말한다. 현재의 학생회 간부들 중에는 학생회 업무에 자신의 시간을 기꺼이 쏟으려 하는 이가 없다. 따라서 그들은 80년대의 학생회 임원들이 그랬듯이 그러한 행사들을 스스로의 기획 하에 치러 낼 만한 충분한 인력을 갖추고 있지 못하다. 행사를 기획하고 업무를 조직하고 진행을 총괄하는 일은 더 이상 20대들이 관심을 갖고 하고자 하는 일이 아니다.

　자활에 지원하는 20대들은 그들 스스로가 사업을 기획하고 수행할 수 있는 환경이 거의 부재하는 대학 내의 환경에서, 취업을 위해 단순히 '스펙'을 쌓는 것만으로는 부족함을 느끼는 젊은이들이다. '나는 행운아' 자활 사전교육 모임에서 컴퍼니에프 실장 이승환 씨는 마치 협업적 실무 경험이 전혀 없는 청소년들을 교육하듯이 기초적인 주의사항으로부터 이야기를 풀어 나갔다.

　　업무에 집중해야 한다. 공연을 보고 싶으면 지금이라도 자활을 그만두고 관객으로 참여하라. 클럽에서 일하는 "까칠한" 스태프들은 여러분을 미워해서 그런 것도 아니고 정말 까칠한 사람들도 아니고 "그냥 그런 것"이다. 그들과 "잘 해나가야" 한다. 명령을 기다리지 말고 스스로 판단하고 일을 찾으라. 스스로 한계가 있다고 생각되는 일은 미리 상의하고 대처하라.

　티켓이 매진되었을 때 관객을 돌려보내고, 팔찌와 프레스 비표를 갖추지 않은 채 기자를 자처하는 사람들의 출입을 막고, 돌발 사태가 벌어졌을 때 신속하게 연락하고, 영하 10도의 날씨에 실외에서 9시간 동안 서서 견디는 등 자활들에 대한 구체적인 행동 항목들은 일정한 윤리적 원리를 함축하고 있었다.

그것은 다음과 같이 요약될 수 있다. 첫째, 자기 자신의 욕망, 원망(願望), 감정을 배제할 것, 둘째, 업무를 재조정하고 협력하기 위해 소통할 것, 셋째, 업무 수행에서 주체적일 것.

결국 자활에 참여한 20대들이 이러한 윤리적 원리를 토대로 하여 기획사의 총괄하에 수용하는 것은 훈육(discipline)이다. 이렇게 하여 자활 제도는 다른 곳에서 자기형성의 연수 기회를 쉽게 찾기 어려운 20대들을 훈육한다.

인디문화의 특징이 대중들을 소비자에 머무르게 하지 않고 인디신의 한 생산주체로서 기능하게 하는 데에 있다면, '나는 행운아'를 통해 드러난 2011년 홍대앞 인디음악신의 특성은, 펑크적 DIY가 사라진 시대, 홍대앞이라는 근거지의 정체성이 변화된 시대에, 사라진 비상업주의 대신 자본의 인디실천적 경영방식이 들어서고 그것이 새로운 세대의 필요성과 맞물려 수행되고 있음을 보여 준다. 컴퍼니에프 측은, 다른 페스티벌들의 자활 지원서와 비교할 때 '나는 행운아'에는 경력을 위해 지원한 자활이 거의 없었다고 밝혔다. 새로운 세대가 자활 제도를 통해 인디문화적 실천을 수행함으로써 얻고자 하는 것은 이력서로 대표되는 '스펙'에 한 줄을 축적하고 누적하는 것이 아니라, 인디문화적 실천을 통해 스스로를 훈육함으로써 자기를 형성하는 것이다. 이진원의 죽음과 그에 따른 추모공연의 기획은 그들의 그러한 원망에 동기를 부여해 준 문화적 배경으로 기능한 것이다.

참고문헌

김민규, 2001, 『한국 인디문화(indie culture)에 대한 사회학적 연구』, 고려대학교 대학원 사회학과 박사학위 논문.
달빛요정역전만루홈런, 2011, 『행운아』, 북하우스.
박준흠, 2006, 『대한 인디 만세, 한국 인디 음악 10년사』, 세미콜론.
붕가붕가레코드, 2009, 『붕가붕가레코드의 지속가능한 딴따라질』, 푸른숲.
비케, 페터, 2010, 『록음악, 매스미디어의 미학과 사회학』, 남정우 옮김, 예솔.
신현준, 2002, 『글로벌, 로컬, 한국의 음악 산업』, 한나래.
신현준 외, 2005, 『한국 팝의 고고학 1960, 한국 팝의 탄생과 혁명』, 한길아트.
이동연, 2006, 『문화부족의 사회, 히피에서 폐인까지』, 책세상.
이동준 엮음, 2005, 『홍대앞으로 와』, 바이북스.
장호연 외, 1999, 『오프 더 레코드, 인디 록 파일』, 문학과 지성사.
프리스, 사이먼 외 엮음, 2005, 『케임브리지 대중 음악의 이해』, 장호연 옮김, 한나래.

영화

Gee, Grant, 2007, Joy Division (다큐멘터리)
Lee Ang, 2009, Taking Woodstock.
Winterbottom, Michael, 2002, 24 Hour Party People.

음원

달빛요정역전만루홈런, 2004, 「Infield Fly」, Pony Canyon. (2003, 자체제작 통신판매 CD #1599 한정사인판)

———, 2004, 「Sophomore Jinx」, Pony Canyon/아름다운 동행.

———, 2006, 「Scoring Position」, Universal/아름다운 동행.

———, 2007, 「Single Hit #1」(Single), 자체제작(통신판매 CD #1000 한정사인판).

———, 2008, 「Goodbye Aluminium」, Pony Canyon/아름다운 동행.

———, 2010, 「전투형 달빛요정: Prototpye A」, Pony Canyon/Layla Music.

R
Vol.4

분석과 비평

또 하나의 전장, **일상**
– 도미야마 이치로의 『전장의 기억』

정행복

1. 왜 '오키나와'인가?

'대중의 주체화와 문화정치학'이라는 제목으로, 2011년 초에 〈수유너머N〉에서 진행된 국제워크숍을 통해 이 책을 처음 접했다. 두번째 날로 일정이 잡힌 저자와의 대담에서 『전장의 기억』이라는 책을 읽고 토론에 참여하라는 제안을 받았을 때, 썩 즐거운 마음은 아니었던 것으로 기억된다. 고백하자면, 조금은 심드렁한 기분이 들었던 것이 사실인데, 『전장의 기억』이라는 책의 제목, 그리고 저자가 '일본인' 역사학자라는 사실, 이런 것들을 적절히 조합해서 갖게 되는 느낌 때문이었다. 철저히 일본인의 입장에서 자기 역사를 정당화한 책이거나, 아니면 반대로 어느 정직한 일본 역사학자가 펼치는 양심적 고백 같은 것이 아닐까 하는 생각이 강했다. 결론부터 말하자면, 이 책은 그런 '뻔한 상상'에 대한 놀라운 반전(反轉) 그 자체였다. 마치, 그렇게 생각할 것을 예견했다는 듯이, 그런 입장들에 대한 근본적인 문제제기를 드러내고 있는 책이었기 때문이다.

서문에서 저자는 집필동기가 되었을 것으로 추측되는 사건을 짤막하게 이야기하고 있는데, 이 사건은 일견 사소해 보이기도 하지만, 책의 주제의식을 관통하고 있는 것이기도 하다. 1991년에 '교토학사 산악회'와 '중국 등산협회'의 합동 등반대가, 메이리쉐 산(每里雪山)을 등반하다가, 전원이 조난을 당해 사망한 사건이 있었다고 한다. 이 사고는 후일 언론에, '일·중 우호의 초석'이라는 수식어가 붙어서 화제가 되는데, 뜻밖에 그 조난자 중에 '고아'라는 별명을 가진 저자의 친구가 있었던 모양이다. 이 친구의 존재로 인해 저자는, '고아'라는 죽은 친구가, 계속해서 어떤 질문이 되어 돌아오는 것을 경험하게 된다. 사건의 해석이 '일·중 우호의 초석'과 같이 드러나려면, 그 바탕에 '일본인'이나 '중국인'이라는 정체성의 개념은 필수적일 텐데, 동일한 사건을 이야기하더라도 '고아의 죽음'이 중심이 될 때, 그것은 '일본인'이나 '중국인'으로는 회수될 수 없는 어떤 영역을 드러내고 있었던 것이다. 이 경험은 저자에게 '일본인'이라는 정체성 자체에 대해 다시 질문하게 했던 것 같다.

무의식적이고 습관적으로 인정하게 되는 '일본인'이라는 정체성. 그것에 의문을 품고 추적하는 과정이라고 할 수 있는 이 책은, 결코 '일본인'이라는 범주를 본질화하지 않는다. 오히려 그런 방식을 피하기 위해서, 자본주의와 식민주의의 문제가 복합적이고 중층적으로 얽혀 있는, 특정한 정체성 구성의 현장으로 독자를 끌고 들어간다. 정체성 분석의 대상을, '오늘-일본 본토'의 국민이 아닌 '식민지 시대-오키나와인'으로 삼는 것은, 그런 과정의 일환이라고 할 수 있다. 여기서 오키나와인은 특수성과 보편성을 동시에 지닌 존재이다. 사실 일본 본토의 국민들도 경험은 했지만, 그들에게는 의식되지 못하고 있는 '일본인이 되는' 과정을, 역사적 사실로 보듬어 안은 채, 보란 듯이 버티고 있는 '특수한' 존재. 하지만 그렇기 때문에 오키나와인을 통해 드러난 그 과정은, 오히려 일본인 모두의 것이기도 하고, 또 더 나아가서는 보편적인 근대국가 '국민' 모두에게 해당되는 이야기이기도 한 것이다.

2. 내셔널리즘적 주체화, 그 타자성 살해의 전장

근대국가를 규정하는 방식이야 셀 수 없이 많겠지만, '국가에 의한 폭력의 독점'이 근대국가의 아주 중요한 지표가 된다는 것조차 부인할 사람은 없을 것이다. 문제는 이렇게 독점된 폭력이 드러나는 양상이다. 대외적으로는 군사력이라는 물리력으로 드러나게 되지만, 국내에서는 상대적으로 완화된 형태로, 즉 감시나 규율을 바탕으로 한 경찰적 질서로 행사되는 것이 일반적이다. 이런 지표를 기계적으로 대입시킨다면 1898년부터 이미 징병제가 시행되었고, 1921년 명실공히 오키나와 현이 되었던 류큐는, 일본의 국내가 될 것이고, 장기간 무력운동이 전개되었던 조선이나 타이완 같은 경우는, 식민지가 될 것이다. 그런데 이런 규정은 정말 유의미한 것일까? 저자는 류큐가 제도적으로 '오키나와 현'이 되었던 것과, 류큐인이 '일본인'이 되었던 과정이 얼마나 일치했는지를 지대한 관심을 갖고 추적해 나간다.

1920년대, 세계적인 설탕가격 하락의 영향으로 오키나와는 '소철지옥'이라 불리는 경제적 불황에 처해 있었다. 이 시절 오키나와인은 먹고 살기 위해서, 혹은 조금 더 나은 삶을 살아가기 위해서 일본 본토의 노동자가 되기를 원하는 경우가 많았다고 한다. 본토 주민들에 비해서 경쟁력이 될 만한 학력을 갖추지도 못했을, 하층의 오키나와 출신 노동자. 이들이 열악하고 차별적이었던 당시의 일본 노동시장에서, 살아남을 방법은 무엇이었을까? 근면하다고 인정받는 것 외에 딱히 별다른 방법이 없었다는 주장은 충분히 공감이 가고도 남는다. 그렇다면 문제는 당시에 '근면성'을 평가하는 방식이다. 저자는 일본 본토 중심의 차별적 문화평가가 노동자의 근면성을 평가하는 중요한 기준 역할을 했다는 점을 강조한다. 오키나와인이 객관적으로 근면성을 입증받으려면, 일단 오키나와의 문화와 언어를 버리고, 일본어와 본토의 생활방식을 최대한 빨리 습득해야만 했다는 것이다. 그렇다면 '일본인'이 되는 과정은 이렇게 '프롤레타리아화' 즉, 노동자로서의 자기구성 과정을 통해 완성되었다고 보면 되는 것일까?

일본 본토에서, 오키나와인이 일종의 타자로 취급되었고, 따라서 일상에서 자신을 끊임없이 '일본인 노동자'로 증명해야만 했다면, 남양군도에서는 좀 달랐다. 그곳에는 '남양'이라는 완전한 타자가 존재했기 때문에, 상대적으로 '일본인'으로 여겨지는 면이 더 강했던 것이다. 그런데 저자는 이런 차이보다, 다른 점에 더 관심을 두는 것으로 보인다. 남양군도에서의 경우, 미개한 남양인을 지도하라는 역할을 추가로 부여받았다는 사실 말이다. 주체화의 과정을 추적함에 있어, 저자가 남양군도를 빼놓을 수 없었던 이유는, 이 '통치자' 역할 때문이었을 것이다. 남양군도가 포함됨으로써, '일본인이 된다'는 것은, '노동자'가 된다는 것과 '통치자'가 된다는 것의 일체화, 다시 말해 감시를 받는 주체와 폭력을 행사는 주체의 일체화를 의미하게 된다. 그러나 정작 '일본인' 자신은 그(녀)가 폭력을 행사하고, 또 폭력이 자신을 유린할 가능성이 있다는 사실을, 눈치채지 못하는 것이 보통이다. 사실 그렇기 때문에 '시민사회'와 '제국'이 공존할 수 있는 것이라고, 저자는 설명한다.

'국내·외'가 전쟁 때문에 모호해질 수밖에 없었던 당시 오키나와는, 그런 면에서 특수한 공간이었음에는 틀림이 없는데, 오키나와의 이런 특수성은 전장동원에서 특히 두드러진다. 전투에서, 감시를 받기도 하고 동시에 폭력을 행사하기도 하는 주체였던 병사. 저자는 '병사'에게 관심을 집중하면서, 군율이 확대되고 급기야 파탄에 이르는 과정을 신중하게 추적한다. 군율에 따르지 않는 자들을 공개처형하고, 그 공갈 효과로 복종을 강요했던 담론 가운데 하나가 '스파이'였다는 것은 많이 알려져 있는 사실이다. 이는 전장동원이 강제적이었다는 증거로 거론되곤 한다. 그러나 저자에 따르면 군율은 이렇게 주민들에 대한 위협을 통해서만 작동하지는 않았다. 훌륭한 일본인이 되어 '화기애애한 생활'을 할 수 있기를 꿈꾸던 오키나와인. 이들에게 '스파이'라는 단어는, '훌륭한 일본인'의 자격을 벗어난다는 일탈을 의미했던 바, 일상에서의 '생활개선운동'에서 그랬듯이, 군율은 주민들에게 '자발적'으로 확대되어 갔다는 것이다.

일상과 전장을 넘나들면서 오키나와인이 일본인이 되는 과정을 추적했던 저자는, 그 속에서 '특이한' 폭력의 양상을 발견하고 있다. '일본인이 되는' 과정은, 익숙하던 언어와 문화를 배제하라는 '억압과 폭력'을 포함하고 있기도 하지만, 이것이 전부는 아니라는 것이다. 저자는 그 과정에 조금 더 나은 삶을 실현하겠다는 열망, 즉 '기쁨과 긍정'의 측면이 동시에 존재했다는 사실에 주목한다. 이러한 욕망이 특정한 명령들을 '내적 규율'로 만들어 갈 수 있게 했다고 보기 때문이다. 명령이 '도덕적 자기 규율'로 작동하는 한, 이제 그것은 더이상 폭력이나 억압으로 인식되지 않는다는 점이 중요하다. 규율을 위반한다는 것이 일종의 '도덕적 범죄'로 여겨지는 한, 명령은 철저히 자발적으로 지켜나가게 되는 것이다.

이 책이 드러낸 '일본인'이 되는 과정. 그것은 단적으로, 특정한 방향의 '욕망'을 실현하기 위해서 '타자화된 자신'을 억압하는 행위의 반복적 실천으로 보인다. 그것도 철저한 도덕적 자기 규율을 통해서. 도미야마는 이를 '압살한다'고 표현하고 있기도 한데, 이 책에서 그 '타자성 살해의 욕망'을 놓친다면, 도미야마가 이야기하는 '전장'의 특이성에 다가가는 것은, 쉽지 않을지도 모르겠다.

평상시의 규율을 실천해 가는 주민들의 의지는 황민화 이데올로기의 교의처럼 '죽을 수 있는 신민'이 되는 것이 아니라, 훌륭한 '일본인'이 되어 '화기애애한 생활'을 누린다는 꿈이었다. 따라서 그 의지가 애초부터 전장동원으로 직결되는 것은 아니었음은 분명하다. 그렇다면 군율이 신체적 실천으로 침투해 들어가는 과정에서, 더 이상 '화기애애한 생활'이라는 꿈을 투영할 수 없게 되는 순간에, 그 병사들은 어떻게 되었을까? 이데올로기의, 옥쇄로 동원되라는 '죽음'의 명령이, 화기애애한 생활이라는 꿈과 욕망을 가로막는 순간에, 사람들은 과연 어떤 주체를 발견하게 되었을까?

받아들이기 힘든 군의 명령이 떨어진 뒤 오키나와어를 구사하여 그 상황을 모면한 방위대원. 자결명령이 떨어지자 갑자기 튀어 나온 '리카시만카이'(자, 마을로 돌아가자)라는 오키나와어. 투항하자는 상담과 설득에 사용된 오키나와어. 일본군을 비방하는 오키나와어. 일본군을 비방하는 오키나와어 대화. 전장에서 밤이면 밤마다 울려퍼진 류쿠 민요.[1]

생활개선운동에서는 '도덕적 범죄'라고 금지당하고, 전장에서는 '스파이'의 표지가 되었던 오키나와어 대화나 노래가, 옥쇄동원이라는 명령 앞에서는 평시의 군율로부터 이탈하는 행위를 보증하고 있다. '죽음'이라는 명령 앞에서 오키나와어는 그야말로 저항의 담론으로 등장하고 있는 것이다. 저자는 타자화된 자신을 압살한다고 할 때, 중요한 것은 자기와 타자가 어떤 분할된 공간을 전제로 하는 것이 아니라는 점이라고 강조한다. '일본인' 되기를 시작한 순간부터 타자성이 내부로부터 슬며시 다가온다는 '양의적 정체성'에 주목하라는 것이다. 따라서 그가 일본인으로의 주체화 과정에서 '인식 불가능한 폭력' 못지않게 주목한 것이 있다면, 그 폭력에서 억압의 대상이 되었던 '타자화된 자신'일 것이다. 그래서일까? 저자는, 어쩌면 여전히 일본인의 근저를 맴돌고 있을 '그것들'의 행방을 끈질기게 추적한다.

3. 폭력의 예감, 새로운 사회성의 창출을 위하여
'일본인'으로 살아가는 진부한 일상 속에서 오키나와의 전장을 상기해 내는 일은 매우 중요하다. 그것은 순수한 추억이 아니라, 정치적인 헤게모니 속에서 이야기될 수밖에 없기 때문이다. 사실 어떤 헤게모니를 구축하려면 담론공간

■

[1] 도미야마 이치로, 『전장의 기억』, 임성모 옮김, 이산, 2002, 82쪽.

을 재편성하는 작업은 불가결한데, 이 작업은 과거의 '기억의 상기'라는 영역에서 진행된다. 저자는 이런 과정에서 의미를 '확정'하려고 하는, 내셔널리즘적 시각을 경계하고 있다. 그런 시각의 설명들은 전장의 기억을 일상과는 단절된 전장이라는 영역으로 봉쇄하고, 그 이미지를 특정한 방식으로 재구성해서 보존하기 때문이다.

이를테면 내셔널리즘은 자신에게 유리하지 않은 기억들은 '망각'하면서, 또 필요한 경우에는 과거를 '발명'해 내는 방식으로 전장을 기억한다. 주어진 특정한 '정체성'에 비추어 무의미한 기억이 있을 경우에는 지워 버리거나, 그런 정체성을 만드는 데 요구되는 것들이 비어 있을 경우, 창조를 해서라도 빈틈이 없이 모든 것을 채워 나가는 방식이다. '오키나와 반환논쟁'의 과정에서 내셔널리즘이 대동아전쟁을 기억하는 방식은 두 가지였다. 전범이라는 외부를 만들어 내서 가해자를 일부분으로 한정시키고, 그 외의 모두를 전쟁의 희생자로 연출하는 '희생자 담론'과, 일본인으로 남고자 했던 오키나와를 버렸던 가해자로서의 일본을 강조하는 '가해자 담론'. 대동아 전쟁에서 '진정한 일본인'을 만들어 내기 위해서 '살해되어야 할 타자'였던 '오키나와'가 내셔널리즘의 기억에서는 '희생자'로 탈바꿈되어 부각된다.

이렇게 기억의 과정을 통해 과거에 배제시켰던 오키나와를 '일본'이라는 동일성 안으로 포섭시키는 것은 내셔널리즘적 주체를 확대하는 방식이라고도 할 수 있는데, 물론 이런 확대는 무조건적으로 진행되지는 않는다. 실제로 일본에서도 '오키나와 진흥계획'과 같은 사업이 뒷받침되었는데, 이것은 '구제받아야 할 오키나와'라는 구호와 함께, 구제받기 위한 조건으로서의 '확고한 일본인의 정체성을 가진 오키나와'라는 기준을 제시함으로써, 오키나와를 일본의 정체성의 영역으로 강하게 포획하는 사업이었다.

내셔널리즘의 기억에 비해서, 저자가 드러내는 전장의 기억은 '일본인이 된다'는 것과 연관된 '모든 것'에 관계되는 작업이다. 사실 '모든 것'에 관계된다는 것이 '어떤 여백이나 잔여를 허용하지 않는'다는 뜻으로 해석될 경우 내셔널리즘의 기억과 아주 흡사해 보일 수도 있다. 그러나 저자가 말하는 '모든 것'은, 발화하는 행위를 통해 계속해서 구성될 수밖에 없는 것으로, '아직 말해지지 않은 것'을 포함한다는 점에서 차이가 있다. 전장에는 기꺼이 옥쇄로 동원되는 오키나와인도 있었지만, 동시에 옥쇄로 동원되는 죽음 앞에서, 억압되었던 오키나와어를 저항의 담론으로 불러내는 오키나와인도 공존했다. 기억의 작업에서, 오키나와인의 이러한 복수성을 배제한 채, '일본인'이라는 단일한 이름으로 기억해 내려고 하는 내셔널리즘. 지배담론으로서의 내셔널리즘은 그렇게 과거를 그 담론에 포획하거나 배제하는 방식으로 재현하려고 한다. 저자는 이 책을 통해 내셔널리즘과 그것의 과거재현 방식, 양자 모두에 대해 질문하고 저항하는 작업을 시도하고 있다고 볼 수 있는데, 전장의 기억이 '대항-기억 투쟁'의 장이 되는 이 지점이다. 일본인이라는 정체성을 만들어 가면서, 침묵시키고 배제시켰던 '그것들'이, 하나 둘씩 입을 열기 시작할 때, 내셔널리즘은 필연적으로 메울 수 없는 공백을 드러낼 수밖에 없는 것이다.

단도직입적으로 말해 이 책의 주제는 군사적 폭력에 대항할 가능성이다. 그것도 과거의 전장에 한정하여 모색하는 대항 가능성이 아니라, 일상이 전장으로 만들어져 가는 현실세계 속에서 모색하는 반군 투쟁의 가능성이다.[2]

그렇다고 이 책이 '대항-기억 투쟁'만을 이야기하는 것은 아니다. 내셔널리즘적 주체화의 과정에서 작동하는 '폭력'에 주목하는 저자는 그것이 행사될 수도 있고 행사되지 않을 수도 있는 선택적인 사항이 아니라, 주체의 생성 원리 자체라고 평가하고 있다. 때문에 저자가 말하는 '전장'은 매우 폭넓은 개념인데, 대동아전쟁과 같은 물리적 전장을 포함하여, 내셔널리즘적 주체화의 폭력이 행사되는 장 전체를 전장이라고 지칭하기도 하는 것이다. 물론 이 폭력은 여러 가지 메커니즘으로 은폐되어 잘 드러나지 않을 뿐만 아니라, 인식하기도 힘든 것이 사실이지만, 그렇다고 철저히 은폐될 수 있는 것도 아니다.

파농은 식민지 공간의 정체성을 '지배자-피지배자'의 이항대립이 아닌, 둘 사이의 거리 속에서 편집증에 빠져 가는 '양의적 정체성'으로 보았다. 저자가 파농에게 관심을 갖는 것은, 파농이 '완전히 국민이 되지 못한 영역'이면서 '자기 내부에 숨어 있는 타자성'인 어떤 것, 저자가 애타게 찾고 있는 '그것'에 대해 말하고 있기 때문일 것이다. "흑인은 그저 검은 것이 아니라 백인에 대해서 검은 것"이라고 말한 파농이 '인종적·피부적 도식'의 '폭력'과 더불어 발견

2 도미야마 이치로, 『전장의 기억』, 12쪽.

한 것은, 외부에 의해 결정되었던 '인종적·피부적 도식'이 '해체'되어 나갈 때 작동하는, '폭력의 힘'이었다. 그러나 여기서 폭력의 힘은, '본래의 자기'를 되찾는 방향으로는 작동할 수가 없다. 신체가 물리적인 한, 그것은 이미 변용되었기 때문이다. 따라서 이제 해체된 정체성이 나아갈 길은 '새로운 사회성'의 창출 외에는 없게 된다.

이 책에서 말하는 '일본인이 된다'는 것도, '오키나와인'이나 '일본인'이라는 별개의 정체성이 있어서, 그 정체성들이 한 국면에서 다른 국면으로 이행하는 것이 아니었다. 오히려 오키나와인이 특정한 욕망의 충족을 위해서 행한 실천들 자체였는데, 따라서 저자가 말하는 정체성이라는 것은 끊임없이 어떤 실천들을 통해 만들어져 '가는' 것이라고 볼 수 있다. 그런 의미에서 우리는 '국민'으로 살아가기보다는, 늘 '국민이 되면서' 살아가고 있다는 것이다. 완성형이 아닌, 끝없는 '과정'으로서의 주체화를 드러냄으로써, 저자는 '압살되어 가는 타자', 혹은 '미처 압살하지 못한 타자'들을 대면하게 될 가능성이, 실제로 희박하지 않음을 강조하고 있다. 주체화 과정에서 자신이 행사하는 폭력의 증거로서의 '그것'. 그의 설명대로라면, 우리는 언제든지 '그것'을 뜻하지 않게 대면하게 될 가능성을 안고 살아가는데, 이런 만남이 '폭력의 예감'이다.

타자성에 직면한 존재, 타자성에 대한 자신의 폭력에 직면한 존재는, 엄청난 혼란에 빠질 수밖에 없다. 이 책은 존재가 이렇게 혼란에 빠지는 순간에서 일종의 탈주의 가능성을 찾고 있다. 파농에게서 '폭력의 힘'이, 어떤 특정한 '본래적 자기' 찾기가 아니었던 것과 마찬가지 의미에서의 탈주. 그런데 파농에게서 '폭력의 힘'은 탈주의 가능성이기도 하지만, 기존의 문화적 관점 아래에서는 일종의 병리적 상태이기도 하다. 그가 임상치료를 강조하는 것은 이 때문인데, 여기서 '치료'는, 타자성을 다시 특정한 정체성의 영역 밖으로 밀어내거나, 혹은 다시 압살하는 작업은 아니다. 근본적인 치료가 되기 위해서는 '폭력의 힘'이 헤게모니에 대한 일시적이고 공허한 파열 이상이 되어야 할 것이며, 그러기 위해서는 사회를 새롭게 열어 나가는 힘을 계속 이끌어 내는 일이 중요하다는 것이다.

저자의 경우 이런 생각을 아주 명확히 밝히고 있지는 않다. 그래서 '단일한 역사로 교도해 나가기 위한 부단한 공갈을 감지하는 신경계'라는 표현으로 이야기하는 '폭력의 예감'은 때때로 모호하게 느껴지기도 한다. 내셔널리즘적 주체의 생성 현장이라고도 할 수 있을 타자성 살해의 현장. '폭력의 예감'은 그 현장이 생성하는 내셔널리즘적 주체를 해체시키는 힘에 포커스를 맞추는 시선이다. 내셔널리즘적 주체를 형성하는 폭력은, 그 자체로 내셔널리즘적 주체의 정체성을 뒤흔들고 파괴할 수 있는 힘이라고 보기도 하는 것이다. 하지만 저자는 주체를 파괴하고 해체하는 것만으로는 무언가 부족함이 있다고도 보는 것 같다. 그것은 헤게모니에 대한 일시적인 파열 이상의 힘을 지니지 않기 때문이다. 저자가 굳이 파농을 끌어들이는 이유도 거기에 있을 것이다. 파농이 그 이상의 무엇을, 즉 '사회를 새롭게 열어 나가는 힘을 이끌어 내는 일의 중요성'을 역설하기 때문인 것이다.

설령 그 관심이 직접적으로 드러나지는 않는다 하더라도, 저자의 궁극적인 관심은 어떤 새로운 사회성의 창출을 향해 있는 것으로 보인다. 일상을 또 하나의 전장으로 보고, 그 전장에서 작동하는 폭력을 양면적으로 드러내는 것도, '새로운 사회성의 창출'이라는 주제와 무관하지 않을 것이다. 따라서 그런 주제에 관심을 가진 사람이라면, 이 책은 상당히 그리고 충분히 매력적일 것이다. 귀띔해 주고 싶은 것은, 그럼에도 불구하고 이 책이 폭력 자체를 피해 가는 평화롭고 달콤한 여정에는 관심이 없다는 점이다. 저자는 내셔널리즘적 폭력에 대항하는 일련의 노력이 사실상 내셔널리즘적 주체화의 기저에서 작동하는 폭력을 드러내는 과정과 다르지 않다고 본다. 따라서 그 과정에서 폭력에 대면하는 것 자체를 피할 수는 없다고 보는 것이다. 그가 '폭력이냐 평화냐'에 대한 해답이나, '어떻게 하면 평화롭게 해결할 것인가'에 대한 답을 찾지 않는 것은 이 때문이다. 하여, 이런 질문에 답을 찾고 싶은 이들이라면, 일견 당황스러움을 느낄 수도 있겠다. 하지만, 그래서 더 권하고 싶은 책이기도 하다. 시종일관 차분하고 꼼꼼하게 전개되는 이 책의 역동적인 힘은, 꼬리에 꼬리를 무는 질문들을 통해서, 애초의 질문 자체를 바꾸어 버리는 데 있을지도 모르니까 말이다.

해충의 존재론
– 편혜영, 『저녁의 구애』

김은영

> 아무런 변화도 없이 모든 것은 계속되었다.
> (카프카, 「굴」)

1. 무익한 해충

같은 시간, 같은 자리에서, 같은 메뉴의 점심 식사를 고집하는 남자가 있다. 그는 매일 변변찮은 찬으로 구성된 구내식당 정식A세트를 먹어야만, 어제의 낮과 오늘의 낮이 같음을 실감할 수 있고 오늘 밤과 내일 밤이 다르지 않음을 확신할 수 있다. 남자에게 반복되는 것은 비단 점심 메뉴만이 아니다. 남자는 늘 같은 시각에 기상해 비슷한 옷차림으로 같은 출근 열차에 오른다. 퇴근길 역시 마찬가지다. 쓸모없이 고집하는 정식A세트를 기준으로 그의 하루는 '데칼코마니'처럼 오전과 오후가 동일하게 반복되고 있는 것이다. 따라서 「동일한 점심」의 남자에게 '동일한 점심'이란 그저 단순한 메뉴 선택의 문제가 아니다. 오히려 그것은 현재가 과거나 미래가 아닌 '현재 그 자체'임을 증명하는 중요한 표징이다. 일상이 '언제나 같다는 것'을 확인해야 안도할 수 있는 남자가 가장 두려워하는 것은 지난 학기에 있었던 구내식당 내부 공사처럼 동일한 일상의 평형을 깨트리는 어떤 '사건'들이다. 우연히 출근길 지하철 선로에서 타인의 자살을 목격한 후에도 남자가 한 달치 열차 요금을 지불하면서까지 택시를 타고 아무도 기다리지 않는 복사실로 제 시간에 출근하고자 했던 까닭은, 그 사건으로 자신의 똑같은 일상을 무너뜨릴 수는 없다는 동일성에 대한 고집의 결과다.

왜 편혜영은 이러한 동일성의 극단을 제시하고자 했을까? 우선 하찮은 점심 메뉴에 집착하는 남자의 태도가 상징하는 무용(無用)한 것들에 대한 고집은, 모든 것이 경제적 효용의 원리에 따라 평가되는 작금의 사회에서 저항의 모티브로 쓰일 수도 있음을 예상해 볼 수 있다. 하지만 「동일한 점심」의 남자로부터 같은 메뉴의 점심을 먹는 행위를 통해 사회의 유용한 분자가 되기를 거부하려는 의도는 애초부터 찾아볼 수 없다. 까닭에 그를 효용의 원칙에 따라 움직이는 사회에 대한 일반적인 반대 명제의 정형이라 확신하기는 힘들다. 그렇다고 이 인물을 동일성에 포획된 군상의 과장된 표본이라 간주하는 것 역시 쉽지 않다. 동일성에 대한 남자의 과도한 집착은 일반적인 소시민의 안정에 대한 욕구라 보기에는 아무래도 기괴하기 때문이다. 남자는 과도한 특이성, 즉 매일 같은 시각에 열차를 타고 정식A세트만 먹는 취향을 지니고 있으면서 동시에 결국 별반 다르지 않은 일상을 살아가는 획일화의 표상으로도 뭉뚱그림이 가능한 존재다. 이는 거꾸로 어느 누구든 흡족히 받아들이는 보편적인 동조자나 구성원은 될 수 없으면서, 세계에 위협을 가할 만큼의 전복적인 존재도 되지 못하는 존재임을 의미한다.

이와 같은 이유로 「동일한 점심」의 남자, 나아가 편혜영의 단편소설집 『저녁의 구애』(문학과지성사, 2011) 속 인물들을 '무익한 해충'이라 부르고 싶다. '무익한 해충'이란 경제적으로 해로움을 끼치지 않으나 어쨌든 해충으로 분류되는 비경제해충[1]류(non-economic pest)와 비슷하다. 구체적으로는 질병과 직접적으로 인과관계가 없고 위해가 적거나 심지어 없음에도 유해곤충과 마찬가지로 해충으로 포획·분류되는 총채벌레(thrips)나 하루살이 같은 것들이다. 굳이 그 해로움을 꼬집어 낼 수 없지만 그렇다고 절대로 환영받지는 못하는 이러한 존재들은 불쾌하고 성가신 '사소한 위협'만을 선사한다. 여기서 '사소한 위협'이란 위험스럽지는 않더라도 귀찮은 것, 있으나 마나 하지만 한번 눈에 띄면 거슬리기만 하는 종류의 위협인 셈이다. 편혜영의 인물들은 '사소한 위협'을 가하는 벌레들처럼 하나같이 위험한 문제의식을 생산해 내지도, 거대한 역사의 소용돌이에 휘말리지도 못한다. 「동일한 점심」의 남자가 보여 주듯, 존재를 뒤흔드는 사건을 겪은 후에도 새로운 서사를 이어 나갈 '리액션'조차

━

1 해가 되기는 하지만 경제적으로 문제가 되지 않는 해충, 국립 농업과학관(http://www.naas.go.kr/).

취하지 못하는 것이다. "종이에 살갗을 베는 일이 유일하게 상처가 되는 곳"에서 살아온 이력만큼이나 깊은 상처를 투사하지도, 사회의 부조리를 조망하지도 못한다. 따라서 이러한 존재들에게 이데올로기, 나아가 그 무엇에도 위협이 될 만한, 즉 어떤 것에 대한 대항 수단이 될 가능성을 찾기란 쉽지 않은 일이다. 편혜영은 이처럼 전복의 힘이 거세되어 보이는 무위(無爲)의 존재만을 골라 집요히 파고들고 있다. '무익한 해충'들은 단일한 특정 사건이 아닌 '하찮은 위협'을 계기로만 가시화되고, 각 단편들은 마치 이 존재들의 성격처럼 파편화된 서사 형식을 고수하고 있는 것이다.

2. 속삭임의 서사

『저녁의 구애』가 작가의 이전 소설들과 두드러지게 다른 점은 '무익한 해충'과 그들에게 닥친 하찮은 위협들을 표본화·가시화했다는 데 있다. 분명히 기괴하고 특이한 지점이 엿보이나 두루뭉술 추스린다 해도 어색하지 않은 인생들, 그렇기에 주변에서 흔히 보았다고 착각하기 쉬운 존재들, 그래서 오히려 눈에 띄지 않던 서사들을 드러냄으로서 편혜영은 그의 트레이드마크라 할 만한 '섬뜩함'의 정서를 유지하고 있다. 하지만 『저녁의 구애』 인물들이 선사하는 '섬뜩함'은 그 근원의 분자가 이전과는 다르다. 『사육장 쪽으로』(문학동네, 2007), 『재와 빨강』(창비, 2010)을 통해, 그동안 편혜영은 주로 그로테스크한 외부에 기인한 '낯섦에의 전화' 과정을 통해 섬뜩함을 제시해 왔다. 이를 위해 늘 보아 온 것 같은데 불현듯 헤매게 되는 공간이 등장하거나, 항상 곁에 있지만 눈에 띄지 않던 사물들이 돌연 위해를 가하며 가시화되곤 했다. 구체성이 결여된 고속도로(「소풍」)나 익명의 외국 출장지(『재와 빨강』) 혹은 다수의 전작들에서 수없이 출연한 곤충·쥐떼가 그 대표적인 예다. 하지만 『저녁의 구애』에서 이러한 공간과 사물들이 갖는 의미, 그리고 '낯섦에의 전화'가 주는 '섬뜩함'의 빈도는 눈에 띄게 줄었다. 설령 작품들에서 익숙한 미로 같은 장치가 등장한다 해도(「산책」), 그것이 대상을 낯설게 하는 결정적인 이유로 제시되었다고 보기 힘들다.

그 대신 부각되는 게 있다. 바스락거리는 소리와 함께 등장한 빨간 눈의 토끼(「토끼의 묘」), 어르신의 죽음을 알리기 위해 난데없이 걸려 온 전화벨 소리(「저녁의 구애」), 도시의 정직한 소리와는 달리 웅얼거리며 소곤거리는 숲의 소리(「산책」), 누구도 알아채지 못한 남은 빛(「동일한 점심」).『저녁의 구애』에서의 '섬뜩함'은 이처럼 '속삭임', 즉 사소한 소리나 알아차리기 힘들 만큼의 희미한 이미지에서 시작된다.『저녁의 구애』의 주요 단편들은 도입부를 이와 같은 '속삭임'으로 채우는 데서 나아가, 인물들이 마주한 '섬뜩함'의 정체가 무엇이었는지를 직접적으로 드러내기도 한다. 그 대표적인 예가 직장생활을 변함없이 이어 가려는 목적으로 지방 근무를 선택한 「산책」의 주인공이다. 그는 새로 이사한 집의 위협 존재라 여겼던 '괴물' 같은 개를 제거하지만, 이내 진짜 섬뜩한 것은 개가 아니라 개를 죽인 후 마주한 숲의 정체 모를 소리와 하루살이 떼였음을 깨닫는 것이다.

> 걸음을 내딛자 시야를 가로막은 검은 구름이 그를 따라 움직였다. 구름은 조금씩 커졌으며 점점 그에게 다가와 사방으로 흩어졌다. 흩어진 것들이 이내 얼굴에 부딪혔다. 하루살이 떼였다. 그는 손을 휘저어 벌레들을 쫓았다. 그러는 동안에도 하루살이들이 그의 머리와 옷에 달라붙었다. 손사래를 치면 칠수록 수가 불어났다. 양복 상의를 벗었다. 옷 끝을 두 손으로 잡고 부채처럼 펄럭였다. 벌레들은 잠시 멀어지는 듯하다가 이내 바짝 다가왔다. **얼굴에 부딪히는 벌레보다 참을 수 없는 건 귓가에서 들려오는 날갯짓 소리였다. 가냘프지만 규칙적으로 계속되고 있었다.** 벌레들이 귓속에 자리를 튼 것 같았다. 새끼손가락을 집어넣어 귀를 후볐다. 아무리 해도 가려움이 가라앉지 않았다. 그는 갑자기 달리기 시작했다. 벌레에게서 벗어나기 위해서였다. 달리면서 낮게 뻗은 가지에 몸을 긁혔다. 뒤엉킨 나뭇가지에 발이 걸려 넘어졌다. 무릎이 쓸려 따끔했다. 풀 더미를 밟아 미끄러졌다. 허리가 욱신거렸다. 하루살이 떼들도 사력을 다해 그를 뒤따랐다. **숨이 찰 때까지 달린 후에야 그는 아무리 달려도 하루살이 떼로부터 벗어날 수 없다는 걸 깨달았다.**(「산책」, 144쪽)

'속삭임'은 거대한 진실을 알려 주거나 어마어마한 위협이 되는 소리가 아니다. 그저 들릴까 말까한 소근거림이며, 정적과 구별이 될까 말까 한 희미함이다. 이것들은 한결같이 '갸냘프지만 규칙적으로' 따라붙는다. 치명적인 아픔을 안기지는 않으나 콧구멍이나 벌린 입으로 집요하게 따라붙어 가려움을 유발하는 하루살이의 위협처럼 말이다. 하지만 인물들이 일단 이 소리에 노출되고부터는 모든 것이 달라진다. 누구도 알아채지 못할 만큼 불확실하게 시작된 '속삭임'이 어느새 끊임없이 되풀이되며 증폭되어 그 사소한 존재를 뒤흔들기 시작하는 것이다. '속삭임'으로 시작된 사건들은 결국 그 특유의 하찮은 규칙성으로 인해 인물들의 존재 내부에서 낯섦이 발현되게 하는 효과를 거두고 있다.

물론 '사소한 위협'은 인물들에게 당장 두드러진 행동의 변화를 이끌어 내지는 못한다. 어떤 '사건'이 아니기에 「동일한 점심」의 사내처럼 한 달치 차비를 지불해 처리할 수도 없고, 「산책」의 개처럼 그저 죽여 버릴 수도 없다. 일단 인식하게 된 '속삭임'을 통해 존재가 낯설어지기까지, 나아가 일상에 대해 그 낯설음이 체현되기까지, 인물들이 그로부터 명확하게 탈출하기란 쉽지 않은 일이다. 그저 낯설어지기 이전의 일상을 이어 나갈 수밖에 없는 것이 그들에게 주어진 유일한 선택지다. 게다가 인물들의 일상에 직접적인 해가 되지 않는 불분명한 위협이기에 그것은 오히려 당연할지도 모른다. 다시 타인의 죽음이라는 사건을 겪은 후 「동일한 점심」의 남자가 마주한 퇴근길을 살펴보자.

열차가 천천히 움직이기 시작했다. 창에 그의 얼굴이 비쳤다. **피곤해 보였으나 여느 저녁의 피로와 별반 달라 보이지 않았다.** 움직이는 열차 속도에 맞춰 심장이 뛰기 시작했다. 처음에는 천천히, 나중에는 손으로 눌러 진정시켜야 할 정도로 세차게. 무엇인가 그를 끌어당기는 느낌이었다. **얼룩과 빛과 한숨으로 남은 무엇인가.** 그는 발에 단단히 힘을 주었다. **쥐가 날 정도로 발이 저리면서 심장 박동이 느려졌다.** 그는 자신이 이미 사내가 스며들어간 침목을 통과했음을 알아차렸다. 누군가의 숨이 허망하게 끊어졌고 몸이 잘게 바스러져 한낱 얼룩으로 스몄고 누구도 알아채지 못한 남은 빛이 허공을 맴돌았다. **그럼에도 아무것도 달라지지 않았다.** 열 시간 이십 분 이전과 결코 같을 수 없음에도. (「동일한 점심」, 88쪽)

얼룩과 빛과 한숨으로 남은 무엇, 그 '사소한 위협'은 남자를 여느 때와 다르게 보이게 할 만큼의 피로함조차 드러내지 못할 정도로 미미하다. 하지만 결국 그가 아침과는 달리 저녁에는 동일한 열차를 타고 동일한 집으로 돌아가지 못했다는 사실에서 '속삭임'이 주는 '사소한 위협'의 실체가 드러난다. 남자에게 삶의 절대적 조건이었던 동일성에 균열을 선사한 것은 타인의 자살이라는 사건이 아니라, '누구도 알아채지 못한 남은 빛'이라는 정체를 알 수 없는 위협이다. 따라서 이처럼 '속삭임'의 위협으로 의심의 눈초리를 갖게 된 자, 그럼에도 그 불편해진 일상을 이전과 동일하게 유지해야만 하는 존재들의 "아무 것도 달라지지 않은" 선택을 규명할 필요가 있다. 나아가 '사소한 해충'들이 감지한 '사소한 위협'의 과정과 그것들이 공명하는 의미를 살펴야 하는 것이다.

3. 기다림 그리고 망각

> 밤의 지하층은 차고 습했지만 오히려 시원하게 느껴졌다. 그는 **굳게 닫힌 복사실 불을 모두 켠 후 문을 활짝 열었다.** 어두운 복도로 불빛이 번져나갔다. 그는 신문을 다시 파지함에 넣고 복사실 문을 안에서 잠갔다. 닫힌 문으로 복도에서 불어온 바람이 부딪히는 소리가 들렸다. 그럴 때면 누군가 복사실 문을 쾅쾅 두드리는 것 같았다. **바람인 줄 알면서 간혹 시치미를 떼듯이 단단히 닫힌 철문을 바라보며 밖에 누가 있느냐고 물었다.** 대답하는 사람은 아무도 없었다.
> (「동일한 점심」, 88쪽)

불현듯 고요와 구별될 뿐인 속삭임이 이어지고, 불확실한 것들이 더 큰 무언가를 말해 줄 때, 이를 듣게 되어 버린 이가 겪는 괴로움은 아무 소리 없던 이전의 고요함, 즉 조용하던 일상에 대한 그리움 탓이 아니다. 평소 아무리 다급한 소리에도 정해진 시간 외에는 복사실 문을 열지 않던 「동일한 점심」의 남자가 이제는 바람 소리에도 밖에 누가 있느냐고 묻는다. 하지만 남자에게 되돌아오는 것은 누군가의 대답이 아닌 낯설어진 자신과 함께 견뎌 내야만 하는 침묵뿐이다. 평소와는 다른 곳에서 밤을 꼬박 새운다 한들 어김없이 '동일한 점심'이 이어지리라는 사실을, 남자는 (죽은 이가 쥐고 있던) 신문을 파지함에 넣고 복사실 문을 잠그며 알아차렸을 것이다. 이제 '어떻게 하면 동일한 일상을 유지할 수 있느냐'보다 더 큰 문제는, 불현듯 시작된 '속삭임' 속에서 아무런 변화도 없이 모든 것을 계속해야만 하는 일상이 기다리는 현실을 받아들이는 것이 된다. 늘 똑같은 '동일한 점심'을 마주해도 남은 빛, 즉 하루살이 같은 '속삭임'이 사라질 리 없다. '속삭임'이 「동일한 점심」의 남자에게 '불면의 밤'

이라는 기다림으로 이어진 까닭은 앞서 언급한 바와 같이 동일한 일상을 깨는 위협이 온통 모호하고 막연하며 불분명했기 때문이다. 한숨처럼 희미한 소리로 시작된 싸움은 결코 결전을 부르지도, 어떠한 결단을 선택할 기회도 주지 않는다. 그저 묵묵히 버텨 내야 하는 지난한 기다림만이 이어질 뿐이다.

이처럼 기다림의 끝자락에 기다리고 있는 것은 '동일한 회귀'다. 이웃의 개를 죽인 후 익숙하고도 낯선 공간을 지루하게 달리던 「산책」의 사내가 도착한 곳이 결국 개의 사체 앞, 즉 모든 일이 애초에 시작된 지점이었던 것처럼, 복사실에서 밤을 새운 「동일한 점심」의 남자는 다음 날 또다시 정식A세트의 점심을 마주해 앉는다. 다만 이 과정에서 또다시 마주한 동일함을 감당하기 위해 인물들에게는 "느닷없이 눈이 감기고 졸음이 쏟아지는" 이완의 과정이 제시된다. 이는 「산책」, 「동일한 점심」뿐만 아니라 또 다른 단편인 「크림색 소파의 방」에서도 살필 수 있다. 가족과 직장의 안정을 위해 서울로 이사 가는 길에 오른 진은 퍼붓는 비와 고장 난 차량 때문에 정체 모를 고속도로에서 한없는 기다림을 겪게 된다. 결국 기다림이 끝났다고 생각한 바로 그 순간, 불쾌한 시선을 던지던 불한당에게 머리를 망치로 얻어맞게 된 진에게서 튀어나온 것은 공포의 비명이 아니라 웃음이다. 주인공이 변함없을 미래를 생각하며 빠져드는 이 이완의 행위는 기다림을 통과한 후 도래하게 될, 기존의 일상에 대한 망각과 무관심의 매개체다. 결과적으로 보잘것없는 희미한 '속삭임'의 위협은 기다림과 이완 그리고 그동안 절대적이라 여겨 왔던 것들에 대한 무심함 내지 망각의 단계로 인물들을 이끌고 있는 것이다.

이윽고 정오가 되었다. 시장기는 없었지만 인문대 구내식당으로 가서 식권을 샀다. 김치 외에 세 가지 종류의 반찬, 미역무침과 삼치구이, 잡채를 식판에 가득 담았다. **문득 어제는 무엇을 먹었는지 떠올려보려 했으나 잘 기억나지 않았다. 어차피 오늘 먹은 것도 곧 잊을 것이었다.** (「동일한 점심」, 90쪽)

그는 저도 모르게 털썩 주저앉았다. 참을 수 없이 몸이 떨렸다. 갑작스런 한기를 누르려고 담배를 꺼냈다. …… **추위가 누그러지자 참을 수 없이 잠이 쏟아졌다. 이상한 노릇이었다.** 요즘 들어 잠을 푹 자본 적이 거의 없었다. 졸린다는 느낌을 가져본 지도 오래되었다. 그런데도 자꾸 눈이 감겼다. 그는 무거워진 눈

으로 자신을 감싼 숲을 돌아보았다. 시커먼 어둠이 이불처럼 그를 감싸고 있었다. (「산책」, 148쪽)

누군가 낄낄거리며 웃었다. 짐승들의 웃음소리인지 진 자신의 웃음소리인지 분간할 수가 없었다. 겁에 질린 서와 아기의 울음소리인지도 몰랐다. 진은 소리를 분간해내려고 애쓰면서 가야 할 곳을 바라보았다. 형체가 보이지 않는 도시의 어느 한쪽 구석에는 밤늦도록 불 밝힌 아파트가 있었다. 거기에는 그들 가족의 새로운 생활을 지탱해줄 살림살이들이, 포장도 뜯지 못한 채 자리를 잡지 못하고 쓰레기처럼 여기저기 놓여 있을 것이다. 그들은 내내 크기가 맞지 않는 크림색 소파가 놓인 거실에서 지내야 할지도 몰랐다. **비스듬하게 놓인 소파를 볼 때면 까닭 없이 욱신거리며 통증이 느껴지기도 할 것이다. 진은 자꾸 감겨오는 눈에 힘을 주었다.** (「크림색 소파의 방」, 204쪽)

하지만 이완 후에 마주하는 이러한 망각에는 '속삭임'이 가한 위협의 무늬가 '소파를 볼 때면 까닭 없이 느껴지는 통증'마냥 깊게 새겨져 있다. '속삭임'이 시작되기 전에 존재가 본질이라 믿던 것들, 즉 정식A세트 이외의 것을 먹지 않는 습성처럼 아무 일도 일어나지 않았다고 믿었던 일상에 침투한 '불순물', 이것이 망각을 구성하는 주요 성분인 것이다. 그러나 '속삭임'이 주는 불확실한 위험은 그 사소한 시작과 마찬가지로 보잘것없는 흔적만을 남기며 잊혀져 버렸기에 일상에 가시적인 표식을 남기는 형태로까지는 침투하지 못한다. 『저녁의 구애』의 인물들이 '동일성의 지옥'에서 간단히 탈출하지 못하고, 똑같은 일상을 다시금 마주하고 있는 이유는 이 때문이다. 물론 또다시 이어질 '속삭임'에서 매번 도망치려 할 때마다 '사소한 위험'은 마치 하루살이나 '까닭 없이 느껴지는 통증'마냥 늘 존재를 뒤쫓고 잡아맬 것이다. 되풀이되는 '속삭임'이 일상적인 위협이 되어갈수록 인물들에게는 불순물의 층위라는 망각만이 쌓일 뿐, 그 어떤 변화의 증거도 쉽게 드러날 수는 없을 것이다.

4. 더 이상 동일하지 않은 '동일한 점심'

"아무런 변화도 없이 모든 것은 계속되었다." 어김없이 전날과 다름없는 정식 A세트를 마주한 「동일한 점심」의 남자. 하지만 우리는 과연 이 남자를 전날 구내 식당 같은 자리에 앉아 있던 남자와 '동일한 사람'이라 여길 수 있을까? 불확실하고 모호하지만 그 무엇보다 본질적인 속삭임은 '동일한 점심'이 지니던 내밀함의 결을 찢어 버린 것이 아닐까? 불현듯 작은 소리의 파동에 노출되어 버린 자, '속삭임'의 내밀성을 향해 떠밀린 자, 그토록 유지하고자 했던 똑같은 일상이 파괴된 것을 알아차린 자, 본질이자 중심이라 여겼던 것을 잊어버리게 된 자. 더 이상 「동일한 점심」의 남자는 어제 '동일한 점심'을 먹던 남자와 같을 수 없다. 우리는 기계적으로 동일한 일상에서 탈출하지 못했다고 해서, 그를 여전히 같은 남자라 부를 수 없다. 남자는 그동안 스스로 규정해 놓은 자신과는 다른 '타인'이 되어 버린 존재다. 매일 똑같은 시각에 같은 칸의 열차만 타고 정식A세트가 아닌 다른 것을 먹으면 탈이 나던 남자, 동일성이란 믿음 아래 지독하리만치 똑같이 생각하고 움직이던 남자는 사라졌고 어제의 남자라 말할 수 없는 '또 다른 남자'가 그 자리를 대신했다. 기존의 명증했던 남자가 아닌 '사람 마음만큼 복잡해진' 남자다. 불확실하고 막연하며 불투명해진, '비인칭적 존재'로서의 남자다.

"왜 이 같은 동일성의 극단을 제시하는가"라는 첫 의문으로 돌아간다. 모든 본질이 명확하게 규정되고 가시적으로 드러난다고 생각해 왔던 '낮'의 세계에 문득 사소한 '속삭임'이 닥쳤다. 잠들지 못하는 불확실한 '밤'과 같은 기다림이 이어졌고, '낮'의 세계에 대한 확신이 흔들리며 익숙했던 일상은 망각되어 버렸다. 이윽고 이전의 세계와 똑같은 곳에 위치하면서도 지금 이곳과는 뭔가 다른, 불투명하고 공허한 또 다른 틈과 균열의 공간이 열린다. '낮'의 가시성에서 벗어나 있어 드러나지는 않지만, 무한한 기다림으로 표상되는 일반적인 '밤'의 영역도 아니다. 이러한 공간을 모리스 블랑쇼는 '또 다른 밤'[2]이라 지칭한다. 확신에 찬 통일된 개체인 '나'가 사라지고 더 이상 '나'라 말할 수 없는 '내 안의 타자'를 만나게 되는 곳. 편혜영의 '사소한 해충'들은 블랑쇼가 '또 다른 밤'을 마주한 대표적인 사례로 제시했던 카프카의 단편, 「굴」의 짐승과 같은 존재다. 이들은 바깥의 위협에서 스스로를 보호하고자 땅 밑을 파고들어 그 결과, 안전하다고 믿어 왔던 땅 아래에 스스로 갇히게 되는 짐승과 같이 맹목적이다. 하지만 땅 밑을 파고들수록 정체를 알 수 없는 '속삭임'의 위협은 더

<hr>

2 모리스 블랑쇼, 『문학의 공간』, 이달승 옮김, 그린비, 2010.

르네 마그리트, 「데칼코마니」(1966)

해 가고, 결국 이들은 그동안 안전하다고 믿어 왔던 그 모든 관념들이 허상임을 감지한다. 이러한 과정을 체현하기 위해 편혜영은 세계의 어떠한 보편적인 전형이 될 수도 없으면서도 완전한 위협이 될 수도 없는, 다시 말해 이롭지도 해롭지도 않은 '사소한 해충'의 인물들을 제시했던 것이다. 기괴하리만치 동일한 것에 집착하는 그들 특유의 과도한 고집은 쉽게 인식하기 힘든 일상의 밀폐된 내밀함 자체가 바로 위협임을 감지하게 하는 전제로 사용되고 있다.

앞서 살핀 대로, '사소한 위협'에 노출된 후 여전히 반복되는 데칼코마니적 일상에서 변화의 양상은 가시적으로 드러나지 않는다. 오히려 타자로 변환된 인물들에게 반복되는 삶이란 전사(轉寫)적 의미에서의 데칼코마니라기보다는 마그리트의 「데칼코마니」[3]에 가깝다. 마그리트는 1966년작 「데칼코마니」를 통해, 변환 과정의 본질은 그 도달점이나 결과물에 있는 것이 아니라 변화의 계기가 되는 속삭임 그리고 망각의 문이 열리는 과정에 있음을 보여 준다. 원점으로 되돌아오는 인물들처럼 그 '형태'는 같지만, 그것이 담고 있는 '내용'은 전혀 다른 '무익한 해충'들의 서사는 '또 다른 밤'으로 열림의 과정과 더 이상 동일하지 않은 '타자'로의 변신을 제시하는 데 가장 적합하다. 이렇듯 사소한 존재들이 전달·증폭하는 속삭임과 변환의 과정은, 정형화된 그래서 모든 것이 명확하게 보이는 '낮'의 세계에서는 그 정체를 쉽게 드러내지 못한다. 따라서 기존의 일상에서 보이지 않고 들리지 않던 내밀한 소리들에 이끌린 '해충'들의 '비가시적 변화'에 대해, 가시적 의미로서 '열기'의 부재를 지적하는 일은 '낮'의 명확함이라는 덫에 갇힌 결과다. 편혜영의 해충들이 보여 주는 '또 다른 밤'으로의 열림과 '비인칭적 타자'로의 전환은 애초부터 폭발하는 '자동차의 불길'처럼 가시적인 그 무엇이 될 수 없는 것이다. 그 시작이 되었던 속삭이는 소리만큼이나 하찮게 그러나 끊임없이 이어지며, 우리를 그저 성가

━

3 마그리트, 「데칼코마니」, 캔버스에 유채. 1966.

시고 잠들지 못하게, 그래서 꾸역꾸역 버티며 기다리게 하는 무엇으로밖에는 정의할 수 없다.

정체가 명확하지 않다고 해서, 이러한 존재들이 전달하는 '열기' 자체를 간단히 부정할 수는 없다. 편혜영이 파편화된 서사를 통해 보여 주고자 한 '속삭임'의 위협과 기다림, 그리고 불순물이 침투한 망각의 파장은 작품 내 '무익한 해충'들뿐만 아니라 우리에게까지 위협을 가하며 되돌아온다. '사소한 해충'들은 그들만의 서사를 통해 눈에 띄지 않는 그러나 불쾌한 위협을 독자에게 공명하고 있는 것이다. '동일한 점심'으로 표상되는 동일성에 포획되어 있던 남자에게서 본질적이라 여겼던 일상을 미끄러지게 만드는, 희미한 빛과 소리들이 지닌 함의에 주목할 필요가 있는 것은 이 때문이다. 이들은 되풀이되는 '동일성'의 한가운데서 치열하지만 결전이라 부를 수 없는, 그래서 한없이 반복해야만 하는 시시한 그러나 본질적인 싸움을 계속하며 '어제의 점심'과 '오늘의 점심'의 차이를 배분하고 또 배분하는 중이다. 기다림과 망각의 끝에 도달하는 '비인칭적 타자'로의 변환, 그곳에서 또다시 시작되는 속삭임의 무한한 반복, 편혜영의 『저녁의 구애』는 이처럼 끝없는 열림으로의 동작과 그것들의 의미를 가시화하려 한 노력이지 않을까. 이것이 명확하지 못하고 비본질적이며 모호할 수밖에 없는 것은 그것들이 망각의 특정한 표면에서 끝을 맺는 게 아니라 끝없이 이어지는 공명과 순환을 부르기 때문일 것이다. 가시화되려는 순간 또다시 비가시적인 찰나로 진입하고자 하기 때문일 것이다. 이것이 '무익한 해충'들에게 주어진 존재의 이유다. 이들은 '폭발하는 자동차의 열기'를 마주하고도 모호한 구애를 반복할 수밖에 없는, 희미한 그러나 그 어느 불씨보다 논쟁적인 불꽃인 것이다.

03

히키코모리적 주체에게 고함

권은혜

1. 축제와 자살

1997년 IMF 이후 한국 사회에서는 새로운 주체가 탄생한다. 본격화된 신자유주의라는 무시무시한 자유의 영역에서 누구라도 낙오자가 되지 않으리라는 보장이 없다. 그리하여 생존을 위해 끊임없이 스스로를 발전시키고 변화시키는 자기계발적 주체가 생겨났다.

자기계발적 주체를 가장 잘 보여 주는 징후는 자기계발서적의 범람이다.

자기계발 담론은 오래전부터 처세술, 성공학이라는 이름을 단 별도의 장르를, 또한 나름의 전문가들로 이뤄진 독특한 문화적 실천의 장을 형성해 왔다. 그렇지만 성공학 혹은 처세술 같은 이름으로 불리던 자조(自助) 담론과 1990년대부터 폭발적으로 증식하기 시작한 자기계발 담론 사이에는 상당한 거리가 있다. …… 전자의 경우 '나'와 '공적 세계'를 구분하고, '나'에 관련된 윤리적 지식과 수련에 스스로를 제한했다면, 현재 '자기경영'이라 불리는 담론은 공적인 경제적 주체로서의 삶과 사적 자아로서의 삶 사이에 어떤 거리도 두지 않는다.[1]

자기계발적 주체의 담론은 일터에서 노동주체의 경제적 삶뿐 아니라 학생이라는 주체의 삶, 시민이라는 주체의 삶, 사적인 자기라는 주체의 삶 등을

1 서동진, 『자유의 의지 자기계발의 의지』, 돌베개, 2010, 269~270쪽.

2008년 촛불집회와 2011년 한 예술학교 학생 네 명의 연이은 자살. 상이한 시공간에서 전혀 다른 파토스를 가진 이 두 가지 사건은 어쩌면 한 가지 현상의 다른 극단을 보여 주는 것은 아닐까. 사진출처 : http://www.ohmynews.com/NWS_Web/View/at_pg.aspx?CNTN_CD=A0000920581

모두 아우른다. 이렇듯 신자유주의는 경제만이 아니라 사회·정치·행정·교육·문화 등 사회의 전 분야를 총체적으로 조직하는 새로운 '합리성'이며, 인간을 경쟁을 통해 이익의 극대화를 추구하는 경제적 동물로 호명하는 새로운 "주체 형성의 원리"다. 신자유주의는 자기계발적 주체라는 '주체'를 생산하며 이러한 "주체를 '통해' 지배"한다.[2] 이러한 지배가 항상 성공하는 것은 아니다. 자기계발적 주체에 가려 보이지 않는 영역에서 생산되는 혹은 자기계발적 주체의 이면에 그림자처럼 따라붙는 무언가가 있다. 90년대 이후 급증하고 있는 우울증과 자살, 히키코모리(은둔형 외톨이) 등은 이러한 현상의 징후다.

히키코모리는 살인, 자살, 고독사와 같은 범죄와 함께 이슈화되었다. 사회 주류층과 미디어는 히키코모리를 병적인 현상으로 간주하면서 예방과 대응을 통해 건강하고 안정된 사회를 구축해야 한다고 말한다. 일례로 일본 삼성에서는 지난 2008년 히키코모리에게 생활기초 훈련을 시킴으로써 사회적 응력을 기르고, 직장생활에 종사할 수 있도록 지원하는 히키코모리 사회화 학교를 연 바 있다.[3] 최근 이슈화되고 있는 묻지마 범죄의 경우도 피의자들을 은둔형 외톨이로 이해하고 이들에 대한 관리와 대응을 촉구하고 있다. 이러한 언론과 사회 주류층의 태도는 히키코모리 현상의 저변에 흐르는 반사회적 힘을 두려워하는 것으로 보인다. 그도 그럴 것이 히키코모리와 관련하여 이슈가

---

2 서동진, 『자유의 의지 자기계발의 의지』, 368쪽.
3 「일본삼성, 히키코모리 사회화 학교 열어」, 『한겨레』, 2008년 5월 8일자.

되는 사건들은 이러한 현상의 일각을 보여 줄 뿐이기 때문이다. 히키코모리는 그 자체로도 매년 통계수치를 높여 가며 현안화되고 있을 뿐 아니라, 자기계발적 주체를 방해하고 위협하는 힘으로 자리 잡고 있다. 이 글에서는 자기계발적 주체와는 반대의 방향에서 혹은 그 이면에서 생산되고 있는 주체를 '히키코모리적 주체'라고 부르고자 한다. 히키코모리라는 용어를 선택한 것은 자기계발적 주체의 담론을 논함에 있어 자기계발 서적의 범람이라는 현상이 하나의 징후가 되듯, 히키코모리 현상이 또 다른 주체의 양상을 잘 보여 주는 징후라고 생각했기 때문이다.

자기계발적 주체와 히키코모리적 주체의 공통점은 원자화되어 있다는 것이다. 신자유주의의 무한경쟁 승자독식체제는 상호 이익 없는 유대는 불가능하게 만들었고, 사람들은 원자화된 주체가 됨으로써 보다 효과적으로 자기계발적 주체가 될 수 있었다. 반면 자기계발적 주체가 되기를 거부한 혹은 되지 못한 이들이 점하고 있는 영역이 히키코모리적 주체다. 이 두 가지 주체의 양상은 한국의 경제수준이 급격히 높아지기 시작한 80년대에 태어나 신자유주의가 본격화되기 시작한 1997년 이후 청춘을 보내고 있는 세대들에게 더욱 뚜렷이 나타난다.

앞서 언급한 2008년 촛불집회와 2011년 학생들의 연이은 자살은 2000년대 이후 청춘들을 구성하는 히키코모리적 주체의 두 가지 극단을 보여 주는 사건이다. 왜냐하면 히키코모리적 주체는 자기계발적 주체가 되지 못한 '좌절'과 이를 적극적으로 '거부'하는, 두 영역 모두를 포함하기 때문이다. 적극적인 거부로서의 생성과 탈주의 에너지가 넘쳐흘렀던 촛불집회, 좌절과 체념으로 얼룩져 고독과 우울을 자기서사화하는 빈곤한 자아의 자살. 이렇듯 히키코모리적 주체의 삶은 2000년대 이후 청춘을 보내고 있는 이들이 짊어지고 가야 할 화두다.

2. 80년대의 청춘과 2000년대의 청춘

90년대 후반 들어 학생운동이 자취를 감추고 대학이 본격적인 신자유주의에 발맞추기 위한 취업준비소로 바뀌면서 2000년대 이후 학번들의 대학생활은 치열한 경쟁의 장으로 점철되기 시작한다. 시장주의가 자연스러운 이데올로기로 대학에 침투한 결과 대학생들의 목표는 대기업에 입사하거나 공무원이 되는 것이고, 가장 선호하는 직업은 CEO 등으로 나타난다.[4] 그러나 현실은 높은 등록금 탓에 빚에 허덕이거나 휴학을 하기 일쑤고, 졸업을 하게 되더라도 고용시장의 구조적 제약으로 비정규직 인턴 등 불안정한 지위로 직장을 시작하는 경우가 태반이다. 이렇듯 2000년대 이후 학번들의 경우 97년 이전, 특히 80년대와는 완전히 다른 패러다임 속에서 20대를 보내고 있다.

80년대의 청춘들은 진정성의 주체들이다. 진정성은 개인주의적 가치를 내면화한 근대적 인간이 공동체로부터 주어지는 역할 모델과 자신의 진정한 욕망 사이에 괴리를 발견하고 이를 주체적으로 극복하는 과정에서 등장[5]했다. 진정성은 특수한 "주체", 그 주체가 자신과 성찰적 관계를 정립하는 윤리적인 "내면", 내면적 고뇌와 모색의 결과 참된 자아실현을 위해 투신하는 "공적지평"이라는 세 가지 요소들로 구성된다. 진정성을 추구하는 주체는 주체와 내면 사이의 "윤리적 성찰"과 주체와 공적지평 사이의 "도덕적 압력"의 이중 동력에 의해, "성찰적인 동시에 참여적인 주체"로 형성된다. 이러한 진정성의 주체는 80년대부터 90년대 중반까지 "한국 사회 전반적 시대정신의 결속력" 하에 주류적 가치형식으로 존속했다.[6] 하지만 IMF가 터진 97년 체제가 본격화된 후, 진정성의 구조는 급격히 무너져 갔다.

진정성의 구조가 와해된 이후부터가 2000년대 청춘들의 삶이다. 시작부터 이들에게는 내적 세계와 공적 세계가 분리되어 있다. 이들에게는 2000년대를 살아가는 80년대의 청춘 즉, 386세대가 느끼는 "'시위현장'과 '제도권'이라는 이중 공간"[7]이 야기하는 난감함이 없다. 이 점이 386세대와 2000년대의 청춘들을 가장 강하게 갈라놓는 지점이다.

3. 2000년대 청춘들에게 있어서의 히키코모리적 주체의 구조

앞서 살펴본 바에 따르면 진정성은 '주체'와 '내면', '공적지평'이라는 세 가지 요소들의 순환구조로 구성된다. 그러나 2000년대는 진정성의 순환구조가 와해된 시대이다. 이때, 자기계발적 주체는 '주체'와 신자유주의로 변해 버린 '공

---

4 심광현, 「세대의 정치학과 한국현대사의 재해석」, 『문화과학』 62호, 2010, 54쪽.
5 김홍중, 『마음의 사회학』, 문학동네, 2009, 26쪽.
6 김홍중, 『마음의 사회학』, 31~38쪽.
7 심광현, 「세대의 정치학과 한국현대사의 재해석」, 45쪽.

적 지평' 사이의 작용만 과잉된 경우이고, 히키코모리적 주체는 '주체'와 '내면' 사이의 작용만이 과잉된 경우다.

히키코모리적 주체의 내면은 진정성의 주체가 갖는 내면과는 매우 다르다. 진정성의 주체의 내면은 사적 세계임에도 공적 지평을 향해 있는 내면이었다. 하지만 히키코모리적 주체의 내면은 외부 세계로 이어지지 못하고 자폐적인 양상을 취한다. 이는 진정성이 불가능한 시대에, 살아남기를 선택한 내면이 취한 생존 방식일 것이다. 고립의 형태를 취하지 않은 내면은 타인의 취향과 의견을 맹목적으로 따르는 자기계발적 주체 속에서 사라져 버리고 만다.

이러한 히키코모리적 주체는 비단 2000년대의 청춘들뿐 아니라, 2000년대를 통과하고 있는 모든 세대들에게 나타나는 현상이다. 그러나 2000년대의 청춘들에게 나타나는 히키코모리적 주체가 흥미로운 것은 이들이 진정성에 대한 경험이 없다는 점에 있다. 앞서 지적한 것처럼 2000년대의 청춘들에게는 '시위현장'과 '제도권'이라는 이중 공간이 야기하는 난감함이 없다. 80년대에 청춘을 보낸 이들이 진정성이 와해된 이후, 분리된 자기계발적 주체와 히키코모리적 주체 사이에서 모순을 느낀다면, 2000년대의 청춘들은 이 두 가지 주체 사이에서 아무런 모순을 느끼지 못한다.

그럼에도 이들은 나름의 저항적 감성을 가진다. 이는 스스로가 주류적 가치관을 적극적으로 거부한 것이든, 그에 도달하지 못한 좌절에서 오는 것이든, 공적 세계와의 불화에서 기인하는 감정상태일 것이다. 이러한 히키코모리적 주체의 파토스는 조증과 울증, 에로스와 타나토스의 양면을 가지고 있다. 이들이 가진 파토스는 개인적 차원에서 혹은 사회적 차원에서, 어떤 시점에 무엇과 마주치느냐에 따라, 촛불집회와 같은 생성의 탈주선을 그리기도 하고 자살 같은 죽음의 탈주선을 그리기도 하는 것이다.

4. 2000년대의 청춘영화

한국에서 청춘영화가 등장하기 시작한 것은 1960년대다. 이 당시의 청춘영화는 근대화 과정에서 도시의 젊은이들이 품었을 환상으로부터 시작해 그 환상의 좌절로 자신을 변형시켜 나갔다.[8] 각 시대와 그 시대를 살아가는 청춘들의

---

8 이우석, 「1960년대 청춘영화 형성 과정에 대한 연구」, 중앙대학교 첨단영상대학원 석사학위논문, 2003, 80쪽.

감성을 포착해 대중들의 지지와 함께 주류영화의 영역에서 생산되어 왔던 청춘영화는 2000년대 이후 주류영화계에서 사라지기 시작한다. 이는 한국 사회에서 '청춘'이라는 시절이 더 이상 낭만, 저항, 사랑 등의 가치를 담보한 시절이 아님을 반영한다. 2000년대에 들어와서 청춘은 '88만원 세대', '3포 세대'[9]라는 타이틀이 붙여진, 생존경쟁에서 살아남기 위해 학원, 도서관 등에서 스스로를 채찍질 해야만 하는 시절이 되었다. 이 시기 한국의 청춘영화가 명맥을 이어가고 있는 곳은 독립영화의 영역이다(「마이 제너레이션」2004, 「내 청춘에게 고함」2006, 「개청춘」2009, 「양 한 마리, 양 두 마리」2009 등). 이러한 대부분의 영화들은 60년대 청춘영화에서는 결말이었던 '환상의 좌절'에서 시작하여 방황을 거듭하는 모습으로 나타난다.

　　2000년대 이후 청춘영화 중 김영남의 「내 청춘에게 고함」(2006)은 단연 돋보인다. 영화는 세 개의 에피소드로 구성되어 있다. 앞선 두 에피소드는 2000년대 히키코모리적 청춘의 위태로운 삶을 담는다. 세 번째 에피소드는 90년대 학번, 소위 386세대와 88만원 세대 사이에 낀 세대의 인물을 제시하면서 이들이 2000년대를 살아가는 방식을 보여 준다. 앞선 두 에피소드와 마지막 에피소드는 서로 대비를 이루며 영화를 더욱 흥미롭게 만든다. 이어지는 논의에서는 「내 청춘에게 고함」의 세 에피소드의 주인공들은 앞서 언급한 주체 양상의 틀로 분석함으로써 히키코모리적 주체로서 이 시대 청춘들이 가질 수 있는 삶과 저항의 가능성에 대해 고민해 보려 한다.

　　「내 청춘에게 고함」으로 들어가기 앞서 또 다른 청춘영화 「양 한 마리, 양 두 마리」(2009)를 짚어 보고자 한다. 영화에는 진희라는 흥미로운 캐릭터가 등장한다. 그녀는 2000년대 청춘이지만, 내면화하고 있는 것은 진정성의 주체다. 이런 진희를 통해 80년대 진정성의 구조를 파악해 보고, 이 같은 진정성의 주체가 2000년대 청춘에게 투사되었을 때 나타나는 문제점들을 보고자 한다.

5. 「양 한 마리, 양 두 마리」 : 진희, 2000년대 청춘의 모습을 한 진정성의 주체

백화점과 편의점 등에서 아르바이트를 하다가 생산직 비정규직 노동자로 일을 하게 된 스물네 살 진희(성수정)는 불법 해고를 당한 뒤 비정규직 불법 해고

■
9 경제여건상 연애, 결혼, 출산을 포기한 세대를 지칭.

영화 「양 한 마리, 양 두 마리」의 포스터

반대 투쟁을 하게 된다. 2년 동안 지속된 투쟁과 단식에 지친 진희는 투쟁 현장에서 무단으로 이탈하여, 행복했던 연극반의 기억을 간직한 중학교를 찾아간다. 연극반을 담당했던 선생님을 만난 후 그녀가 찾아간 이는 중학교 시절 함께 연극을 하며 배우의 꿈을 키웠던 친구 예진(이혜진)이다.

예진은 대학을 연극영화과로 진학했으나 배우가 되는 대신 대기업 비서로 취직하여 현실적인 삶을 살고 있다. 그녀의 하루하루는 '직장-지하철-집'이라는 단조로운 일상의 반복이다. 그녀의 삶을 위로해 주는 것은 퇴근 후 찾아가는 동물원과 지하철을 오가며 듣는 인디음악이다. 이런 예진의 일상에 중학교 시절 이후 연락이 끊겼던 진희의 방문은 활기를 불어넣는다. 예진은 진희에게 "그동안 뭐 하며 살았냐?"고 묻지만 진희는 얼버무리며 말을 돌린다. 어린 시절의 친구를 만나면 그렇게 되듯, 진희와 예진은 중학교 시절로 돌아가 그때의 유행가를 부르고, 떡볶이를 해먹고, 함께했던 연극대사를 읊으며 즐거운 한때를 보낸다.

그러던 어느 날, 예진은 진희가 다녔던 기업에서 생산된 MP3를 진희에게 선물한다. 그러나 이를 받은 진희가 MP3를 내던지며 예진을 향해 "넌 악덕기업과 공범"이라 소리치는 순간, 그녀들은 중학교 시절에서 벗어나 '불법 해고당한 비정규직 노동자'와 '대기업 비서'라는 현실과 마주하게 된다. 한편으로 이 장면은 2000년대 청춘의 주체성을 어렵사리 이어 오던 '진희'의 캐릭터가 80년대(감독의) 청춘의 주체성을 담보한 인물임이 밝혀지는 순간이기도 하다.

진희의 캐릭터는 세 개의 지점에서 386세대가 2000년대의 청춘에게 바람을 투사한 인물임을 드러낸다. 영화가 완성된 2009년을 기준으로 살펴보면, 스물네 살인 진희와 예진의 또래는 초등학교 시기에 IMF를 맞닥뜨려 부모의 실업과 가정의 파괴를 경험했을 것이라 짐작할 수 있다. 이후 펼쳐진 그녀들 세대의 학창시절은 입시와 취업을 향한 노력으로 점철되었을 것이고, 그 과정에서 불안과 생존을 내면화했을 것이다.

80년대의 청춘들이 경험했던 저항과 연대의 경험이 없고, 신자유주의 체제하에서 만들어진 주체성만을 가진 2000년대의 20대. 이들이 전체 노동인구의 55%가 비정규직인 상황에, 부당해고를 당했다 해서 2년 동안이나 투쟁현장에 남아 있을 수 있을까. 냉정하게 보자면 진희는 2년이 되기 훨씬 전에, 아니면 해고를 당하자마자, 다른 일자리를 구했을 가능성이 높다. 진희가 투쟁현장에서 이탈해 중학교와 예진을 찾아가는 것 또한 같은 맥락에서 볼 수 있다. 진희가 2년이나 투쟁현장에 남아 있었다는 설정을 인정한다 하더라도, 그곳을 이탈한 그녀의 발걸음이 향하는 곳은 중학교나 예진이 아닌 대입학원이나 다른 비정규직 일자리 혹은 카드깡(「마이제너레이션」2004의 '재경'의 경우)을 하는 곳일 것이다. 즉 진희가 예진을 찾아가는 상황에 앞서, 당장 먹고 살아야 하는 경제적 문제와 '대기업 비서' 예진과 '해고 노동자' 본인 사이의 계급적 간극에서 오는 내적 갈등은 영화에서처럼 삭제될 수 없는 중요한 부분이다. 영화는 결말에서 386세대가 2000년대 청춘들에게 바라는 '판타지'임을 명백히 한다. MP3 사건이 있은 후, 예진과 함께 떠난 눈 덮인 산으로의 여행에서 진희는 "오디션을 봐야 할 사람은 너야. 난 돌아가야 할 데가 있어"라며 투쟁현장으로 돌아갈 것을 결심한다. 다른 일자리를 찾는 것도, 오디션을 보는 것도 아닌 투쟁현장으로 되돌아간다는 놀라운 결정. 이는 평론가 변성찬의 말을 빌리자면 386세대가 88만원 세대에게 가하는 일종의 '심판'이다. 물론 이는 영화 속 캐릭터인 진희에게만 유효한 것이고, 현실적 영향력은 갖지 못할 것이다.

　　한 시대의 현실과 구조가 모든 이들의 삶에 공통적으로 적용되는 것은 아니다. 또한 개별적인 삶에서 벌어지는 다양한 사건들이 시대에 못 미치거나 그것을 넘어서는 경우는 자연스러운 일이다. 어떤 시대라도, 그 속에 살아가는 사람들의 나이대가 다양한 것처럼 비동시적인 것들이 동시에 존재한다. 실제로 2000년대의 청춘들 중 진희같이 생각하고 살아가는 인물이 있을 것이다. 그러나 「양 한 마리, 양 두 마리」의 진희는 "시위 중인 노동자들이 우리 가족처럼 가까운 사람이라면 비정규직 문제가 쉽게 풀릴 수 있지 않을까라는 생각을 해봤습니다. 이런 친근한 인물이 주인공인 영화를 만들어야겠다는 생각에 진희라는 캐릭터를 생각했습니다."[10]라는 인터뷰에서 드러나듯 명백하게 386세

■
10 서울아트시네마, 2012년 시네마테크의 친구들 영화제 팸플릿, 「1월 작가를 만나다: 황철민 「양 한 마리, 양 두 마리」」

대인 감독의 바람이 투사된 인물이다. 동시대와 젊은 세대들에 대한 충분한 고찰 없이 자신의 노스탤지어 혹은 대의를 투사하여 이야기를 만들었을 때, 그것이 정치적으로 옳을지라도 자기위안이나 훈계 이상이 되기는 힘들고, 그만큼 영화적 설득력은 얻기 어렵다.

6. 「내 청춘에게 고함」 : 인호, 진정성의 주체에서 자기계발적 주체로의 변신

> 흔히 신세대라 불리는 90년대 초중반 학번의 이들 세대는 현실사회주의의 붕괴와 1980년대 변혁운동의 위기와 같은 정치적 변화와 소비자본주의의 본격 도래와 같은 문화적 변화가 맞물리면서 등장한 세대로 상품형식이 지배하는 소비의 세대로 규정되곤 한다. …… 그러나 386세대 역시 20대 후반기에 소비자본주의 초입지점을 통과하기 시작했듯이, 탈정치적이라 평가받는 신세대 역시 1980년대 말의 정치적 격변의 잔여적 기억들로부터 자유로울 수 없었다.[11]

신세대로 분류되는 90년대 초중반 학번 인호의 캐릭터에서 젊은 시절 학생운동을 열심히 한 흔적은 발견되지 않는다. 하지만 그의 세대는 여진으로나마 80년대를 거치며 공동체적 윤리와 앙가주망을 내면화하고 있다. 그러나 90년대 후반 외환위기는 이러한 경험과 윤리의 영역을 단절시켰다. 인호의 설정이 독문과 박사과정을 밟던 중 입대한 말년 병장으로 되어 있기에 단절은 더욱 극대화된다. 행동이나 징후로 뚜렷이 드러나지는 않지만 휴가를 나온 인호가 군대 후임 와이프의 출산을 제외한 모든 사건들에서 느끼는 미묘한 정서는 완전히 속물적으로 변해 버린 세상에 대한 환멸이다. 김홍중은 『마음의 사회학』에서 97년 체제 이후의 정언명령으로서의 '생존자' 이미지에 대한 세 가지 양상을 분석한다.

> 첫째, 파괴적인 구조조정, 불황, 실업, 무한경쟁의 시장에서 살아남는 것을 의미하는 '경제적 생존'이 그것이다. …… 그것은 경제행위의 건강성이 상실된

■

11 심광현, 「세대의 정치학과 한국현대사의 재해석」, 52쪽.

상태에서 불안을 동력으로 추진되는 병든 노동, 가령 '일중독'으로 귀결된다. 둘째, 사회의 도덕적 존엄성이 훼손되고 파괴된 상태에서 무차별적인 과시가 지배하는 왜곡된 인정투쟁의 공간에서 살아남는 것을 의미하는 사회적 생존이 그것이다. 이것의 공격적 형태는 성공지상주의 혹은 입신출세주의 혹은 노골적인 속물주의라 할 수 있다. 마지막으로 질병과 죽음을 넘어서 건강하게 오래 사는 생물학적 생존이

영화 「내 청춘에게 고함」의 포스터

다. 신자유주의적 생존주의는 웰빙을 신성화하고 상품화하여 '무차별적 건강주의'를 조장한다.[12]

산삼차를 마시는 친구(생물학적 생존), 교수가 된 여자후배(사회적 생존), 피로연장에 나타나 돈을 내고 곧장 회사로 돌아가는 친구(경제적 생존), "교수가 되기 위해 당신을 이용했"지만 지금은 다른 남자가 생긴 아내, 백인 여성과 결혼하는 친구. 반면 인호 주변의 인물들은 97년 체제의 정언명령인 '생존자'로의 변신에 성공한 이들이다. IMF 이후 '생존'의 영역에 들지 못한 시대적 상황들은 인호나 그 주변 인물들의 삶에서 삭제되어 있다. 외화면에서 들려오는 비정규직에 대한 TV 토론은 자고 있는 인호 위로 방백이 되어 흘러간다. 인호를 비롯한 그의 세대들이 위치하고 있는 곳은 이미 사회의 안전망으로 들어온 자기계발적 주체의 자리다. 그는 옛 친구들에게 일일이 전화를 돌려 빌려 준 돈을 받아 내고, 제대를 하고 나면 박사과정을 그만두고 취직할 생각을 하며, 결혼식에서 만난 은정과 밤을 보낸다. 이러한 인호의 모습이 가장 잘 드러나는 것은 인호와 비슷한 처지(결혼도 했고, 나이도 있는)의 군대 후임 와이프의 출산을 둘러싼 그의 행동이다.

영화 초반 인호는 포도 한 상자를 사들고, 후임의 집으로 찾아간다. 그곳

12 김홍중, 『마음의 사회학』, 42쪽.

에서 그는 갑작스레 찾아온 후임 와이프의 진통을 받아 주게 된다. 며칠 뒤 아내 지은의 외도를 알아챈 인호는 그녀에게 "우리 애 하나 만들까?"라는 이야기를 하고 억지 섹스를 한다. 후임 와이프에 대한 인호의 행동은 자신과 비슷한 처지의 김 병장에게 느끼는 동질감에서 기인한 것이고, 이를 보고 아내에게 한 행동은 아이를 만들어서라도 아내, 즉 자신의 '생존'기반을 보존하려는 행위다. 인호는 휴가 초반에 친구들을 만나며 환멸을 느끼는 듯하지만, 사실이 감정에는 자신이 뒤처져 있다는 불안과 초조함이 내포되어 있는 것이다.

영화 마지막, 지은과 그녀의 남자, 인호와 은정은 나란히 정읍행 기차 안에 타고 있다. 인호와 그를 둘러싼 인물들이 타고 있는 기차는 '생존'이라는 기차다. 이미 기차에 올라타 버린 그들은 멈출 때까지 내릴 수 없는 상황에 놓였다. 그러나 이 영화는 평론가 유운성의 지적처럼 "순서가 뒤바뀐 문답의 형태"를 띠고 있다. 우리는 인호를 비롯한 그의 세대가 처한 막다른 골목에서, 앞선 두 에피소드의 정희와 근우의 삶을 다시 볼 필요가 있다.

7. 「내 청춘에게 고함」: 정희와 근우, '순수 히키코모리'의 탄생

(1) 정희, 자기계발적 주체가 되지 못한 히키코모리적 주체

정희는 「내 청춘에게 고함」의 타이틀이 오른 후, 화면 가득한 풋고추처럼 파랗다. 2006년 스물한 살, 97년 이후 청소년기를 보낸 그녀의 삶은 IMF가 남긴 사회적 징후들——가족의 해체, 경제적 어려움 등——을 그대로 보여 준다. 정희는 언니와 둘이 살고 있다. 그녀는 독실한 기독교 신자인 언니와 달리 교회에 정을 붙이지 못한다. 남자 친구 옥탑방의 자물쇠가 바뀌어 있자 벽돌로 창을 깨고, 그가 자신과 사귀는 것은 섹스 때문이라고 생각한다. 15년 만에 나타난 아버지에게는 한 치의 미련 없이 "다시는 나타나지 마세요"라는 말을 남기고 자리를 뜬다. 정희는 러닝타임 내내 누구와도 닿지 못한 채 소요를 거듭한다.

정희의 에피소드에서 주목할 점은 방화사건의 영화상의 부재다. 새로 이사할 집이 사기 당했다는 사실을 알게 된 정희는 지하철역에서 자살시도를 한다. 하지만 곧 주변 사람들의 만류로 끝나 버리고, 영화는 경찰서로 건너뛴다. 경찰과 정희가 나누는 대사를 들어 보면, 그녀가 경찰서에 있는 이유는 지하철에서의 자살시도가 아니라 모텔에서의 방화사건이라는 점을 알 수 있다. 이 과감한 생략은 "첫번째 에피소드는 다른 에피소드보다 생략이 많은데, 그 느

낌이 좋았다"는 감독의 말처럼 '정희'를 보여 주는 데 있어 적절한 선택으로 느껴진다.

　한 평론가는 벽돌로 창문을 깨 버리는 정희의 행동에 대해 "관객은 전혀 이해할 준비가 되어 있지 않은 상황에서 불쾌한 행동을 하는 주인공을 불현듯 소개하는 것은 비주류 영화의 특권"이라 했고, 방화사건의 부재에 대해 "이 비약의 함의를 이해할 수 없다"고 했다. 하지만 '이해할 수 없음'이야말로 2000년대 청춘의 히키코모리적 주체를 보여 주기에 적절한 방식이다. 그녀 행동의 많은 부분들은 어느 곳에도, 그녀 스스로에게도 깃들지 않는 방식으로 이뤄지고 있다. 정희를 보여 주는 데에는 인과적 관계에 따라 그녀의 삶을 서술하는 것보다, 이렇듯 풀쩍 건너뛰어 버리는 것이 더 어울리는 것이다. 다른 한편, 이 같은 비내러티브적인 편집을 통해 영화가 얻게 되는 것은 인물에 대한 '낭만적 동일시'에의 경계다. 영화가 진행될수록 정희는 점점 고립되고 망가져 간다. 그러나 관객은 정희에게 공감하지 못하는데, 이는 의도적인 방해다. 영화는 이러한 불친절한 편집을 통해 정희의 삶을 동정이나 연민이 아닌 그 자체로서 바라보게 한다.

　정희의 에피소드에서는 구원 가능성으로서의 교회 집사님(어쩌면 그녀의 아버지, 누구라도 큰 상관은 없다)이 나온다. 그러나 정희를 향한 "너무 오래 방황하진 말아요"라는 대사가 민망하게도, 그는 싸늘한 시체가 되어 나타난다. 이렇게 정희의 에피소드는 그녀와 연결된 모든 관계들을 끊어 내고 끝을 맺는다. 그런데 정희가 끊어 낸 혹은 그녀로부터 끊어진 관계들의 대부분은 주류적 가치관을 담보한 관계들이다. 아버지(가족)와의 관계가 그러하고 집사님(종교)과의 관계가 그러하고 전셋집(돈)과의 관계 또한 그러하다. 흥미로운 것은 이러한 사건들에 대한 그녀의 행동이다.

　그녀가 갑자기 머리를 자르고 나타나는 장면이나 캐리어를 버려 버릴 때, 우리는 당혹감과 더불어 쾌감을 느낀다. 어쩌면 그녀의 이런 행동들은 주류적이고 안정적인 삶을 향한 욕망의 뒤틀어진 표현일지 모른다. 그렇게 살고 싶으나, 주변의 상황이 도와주지 않음에서 오는. 그녀는 사회가 요구하는 것을 해내고 성공하는 자기계발적 주체가 되고 싶으나, 그렇지 못한 '좌절'에서 시작한 히키코모리적 주체일지 모른다는 것이다. 그럼에도 이 장면들이 통쾌한 것은 자의든 타의든 관계들의 단절은 그녀를 더욱 가볍게 만들어 놓았고, 이를 받아들이는 그녀의 모습도 그리 심각하지만은 않기 때문이다. 정희는 금방이라도 어디로든 날아갈 수 있을 것처럼 보인다.

영화의 마지막, 이미 한 번 자살시도를 한 바 있는 그녀는 이번에도 충분히 자신의 몸을 던질 수도 있었을 것이다. 하지만 그녀는 몸 대신 핸드폰을 던져 버린다. 이는 시대의 주류적 가치관이 제시하는 (가족, 종교, 돈 같은) 이데올로기들로부터 멀어지게 된 이상, 그것에 미련을 두지 않겠다는 의지다. 무심으로서의 의지다. 정희는 그녀 멋, 대로 살아갈 것이다.

(2) 근우, 자기계발적 주체가 되기를 거부하는 히키코모리적 주체

스물여섯 살, 전화수리공 근우는 '퀵서비스' 같은 빠른 것을 싫어하고, '시간 늦추기'라는 소모임에 나간다. 하루하루 빠르게 돌아가는 이 세상과 전혀 다른 곳에 사는 듯, 근우는 종종 "시간을 먹고", 이러한 그의 세상은 동료 형의 말마따나 "밀교" 같다.

근우가 다니는 회사의 노조는 비정규직 철폐 투쟁을 하고 있다. 이를 통해 알게 된, 자신이 정규직이 아니고 비정규직이라는 사실은 그에게 회사 여자동료가 '아가씬 줄 알았는데 아줌마였다'는 사실과 비슷한 정도의 놀라움을 가진다. 근우는 회사 측 간부로부터 해고통지서에 사인을 할 것을 제안 받고 망설인다. 하지만 이것이 계급의식의 자각 같은 공적 세계로의 확장으로 이어지지 않는다. 그러나 분명한 것은 인호의 경우에서처럼 IMF 이후 사회적 상황들이 인물이 처한 현실과 동떨어져 있지 않고, 그의 삶에 들어와 있다는 점이다.

배우를 꿈꾸는 회사 동료 형은 연기 연습을 핑계로 모텔을 급습해 사진을 찍고, 사람들을 협박해 돈을 받는다. 그는 근우에게 불륜현장을 찍은 사진을 보여 주고, 근우는 사진 속의 여인을 좋아하게 된다. 근우는 여인과 유부남의 전화를 도청하며, 그녀에 대한 마음을 키워 간다. 영화 평론가 유운성은 여인과 불륜남과의 전화를 엿듣는 근우의 장면을 두고, 르네 지라르(René Girard)의 간접화된 욕망을 이야기한다. 지라르는 현대인의 욕망은 삼각형의 구조로 되어 있다고 보면서 소설의 주인공이 지니고 있는 욕망의 왜곡되고 비진정한 속성을 분석한다. 이로써 시장경제체제 사회 속에서 개인은 그 욕망마저 자연발생적인 것이 아니라 중개자에 의해 암시된 욕망을 소유하게 되었음을 제시한다.[13] 이 장면을 비롯한 여인을 향한 근우의 욕망은 지라르의 이론을 잘 보여주고 있다. 하지만 여기서 주목해야 될 점은 욕망의 구조보다 그 대상이다.

왜 부자 남편을 둔 유부녀나 젊은 여자가 아닌 단칸방에 사는 불륜에 빠진 여자인가. 여인을 향한 근우의 사랑은 구조적으로 보았을 때, 중개자인 선배 형과 불륜남의 대상이었기에 가능했던 욕망이다. 하지만 그렇다 하더라도, 근우의 욕망은 시장경제체제나 주류적인 가치관과는 많이 동떨어져 있다. 이는 속도에 대한 근우의 거부감과도 연관된다. 그가 비정규직 철폐 투쟁현장, 즉 자신이 처한 상황의 문제의식으로 들어가지 못하는 것은 시대 현실의 모습이기도 하고, 안타까워 보이기도 한다. 하지만 분명한 것은 근우의 존재 자체가 "퀵"을 요구하는 세상을 견디지 못한다는 것이고, 그의 욕망 또한 신자유주의의 자기계발적인 그것이 아니라는 점이다. 그러니까 근우는 스스로가 인식하고 있든 그렇지 않든 주류적 가치들을 거부하는 히키코모리적 주체다.

마지막 장면에서 근우와 선배 형이 관객을 등지고 기차 선로를 걸어가는 모습은 비정규직 철폐 투쟁처럼 현재의 상황에서 요청되는 저항의 모습은 아니다. 하지만 근우가 그렇게 걸어가서 도착한 곳이 비정규직 철폐 투쟁현장이 되지 말라는 법 또한 없다.

8. 독신자 기계로서의 히키코모리적 주체

2000년대인 지금, 인호는 모순적 상황에 처해 있다. 하지만 이는 진정성의 주체와 자기계발적 주체 사이에서의 갈등이기보다는 달리는 기차, 즉 이미 생존을 위한 경쟁의 장에서 오는 것이다. 인호의 갈등, 정확하게는 '불안'인 그것은 그동안 90년대적 삶에, 청춘에 멈추어 있었던 스스로가 2000년대가 요구하는 삶을 잘 살아 낼 수 있을까, 에 대한 것이다. 반면 정희와 근우는 모순이 없다. 순수하다. 이들에게는 목덜미를 잡는 진정성에 대한 노스탤지어도, 보장받은 미래, 혹은 매달려 갈 기차도 없다.

2000년대의 청춘들의 삶은 늘 혼자인 정희나 비정규직 투쟁현장을 스쳐 지날 뿐인 근우의 모습에서 드러나듯 그들 외부로는 확장되지 못한 채 개인적

---

13 김치수, 「지라르의 삼각형의 욕망」, 르네 지라르, 「낭만적 거짓과 소설적 진실」, 김치수·송의경 옮김, 한길사, 2001. 24쪽.

사건·고통으로 존재한다. 이들에게는 친구가 없다. 이들 옆에 있는 이들은 입시를 함께 치르는 '경쟁자'이거나 정희에게 상우 혹은 근우에게 동료 형처럼, 함께 무언가를 했다가 끝나면 흩어지는 '파트너'다. 또한 자신이 처한 상황 자체를 문제적으로 인식하지 못한다. 이들은 어떤 상황에 분노하는 법, 근본적 원인에 대해 질문하는 법을 배운 적도, 배울 수 있는 상황에 던져져 본 적도 없다. 이들이 살아오면서 얻은 메타적 관점은 '살아남기' 아니면 세상에 대한 '무시'다. '살아남기' 위해 해온 선택은 상황자체에 대한 인식이 아니라 되도록 빨리 그 상황에 맞게 자신을 변화시키는 것이었고, '무시'하기 위해 했던 것은 외부의 것들로부터 스스로를 차단시키는 것이었다. 그리하여 2000년대의 청춘들을 대표하는 두 가지 주체 양상은 생존을 위해 사회적 요구를 욕망하는 자기계발적 주체와 세상을 등지고 내면세계로 집중하는 히키코모리적 주체다.

히키코모리적 주체는 두 가지로 나뉜다. 정희의 경우처럼 사회가 요구하는 주류적 가치들을 갖고 싶으나 그렇지 못해 생기는 우울증적 주체와 근우의 경우처럼 자기계발을 요구하는 시대와 불화하는 주체다. 그런데 이 두 가지 히키코모리적 주체는 공통적으로 들뢰즈가 말한 독신자 기계를 연상시킨다.

물론 그(독신자)는 낮은 강렬도처럼 나름의 곤란과 나름의 약점을 갖는다. 관료적인 범용성, 원환 속을 맴돎, 두려움, 은둔자적 삶에서 벗어나고자 하는 오이디푸스적 경향, 그리고 더 나쁜 것으로, 소멸을 향한 자살적인 욕망 등이 그것이다. 그러나 이러한 추락을 통해서조차 독신자는 강렬도의 생산이다.("독신자는 오직 순간만을 가지고 있다.") …… "그는 다만 두 발을 붙일 땅만을 가지고 있으며, 기껏해야 두 손으로 버틸 수 있는 받침대만 가지고 있을 뿐이다" …… 가족도 없고 부부도 없는 독신자는 그만큼 사회적이고, [기성]사회에 대해 위협적이며, [기성]사회에 대해 배반적이고, 그 자체만으로도 집합적이다. …… 고독하고 독신적인 만큼 사회적이고 집합적인 기계, 탈주선을 그리는 이 기계는 필연적으로 공동체라는, 아직 그 존재 조건이 현재적으로 주어져 있지 않은 그런 공동체라는 의미를 갖는다.[14]

■

14 질 들뢰즈·펠릭스 가타리, 『카프카』, 이진경 옮김, 동문선, 2001, 167쪽.

자기계발적 주체가 되기를 거부한 혹은 되지 못한 히키코모리적 주체들은 독신자 기계들이다. 신자유주의에 의해 맨몸으로 내던져진 이들에게는 "두 발을 붙일 땅"과 "두 손으로 버틸 수 있는 받침대" 정도밖에는 없다. 이들은 "은둔자적 삶에서 벗어나고자 하는 오이디푸스적 경향"으로 자기계발적 주체가 되고 싶어도 하고, "소멸을 향한 자살적 욕망"에 의해 진짜로 죽기도 한다. 하지만 독신자 기계이기에 이들은 가볍다. "가족도 없고 부부도 없는" 독신자들은 그렇기에 "사회적이고 집합적"이며, 기성사회에 대해서는 "위협적이고 배반적"이다.

뒤바뀐 문답의 형태를 띤 영화. 인호가 처한 막다른 지점인 달리는 기차에서 제시한 의문은, 영화를 되돌려 바라본 정희와 근우의 모습에서 어떤 답을 얻었는가. 이들은 기차에 타고 있지 않다. 화면 속에는 기차 없는 선로만 보이거나, 멈춘 기차가 보일 따름이다. 정희는 선로에 귀를 대고 이미 떠나 버린 혹은 오지 않은 기차의 울림를 듣고, 근우는 기차가 보이지 않는 선로를 걸어 나간다. 이들은 혼자다. 독신자다. 들뢰즈의 이야기를 다시 한 번 인용하면, "고독하고 독신적인 만큼 사회적이고 집합적인 기계, 탈주선을 그리는 이 기계는 필연적으로 공동체라는, 아직 그 존재 조건이 현재적으로 주어져 있지 않은 그런 공동체라는 의미를 갖는다."

9. 히키코모리적 주체의 가능성

독신자 기계로서 히키코모리적 주체들이 갖는 "필연적으로 공동체라는, 아직 그 존재 조건이 현재적으로 주어져 있지 않은 공동체"는 이들 사이의 연대나 현행적으로 지속되는 공동체를 의미하지 않는다. 다시 한 번 말하자면, 2000년대의 청춘들은 80년대나 90년대에 청춘을 보낸 이들이 가진 진정성에의 노스탈지어도 없고, IMF 이후 가속화된 신자유주의 체제하에서 안정성을 기대할 수도 없다. 가진 것 없고 가벼운 존재들이기에 역설적이게도 이들은 스스로가 원하기만 한다면 무엇이든 될 수 있는 가능성을 갖고 있다. 순수와 불안정에서 비롯되는 독신자 기계인 이들은 어디에든 결합할 수 있는 존재들이다.

앞서 살펴본 2000년대를 살아가는 네 명의 인물들. 「양 한 마리, 양 두 마리」의 진희는 2000년대의 청춘의 모습을 하고 있지만 사실은 80년대 청춘의 주체성이 그대로 투사된 인물이었다. 2000년대를 살아가는 불안한 청춘에 대한 앞선 세대의 걱정과 낡은 해결책이 제시된 모순적인 캐릭터가 진희다. 「내 청춘에게 고함」의 인호는 진정성의 시대와 자기계발의 시대에 낀 90년대의 청춘이지만, 그를 비롯해 주변 인물들이 선택한 삶의 대부분은 '생존자'가 되는 것이었다. 한편 「내 청춘에게 고함」의 또 다른 인물인 정희의 경우, 시대가 요구하는 삶에의 욕망이 있음에도 이를 받쳐 주지 않는 현실적인 상황 때문에 그러한 욕망이 좌절될 수밖에 없었다. 정희는 위태롭긴 하지만 담담히 이를 받아들이고 있다. 근우는 존재 자체가 시대적 요구를 거부하는 순수한 히키코모리적 성향을 가지고 있다. 우리는 진희나 인호가 아닌 정희나 근우, 즉 2000년대의 청춘들에게서 새로운 삶의 가능성과 저항을 기대할 수 있는가?

2000년대의 청춘들 중 누군가는 치열한 생존경쟁을 뚫고 몇 퍼센트 되지 않는 사회의 상층부로 진입한다. 또한 누군가는 이러한 상황을 견디지 못하고 극단적 고립의 형태인 자살을 한다. 그러나 위와 같은 극단적인 경우들 사이에 있는 다수는 정희와 근우처럼 살고 있다. 자신의 삶이 사회의 요구대로 되지 않을 경우에도, 사회와 불화할 경우에도 이를 견디며 계속해서 살고 있다. 세상으로부터 '루저' 혹은 '잉여'라고 불리지만 그럼에도 불구하고 살아가는 것, 시시각각 생존을 위협하는 세상에서 일상을 지켜 내는 것, 이것만으로는 이들이 저항하고 있다고 볼 수는 없는 걸까. 그렇다면 이건 어떤가. 이들이 살아 나가면서 만나게 될 수많은 우연과 만남들이 이들을 어떻게 변신시킬지 알 수 없다는 것. 2008년 촛불집회의 경우, 정희나 근우 같은 히키코모리적 주체들이 바깥으로 모습을 드러낸, 혹은 회사 잘 다니던 「양 한 마리, 양 두 마리」의 예진 같은 자기계발적 주체의 이면에 있던 히키코모리적 주체가 현행화된 모습이다. 이는 80년대의 그것과는 다른 양상의 '저항'이다. 히키코모리적 주체로서의 자신의 삶을 이어 가는 것 혹은 상황에 따라 히키코모리적 주체를 가시화시키는 것, 이는 2000년대 식 저항이다.

전세계적 신자유주의의 흐름을 거부할 순 없을 것이다. 또한 그로 인한 불안한 삶은 10년이 훨씬 넘는 시간을 지나는 동안 이미 일상이 되어 버렸다. 그럼에도 2000년대의 청춘들이 그들 스스로를 믿고 가야 하는 것은, 이러한 시대에 나고 자라 이시대의 삶의 조건들을 누구보다도 잘 내면화하고 있는 세대들이고, 그런 만큼 새로운 방향으로 삶을 구성하고 저항할 수 있는 가능성을 가진 이들이기도 하기 때문이다.

헤게모니에서 시큐리티로
– 신자유주의 통치체제는 어떻게 작동하는가?

정정훈

1. 헤게모니 없는 지배의 도래?

2009년 1월 20일 아침 7시 24분, 서울시 용산구 한강로 3가 63번지에 소재한 한 건물에서 폭발음과 함께 불기둥이 치솟아 올랐다. 철거에 맞서 투쟁하던 영세 상인들의 농성을 경찰이 진압하는 과정에서 일어난 사고였다. 경찰의 진압에 저항하기 위해 철거민들이 쌓아 두었던 인화물질이 경찰의 무리한 진압작전 와중에 폭발한 것이었다. 이 사고로 철거민 5명과 경찰 1명이 사망하고 23명이 부상을 입었다. 여기서 주목해야 할 점은 철거민들의 농성을 '경찰특공대'가 진압했다는 사실에 있다. 경찰특공대는 경찰에서 조직한 대테러 진압부대이다. 즉 전문적 테러집단에 대응하는 것을 임무로 하는 준군사조직인 경찰특수부대가 시민의 생존권 투쟁을 진압하기 위해 투입되었던 것이다. 이 사건은 현 정권이 가난한 자들의 생존을 위한 저항조차 테러와 동렬선상에서 파악하고 있음을 단적으로 보여 주었다고 할 수 있다.[1]

　비단 용산참사뿐만이 아니라 이명박 정권은 자신에 대한 반대세력, 비판세력을 경찰과 사법기관 등과 같은 억압기구들을 동원해 탄압하는 것을 통치방식의 기조로 설정하고 있다. 2008년 발생한 촛불집회에 정부는 공권력을 앞세워 강경하게 대응하였다. 1998년 김대중 정권 출범 이후 일반 대중들의 시위 진압에는 등장하지 않았던 물대포가 2008년 촛불집회 진압 와중에 다시

---

1 한나라당(현 새누리당) 공성진 의원은 용산 투쟁을 도심테러라고 규정하였다. "용산참사는 도심테러의 결과……
공성진의 '변신'", 『프레시안』 2009년 9월 2일자.

사용되었고 민주화 이후 사라졌던 시위자 전담 체포조가 경찰기동대라는 이름으로 다시 창설되었다. 촛불집회 기간 동안 검거된 시민들의 숫자만 하더라도 1,600명에 이른다. 이는 집시법 위반 혐의 검거된 이들이 2007년 1,360명, 2006년 1,497명, 2005년 1,354명, 2004년 1,100명이었던 점을 감안하면 경찰이 촛불집회 참가자들을 얼마나 강력하게 탄압했는지를 파악하게 해주는 지표라고 할 수 있다.[2] 이 가운데 620명이 집시법 위반 혐의로 약식 기소되었다. 또한 집회 해산 및 시위자 체포 과정에서 경찰은 무차별적 폭력을 휘둘러 2,500명의 사람들이 부상당하였다.[3] 경찰 폭력에 의한 부상자들 가운데는 집회 참가자들만이 아니라 심지어 집회를 구경하던 시민이나 의료봉사단 및 인권침해 감시단원들도 포함되어 있었다.

촛불집회에 대한 이명박 정권의 강경한 대응은 촛불집회 참가자들에게만 국한되지 않았다. 조선, 중앙, 동아일보 등 보수언론에 광고를 실은 기업을 대상으로 한 불매운동 참가자들 기소, 미국산 쇠고기의 광우병 유발가능성을 보도한 MBC PD수첩 제작진 체포, 인터넷을 통하여 이명박 정권의 경제정책을 줄곧 비판해 온 네티즌 '미네르바' 구속기소와 같은 검찰력 남용 사태로부터 이명박 정권의 언론자유 탄압을 비판하며 시작한 공영방송의 기자 및 PD들에 대한 대량해고에 이르기까지 현 정권은 정부에 대한 비판 세력 전반에 대하여 사법 기관을 내세워 탄압으로 일관하고 있다.

경찰과 검찰 같은 공권력을 앞세운 이명박 정권의 통치방식은 2009년 쌍용자동차 파업사태의 진압과정에서도 명백하게 나타난다. 2009년 여름 쌍용자동차 노동자에 대한 대량해고에 맞서 77일간 파업을 진행한 노동자들을 정부는 역시 경찰특공대를 앞세워 진압하였다. 이 과정에서 290명이 부상을 당하고 60명이 구속되었다.[4] 파업은 진압되었지만 그 이후 쌍용자동차 노동자들의 고통은 끝이 나지 않았다. 이 사태의 후유증으로 2012년 4월 현재 22명의 노동자들과 그 가족이 스스로 목숨을 끊는 일들이 지금까지 이어지고 있다. 이명박 정부는 용산과 쌍용자동차의 경우처럼 자본의 이익에 반하거나 정부

---

2 『한겨레 21』 2008년 8월 29일자, 725호.
3 "촛불에 머리 조아릴 때는 언제이고…… 1년째 집요한 보복만", 『프레시안』 2009년 5월 6일자.
4 민주노총, 자동차산업생범대위, 쌍용차 폭력진압 야4당 공동진상조사위원회, 인권단체연석회의, 보건의료단체연합, 민생민주국민회의, 민주사회를위한 변호사모임 주최, 쌍용자동차 살인진압 진상보고 및 증언대회 자료집, 2009년.

의 시책에 저항하는 세력들을 경찰력을 앞세운 국가폭력을 통해 지속적으로 억압하고 있다.

그런데 여기서 주목해야 할 것은 사법질서와 억압기구를 앞세운 강제적 통치방식이, 그람시(Antonio Gramsci) 식으로 말하자면, '발전된 나라들' 가운데 이명박 정권의 대한민국에만 고유한 현상만은 아니라는 점이다. 가령 미국을 보자. 흔히 지적되는 9.11 사태 이후 '국토안보법'이나 '애국자법'으로 대표되는 부시정권의 경찰통치정책은 차치하더라도, 미국은 이미 1980년 레이건 정권의 출범과 더불어 강제적 통치를 노골화하였다. 1980년대 이래로 "작은 정부가 주장되었음에도 불구하고 비밀정보기관, 공안기관의 기능과 예산은 계속해서 늘어나고 있으며, 경찰의 권한, 특히 정보의 탐지, 수집 및 처리권한은 확대"되어 왔다.[5] 차후에 자세히 보게 되겠지만 이러한 현상은 미국 외에도 영국이나 프랑스와 같은 다른 선진국에서도 나타나고 있다.

그람시는 선진국, 즉 '발전된 나라들'에서 지배집단이 피지배집단을 통치하는 방식을 헤게모니라고 개념화한 바 있다. 피지배 집단을 법적인 명령과 경찰 폭력이라는 강제력으로 단지 억압하는 것만이 아니라 피지배 집단에 대한 일정한 양보를 통해서 지배집단은 자신의 지적·도덕적 우위에 대한 피지배 집단의 동의를 구축함으로써 통치한다. 이러한 헤게모니가 형성되는 장소가 바로 시민사회이기 때문에 시민사회에서 헤게모니 형성을 위한 진지전이 발전된 나라들에서 피지배 집단이 승리하기 위한 중요한 투쟁전략이 된다는 것이다.

그러나 앞에서 본 바와 같이 서구의 발전된 나라들의 지배집단이 보여 주는 통치방식은 과연 그람시의 헤게모니론이 여전히 적합한 것인가에 대한 의문을 우리에게 제기한다. 한국이나 미국 등 같이 '발전된 나라들'에서 나타나는 사법기관과 억압기구에 의한 통치의 전면화 현상은 헤게모니에 의한 지배가 더 이상 국가의 기본적인 통치방식이 아님을 보여 주고 있다. 언제부터인가 국가의 지배방식이 '헤게모니에 의한 지배'에서 '헤게모니 없는 지배'로 돌아선 것이다. 헌법이 보장하고 있던 시민적 권리들이 초법적으로 침해당하거

■

5 이계수, 「신자유주의의 세계화와 경찰국가의 강화」, 액트온 자료실[http://act.jinbo.net/webbs/view.php?board=policy&id=1391].

나 법률에 의해 제한되는 사태가 이제 일상적으로 벌어지고, 국가 권력의 임의적 행사에 대한 비판과 저항은 사법기관에 의해 범죄화되거나 경찰폭력에 의해 억압되는 사태가 빈번해지고 있다. 더이상 국가권력은 시민사회와의 소통을 통하여 피지배 대중의 동의를 확보하고자 하지 않는다. 사법기관과 억압기구를 통한 지배의 강제적 관철이 오늘날 권력이 행사되는 기본적인 방식인 것이다.

2. 포드주의와 헤게모니

발전된 나라들에서 통치방식이 헤게모니적 지배에서 강압적 지배로 역전되는 현상을 우리는 어떻게 이해해야 할 것인가? 이러한 역전을 단순한 과거로의 회귀 현상이라고 치부하지 않으려면 권력이 행사되는 방식의 변화를 사회의 구조적 변화와 결부하여 이해할 필요가 있다. 여기서 사회구조란 일차적으로 경제적 층위를 의미한다. 스튜어트 홀(Stuart Hall)이 말하듯 경제는 최종심급은 아닐지라도 사회적 활동을 규정하는 최초의 조건인 것이다.[6] 우리는 당연히 자본주의라는 경제적 층위의 변화를 헤게모니에서 강압으로의 통치방식의 역전현상을 규명하기 위한 핵심적 실마리로 파악하고자 한다. 그리고 자본주의의 변화를 그 축적체제의 변동이라는 차원에서 이해할 것이다. 다시 말해 통치방식의 변화는 자본주의 축적체제의 변화와 연관되어 이해되어야 한다는 것이다.

　　사실 그람시의 헤게모니론은 자본주의 축적체제가 포드주의로 변화되던 시기에 형성된 것이다. 그람시가 국가기구를 장악하는 기동전에서 시민사회의 헤게모니를 장악하는 진지전으로 혁명 전략의 강조점을 옮긴 것은 서구 자본주의가 포드주의 축적체제로 진입하던 시기였다. 잘 알려진 바와 같이 포드주의는 대량생산과 대량소비의 결합으로 규모의 경제를 추구하는 축적체제이다. 생산의 차원에서는 어셈블리라인으로 대표되는 표준화된 작업공정과 정교한 분업체계를 바탕으로 한 표준화된 상품의 대량생산이 가능하게 되고, 소비의 차원에서는 노동자에게 상대적인 고임금을 지불함으로써 가계의 구

---

6 스튜어트 홀, 「이데올로기의 문제 : 보증없는 맑스주의」, 『스튜어트 홀의 문화 이론』, 임영호 엮음, 한나래, 1996, 58∼59쪽.

매력을 증진시켜 대량소비가 창출되었다. 그리고 이렇게 촉진된 소비가 다시 생산을 유발하는 '선순환' 구조가 포드주의 축적체제의 이상이었다.

그람시의 포드주의 논의에서 특히 주목할 만한 지점은 포드주의가 헤게모니가 작동할 수 있는 물적 조건으로 나타나고 있다는 점이다. 그람시에 따르면 미국의 산업은 운송과 교역과 같은 비생산적인 부문까지 '생산 활동 자체로 흡수'하려고 시도한다. 포드사는 '생산물의 수송과 분배를 직접 경영함으로써'으로써 큰 폭의 비용절감을 달성할 수 있었고, 이러한 비용절감은 생산비용에 영향을 미쳐서 높은 임금과 낮은 판매가격을 실현할 수 있게 해주었다는 것이다.

> 이러한 예비적 조건이 이미 역사의 진화에 의해 합리적으로 존재하고 있었기 때문에, 강제(지역적 기초를 지닌 노동계급 단체의 파괴)와 설득(고임금, 다양한 사회적 급여, 극히 세심한 이데올로기적·정치적 선전)을 기술적으로 결합시켜 생산과 노동을 합리화하고 그리하여 보다 쉽게 일체의 국민 생활을 생산을 축으로 하여 편성할 수 있었다.[7]

즉 포드주의라는 생산방식을 기반으로 하여 강제와 설득이라는 통치방식을 기술적으로 결합할 수 있었고, 그리하여 '일체의 국민생활'을 생산을 축으로 하여 편성하는 것이 가능해졌다는 말이다. 노동 가능한 대부분의 인구가 고용되어 공장체제 안으로 포섭되어 임금생활자가 되고, 공장에서 받는 높은 임금으로 시장의 소비자가 될 수 있었던 것은 그 사회의 인구 대부분이 생산체제 내부로 흡수되었음을 의미한다. 물론 그람시의 시대에 포드주의는 아직 미국에서 전사회적으로 일반화되었던 것은 아니지만, 그람시의 예견은 대공황 이후 포드주의가 케인스주의와 결합되면서 결국 현실화되었다. 수요와 공급의 균형을 보장하기 위한 국가의 개입을 적극적으로 주창한 케인스주의는 전후 서구 경제의 지배적 패러다임이 되었다. 공공지출을 통해서 유효수요를 확보하는 케인스주의와 포드주의의 고임금 체제가 결합하면서 국가는 대중들의 삶을 총체적으로 관리하게 된다. 다시 말해, 이제 대중들은 노동자와 시

---

7 안토니오 그람시, 『옥중수고』 1, 이상훈 옮김, 거름, 1997, 320쪽.

민으로서 그 체제 안에서 상대적으로 안정된 삶을 보장받게 된다. 대중의 안정된 삶을 제도적으로 보장하는 체계가 바로 전후 서구에서 등장한 복지국가이다.

그리고 바로 이러한 보장체계가 지배집단의 헤게모니를 안정적으로 구축 가능하게 하는 물적 토대라고 할 수 있다. 알다시피, 헤게모니란 지배집단의 지적·도덕적 우위에 대한 피지배 대중의 승인과 동의를 통해 형성된다. 그러나 헤게모니에 이러한 이데올로기적 수준의 동의만 존재하는 것은 아니다. 지배집단은 또한 피지배집단에게 일정하게 물질적 이익을 양보함으로써 자신들의 지배에 대한 정당성을 확보한다. 이런 맥락에서 서구에서 복지국가 체제의 등장은 피지배 대중에 대한 지배집단의 양보가 제도적으로 구현된 것이라 할 수 있다. 그람시가 강조한 '발전된 나라들'에서의 헤게모니 지배는 복지국가를 통해 그 절정에 이르렀다고 할 수 있다. 다시 말해, 복지국가체제는 헤게모니 지배의 최고 형태였던 것이다.

전후 유럽 국가들의 코포라티즘(corporatism)은 이를 분명하게 보여 준다. 코포라티즘이란 "국가기구의 적극적 중재가 이루어지는 가운데 자본주의 질서 유지를 부정하지 않는 노·사·정 3자의 정치적 협상과 교환이 사회갈등 해결의 핵심수단으로 제도화되거나 적어도 장기적으로 기능하는 사회·정치적 운영 원리와 과정"[8]이라고 할 수 있다. 제2차 대전 이후 유럽의 자본은 전후 자본주의의 재건을 위한 사회통합의 필요성과 소련 및 동유럽 사회주의 국가들의 영향력을 견제하기 위해서라도 노동자들을 체제 내로 통합해 낼 필요가 있었다. 다시 말해, '투쟁을 겪고서 개혁을 하기보다는 우월한 입장에 있으면서 양보를 통해 개혁을 추구하는 것이 항상 더 안전'하다는 것, 그리고 '협력이 전체적으로 볼 때 강력한 상대와의 장기적 투쟁보다 더 낫다는 입장'을 취하게 된 것이다.[9] 학자들은 이 시기 등장한 코포라티즘을 나치 독일이나 파시스트 이탈리아의 전체주의 국가정당의 통치전략으로서 코포라티즘과 구별하기 위해 사회 코포라티즘이라고 부르는데 사회 코포라티즘은 케인스주의적 복지

8 정병기, 「서유럽 코포라티즘의 성격과 전환 : 통치전략성과 정치체제성」, 『한국정치학회보』, 제38집 5호, 2004, 224쪽.
9 데이비드 웰스, 『마르크스주의와 현대국가』, 정병찬 옮김, 문우사, 1991, 181쪽.

국가체제의 운영원리이자 그 과정으로서 형성되었다.[10] 코포라티즘을 통한 노동과 자본의 타협에 있어서 국가의 역할은 결정적인데, 국가는 노동과 자본의 타협을 중재하고 이에 따른 손실을 사회복지와 정부지원을 통해 보상해 주어 양자 간의 타협이 준수될 수 있는 여건을 마련해 주기 때문이다. 노동계급은 사회적 타협의 한 축이 됨으로써 국가의 사회정책 수립과 집행 과정의 파트너가 된다. 유럽의 케인스주의는 코포라티즘을 통해 노동계급의 요구를 일정하게 반영함으로써 노동계급이 반체제 세력이 되는 것을 막고 그들을 포드주의적 자본주의의 기능적 요소로 통합해 내었다. 유럽의 사회 코포라티즘은 헤게모니가 구체적으로 구현되는 제도적 장치라고 할 수 있을 것이다.

포드주의에 대한 그람시의 논의 가운데 주목해야 할 또 다른 논점은 포드주의가 '새로운 유형의 인간형'을 필요로 한다는 주장이다. 그람시는 미국에서 포드주의가 확산되어 감에 따라 "합리화에 의하여 새로운 작업과 생산과정에 어울리는 새로운 유형의 인간을 양성해야 할 필요가 생겼다"[11]라고 말한다. 여기서 말하는 '새로운 유형의 인간형'이란 무엇인가? 그것은 테일러주의적 노동방식을 철저하게 체화한 노동자를 의미한다.

테일러는 사실상 미국 사회의 목적을 노골적인 냉소주의로써 표현하고 있는 것이다. 그 목적이란, 노동자 속에 자동적이고 기계적인 태도를 최대한으로 조장하고, 노동자 측의 지성, 상상력, 창의력 등의 적극적 참여를 일정하게 요구하는 기능적이고 전문적인 작업의 구래의 심리, 신체적 연관을 파괴하여 생산적 활동을 오직 기계적이고 신체적인 측면으로만 환원시키는 것이다.[12]

포드주의 공장에 도입된 테일러주의적 노동방식은 새로운 노동규율로서 그것은 노동자들의 주체성 형성에 영향을 미치고 있다고 그람시는 분석한다. 즉, "새로운 작업방식은 특정한 생활양식, 생활을 사유하고 느끼는 특정 양식과 떼려야 뗄 수 없는 것"[13]이다. 미국에서 포드주의가 확산되기 시작하던 시기

───

10 정병기, 「서유럽 코포라티즘의 성격과 전환」.
11 그람시, 「옥중수고」 1, 321쪽.
12 그람시, 「옥중수고」 1, 340쪽.
13 그람시, 「옥중수고」 1, 339쪽.

에 금주령이 선포되고 청교도적 윤리가 강조된 것 역시 이러한 새로운 인간형의 양성, 즉 포드주의적 주체성의 생산이라는 문제와 결부된 것으로 그람시는 이해하고 있다.

그람시는 미국의 포드주의와 테일러주의를 분석하는 논의에서뿐만이 아니라 시민사회에서의 진지전이라는 문제를 다루는 다른 수고들 속에서도 새로운 유형의 인간형이라는 논점을 제기한 바 있다. 이는 지배집단의 지적·도덕적 우위에 대한 동의로서 헤게모니가 구축될 수 있는 구체적인 방식이 무엇인지를 밝히려는 문제의식과 연관된다. 헤게모니가 작동하기 위해서는 피지배 집단을 이루는 개개인이 지배집단의 권위에 동의하는 것이 필요하다고 그람시는 말한다. 이런 맥락에서 그는 국가의 '교육적이고, 형성적인 기능'에 주목한다. 국가는 "언제나 새롭고 보다 높은 단계의 문명유형을 창출하고 그 문명과 광범위한 일반 대중의 도덕을 경제적 생산 장치의 지속적인 발전이라는 요구에 적응시키며, 그리하여 물리적인 방식을 통해서라도 새로운 유형의 인간성을 만들어 내는 데"[14] 자신의 목표를 두고 있다는 것이다.

그러나 어떻게 하면 하나하나의 개인이 자신을 집단적 인간으로 통합시키는 데 성공할 것이며, 또 교육적 압력을 하나하나의 개인에게 어떻게 적용해야 그 개인들의 동의와 협조를 확보할 수 있을 것이며, 그리하여 필연성과 강제가 '자유'로 전환될 수 있을 것인가?[15]

그람시는 '하나하나의 개인'이 교육적 압력에 의해 지배권력에 동의하고 협조하게 되는 장소가 시민사회라고 보았다. 위에서 인용한 문장에 뒤이어 그람시는 바로 시민사회를 언급한다. 그에게 시민사회란 "'제재'나 강제적인 '의무' 없이 작동하지만 집단적인 압력을 행사하며, 관습이나 사고와 행동의 방식, 도덕 등의 진화라는 형태로 그 객관적인 결과를 성취"하는 공간이다. 강제와 필연, 제재와 의무를 자유로 전환시켜 지배에 대한 개개인의 동의와 협조를 끌어내기 위해서는 피지배 대중의 도덕, 관습, 습속을 변화시켜야 하며, 그

14 그람시, 『옥중수고』 1, 264쪽.
15 그람시, 『옥중수고』 1, 264~265쪽.

러한 변화가 일어나게 되는 공간이 바로 시민사회인 것이다. 그 결과가 바로 새로운 인간형의 탄생이다.

포드주의가 고임금과 사회복지를 통하여 피지배 대중들을 체제 내적으로 통합하여 헤게모니를 구축하였다면, 시민사회는 교육적 기능을 통하여 그러한 헤게모니에 대한 동의와 협조가 개개인의 수준에서 작동할 수 있게 하였다. 시민사회가 성벽 안에 있는 진지들로 구성되어 있고, 이 진지들에서 헤게모니가 형성된다는 것은 각 진지들이 포드주의적 주체성을 생산하는 장소로서 역할을 한다는 의미인 것이다. 포드주의 체제 하에서 헤게모니는 상대적 고임금체제와 복지제도 그리고 시민사회가 결합된 조건을 통해서 작동할 수 있었다.

3. 유연축적체제와 사회적 배제

잘 알려진 바와 같이 포드주의 축적체제는 1970년대에 심각한 축적의 위기를 맞이하게 되어 해체되고 새로운 축적체제가 등장하게 된다. 흔히 이 새로운 축적체제는 포스트포드주의라고 불린다. 다품종소량생산, 적시생산방식(JIT), 적소소비, 린생산방식 등 그것의 특성을 분석하는 다양한 개념군들이 있지만 이 글의 맥락에서 주목해야 할 부분은 포스트포드주의 축적체제의 핵심에는 유연성이 자리 잡고 있다는 것이다. 소비자의 다변화된 취향에 맞춰 차별화된 상품군의 생산, 상품의 판매과정에서 수집된 정보를 통한 상품생산량의 조절, 자본의 필요에 따른 노동자의 수와 고용형태의 관리 등의 포스트포드주의 축적체제의 변별적 특징들은 모두 유연성이라는 공통분모를 가지고 있다. 이러한 축적체제를 유연축적체제라고 할 수 있을 것이다.[16] 우리의 맥락에서 특히 중요한 것이 노동시장의 유연화이다. 포드주의 체제의 붕괴 이후 자본주의는 완전고용의 이상을 폐기하게 된다. 유연축적체제가 인간의 노동력에 대한 의존도가 급격하게 감소하게 되는 자동화와 정보화에 기반하게 되면서 전통적인 인간노동이 가치증식에서 차지하는 비중은 약화된다.[17] 전통적인 인간노

---

16 데이비드 하비, 『포스트모더니티의 조건』, 구동회·박영민 옮김, 한울, 1994, 186쪽.
17 이진경에 의하면 자동화가 인간의 정신노동과 육체노동을 기계화함으로써 노동자라는 인격체로부터 노동능력을 추출하는 방식으로 진행되는 착취의 방식이고, 정보화는 인간들 사이의 결합에 의해 행해지는 결합노동을 구매하지 않고 착취하는 방식이다. 이는 자본이 노동을 포섭하는 새로운 방식인데, 그 포섭과정에서 자동화기계나 정보기계가 결정적이라는 의미에서 기계적 포섭이라고 이진경은 개념화한다. 이에 대해서는 다음 책을 참조

동은 자동화·정보화된 기계들이 상당 부분 담당하게 되고, 대신 지식, 디자인, 정보처리, 커뮤니케이션 등 고도의 전문성을 요구하는 분야들에서만 인간노동이 중요해지게 된다. 반면 전문성을 갖추지 못한 노동자들은 자동화된 기계를 사용하는 것보다 비용이 적게 드는 분야에 고용되며, 그 고용형태 역시 대부분 포드주의 체제에서 형성된 노동자의 권리를 보장받지 못하는 불안정 노동이 된다.

데이비드 하비(David Harvey)는 유연축적체제에서 노동시장이 고도의 전문성을 갖춘 핵심 노동자집단과 전문성이 요구되지 않는 단순 노동자들로 이루어진 주변적 노동자집단으로 분화되는 경향이 강화되고 있다고 지적한다.[18] 그리고 주변적 노동자집단은 다시 '사무직이나 비서직, 반복적이고 고도의 숙련을 필요로 하지 않는 육체노동과 같이 노동시장에서 즉시 구할 수 있는 일에 종사하는 풀타임 피고용인'으로 구성된 1차 주변집단과 '보다 큰 산술적 유연성을 갖는 [즉 신규고용과 해고를 통한 노동자 숫자 조절이 매우 자유로운] 집단으로서 파트타임 고용, 임시고용, 한시적 계약층, 일시고용, 하청고용 및 공공보조를 받는 직업훈련생'으로 이루어지는 2차 주변집단으로 구성된다. 2차 주변집단의 직업안정성은 매우 낮으며, 저임금으로 인하여 노동을 하면서도 빈곤에 처하게 된다. 그리고 2차 주변집단에 속하는 노동인구의 비율이 지속적으로 증가하고 있다.

유연축적체제는 기본적으로 인간노동에 대한 의존도를 감소시키는 방식으로 가치증식을 이루기 때문에 더 이상 대규모 노동력을 체제 내로 포섭할 필요가 없다. 이와 더불어 사회보장 역시 해체됨에 따라 대중들이 자본주의적 경제생활에 참여할 수 있는 여지는 급격하게 축소되고 그들의 삶은 극도로 불안정하게 된다. 다시 말해 자본이 보장하던 삶의 안정성으로부터 배제되어 생계 자체가 심각한 곤란에 처한 사람들이 급격하게 증가하고 있다는 것이다. 이러한 현상을 극명하게 보여 주는 것이 전지구적 차원에서 심화되는 소득불평등이다. 마누엘 카스텔은 다음과 같이 지적한다.

■

하라. 이진경, 『미-래의 맑스주의』, 그린비, 2006. 「5. 노동의 기계적 포섭과 기계적 잉여가치 개념에 관하여」.
18 하비, 『포스트모더니티의 조건』, 189~190쪽.

세계인구 중 극빈층 20%는 지난 30년간 세계 총 GDP 중 그들의 몫이 2.3% 에서 1.3%로 줄어들었다. 한편 같은 기간 극부층 20%의 GDP 몫은 70%에서 85%로 증가했다. 세계 극부층 20%의 극빈층 20%에 대한 소득 비율이 1960 년의 30대 1에서 1997년 74대 1로 벌어졌다.[19]

포드주의 축적체제가 붕괴되던 시기부터 유연축적체제가 본격화된 시기 인 1970년대에서 2000년대에 이르는 기간 동안 전지구적으로 빈곤층과 부유 층의 소득격차는 시간이 경과할수록 심화된 것이다. UNDP의 1999년 인간개 발보고서에 의하면 1998년 세계에서 가장 부유한 3인의 자산이 48개 저개발 국가 6억 명의 GNP 합계보다 많았다. 그리고 이러한 불평등현상은 전지구적 관점에서 보자면 선진자본주의 국가들이 밀집된 북부의 중심부 국가들과 저 개발국가들로 이루어진 남부의 주변부 국가들 사이의 지리적 불평등으로 나 타나고 있다. 남미의 거대 슬럼은 이와 같은 지리적 불평등을 상징적으로 보 여 주는 장소라고 할 수 있다. 일차적으로 사회적 배제의 선이 남과 북 사이에 그어지고 있는 것이다.[20]

폴 베로크는 제3세계와 서구와의 관계가 착취-피착취의 관계로 설명될 수 없다고 주장한다. 그에 따르면, 더 이상 "서구 사회는 제3세계를 필요로 하 지 않는다."[21] 제3세계는 이제 착취의 대상이 아니라 배제의 대상이라는 것이 다. 이러한 현상은 FDI의 흐름에서도 드러난다. 대부분의 자본은 중심부에서 중심부로만 이동하고 일부 자본만이 발전도상국에 투자되고 있다. 1990년대 이후에는 그 일부도 주로 중국으로 유입되고 있는 상황이다. 결국 현재 자본 의 투자대상은 중심부 국가들, 그리고 중국과 그에 연계된 인근 국가들에 집 중되며 그 외 나머지 국가들은 자본의 투자 대상에서 제외되고 있는 것이다.[22] 백승욱에 따르면 이는 "노동력이 싼 많은 지역들이 오히려 대부분 배제된 채 로 남고, 덩치가 큰 몇 곳만 자본의 유입이 진행된다"는 것, "자본이 아예 안 들

19 마누엘 카스텔, 『밀레니엄의 종언』, 박행웅·이종삼 옮김, 한울, 2003, 104쪽.
20 이 글에서 사용하는 '사회적 배제' 혹은 '배제'라는 용어의 개념은 "특정한 개인들과 그룹들이 어떤 주어진 환 경에서 제도와 가치에 의해 고안된 사회 표준 내의 자율적인 생계를 이어갈 수 있는 위치로의 접근을 제도적으로 금지당하는 과정"(『밀레니엄의 종언』, 97쪽)이라는 마누엘 카스텔의 정의를 따른다.
21 다니엘 코엔, 『세계화와 그 적들』, 이광호 옮김, 울력, 2007, 8쪽에서 재인용
22 백승욱, 『자본주의 역사강의』, 그린비, 2007, 338~339쪽.

어가는 지역이 많아진다"는 것을 의미한다.[23] 다시 말해서 자본주의의 영토는 세계 전역으로 확장되기보다는 이윤 창출이 가능한 일부 지역들로 축소되고 있다고도 할 수 있다.

자본주의의 영토가 축소되면서 이전에 체제로 통합되던 대중들은 체제의 중심부에서 배제된다. 이렇게 배제된 대중들은, 어떤 의미에서는, 자본주의의 경계지대로 추방되었다고 말할 수도 있다. 전지구적 차원에서 배제되는 지역들이 증가하는 현상과 더불어 중심부 국가 내부에서도 배제되는 인구집단과 공간 역시 증대되고 있다. 국가의 총량적 경제지표를 상승시켜 줄 수 있는 경쟁력을 가지지 못한 인구집단의 삶은 더 이상 국가가 적극적으로 관리하거나 돌보지 않는다. 이러한 내부적 배제를 잘 보여 주는 곳이 서구의 게토지역이다. 포드주의 시대에 게토는 값싼 노동력을 제공하던 지역이었지만, 제조업이 정보, 금융, 서비스 산업으로 이전되는 포스트포드주의 시대에 접어들면서 게토는 '직업이 없는 곳'이 되었다. 이러한 변화와 더불어 게토의 커뮤니티 기능까지 붕괴되면서 이곳은 전형적인 배제된 자들의 공간이 되었다.[24] 로익 와캉은 게토가 착취조차 당하지 못하는 '쓸모없는 인간들'이 대량생산되는 공간이 되어 버렸다고 파악한다. 소위 발전된 나라들 내부에서도 대중들에 대한 배제가 이루어지고 있는 것이다.

이러한 경향은 한국 사회에서도 나타나고 있는 중이다. 아직 한국 사회에 미국의 게토나 남미의 거대슬럼과 같은 상징적 배제의 장소가 뚜렷하게 부상한 것은 아니지만 사회적 배제의 현상은 급격하게 진행되고 있다. 1997년 외환위기로 말미암아 IMF의 구제금융을 지원받게 되면서 한국 경제는 전면적인 구조조정 프로그램을 시행하게 되었고, '비정규직'으로 대표되는 노동시장의 유연화가 추진되었다. 2011년을 기준으로 볼 때 전체 노동인구에서 비정규직이 차지하는 비율이 50%를 넘어서고 있으며, 비정규직의 평균임금은 정규직의 48% 수준이다. 사회보험의 경우는 정규직에 비해 비정규직은 매우 열악한 상황에 처해 있다. 국민연금의 경우 직장가입 비율이 정규직은 97.3%에 달하는 데 비해 비정규직은 32% 수준이다. 더욱이 절반 이상인 56.5%는 아

---

23 백승욱, 『자본주의 역사강의』, 339쪽.
24 사카이 다카시, 『폭력의 철학』, 김은주 옮김, 산눈, 2007, 29쪽.

예 적용을 받지 못하고 있는 상황이다. 건강보험의 경우에는 정규직의 직장가입비율이 98.6%이지만 비정규직의 경우는 37.1%에 불과하다. 고용보험의 경우를 보면 비정규직 중 고용보험에 해당사항이 없는 경우는 1%에 불과하지만 고용보험에 가입된 비율은 35.6%에 그치고 있는 상황이다.[25]

한국 사회의 노동인구 중 비정규직이 급격하게 증가한 것 못지않게 눈여겨 볼 사실은 일자리 감소와 실업인구의 증가이다. 2011년 통계청이 발표한 자료에 따르면 실업률은 3.8%로 측정되어 OECD국가 가운데 두번째로 실업률이 낮은 국가로 기록되었지만, 이 수치에는 실질 실업인구에 포함되는 취업준비자, 그냥 쉬고 있는 사람들, 18시간 미만 노동자 중 추가로 취업을 희망하는 사람들을 제외한 것이다. 이들을 포함시킬 경우 실질 실업률은 11.3%이다.[26] 더욱이 15세에서 64세까지의 생산활동이 가능한 인구 가운데 직업을 가진 사람들의 비율을 의미하는 고용률의 경우는 63.3%에 불과하다. 고용률의 경우 대한민국은 OECD에 가입된 34개 국가 중 21위를 차지하고 있다.

비정규직 노동자와 실업자의 증가는 경기후퇴로 인한 일시적인 현상이 아니라 1997년 이후 시행된 산업구조조정의 결과이다. 조명래에 의하면 이 시기의 구조조정의 특징은 "외환위기 동안 제조업, 금융업 등 성장기 경제를 주도해 왔던 구산업, 즉 시장경쟁력이 약화된 산업이 퇴출, 위축되는 반면, 새로운 경쟁력을 이끌 IT 관련 산업과 서비스업이 신산업으로 등장하면서, 산업구조 전반이 첨단화, 탈산업화, 경쟁화되는 것으로 재편되어 왔다"는 것으로 요약될 수 있다.[27] 이는 유연축적체제의 중심산업부문이 증대되고 포드주의적 산업부문이 감소되었다는 것, 다시 말해 노동집약적 산업이 아니라 탈노동적인 지식정보산업 중심으로 한국 경제가 재편되었음을 말해 준다. 그 재편의 결과가 비정규직 노동자와 실업자의 구조적 증가이다. 소득불평등 정도를 측정하는 수치인 지니계수는 2011년 현재 0.311를 기록하여 한국에서 지니계수에 대한 통계를 작성한 이후 최고 수준을 기록하였다.[28] 이와 같은 소득불평등

■
25 한국비정규노동센터 노동정책국, 「보도자료 : 줄어들지 않는 비정규직 비율, 해소되지 않는 임금격차」, 2011. 이 자료는 다음 웹사이트 주소에서 다운받을 수 있다. http://workingvoice.net/xe/index.php?document_srl=185630&mid=policy_data
26 "2011년 통계청 실업률 3.4%…실제는 11.3%", 「한국경제」 2012년 1월 15일자.
27 조명래, 「신자유주의적 산업구조조정과 신빈곤」, 한국도시연구소 편, 「한국 사회의 신빈곤」, 한울, 2006, 61쪽.
28 국가통계포털. http://kosis.kr.

정도의 심화 경향은 비정규직 노동자와 실업자의 증가에 따른 구조적 결과라고 할 수 있을 것이다.

결국 유연축적체제는 비정규직과 같은 불안정노동자, 실업자, 비공식경제부문의 종사자 등 삶의 안정성을 박탈당한 인구들을 구조적으로 양산하고 있다고 하겠다. 다시 말해 유연축적체제에서 사회적 배제는 부수적인 현상이 아니라 구조적 특징이라고 할 수 있는 것이다. 이렇게 축적체제 자체의 구조적 성격으로 인하여 발생하는 배제된 인구는 거대한 '쓸모없는' 인구집단을 형성하게 된다. 이들은 소위 고부가가치를 창출하지 않으며, 쉽게 대체될 수 있는 노동을 수행하고, 시장에서 상품을 구매할 수 있는 소비능력도 없는 자들이다. 즉, 체제가 작동하는 데 그다지 필요하지 않는 잉여(redundant)인간들인 것이다. 그리고 대중들은 오늘날 이러한 '쓸모없는 인간들', '잉여인간들'의 모습으로 나타나고 있다. 한국의 경우 비정규직이 800만 명에 이르고, 실질 실업인구는 3백 92만 명에 달하는 실정이다. 전세계적으로도 하루에 1달러 이하로 살아가는 계층이 1993년 13억 명에 이르며, 하루 2달러 이하로 살아가는 이들을 포함시키면 극빈층의 인구는 23억 명에 달한다.[29] 광범위한 '잉여 인구'가 현재의 유연축적체제 하에서 양산되고 있는 것이다.

4. 시큐리티 : 이중화된 통치전략

오늘날 '발전된 나라들'에서 나타나고 있는 지배방식의 변화, 즉 헤게모니적 지배에서 헤게모니 없는 지배로의 이행은 바로 유연축적체제 하에서 배제된 대중들이 양산되는 사실과 깊은 관련이 있다. 유연축적체제의 지배집단에게 '쓸모없는 인간들'은 더 이상 동의를 끌어내야 할 대상, 타협과 양보의 대상이 아니다. 이들은 헤게모니 자체로부터 배제되어 있는 것이다. 이를 배제된 자들의 입장에서 보자면 지배집단은 자신들에게 별다른 정당성을 가지고 있지 않음을 의미하는 것이기도 하다. 사회적으로 배제된 광범위한 대중이 체제의 핵심부에 존재하는 지배집단에게 의미하는 바는 무엇일까? 그것은 자신들의 지배에 동의하지 않는 박탈당한 인구집단이 광범위하게 존재한다는 사실이다. 즉 배제된 이들은 지배자들에게 잠재적 위험요소가 되는 것이다. 그들은 현대

---

29 카스텔, 『밀레니엄의 종언』, 107쪽.

사회의 '위험한 계급'인 것이다. 이러한 위험요소, 위험한 계급을 통제하고 억압하는 것이 이제 통치방식의 중요한 전략이 된다.

우리는 유연축적체제 하에서 지배 집단이 배제된 대중들을 관리하는 통치체제를 '시큐리티'라고 부르고자 한다. 일반적으로 근대사회에서 시큐리티라는 용어는 개인과 사회의 안전(safety) 혹은 안정성(stability)을 의미한다. 그리고 이러한 안전/안정성은 두 가지 차원으로 구분되는데, 그 하나는 사회보장(social security)이며, 다른 하나는 국가안보(national security)이다. 즉 국가의 영토를 경계로 하여 그 내부에서는 시큐리티가 사회보장의 형식으로 작동하며, 그 외부에 대해서는 국가안보의 형식으로 작동했다.

그러나 유연축적체제 하에서 시큐리티는 전혀 새로운 양상으로 변모된다. 일단 경제적 의미에서 시큐리티는 사회보장의 해체와 더불어 사적 보험으로 대체되면서 그 공적 성격이 급격하게 축소된다. 삶의 경제적 안정성은 개인들이 각자 확보해야 할 문제가 된다. 인간의 노동에 의존하는 정도가 높지 않은 유연축적체제 하에서는 경제적 안정성을 보장해 줄 수 있는 일자리가 감소하기 때문에 당연히 경쟁 역시 강화된다. 이러한 경쟁에서 패배한 자들의 삶은 경제적으로 지극히 불안정하게 될 수밖에 없다. 더욱이 신자유주의는 경쟁을 사회의 작동원리로서 설정하기 때문에 경쟁에서 패배하는 이들은 더 이상 사회적 연민의 대상이 되지도 못한다. 그것은 철저하게 개인이 무능하고 근면하지 못한 결과이며 개인의 실패는 스스로 책임져야 하는 도덕적 실패가 된다. 오히려 경쟁에서 패배한 이들을 사회가 공적으로 부조하는 것은 일종의 도덕적 해이를 초래하게 된다는 논리로서 단죄 당하는 것이다. 그리고 이 패배한 자들이 사회적 배제의 대상이 된다.

설혹 경쟁의 게임에서 탈락하지 않고 일정하게 경제적 안정성을 확보한 이들 역시 이 체제 내부에서는 지속적으로 경쟁을 수행해야 한다. 마치 CEO가 다른 기업들과의 경쟁 상황 속에서 기업을 경영하여 이윤을 창출하듯이 각 개인들은 타인과의 경쟁이라는 상황 속에서 자신의 삶을 경영하고 자신의 목표를 성취하는 주체, 즉 기업가적 주체가 된다. 자신의 인생을 하나의 기업으로 인식하고 자기 자신을 경영하는 주체, 즉 기업가적 주체가 바로 신자유주의적 주체인 것이다. 다시 말해 신자유주의 체제가 자신이 통치하는 주민들을 주체화하는 방식이 바로 경쟁원리의 내면화이며 그렇게 탄생한 주체성이

기업가적 주체인 것이다.[30] 푸코가 신자유주의적 주체성을 분석하며 주목했던 호모 에코노미쿠스란 오늘날의 기업가적 주체, 즉 경쟁을 내면화하고 스스로를 경쟁에서 승리할 수 있도록 최적화해 나가는 자기경영의 주체, 기업가적 주체와 다른 존재가 아니다.

하지만 이러한 신자유주의적 개인들의 내면에는 깊은 불안이 자리 잡고 있다.

아직 경쟁에서 탈락하지 않은 이들일지라도 신자유주의 사회 안에서 살아가는 이상 자신이 언제 경쟁에서 패배할지 모른다는 불안을 안고 살아갈 수밖에 없다. 이들이 열중하고 있는 자기계발이나 각종 금융상품을 활용한 재테크는 이러한 불안감의 또 다른 발로이다. 신자유주의 체제에서 경제적 의미의 시큐리티는 대다수 대중의 삶에 불안정화 가능성을 부여함으로 그들을 불안하게 만들며, 이 불안을 극복하기 위해 각 개인을 이윤의 최대화를 위해 움직이는 신자유주의적 주체로 형성하는 통치의 테크닉이다.

군사적 의미에서 시큐리티는 더 이상 국민국가 외부만을 향한 것이 되지 않는다. 사카이 다카시에 의하면 오늘날 시큐리티는 사회적 배제와 관련을 맺는데 그 핵심은 '군사적으로 국경 밖을 향하던 것이 안을 향하게 된다는 것'에 있다.[31] 국경 밖의 적이라는 위험요소들을 향해 작동하던 시큐리티가 국경 내부의 위험요소, 즉 배제된 대중들에 대응해서도 작동하기 시작한다는 것이다. 다시 말해, 이제 공공안전을 위협하는 요소는 적대적인 국가라거나 국가전복을 목적으로 조직된 특정한 집단이 아니라 배제된 인구라는 내부의 불특정 다수가 되었다. 그리하여 현행 체제의 안정성, 즉 공공안전의 수호를 위한 국가폭력을 동반한 강력한 법집행이 체제 유지의 기본 원리가 되고 있는 것이다.

대표적인 예가 2005년 프랑스 파리의 방리유 지역 이주민들의 시위에 대한 프랑스 정부의 대응일 것이다. 아프리카계 청소년들이 경찰 검문을 피해 달아나다 감전사한 사건을 계기로 발생한 이 시위에 대응해 프랑스 정부는 내전시에나 발동하는 비상사태법을 선포하고, 부분적인 통행금지를 실시하기도 했다. 이때 방리유 지역의 가난한 이주민 시위자들은 내전을 일으킨 국가

---

30 이에 대해서는 다음 책을 참조할 것. 서동진, 『자유의 의지 자기계발의 의지』, 돌베개, 2009. 특히, 「4부 자기계발의 의지」.
31 사카이 다카시, 『통치성과 자유』, 오하나 옮김, 그린비, 2011, 244쪽.

의 적으로 규정된 것이다. 한국의 경우에도 이러한 현상들이 나타나고 있다. 2006년 미군기지 건설을 반대하며 투쟁하던 대추리 농민들과 그들의 투쟁에 연대했던 사회운동 세력의 대추리 방어투쟁을 한국 정부는 군대를 투입하여 진압한 바 있으며, 이 글의 초두에서 언급한 바 있는 경찰특공대는 용산 남일 당뿐만이 아니라 이미 여러 철거민 투쟁을 진압하는 데 투입되었다. 이는 국가의 강력한 준군사적 폭력기구가 배제된 자들의 투쟁을 억제하기 위해 사용되고 있다는 것을 보여 준다.

유연축적체제의 지배 권력은 체제에 대한 위험요소로 간주되는 배제된 자들을 잠재적 범죄자로 규정하며, 이들의 권리투쟁을 체제에 대한 테러로 간주하고 있는 것이다. 이러한 경향은 시민의 기본권이나 인권에 대한 침해로 나타나게 된다. 로익 와캉에 따르면 이러한 경향은 사회적 불평등이 심한 미국뿐만 아니라 복지국가의 전통을 포기하고 신자유주의를 채택한 유럽의 국가들에서도 나타나고 있다.

학교, 기업, 구, 시 등의 안전 재구축을 위해 공공장소에 단속원이 증가했다. 전 대륙에 걸쳐 공공질서를 해하는 행위에 대한 사전 조처 및 진압 또한 더욱 심해졌다. 도시 미화를 위해 부랑아, 노숙자에 대한 경찰 단속 및 검거도 늘어났다. 청소년의 야간 통행금지가 특히 빈곤 지구에서 차별적으로 강경하게 실시되었다. (프랑스에서도 가끔 그랬지만 이건 완전 불법이다). 또한 공공장소 및 대중교통 구역에 감시 카메라가 무차별 설치되었고, 범죄자의 투옥을 대체하는 것이 아니라 더 늘어나게 만드는 전자 감시 장치도 이 빈곤 집단 구역에 집중적으로 설치됐다.[32]

'프로파일'에 근거한 체포의 합법화는 시큐리티에 의해 인권이 무화되는 경향을 단적으로 보여 주고 있다. 이러한 체포는 미국에서 주로 마약범죄와 관련하여 시행되고 있는데, 가령 '마이애미로 단기여행을 떠난 자일 경우, 티켓을 현금으로 구입했고, 짐은 슈트케이스뿐이며, 혼자 여행을 하며, 검은 점퍼에 금장신구를 착용하고, 가장 이른 혹은 가장 늦은 비행기를 탔다 …… 이

---

32 로익 와캉, 『가난을 엄벌하다』, 류재화 옮김, 사시인북, 2010, 163쪽.

러한 몇 개의 요소의 복합으로 사회에 대한 위험인물이 특정되고, 그리고 그 혹은 그녀는 구류된다[33]는 식이다. 다시 말해 마약밀수에 관련된 인물들을 프로파일한 결과 나타나는 주요 특징적 요소들에 해당된다고 판단되는 자가 있으면 그의 범죄유무에 상관없이 체포할 수 있는 것이다. 이는 범죄 혐의자조차도 일단 '무죄추정의 원칙'에 입각하여 수사해야 한다는 시민의 기본권 보호 원리에 정면으로 반하는 조치이다.

또한 줄리아니가 뉴욕시장으로 재임하던 시절 시행된 '제로 톨러런스'(무관용) 정책 역시 이러한 관점에서 중요한 사례라고 할 수 있다. 제로 톨러런스 정책이란 삶의 질을 떨어뜨리는 소소한 무질서에 대해서조차도 관용을 보이지 않고 엄정하게 대처하면, 폭력범죄도 감소될 것이라는 논리에 기반하고 있다. 즉 "무질서와 범죄는 대체로 밀접하게 연결되어 있다. 이는 이른바 전자가 후자로 발전하게 되는 관계를 의미한다. 사회심리학자 및 경찰관은 이에 동의할 것이다. 어떤 건축물의 한 유리창이 깨진 채 그대로 방치돼 있으면 이윽고 모든 창이 깨지게 되는 것"[34]과 같은 원리이다. 제로 톨러런스 정책은 윌리엄 브래튼 뉴욕 경찰국장에 의해 수행된다. 그는 경찰폭력을 내세워 스퀴지 오퍼레이터(squeegee operator)들을 공격하고, 지하철의 홈리스와 거리의 매춘부들을 도시 주변으로 추방하는 작전을 수행하였다. 주류 사회로부터 배제된 가난한 이들에 대한 적극적인 사회복귀 조치를 포기하고 그들의 사소한 탈법행위조차 중범죄의 싹으로 인식하고 폭력적으로 배제한 것이다.

시큐리티적 통치의 전면화를 잘 보여 주는 또 다른 사례가 전자감시 시스템의 전 사회적 확산이다. 영국의 경우 5백여 개의 도시에 디지털 기술과 연동된 200만 대가 넘는 CCTV가 설치되어 있다. 영국의 CCTV 감시기술은 런던의 중심가를 지나는 차량의 번호판을 CCTV를 통해 촬영해서 도난 차량이나 범죄에 사용된 차량의 정보가 집적되어 있는 데이터베이스에 조회하여 범죄에 사용된 차량을 적발할 수 있는 감시력을 가지고 있다. 미국 역시 CCTV와 디지털 기술을 연동한 전자감시 시스템을 계속 발전시켜 왔다. 가령 2001년 수퍼볼이 개최된 경기장에서는 비디오카메라로 10만여 명에 달하는 관중의

■

33 사카이 다카시, 『통치성과 자유』, 162~163쪽.
34 사카이 다카시, 『통치성과 자유』, 367쪽.

얼굴을 촬영하여 그 가운데 위험인물 리스트에 올라 있는 인물의 얼굴과 비교하는 기술이 시연되었다. 이후 이 기술은 플로리다 주 탬파 시에 의해 치안용으로 도입되었고, 탬파 시는 36대의 CCTV를 유흥가에 설치하여 하루 최대 15만 명 정도를 촬영하여 그들의 안면정보를 중앙 컴퓨터에 입력된 수배자의 안면과 비교하는 작업을 수행하고 있다. 이제 권력은 대중을 잠재적 테러리스트나 범죄자로 간주하고 이들에 대한 항상적 감시시스템을 구축하여 관리하고 있다. 이러한 감시체제 속에서 개인정보나 사생활의 보호와 같은 시민적 권리들이나 인권은 더 이상 보장되지 않으며 테러방지나 범죄예방을 명목으로 하는 시큐리티 논리에 의해 무화되고 있는 것이다.

　현재 이명박 정권의 통치행태 역시 이와 같은 맥락에서 이해될 수 있을 것이다. 이 글의 서두에서 언급한 대테러 부대에 의한 용산 철거민 진압이나 촛불집회에 대한 검·경의 대응 등은 이명박 정권의 통치방식이 시큐리티의 성격을 강화하고 있음을 보여 준다고 하겠다. 그러한 경향은 이미 이 정권의 출범초기부터 분명하게 드러났다. 무엇보다 특징적인 것은 경찰과 공안기구의 제도적 강화이다. 2008년 3월 15일 대통령에 대한 업무보고 자리에서 경찰청은 "시위 현장에 경찰관으로 구성된 체포전담반을 신설 운용하고, 가벼운 공무집행 방해 사범에 대해서도 무관용 원칙을 적용하는 한편, 불법시위에 대한 민사상 손해배상 청구와 즉결심판의 회부, 불법 시위 단체에 대한 정부보조금 지원 제한 확대 방침"[35]을 밝힌 바 있다. 2008년 6월에는 대통령 자신이 "불법적인 집회와 시위에 대한 무관용 원칙의 적용"을 선언하였다.

　이후 이러한 기조는 더욱 강화되어 갔다. 집권당인 한나라당은 집회에서 마스크 착용을 금지하는 것을 골자로 한 집회시위에 관한 법률 개정안, 공안기관의 감청권 권한 강화를 골자로 한 통신비밀보호법 개정안, '대공·대정부 전복·방첩·대테러 및 국제범죄조직' 등으로 제한된 국내 정보 수집 범위를 '정책 수립에 필요한 정보 등'으로까지 확대하는 내용을 골자로 한 '국정원법' 개정안 등을 발의했으며, 정부는 2009년 3월에는 공안관련 예산을 전년대비 30% 증액하고, 2005년 폐지되었던 검찰청 공안 3과를 부활시켜 시민·사회단체의 집단행동을 전담하도록 하였다. 이러한 흐름은 지속되어 집회와 시위와

■

35 『한겨레』 2008년 3월 16일자.

같은 인민의 저항을 통제하기 위한 경찰력 증대로 이어졌다. "경찰 인원과 경찰 예산은 지속적으로 증가해 왔지만 지난 10년간 '민생치안'을 담당하고 있는 '일반 순경'의 변화 폭은 크지 않다. 반면 2008년에 집회시위 전문 부대인 '경찰기동대'를 989명으로 창설하였고, 2009년 1,721명, 2010년 662명을 계속 증원했다. 이는 '시국치안'에 경찰력을 쏟고 있음을 보여 준다."[36] 법률과 억압적 국가기구의 강화를 통한 시큐리티 통치를 신자유주의 체제 하의 대한민국은 공고히 해가고 있는 것이다.

통치체제로서 시큐리티 체제는 개인들을 기업가적 주체로 형성하는 경제적 안전보장의 개인화(개인으로 분산된 시큐리티)와 신자유주의적 질서를 위협할 수 있는 배제된 자들과 잠재적 위험요소들에 대한 국가폭력을 통한 강력한 통제(국가폭력에 집중된 시큐리티)라는 두 축으로 구축되어 있다고 할 수 있다. 헤게모니 체제가 피통치집단에 대한 일정한 물적 양보와 통치집단의 도덕적·지적 능력에 대한 피통치집단의 승인을 통해 작동하였다면 시큐리티 체제는 피통치집단에 대한 수탈과 수탈당한 자들의 저항을 국가의 폭력기구들로 억압하고 분쇄하는 강권을 통해 작동한다. 그러나 시큐리티 통치제제가 단지 물리적 폭력에만 의존하는 무이데올로기적 지배방식은 아니다. 표면적으로 드러나는 시큐리티 통치체제의 강권적 통치는 또한 대중의 삶의 조건을 극도로 불안정화함으로써 대중의 기본적 정서를 불안으로 몰고 가고, 그래서 강력한 불안에 시달리는 대중들이 안정을 강력하게 희구하게 되는 정념의 관리에 기반을 두고 있는 것이기도 하다.

5. 시큐리티 체제의 탈구축과 민주주의의 재구축

2008년 초, 52%를 기록하였던 이명박 대통령의 국정지지율은 2012년 7월 현재 18%로 10%대까지 떨어졌다. 집권한 지 채 6개월도 되지 않아 이명박 정권은 반민주적이고 권위주의적인 통치방식을 노골화하였고 집권 기간 내내 기득권자들에게 일방적으로 유리한 정책집행을 통해 대중의 일상생활을 힘겹게 만들었으며, 또한 정권 차원에서 무수한 비리를 자행하였다. 이러한 상황에

---

36 최은아, 「경찰력강화와 인권(1)」, 『주간인권신문 인권오름』 2012년 7월 25일자[http://hr-oreum.net/article.php?id=1679].

서 대중은 이명박 정권에 대해 분노를 넘어서 혐오를 표출하고 있다.

그런데 현 정권에 대한 이러한 분노와 혐오는 반MB로 응축되면서 MB를 대체할 훌륭한 통치자에 대한 열망으로 전화되고 있는 듯하다. 일부는 그 훌륭한 통치자의 모습을 박근혜에게서 발견하며, 다른 이들은 박근혜와 이명박의 차이를 부정하며 야당이 정권교체를 해주기를 바라고 있다. 누군가에게는 안철수가 희망의 상징이 되고 또 다른 누군가는 노무현 정신을 승계할 인물로 문재인에 기대를 걸고 있다. 하지만 정권이 바뀌면, 이명박이 아닌 다른 인물이 대통령이 되면, 혹은 새누리당이 아니라 안철수나 야당이 집권을 하게 되면 과연 극도로 불안정해진 대중의 삶이 안정되며, 훼손된 민주주의가 복원될 수 있을까?

우리는 문제의 핵심은 이명박이 아니라고 생각한다. 물론 대통령이라는 막강한 권력자로서 이명박이라는 개인의 캐릭터가 한국 사회에 미친 악영향은 무시할 수 없을 것이다. 하지만 소위 민주정부라고 불리는 김대중, 노무현 정권에서도 비정규직이 양산되고, 경제적 양극화는 심화되었으며, 삼성과 현대를 비롯한 거대 재벌의 이익을 위한 각종 특혜들이 정책적으로 시행되었고, 미군기지의 건설을 위해서 농민들이 자신의 고향으로부터 추방당해야만 했었던 것 역시 사실이다.

하지만 오늘날 민주주의가 무력화되고 인권이 침해당하며 사회적 불평등이 극심해지고 이에 저항하는 자들에 대한 국가와 자본의 폭력이 극대화되는 원인은 단지 이명박이나 새누리당이 정권을 잡고 있기 때문이 아니다. 야당이나 안철수가 집권한다고 해도 그 정권이 신자유주의 질서를 폐기하지 않는 한, 그리하여 시큐리티 통치체제를 철폐하지 않는 한 지금의 비민주주의, 불평등, 국가폭력은 계속될 수밖에 없을 것이다. 현재 배제된 자들, 불안한 대중들, 우리에게 필요한 것은 보다 선한, 보다 유능한 통치자가 아니라 신자유주의를 폐기하기 위한 투쟁, 시큐리티 체제를 탈구축하고 민주적 체제를 재구축하기 위한 투쟁이다.

기획번역

모리사키 가즈에를 읽는다

R
Vol.4

⁰¹ # 두 가지 **말,** 두 가지 **마음**¹

모리사키 가즈에(森崎和江)² · 신지영 번역³

조선에 대해 말하는 것은 무겁다. 마음을 억누를 수 없을 듯하다. 나는 조선 경상북도 대구부(府) 삼립(三笠) 마을에서 태어났다.

　자신의 출생이——삶의 방식이 아니라 태어났다는 사실이——그대로 죄라는 심정의 어두움은 입 밖에 낼 수 있는 게 아니다. 보통 나는 스스로의 출생사실이 역사의 핵(核)과 연결된다고 생각함으로써 스스로의 마음을 구해 내려고 해왔다. 패전 이후 일본의 대중 속으로 섞여 들어가 연명하고 있지만, 나

■

1 모리사키 가즈에(森崎和江)의 평론집 『모리사키 가즈에 평론집 – 어머니 나라와의 환상혼』(森崎和江評論集―ははのくにとの幻想婚, 現代思潮社刊, 1973, 178～197쪽)에 실린 「두 개의 말, 두 개의 마음」(二つのことば, 二つのこころ)을 번역했다. 1968년 5월에 『말의 우주』(ことばの宇宙)에 처음 실렸다. 내용과 초출 서지를 보면 이 글은 1968년 2월에 일어난 김희로 사건을 모티브로 씌어졌던 것으로 추측된다. 1968년 4월에 모리사키는 아버지가 교사로 있었던 경주중고교 창립 30주년 기념식에, 돌아가신 아버지를 대신에서 참여한다. 그때 그녀는 식민지 시기 조선에서 자신을 돌봐 준 '어머니'(조선인 식모를 의미함)와 재회하는 등, 개인적으로도 일본과 조선의 관계를 깊이 있게 천착하게 된다. 이 글에는 식민자 2세로서의 모리사키 가즈에의 흔들리는 위치에서 비롯된 사상과 언어가 섬세하게 표현되어 있다. 특히 조선과 일본의 민중적 차원에서의 불가능할지도 모르는 연대를 그 복잡한 심정적 역사성 안으로 깊이 들어가 모색하고자 한다.
2 모리사키 가즈에는 1958년 8월에 규슈 탄광에서 다니가와 간(谷川雁), 우에노 에이신(上野英信), 나카무라 기이코(中村きい子), 이치무레 미치코(石牟礼道子) 등과 함께 네트워크 문화운동잡지 『서클마을』(サ―クル村)을 창간한다. 그들은 이곳에서 탄광부, 오키나와와 조선으로부터의 이주민, 전쟁 귀환자 등 이질적인 집단과 함께 코뮌을 실험했다. 이 코뮌은 국가와도 스탈린주의와도 거리를 둔 이족들의 코뮌이었다. 특히 모리사키 가즈에는 탄광에 있던 여성들을 중심으로 활동을 벌여 1958년 9월에는 그녀들과 함께 『무명통신』(無名通信)을 발간한다. 그녀는 1965년 다니가와 간이 도쿄로 이주한 뒤에도 계속 탄광촌에 남아 활동을 지속했다. 모리사키 가즈에는 1927년 4월 조선 경상북도 대구에서 태어난 재조 일본인 2세이기도 하다. 아버지는 식민지기에 조선 대구 고등보통학교 교사를 했고 광복 후 1945년 9월 일본으로 귀환했다. 어린 시절을 조선에서 보낸 모리사키 가즈에는 일본으로 돌아간 뒤에도 일본의 민족성에 동화되지 못하는 자신의 감각을 통해서 식민지 지배를 받은 조선의 상황과 일본 안에서 차별당하는 이족 집단에 대해 깊이 있는 사상을 전개해 왔다.
3 번역하는 데 여러 가지로 도움을 주신 요네타니 마사후미(米谷匡史) 선생님, 다케모토 니나(嶽本新奈) 씨, 와다 요시히로(和田圭弘) 씨에게 마음 깊이 감사드린다.

는 주변의 사람들처럼 식민지 정책이 낳은 죄는 국가 차원의 것이어서 우리들 일반인은 …… 이런 식으로 생각할 여지가 없다. 기껏해야 어린 시절이 아닌 가, 특별히 스스로 좋아서 그곳에서 살았던 것도 아니고, 라고 생각한들 소용 없다. 선택하지 않고 그 땅의 모든 것을 호흡해서 자기를 형성했다는 것이 구 원받을 수 없을 고통을 불러 일으킨다. 조선의 것이나 조선인의 움직임에 대 해서 객관적이지 못하게 되고 평정심을 잃고 만다. 내 입술에는 나를 업어 주 었던 **어머니**⁴와 언니야⁵의 머리카락이 달라붙어 있다. 이런 이별을 하지 않았 다면 생각나지 않았을 것을. 그 한 가닥 머리카락에 대한 내 마음은, 아직껏 한 번도 말이 되지 못했다. 말하는 게 불가능한 것이다. 응결되어 버리고 만다. 나 는 오직 조선에 의해 양육되었다. **어머니**를 만나고 싶지만 감사를 말할 수 있는 입장이 아니다. 나는 이 단편[小文]을 조선인의 눈에 띄지 않게 숨겨 두고 싶 다. 이러한 감정과의 싸움 없이는 나는 조선을 말할 수 없다. 쓰기 시작하면 눈 물이 흘러내린다. 그러고 보니 언제였던가? 재일 조선인과 이야기를 하고 있 던 때에, 문득 눈물이 흘러내려 경멸당했다. "문제는 나니와부시(ナニワ節)⁶와 같은 차원의 것이 아닙니다"라는 이야기를 들었다. 정말이지 조선인 앞에서 눈물 따위는 보이는 게 아니었다. 나는 조선에 대해서, 사실을──나의 살이 되 었던 것을──표현할 자유가 없다. 나는 그것을 억눌러 왔다. 억누름으로써 한 층 더 언니야를 억누르고 있다…… 이곳은, 내 살의 어딘가는, 저 언니야들의 무덤이다. 그것을 표현하지 않는 힘으로 나는 무언가를 만들려고 함으로써 살 아왔다, 오늘까지. 나는 단지 무분별하게, 아프다.

　나는 조선인에 대해 아부하는 태도를 취하려고, 그것을 표현하지 않는 것 은 아니다. 표현법을 잃어버린 것이다. 내 속의 한 요소인 재조일계(在朝日系) 2세라는 논리에 그렇게 간단히 내가 점유당해 버릴까 보냐라고 생각한다. 그 런 억제와 나란히 우물쭈물하고 있으면 조선이 못쓰게 된다는 생각이 불꽃을 낸다. 몰(沒) 민족적 만국 공통의 이데올로기 같은 것에 범해질까 보냐, 라며

---

4 원문은 "オモニ"인데, '어머니'라는 조선어 발음 그대로 가타카나로 표시하고 있다. 이 글 전체에서 고딕 서체로 '어머니'라고 씌어진 것은 가타카나 'オモニ'의 음 그대로 번역한 것이다.
5 원문은 가타카나로 네에야(ネエヤ)라고 씌어져 있다. 이 말은 일을 봐주는 가정부나 하녀를 친숙하게 부르는 일 본어인데 마치 조선어나 외래어인 것처럼 가타카나로 쓰고 있어서, 외국어의 느낌과 친근한 느낌을 동시에 살리 기 위해서 '언니야'라고 번역한다.
6 나니와부시(浪花節). 메이지 시대 초기에 시작된 대중 예능의 한 가지. 샤미센(三味線) 반주에 맞춰 주로 의리나 인정을 주제로 한 이야기를 하는 것을 말한다.

억제되지 않는다. 조선인의 모든 체험은 조선의 사상을 낳아야만 하는 것이어서 분열된 정치국가를 통해 정치적 존재로 꾸며내서는 안 된다. 두 번이나 스스로를 외세가 변형시키게 둬서는 안 된다. 빨리 조선인과 만나, 나의 착란된 상자를 양쪽[兩者]의 손으로 열고 공동공작(共同工作)을 해야만 한다……

역시 나의 감각은 어딘가 분열되어 있는 것일까? 어찌해도 뭔가 일편단심[一節] 조선인인 것이다. 조선인 동료를 필요로 한다. 그리고 묘지를 파헤쳐 소리를 주고 싶다(그것은 다른 면에서 말하자면, 착란상태의 내가 그 자체로 존재이유를 갖고 있다는 사실에 함부로 칼을 휘둘러, 존재이유를 사상적으로 잃어 버리게 하고 싶다는 것과 동의어다).

에둘러 말하는 논리, 그것이 나다. 조금도 에두르는 것이 아닌 스트레이트한 심정인데, 말을 매체로 하면 그렇게 되어 버리는 것이 나다. 일본어의 실감을 얻고 싶다고 갈망하는 그 강렬함과 동시 평행적으로, 조선의 실감에 말을 부여하여 조선을 낳고 싶다.

— 불손한 표현일 테지요. 만약 이 짧은 글[小文]을 본 조선인이 있다면, 제발 당신의 불쾌함을 견뎌 주세요. 그 불쾌함이 저 깊은 곳[深部]으로부터 자아 내어지는 것을 참아 주세요. 그 힘에 의해서 겨냥당하지 않는 한, 조선과 일본에 대한 표현을 성립시키지 못하는 부채(負債)가, 나에게는 있습니다. 나의 이 부채는 자본주의와 제국주의의 본질 그 자체의 사멸을 향해, 어떤 몸짓인가를 하는 것을 통해 끝낼 수 있는, 그러한 성질의 것[質]은 아니에요. 인간이 지배·피지배 감각을 지양(止揚)시켜 자신의 말을 지닐 수 있을까 아닐까, 말에 의해 사상을 표현할 수 있을까 없을까 하는 것과 관련되어 있습니다.

저에게는 '나'(私)라는 시공(時空)이 두 개의 겹쳐진 민족색으로 표시됩니다. 제 스스로를 지키기 위해서 억지로 이유를 가져다 대는 것은 아니에요. 원래 '나'라는 용어는 개체의 역사를 총체적으로 표시하는 기능을 갖고 있지요. 그 때문에 자타(自他)와 같은 개체사(個體史)를 기준선으로 응축적인 자기운동을 하는 측면과, 자신의 개체사가 다른 것과 겹쳐진 부분, 즉 불특정한 다수의 타자를 감싸지 않으면 단어[語]로서 의미를 갖지 못하는 외연적인 자기운동을 지닌 측면이 서로 길항하고 있어요. 보통 구어체로서 사용될 때의 '나'는 그 후자의 기능을 말(ことば)의 표층으로 삼고 있어요. 그리고 개체가 내포

한 살림살이에서의 책임 범위를 막연히 지시하고 있지요.

저는 패전 후 일본에 왔어요. 그리고 일본 민중의 살림살이가 후자의 기능을 축으로 한 '나'를, 그들 스스로의 말로 삼고 있음을 알았습니다. 조선에서 살고 있었을 때, 저 자신은 '나'를 전자에 가까운 의미로 사용해 왔지요. 일본 민중에 비해 저는, '나'의 기능을 전면적으로 자기파악할 수 없는 종족인 것이구나 싶어 매우 신기하게 생각되었지요.

어찌되었든 일본의 살림 방식 속에서 '나'라는 말은 그러한 경향성을 지닌 거예요.[7] 적당한 예가 될는지 어떨지 아직 잘 모르겠습니다만, 일본인이 서로 "나의 집에 놀러 오세요"라든가, "어머니를 만나 주세요"와 같은 의미를, 조선말에서는 **내 집**(私の家)이라든가 **내 어머니**(私の母)라는 식으로 말하지 않아요, **우리 집**(私'たち'の家), **우리 어머니**(おかあさん)라고 표현하지요. 그러한 뉘앙스에는 일본어 살림살이에서 사용되는 말인 '나'가 항상 쓰이고 있어요. 이러한 '나'는 단순히 복수형을 의미하는 것이 아니에요. '나'는 체험의 공통성과 공유성이나 또한 생활의 복합범위를 나타나고 있지요. 그 뉘앙스는 **우리 학교**(私の学校)라는 상황에도 사용되고 있어요. 저는 재일 조선인 친구들로부터 **동무**(友達·同志)라 불릴 때는 그다지 곤혹스러운 느낌을 받지 않습니다만, **우리들**(わたしたち)이라는 식으로 저도 포함해서 불릴 때에는, 그 복수의 성립 요인이 무엇이건 간에, 감각이 심하게 동요해 버립니다. 아무렇지도 않은 척 있는 것이 고통스럽게 느껴져요. 아무래도 제가 지닌 체험의 전부나 존재의 힘으로는 저 말이 지닌 역사성에 맞서 겨룰 수가 없을 것 같습니다. 그럴 때에 저는 얼굴에서 피가 솟는 것을 모르는 척하고 그저 우두커니 있는 게 고작이에요.

반면, 제가 혼자서 조선(혹은 일본)에 대해서 이런저런 생각에 잠겨 있을

---

7 모리사키 가즈에는 한국어에는 집단을 가리키는 '우리'라는 말이 개체를 가리키는 '나'라는 말과 별도로 존재하지만, 일본어로 '우리'라는 말은 "私たち"이거나 "我々"이기 때문에, 일인칭 주어 '나'(私)라는 말에 복수형 어미 '타치'를 쓰거나 '나'(私)를 두 번 씀으로써 표현한다는 점을 지적한다. 조선어 "우리"라는 말은 일본어 '우리'와 완전히 일대일로 대응될 수 없을 뿐 아니라, 일본어에서는 '나'를 복수로 늘린 것이 '우리'라고 사용되어 옴에 따라서 '나'라는 말 속에 개체사와 타자와의 외연적 운동이 포함되어 있다는 것이다. 이 부분은 말의 차원, 의미의 차원, 살림의 실감의 차원에서 이미 '몇 층의 번역'이 본문 속에서 행해지고 있다고 할 수 있다. 따라서 원문에 이미 존재하는 복수의 번역이 지닌 층위를, 한국어로 번역함으로써 모두 드러내긴 어렵다. 단지 일본의 현재와 조선에서의 어린 시절이 지닌 차이, 식민지와 피식민지의 차이에서 모리사키 가즈에가 느꼈을 분열과 동요를 조금이라도 보여 주기 위해서, 원문에 "한글(일본어)" 형태로 씌어진 것은 원문 표기 그대로를 노출시키고 고딕체로 표시했다. 이후로도 조선어가 그대로 노출되어 있거나 가타카나로 조선어 발음 그대로 표시되어 있는 부분은 고딕체로 표시한다.

때면, 저도 모르는 사이에 어느새 저의 모든 것을 '나'(私) 속에 있는 불특정 다수인 타자의 그림자가 감싸고 있는 거예요. 그 타자는 물론 무정형이고 무명(無名)인 조선인이죠. 혹은 조선의 풍토풍물(風土風物)이 흔들거리면서 발하고 있는 무엇인가예요. 의식이 그러한 것을 부정한다면 나는 존재하지 않는 게 되어 버리는······.

말을 느끼는 이러한 방법, 또는 논리의 구성법을 가리켜, 그것이 뒤집혀진 지배의 감각이라고 보여진다고 해도 꺼릴 것은 없습니다. 그렇지만 저는 일본에 관한 모든 것과 조선 문제에 관해서 '나'라고 말할 때, 그 긴장된 불특정 다수의 방향으로 흔들리는 것입니다. 제 자신이 자타(自他)를 구별하는 기능을 동원해서 만들어 내는 방향보다 더 강렬하게 말이죠. 그렇다고 해서, 그것이 피식민자 대중 그 자체라는 것은 아닙니다. 제 용어의 원천인 것입니다. 그곳은······ 저는 일본인끼리만 서로 갇혀 드는 일본의 살림살이 속에서 사람들과 교제하거나 싸우거나 하고 있을 때에, 때로 그 원천에서 나온 망령 같은 모습을 하고 있을 때가 있습니다. 그러면 비난을 받습니다. 비협력적이라고 찍히는 것이지요.

저는 '나'의 흔들림[8]이라는 사실을 계속해서 인정해 갈 용기를 지니고 싶어요. 그것이 사상을 빚어 낼 것이라고 기원하고, 그것이 제 개인의 점유물로서 사멸하는 것을 막을 방법을 찾아내는 것이, 제 인생이라고 생각하고 있을 뿐이지요. 그것이 조선을 낳고 싶다라는 말로 비약해 버립니다.

일전에 내가 사는 규슈에도 눈이 내려쌓여 추웠던 때의 일이다. 김희로[9]라는 재일 조선인이 일본의 폭력단원 2명을 사살하고 라이플총을 가진 채 시즈

---

8 원문은 ぶれ. 특히 셔터를 누를 때 카메라가 흔들리는 것을 의미.

9 김희로(金嬉老, 1928. 11. 20~2010. 3. 26). 본명은 권희로(權嬉老)로, 일본 시즈오카 현에서 태어나 부산에서 죽은 재일 조선인 2세이다. 일본인 조직폭력배를 살해한 죄로 체포되어 24년간 복역했다. 세 살 때 아버지를 여의고 1933년에 어머니가 재혼하여 김희로 이름이 바뀌었으나 아버지와의 갈등, 가난한 가계 등으로 여러 가지 범죄에 빠진다. 경찰 조사를 받는 동안 재일 한국인이라는 이유로 폭행을 당하거나 한다. 1968년 2월 20일, 일본인 야쿠자에게 빚독촉을 받던 중 그들로부터 "조센진, 더러운 돼지새끼"라고 모욕을 당하자 격분하여 그들을 총으로 살해한다. 이후 그는 다이너마이트와 실탄을 가지고 하이바라의 스마타 협곡에 있는 한 온천 여관에서 투숙객 13명을 인질로 잡고 일본 경찰과 대치했다. 대치 당시 그는 기자회견에서 "조선인 차별을 고발하기 위해 사건을 일으켰다"라고 주장했고, 복역 중 "재일 조선인의 인권을 위해 투쟁하겠다"라고 발언했다. 이 때문인지 그는 8번에 걸친 교도소 표창을 받았음에도 석방되지 못했다. 이에 따라서 대대적인 김희로 석방 청원운동이 일어났다. 이 사건을 모티브로 1991년 기타노 다케시 주연의 「김의 전쟁」과 1992년 유인촌·이혜숙 주연의 「김의 전쟁」이 제작되기도 했다.

오카(静岡) 현 하이바라(榛原) 군 스마타(寸又)[10] 협곡의 한 온천여관에 틀어박혀 경찰에 저항한 사건이 일어났다. 김희로는 범죄를 끌어안음으로써 겨우 자기를 말로 표현한다는 공개성을 얻고 있었다. 그는 일본인의 조선인 차별을 탄핵했다.

김희로가 저항한 지 4일째였을까? 친구로부터 도착한 편지에 "김의 동향을 지켜보고 있다"고 씌어 있었다. "오직 혼자서 전 일본을 적으로 돌리고 스스로의 목숨을 버리는 전법을 취하는 것은, 얼마나 처절한 싸움인가"라는 것이었다. "그에 비하면 일본의 저항운동의 상황은 짜고 치는 것처럼 느껴져 틀려먹었다"고 했다. 그 친구는 일본 태생의 가정주부이다. 나는 불시에 가벼운 어지럼증을 느꼈다. 그녀와 나의 맥락이 일순 사라졌다. 하루 이틀 후에 다시 다른 사람으로부터 같은 의향이 적힌 엽서가 도착했다. 김의 저항을 지원하는 마음이 나타나 있었다.

그때는 일본 안이 다소 시끄러웠다, 라고 하기보다는 부주의한 발언을 하지 않으려고 하는 듯한, 말에 대한 자기 억제적인 분위기가 일본에 흐르고 있었다. 자국어에 대한 억제적 기분은, 일상어가 사상화(思想化)를 향해 가는 몇 단계 전의 상태이다. 나는 조마조마해 하고 있었다. 일본은 이 분위기를 견딜 수 있는 국민성을 갖고 있지 않다. 그러한 분위기를 일거에 떠맡아 대중을 그 긴장으로부터 풀어내 줄 층(層)을 즉시 만들어 내곤 하는 것이다. 일본인 전부가 강한 인내심을 갖고 기다리거나 하지 않는다. 그리고 그렇기 때문에 대중이 품고 있는 듯이 보였던 사상의 전 단계적 상황을, 단번에 무[元來]의 상태로 되돌려 버리고 만다. 다시 말을 원래의 수다스러움[饒舌]으로 되돌려, 그 긴장이 사라져 버린 일상적이고 아무렇지도 않은 말의 상태[無謬性]에 사람들을 가두어 버리고 마는 것이다. 또한 이 지점에서 그것을 봐야만 한다. 조선인의 눈 앞에 책임의 논리가 또다시 소멸해 가는 추태를 드러내야만 한다. 제발이지 스스로 대중의 대변자임을 자인(自認)하는 층이 나타나지 않길 비는 마음이었다.

그렇지만, 나의 어떤 면은 그러한 일본적 희비극에는 무관심한 감각이 있어서, 그 사건에 휘말려 들고 있었다. 내가 친구의 편지에 일순 어질어질했던

10 스마타 협곡(寸又峽). 시즈오카 현 중부에 있는 협곡.

것은 그러한 내가 빠져 있는 우물 속에서는, 김희로를 지지하는 친구의 위치가 지각되지 않았기 때문이다.

그렇다면 나는 어디에 있었던 것일까? 나는 인질의 위치에 있었다. 그리고 무엇을 하고 있었을까? 긴장해서 김(金)을 노려보며 말을 억누르고 있었다. 어렸을 때에 항상 그렇게 하고 있었듯이. 그때 나는 전달하고 싶은 명확한 것을 갖고 있었을까? 갖고 있었다. 그렇지만 입 밖에 낼 수 있었을까? 말할 수 없었다. 지금은? 말할 수 없다……

말할 수 없다. 말할 수 있고, 그리고, 말할 수 없다. 나에게는 김희로의 발가벗은 엉덩이가 보이는 것이다. 김(金)이 무엇을 말하고 동시에 무엇을 말하고 있지 않은가도 보인다.

내가 어린 시절 이후 밟고 건너온 조선은, 단 한 사람의 김희로가 아니었다. 무명(無名)이며, 불특정(不特定)이며, 어른이며, 어린아이였다. 나는 일본인들만 살았던 거리 ── 관리와 군인들만 사는 대구(大邱)부 육군관사가 줄지어 서 있는 구릉지(丘陵地) ──에 살았다. 그곳에서 조선인도 내지인도 오가는 길을 지나서 풀과 만나거나 물에 접하거나 했다. 이중 삼중으로도 둘러싸여 있는 감각, 그것이 일상이었다. 어린아이가 혼자서 걸어가면 배를 갈랐다. 비유가 아니다. 따라서 낮에만 대구천(大邱川)을 건너 군읍에 나갔다. 세계란 그러한 것이라고 생각했던 것이다. 조선인은 개별적으로 만나면 깊이 깊이 '소프트'하다. 그가 불특정 다수의 일부로 변하면, 무언(無言)의 코르셋이 되어 나를 긴장시켰고, 내가 말의 수원[源]을 파게끔 했다.

나를 인질로 빙 둘러싸고 있는 김희로 무리가, 네 명 정도의 남자아이를 앞에 세우는데, 그 아이만이 내 쪽을 향하고, 모두는 저쪽을 향하고 있는 것이다. 그것은 유년 시절 이후 재조일계 2세인 **여자아이**의 세계이다. 누구도 웃지 않고, 얼어붙은 것처럼 침묵하고 있다. 타협을 용서치 않는 거래가 시작된다. 남자아이와 나 사이에서.

남자아이들 눈동자의 행렬(行列)이 그 아이의 눈 속에서 보인다. 나를 보고 있는 것이 보인다. 나의 대답이 저 눈동자의 행렬 그 구석으로 운반되고 있었 …… 이윽고 모두 사라졌다. 내가 사방치기를 하기 시작한다. 포플러를 건드린다. 다시 남자아이가 보인다……. 그것이 공기(空氣)이고, 사랑이어서, 나에게 계속해서 운반되어 왔던 젖[乳]이었다.

지금 나는 김희로의 벌거벗은 엉덩이에 강박당하면서, 내 속에 형성되어 있던 것으로 그 벌거벗은 엉덩이와 대결하고 있다. 말할 수 있을까? 말할 수 없다. 칼에 찔린다고 해도 입 밖에 낼 수 없다. 그렇지만 만일 내가 그 위치에서 **발음**(發音)했다면 **재일조선인**인 김희로는 총 한 발로 나를 죽였을 것이다. 그렇지만 과연 내 속의 그것은, 그때 일본어를 발(發)할까? 아니면 조선어일까?

나는 김희로가 텔레비전 화면에서 단가(短歌) 등을 지껄이는 것을, 자루 속을 찔레꽃이 굴러 다니게 한 것 같은 기분으로 들었다. 도저히 참을 수 없는 것이다. 프라이팬 기름 소리를 심하게 내면서, [부들부들 떨리는 화를 참기 위해 입에] 수건을 앙물고 있는 내 쪽을, 내 아이들이 마치 봐서 안 될 것을 엿보는 것처럼 힐끔힐끔 보면서 얌전히 텔레비전을 향해 [앉아] 있었다.

일본에 살 수밖에 없게 되고 나서부터 나는, 단가를 만드는 것에 감각을 집중시키려고, 마치 물에 떠다니는 나무[流木]처럼 노력했다. 조선에 있었을 때, 나는 단가도 시도 가뿐히 만들어 낼 수 있었다. 그것은 정말로, 만들어 낼 수 있는 것이었다. 어찌 됐든 상관 없었기 없었기 때문에, 그런 것쯤이야. 나는 일본어끼리 승부하는 세계가 있다고는 생각지도 못했다.

나에게는 잊을 수 없는 기억이 있다. 전쟁이 격심해져서 내지에서는 전쟁 터에 있는 것과 똑같은 마음으로 지낸다는 것이었다. 지나(支那)로 가는 군인 들이 매일 조선을 통해서 지나갔다. 총후(銃後)의 국민으로서 작문을 쓰게 되었다. 학교의 대표작으로 하는 것이니 좋은 것을 쓰라고 했다.

'좋은 것'이라면? 나는 술술, 정말로 술술 편안히 써서 냈다. 상장을 받았다.

지금도 다른 기록과 함께 수중에 지니고 있다. '지나사변 4주년 기념일에 바치는 작품. 경상북도 대표작으로서 입선하여 이에 상장을 수여함. 쇼와(昭和) 16년 7월 7일 국민총력 조선연맹'.

나는 '전쟁놀이'라는 것을 꾸며냈던 것이다. 조선인 남자아이들이 전쟁놀이를 하며 놀고 있었습니다, 라는 문장이다. 이것이라면 히트하리라고 생각했다. 선생님이 내지에서 심사한다고 했기 때문에, 편안했던 것이다. "나는 전쟁이 정말 싫어. 언젠가 어른이 되면 조선 독립운동의……" 그런 노래를 조선인 학동들이 부르며 놀고 있었는데, 너무나 즐거워 보였기 때문에 그 노래의 의미도 느끼지 못한 채로, 그 노래만을 제외하고 글 한 편을 완성시켰던 것이다.

일본에 와서, 나는 어떻게 하면 좋았던 것일까? 일본의 마음이라면, 사랑의 형태조차도 소설에서 읽은 것밖에 모른다. "저, 일본이 알고 싶어요"라는 말이 내가 할 수 있는 최대한의 속삭임이었다. 나는 풍로[七輪]라는 취사도구에 매달렸다. 점점 세상이 안정되어 갔고 친구들이 조언을 해주었다. "합리적으로 해요." 그때 나는 "풍로의 연기에 숨이 막혀 있지 않으면 일본을 모르겠는걸"이라고 농담을 했다. 친구는 웃었다. "아직도 모르겠어? 몇 년이나 지났는데."

나는 결혼하고 나서부터 풍로와 함께 살았다. 얼마나 취사를 저주한 살림살이였는지. 연기 없이는 살 수 없는 내부의 요구에 굴복하고 있는 스스로의 일상을 얼마나 저주했었는지. 나의 그런 심리와 더불어 일본에서 태어난 가족들이야말로 달갑지 않았다. 갓난아이를 등에 업고 걸어 다니면서 나는, 그러한 흉내를 내고 있는 자신의 옷자락이 포대기[11] 채로 걷어 올라가 있지는 않은가 싶어 정말로 몇 번이나 확인하지 않을 수 없었다. 나는 무턱대고 포대기 채로 자신을 만들어 내려고 해서, 어떻게든 손으로 건질 수 있는 말만을 건져서 스스로를 구출했다. 취사의 연기와 여성의 노동, 사회적 지위, 성의 문제 ……. 언어의 세계는 인간에게 이 얼마나 얕은 것인가? 그리고 또한 민족어란 인간에게 이 얼마나 편협한 것인가?

나는 집안일은 어떤 것이든 모두 좋아한다. 육체를 사물과 닿으면서 즐기고 있는데, 심리도 의식도 빙원(氷原)을 구르는 쇳조각에라도 닿은 것처럼 튀어 흩어진다. 취사용 물질에 들러붙어 있는 일본적 편향을 겨냥해 범죄자의 심리가 분출하는 것이다. 만약 내가 이 내지(內地)에서 내 아버지의 딸인 채로 자랐다면, 추상적으로 물체를 즐기고 사랑해서, 구체적으로는 즐길 수 없는 여자로 성장했을 것이다.

나는 스스로가 스스로를 영원히 해방시킬 수 없을 듯이, 그럼에도 불구하고 반권력 의식만은 나무의 옹이처럼 엉기어 가듯이, 김희로가 일본어를 재잘거리는 것을 듣고 있었다. 그것은 그에게 투쟁이면서 투쟁이 아닌 것이다. 그렇게 피상적인 것 때문에 죽으려고 하지는 않는 법이다. 그렇다면 재일 조선인이 죽음과 교환할 만한 투쟁은 어디에 있는 것일까?

—— 나는 이런 식으로 내가 단독으로 조선(혹은 일본)에 대해서 말하는 것

■

11 누비 포대기(ねんねこ半纏). 어린아이를 업을 때 두르는 두루마기 모양의 솜을 둔 옷.

을 좋아하지 않는다. 이 방법의 무력함을 깨뜨리지 않는 한, 일본은 그 민족어가 지닌 지방성을 넘어설 수 없다. 사상의 부분적 표현으로 끝나고 만다. 사고적인 용어가 내포하고 지시하는 것에 대해 의식성을 고양시키는 것조차 불가능하다. 그럼에도 불구하고 이렇게 같은 말을 여전히 반복해서 늘어놓는 데에는 이유가 있다.

일본인은 그 누구라도, 어느 때인가, 불시에, 개인적 이유 없이, 조선인의 인질이 되어도 전혀 이상할 것 없다는 것을 말하고 싶기 때문이다. 종종 그렇게 되어 버릴 수 있다는 점을 지적해 두고 싶기 때문이다. 인질이라는 것은 조선인의 주체성에 눌려 꼼짝 못하는 상태를 말한다. 그렇지만 또한 조선인의 주체성에 대해서 정면으로 대응할 자유— 즉 생명의 위기감과 교환하여 스스로의 조선을 발굴할 자유를 확보한다.

일본인은 범죄의 유무에 관계없이, 일본인이 인질이 되어 조선인의 주체성에 눌려 꼼짝하지 못하게 되는 것을 불쾌하다고 생각한다. 이러한 감정은 일본 대중에게 극히 자연스러운 발상이다. 또한 일본의 지배의식도 그러한 것을 불편하게 생각하지만 그러한 지배의식은 다소 부자연스러운 반응이다. 그 의식은 반응의 입각점을 마음이 소란스럽도록 찾아야만 한다.

그럼 만약, 중국인이 일본인 대중을 인질로 삼는다면 어떨까. 조선과 중국은 모두 일본이 침략대상으로 했던 상대이다. 그렇지만 양자에 대한 대중의 감정에는 꽤 큰 차이가 있다. 예를 들어 일상어에 대한 반응도 엄청나게 다르다. 나는 일본에 온, 일본어가 자유롭지 않은 방문객을 안내하며 길을 걸었던 적이 있다. 지나가는 사람에게 길을 묻는다. 방문객이 옆에서 영어와 일본어와 민족어를 섞어서 거리와 교통비 등을 묻는다. 젊은 일본인이 공손하고 세심하게 가르쳐 준다. 그리고 묻는다. "중국에서 오셨습니까?" 손님이 대답한다. "아니요. 한국입니다." "뭐어, 중국어인가 했네. 비슷하네요." 젊은 일본인은 실망한 빛을 띠며 물러난다.

나는 때때로 전차 속에서 조선어 책을 펼칠 때가 있다. 작은 글씨가 가로로 씌어진 종이조각에 눈길을 주고 있던 옆 자리의 사람이 "네팔 부근의 문자입니까?"라고 물었다. "네? 아니요 조선의 문자입니다." "허어, 조선……" 그러곤 내 머리부터 발끝까지를 유심히 봤다. 그러곤 잠시 뒤에 물었다. "조선에 글자가 있습니까?"

그 이후 나는 전차에 탈 때에는 조선어 교과서를 펼쳐 들곤 한다. 재일 조선인 학교에 다니고 있는 초등학생에게서 받은 것이다. 교과서에는 그림이 그려져 있다. 치마나 저고리가 그려져 있고 글자가 덧붙여져 있기 때문에 금방 안다. 혹은 한국에서 보내 준 어린이 교과서를 펼친다. 종이가 아직 까슬까슬하고 그림도 그려져 있기 때문에 바로 안다. 그러면 어쩌면 그러한 시선을 보내는 것인지. 혀를 차고 소곤소곤하는 것 정도는 그나마 낫다. 팔꿈치나 다리 등 몸까지 부딪칠 건 없지 않은가? 언젠가는 누군가가 말을 걸었다. "왜 조선어 공부를 하고 계십니까? 기왕 할 거면 중국어가 좋지 않습니까?" 이 반응은 대중의 분위기를 잘 나타내고 있다. 만약 이들 대중들이 중국인의 손에 의해 인질이 된다면, 이 일반 대중들은 역시 불쾌하다는 반응을 보일까?

같은 침략국이지만 한국인과 중국인에 대해서 일본 대중이 지닌 일반적인 감정이 다르다. 일본의 패전을 계기로 다른 것이 되어서 나타나고 있는 것이다. 중국인에 대해서는 기분 상의 상대성(相對性)을 되찾았다. 조선인에 대해서는 이종 분리성(異種分離性)을 되찾으려 하고 있다.

일본 대중은 중국인과는 피를 흘리면서 대립했다. 한편 일본 대중은 피도 흘리지 않은 채 조선에게 이종 동화론을 확대시켰다. 일본 안에서도 중국과는 싸웠지만 지지 않았다는 심정이 있다. 일본 대중이 지닌 살림의 기반은 썩어지지 않는 역사——여자들의 사유 세계이다. 그것을 바닥에 빈틈없이 깔아 놓고는 일상적인 사유의 결산서가 만들어진다. 어떤 권력도 갖지 못한 계층은 모두들, 여자의 노동을 축으로 한 독특한 집합 방법을 통해 자신들을 지켜 왔던 것이다. 그 집합 방법의 원리 원칙은 그들 마음의 경사면을 결정하고 있다. 따라서 이 원리 원칙은 사회적 권력을 매개[媒體]로 삼아 성립하는 의식 공동체와는 분리되어 만들어져 있다. 일본 사람들을 처음 만나면 이렇게 인사한다. "당신 고향은 어디입니까?" 이 인사는 고향 그 자체가 어디에 있는가를 묻는 것이라기보다, 일상생활의 마음이 소속되어 있는 공간을 상호간에 표명하는 것이다. 사회생활의 의식과 이중적 형태로 지속되고 있는 일상생활의 마음을 말이다. 이 이중성은 사람들에게 세상에 대한 독특한 이미지[像]를 갖게 한다.

나에게는 그러한 세상에 대한 이미지가 결락(缺落)되어 있었다. 때문에 나는 일본에 와서 사람들이 생긋하면서 마중 나와 주는 뻔뻔함을 전혀 이해할 수 없었다. 사람들이 토착민이라고밖에 부를 수 없는 생생함으로 나를 받아들여 주었기 때문이다. 전적으로 살림의 범위를 넓히고 있는 느낌으로 자신의 사유양식을 강요해 오는 것이었다. 그것이 그들의 생활생태였다. 내가 어떠한 생활신조를 가진 어린 계집애인가 등은 안중에도 없는 것이다. 아버지의 맏딸이라는 것만으로 너무나 충분한 조건이었다. 희미하게 이상함을 감지했다고 하더라도 사람들은 자신의 마음속에서 그 이상한 느낌을 부정하고 지우지 않고서는 안심할 수 없었다. 따라서 나의 본질을 전면적으로 무시함으로써 친근감을 표명했다. 더욱이나 아버지는 그 개인이 지닌 신조 때문에 중상을 입고, 그 중상만을 세계로 삼고 있었다. 이 세계는 침입을 거부한 별세계여서, 그들은 단지 일방적으로 마치 밭의 야채를 운반해 오듯이 겹쳐진 일상의 여러 가지를 호의의 공물(貢物)처럼 먹이려 했다. 아버지가 자신의 개체사(個體史)를 제쳐 두고 싱글거리면서 대응하고 있을 때, 나는 고립되고 있었다. 일본에 와서 "동화정책"의 본모습이 무엇인가를 이해했던 것이다. 그리고 오늘날까지, 민중에게 동화하려는 내 쪽에서의 시도는 성공하지 못하고 있다.

어찌 되었든 그러한 살림의 정신 구조를 갖고 있는 집단은, 본질이 다른 것보다도 속성이 다른 것을 배제한다. 만약 그들 집단이 이종(異種)이라고 정해 놓은 것이 흘러들어 와 정착(漂着)하려고 한다면, 그 이종(異種)은 집단 바깥에 정착해야만 한다. 그리고 만약 어떠한 사정으로──그것은 대개의 경우 지배권력의 의도에 의해서인데──그들이 이종이라고 정해 놓은 것을 동일한 생활체 속에 들어와야 하는 경우에는, 그 이종의 속성도 묻지 않을 것을 원칙으로 동종동화(同種同化)의 원을 확장해 갈 심산인 것이다. 그들이 동일한 생활체 속에서 여태까지 서로 간에 본질을 묻지 않았던 것처럼 말이다. 그리고 이러한 동일한 세계에서 물어지지 않는 부분이 지닌 어떤 의식요소라든가, 물어지지 않았던 속성은 동화된 하나의 생활체 속에서 독자성의 표현이 된다. 예를 들면 혈연의 차이나, 계급의 속성[階屬性]이나 지연(地緣) 등이 바로 그 독자성으로 화한 속성들이다. 차별이란 그 독자성의 뒷면이다.

이것은 일본 민중의 살림살이가 지닌 마음의 양식이다. 행정화된 마음의 원칙이 아닌 것이다. 그 마음에 따르면 자타(自他)의 동화는 타자에 대한 친절함이다. 따라서 타자의 사멸로 편향된 생활원리는 아니다. 즉 타자의 사멸이라는 지점까지 질문해 가는 사유양식을 갖고 있지 않다. 그러한 사유양식은 타자뿐 아니라 자기에게도 그러하다. 이러한 공동의 생활체 안에서는 서로 묻지 않았던 각양각색의 요소 관계 및 개체 사이와 같은 상호관계는, 모두 같은 원리로 끝내야 하는 게 원칙이라고 여겨지게 된다. 동화의 원을 확장시켰던 생활체는 사정에 따라서 그 원을 수렴시킨다. 그것은 사멸로부터 자기도 타자도 구출해 내는 것이라기보다는, 그저 살아온 그대로 살게 하는 것이다. 여기에 다른 원리를 들여오는 것은 룰 위반이다. 예를 들면 동화의 원리로 성립된 관계에 대립의 원리를 들여오는 것은 불편한 것이다. 따라서 일본 민중의 살림살이가 지닌 감정은 그것을 받아들이지 않는다.

일본의 지배권력은 민중의 살림살이가 지닌 이러한 마음을 원리 원칙화하여 조선의 식민지 정책에 응용했다. 일본인 대다수는 나는 조선인을 차별하지 않았다고 한다. 그것은 동화의 원을 넓혔던 것일 뿐이라는 것이다. 또한 패전 후에도 권력이 그 '속성을 물어본 적 없는 요소'를 "이종"(異種)이라고 판정했기 때문에, 자신들은 떳떳이 몸을 빼고는 상호간에 살길을 얻은 것이라고 느끼며 의심치 않는다. 나의 아버지는 내가 열 살 때 신라의 고도(古都)인 경주의 초대 중학교장으로 취임했다. 아버지의 정열은 "이곳에 쇼가 서당(松下村塾)¹²의 영혼을"이라고 말했던 날들로 뒤덮여 있다. 아버지가 귀여워했던 젊은 청년의 이름과 표정은 지금도 내 마음에 남아 있을 정도다. 그러한 젊은이의 개성을 돌봐 주었던 아버지의 뜻은 나에게도 스며들어 있다. 아버지 차원에서의 인종차별은 추호도 없었다. 추호도 없었다는 사실이, 우리들을 패전 이후 계속해서 살 수 있게 해주었다. 나는 내지(內地)에 와서 나 스스로 갚아도 갚아도 밀려드는 동화의 바다에 직면했기 때문에, 아버지가 그들(조선인 청년을 의미—옮긴이)에게 준 사랑의 깊이야말로, 고스란히 그들을 사멸시키는 것으로 이어졌다고 생각하게 되었다.

일본 민중의 불쌍함은 자타대립이라는 개념을 살림살이가 지닌 마음의 한 요소로 갖지 못했다는 점에 있다. 또한 이에 더해 동화의 원리를 목적의식적으로 사용할 수 있었던 계층을 동일한 생활의 지도자로 갖고 있었다. 목적의식성은 그것의 사용자인 개인의 선의에서 나온 발상이라고 할지라도, 같은

■

12 쇼가 서당(松下村塾). 에도 시대 말기에 조슈(長州) 한사(藩士)인 요시다 쇼인(吉田松陰)이 강의했던 사숙이다. 무사나 농민 등 신분을 구별없이 사숙으로 받아들였다. 명륜관(明倫館)이 무사 계급만을 입학시켰던 것과 대조적이다. 단기간밖에 지속되지 못했지만, 존왕양이(尊王攘夷)를 주창하며 교토에서 활동했던 자들이나 메이지 유신에서 신정부에 가담한 인물들을 많이 배출했다.

생활체 속의 다른 의식을 압박한다. 경주의 쇼가 서당이라는 흉터로부터, 내 앞으로 편지가 도착한다. 돌아가신 아버지 대신이다. 나는 그것들 일본문자로 씌어진 편지 속에서 **우리들**(私たち)과 **나**(私)와 일본식 와타쿠시타치[13]를 마음을 진정시켜 읽어 보려고 하는 것이다. **우리들**이 강렬할 때 (그리고 그것이 고결하다면) 타인에게 전달하기 어려운 편안함을 느낀다. **나**는 상당히 날카롭게 주시해도 손쉽게 그런 기분이 나오지 않는다. 꽤 깊은 곳까지 교류하고 또한 서로 만나는 게 가능해서 대화를 거듭해 왔던 사람일 경우에도 **나**, 즉 일본어의 '나'는 나에게는 명확하게 파악되지 않는다. 이것은 나에게 개인적 사고의 테마로서는 유감스러운 것이지만, 아버지와 자식 2대에 걸쳐 그곳에 살림살이를 했던 역사의 흔적을 엿볼 때면, 하늘에 감사하고 싶어지는 것이다. 범죄자가 범죄의 현장에 반드시 돌아온다는 심리와도 닮아 있어서 말이다.

역시나 동화란 존재의 근원을 스스로 물어볼 수단을 빼앗긴 모든 계층의 자위수단이다. 그 필연성에 따르고 있을 때는 살아서 기능한다. 그렇지만 어떻게 목적의식에 사용하려고 하든 간에, 생활의 사유양식을 달리하는 인격이나 집단을 하나의 전체성으로 파악하여 변질적으로 결합시키는 것은 불가능하다. 하물며 타 민족을 지배하는 원리로 사용하려고 하면, 일본 민중이 '동화'에 자타가 함께 살고 합일한다는 질을 부여하여 자위수단으로서 삼고 있었던 것을 뽑아 내는 것과 같아진다. 따라서 정치성이 완전히 누락되어 버린다. 정치적인 압박이 구상화된 것과 형상화된 것 모두를 파괴하려고 한다고 해도, 피압박자가 지닌 무형무언(無形無言)의 공간은 그 긴장을 강화시킨다. 그 공간이 존재한다는 것을 인식할 수 없는 것은 멸망한다. 민중은 이같이 저항한다.

나는 조선인 대중의 그 무형무언의 공간에 의해서 나 자신의 어린 혼이 어떻게 조직되어 버렸던가를 생각할 수밖에 없다. 나는 단지 그들에게 둘러싸여 놓고 있었을 뿐이다. 조선어조차 알지 못한 채. 또한 정에 약해서 엄숙했던 아버지의 감정, 그 감정의 방향에 따르고 있었을 뿐이다. 그리고 언덕과 고분[王塚]과 돌 고적의 모양새 등이, 어린 마음에는 마치 유구한 시간을 이야기해 주는 듯이 보였던 저 고도(古都)를, 마음껏 사랑하고 있었을 뿐이다. 만약 식민지

13 원문의 "わたくしたち"를 직역하면 "우리들"이 되지만, 모리사키 가즈에가 일부러 한자가 아닌 히라가나로 써서 일본식 발음을 노출시키고 있으므로 "와타쿠시타치"로 번역했다.

에 2세의 시대가 도래하여 3세가 그 땅을 걷게 되었다면, 나는 그 2세나 3세의 의식이 일본을 조국으로 삼았을 것이라고 생각하지 않는다. 남아프리카의 백인의 의식과 별반 다르지 않은 분위기로, 기껏해야 선인과 악인으로 나누어지거나 해서, 정치경제적으로 일본과 연대하면 좋을까 중국과 연대하면 좋을까 하고 논쟁했을 것이리라. 그리고 수대 후에는 식민자로 얼룩진 조선인의 무형 무언이, 자기 스스로의 사고를 표현할 수 있는 말을 낳았을 것임에 틀림없다. 그렇게 생각하는 것만으로 감각의 일부에 빛이 확 비추는 것 같다. 인간은 확실히 역사적인 존재이다. 이 지점에서 나는 재일 조선인의 의식과 하부의식을 생각지 않을 수 없다.

일본의 대중이 스스로의 일상적인 사유양식이 지닌 결함에 눈뜨기 위해서는, 재일 조선인으로부터의 타격이 필요하다. 내가 짊어져 왔던 모국과의 단절보다도 더 깊은 상처 그 자체로부터, 차용물인 조선다움을 넘어선 사상을 낳아 주는 것이 그 한 가지이다. 이것을 위한 시행착오가, 일본인 대중의 일상적 사유세계에 대한 직접적인 개입이 되는 시기는, 또한 계속될 것이다. 일본 대중이 이종 분리 후의 '무관심'을 '속죄'라고 느끼고 있기 때문이다. 또한 동화의 원리 이외의 대응방법을 모르기 때문에, 눈앞에 모습을 드러낸 것에 어떻게 대응해야 할지 몰라서 느끼는 어쩐지 기분 나쁜 느낌에, 일본은 노출될 필요가 있다. 일본인이 지닌 발상법 자체가 뒤흔들리고 동요되었던 체험을 의식에 남겼던 것. 그것은 겨우 패전 후에 희미하게 생겼던 것에 불과하다.

식민지 체험에 대한 일반 일본인의 죄는 다음과 같은 점에 있다. 전전 전후를 불문하고, 정치적으로는 철저한 차별을 행정화하고 있는 국내의 상황에 있다. 또한 다른 곳에는 없는 사회 구조와 정신 구조인 '살림살이의 차원에서는 차별을 하지 않았다'라는 느낌을 계속해서 지니고 있다는 점에 있다. 그러한 것과 격투하지 않는다는 점이다. 아무래도 이 정신 구조의 특색은, 이중성의 핵심 부분이 불명확하다고 할까? 제로라고 하면 좋을까? 그것의 핵심은 이것이다라고 지정할 수 없다는 점에 있다고 생각한다. 그 내실을 이루고 있는 정신 구조는 본질을 전부 무(無)로 귀결시킨 점에 있다. '나는 당신과 같고 당신도 나와 같다. 따라서 나도 당신도 같다. 따라서 죄는 어디에도 없다'는 식이다. 죄가 있을 리가 없다. 그것은 한편에서 보자면 권력에 대한 민중의 자위법에 다름 아니다. 지배권력은 생활체의 숨통을 끊을 수 없기 때문에, 의견이나 행위의 진원지가 없기 때문에, 밖에서부터 멸망시킬 방법이 없다. 그리고 누구도 살림의 차원에서는 여기에 가입하는 것이 가능하다.

그렇지만 지배의 능력은 이 운동체의 법칙성을 모든 단계에서 손쉽게 다른 것으로 이용할 수 있다. 특정한 인간 사이에 동화의 매체나 결합목적을 부여하면, 그것에 대한 책임소재가 불분명한 채로 지배의 목적에 접근시킬 수 있다. 분명 이러한 능력은 이런 살림살이의 자위적 운동체의 요원이 될 수 있는 요소가 적은 자일수록 지배하기 쉬울 것이라고 생각한다. 왜냐면 그것은 미국이 일본에서 실행했던 패전 처리의 방법을 떠오르게 하기 때문이다.

이러한 정신 구조를 해결하기 위해서 마치 외래의 신을 부여하듯이 간편하게 '계급의식을 가져라'고 하는 것은 그 죄가 더욱 깊다. 계급의식을 가슴 가득 품고 있는 당신과 내가 점차로 밭처럼 늘어서서는, 스스로의 동지라고 믿는 같은 집단의 지배능력이 지령을 내려 주길 기다리기 때문이다. 이 정신 구조는 한 세대 두 세대를 넘어설 수 없다. 타자와 대립하는 시점을 개인의 발상이 지닌 안쪽에 정착시키는 것은 쉽지 않다. 일본인의 조선 문제는, 역시나 그 문제를 일본 자체의 사상적 갈등의 대상으로 삼았을 때 시작될 것이다. 그 방법이 아니라면 조선인을 스스로의 발상 외부에 자립하고 있는 존재로 인식하는 게 불가능하기 때문이다. 일본인은 스스로도 질문을 던지고 상대방도 질문을 던지는 형태를 창조해 내기 어렵기 때문이다.

김희로뿐이 아니다. 조선인이 스스로의 존재를 알리기 위해서 범죄를 대가로 삼거나 혈연을 죽음으로 몰아넣거나 하여 일본인 앞으로 말을 만들어 보내고 있을 때, 일본인은 조선인을 대상으로 한 말을, 자신의 그 어떤 것도 망가뜨리지 않고 배설할 수 있다. 살림살이 속의 작은 사랑도 망가질 걱정 없이, 이름을 숨길 것도 없이, 고립도 없이, 간접적으로 권력을 대변하는 역할을 소중히 여기고, 반체제적인 폭동들이 지닌 존엄성조차 얻으며, 더구나 그것을 질타하거나 격려하는 부수입까지 얻는 것이다.

나에게는 패전 후 일본공산당이 행했던 조선인 대책이 인상깊다. 그것은 연대의 거짓부렁이었다. 일본공산당이 조선인 당원에 대해 실시했던 지도성은, 일본 민중이 지닌 살림살이의 감정을 완전히 악용한 것이었다. 민중이 동화의 원을 수렴시켜 민족 제각각으로 살아가려고 느끼고 있었던 점을, 당은 조선인이 품은 해방감에 대한 야유로서 이용했다. 일본공산당 중앙의 방침에서는 이러한 심정이 느껴진다. "조선은 싸워서 해방을 획득하지 않았다. 우리가 너희들이 피를 흘리지도 않고 뭔가 말할 수 있는 위치에 있게 해주지 않았는가? 이러쿵저러쿵하지 말고 총알받이 역할이나 해". 지방에서 이루어지는 노동 운동의 장에서도 일본인 당원이 이러한 심정을 입 밖에 내고 행동했던 사실은, 아직도 내 귀에 생생하게 남아 있다. "동화"의 뿌리는 정말로 깊은 것이다. 다른 자본주의 국가의 식민지 대책이 식민자와 피식민자의 정신에 미치고 있는 흉터란 과연 어떠한 상태일까? 일본과 조선 간의 관계는 대영제국[14]과 아일랜드의 관계와 역사적으로 비슷하다고 듣긴 하지만, 실시되었던 식민지 정책은 매우 다르다. 나는 조선인에 대한 문제를 인종차별 일반으로 해소시켜, 사상의 뿌리를 얇아지게 만드는 것을 우려한다.

친한 재일 조선인과 수다를 떨고 있을 때, 그녀가 조금 표정을 고쳐 지으며 물었다. "기분 나빠하지 말고 들으세요, 아줌마가 서양인[外人]이라고 하는데 정말이에요? 조선인들이 그렇게들 말했어요. 나는요, 아줌마는 일본어를 매우 잘하니까 일본인이라고 생각했었거든요. 그런데도, 아니, 서양인[外人]의 피가 섞여 있다는 소문이야, 그래선 내 말을 믿어 주지 않아요, 정말이에요?"라고 했다. '민족성을 증언하려면 어떻게 하면 좋을까'라고 문득 생각했다. 그녀가 '일본어를 잘하니까 일본인이라고 생각한다'고 해서 발밑이 흔들흔들했다. 내 아들은 나에게, 때때로 이렇게 말하는 것이다 "엄마는 조선인이면서 어째서 일본어를 잘해?" 처음 들었을 때는 나는 좀 얼굴이 새파래져서 아들에게 스스로를 증명해 보이려고 했다. 그러자 "알아요. 일본이 옛날 조선을 식민지로 삼았던 것 정도는"이라고 한다. "그래서 말야, 엄마는, 그곳에서 말이지……" 말을 한 뒤에 아들은 나의 얼굴을 보면서 말한다. "알아요. 그러니까 조선인이죠." "그러면 너는?" "나? 나는 일본인. 엄마는 조선인이고 나는 일본인? 그러면 왜 안 되지?" 내 얼굴을 보고는 딸이 동생에게 말해 주었다. "바보야, 엄마는 일본인인 게 당연하잖아. 인종으로서는 일본인이야." 그 말은, 내 마음에, 다시금 눈물이 번지게 했다.

■

14 원문은 大ブリテン島. 잉글랜드·웨일스·스코틀랜드의 총칭.

민중이 지닌
이질적인 집단과의 접촉 사상[1]
– 오키나와·일본·조선의 만남

모리사키 가즈에(森崎和江) · 신지영 번역[2]

오키나와는 일본 역사의 전환기에 몇 번인가 특수한 형태로 일본의 체제를 견고하게 하는 도구가 되었다. 예를 들면 오키나와는 바쿠한(幕藩) 체제를 확립하기 위해 일본이 실시했던 식민지 식의 영토 수탈을 당했다. 따라서 오키나와는 일본적이지 않은 치장을 하게 되었다.[3] 그 위장(僞裝)은 오키나와의 고유한 역사를 한층 더 내면화하고 있다. 그와 동시에 이 위장은 본토 민중이 오키나와 사람들에 대해 차별감정을 갖도록 야기한 원인 중 하나가 되기도 했다.

또한 메이지 유신 때에도 일본은 오키나와 민중의 의향은 묻지 않은 채, 일방적으로 류큐 처분을 실시해서 국가권력을 대외적으로 과시했다. 국가 팽창기에는 오키나와를 남방(南方)으로 가기 위한 발판으로 기능적으로 이용했

---

1 모리사키 가즈에의 평론집인 『이족의 원세포』(異族の原基, 大和書房, 1971)에 실린 「민중이 지닌 이질적인 집단과의 접촉 사상 ─ 오키나와·일본·조선의 만남」(民衆における異集団との接触の思想 ─ 沖縄·日本·朝鮮の出逢い)을 번역했다. 1970년 11월 『沖縄の思想』(木耳社 刊)에 수록된 것이다. 이 글이 씌어진 것은 1970년 11월이었다. 그로부터 1년 남짓 후인 1972년은 오키나와에 대한 미국의 점령이 끝나는 해였기 때문에 당시 오키나와의 일본 복귀를 둘러싸고 논의가 확산되고 있었다. 모리사키 가즈에는 이 글이 씌어지기 전인 1970년 5월경에 오키나와와 가까운 아마미의 섬인 요론섬(与論島)을 방문하고 있기도 하다. 이러한 분위기 속에서 모리사키 가즈에는 중세 시대 왜구의 역사를 계보학적으로 추적함으로써, 오키나와·조선·일본의 민중이 이질적인 집단과 접촉하면서 형성해 온 감정과 사상을 발굴해 낸다. 특히 지배계급에 의해 추진된 것과는 질을 달리하는 이러한 이질적인 민중 간의 접촉 경험을 통해서 민중의 주체적인 만남의 사상을 모색하려고 한다. 이러한 글을 통해서 모리사키 가즈에는 당대의 오키나와를 둘러싼 상황에 사상적·실천적·감정적으로 개입하고 있다.
2 번역하는 데 여러 가지로 도움을 주신 요네타니 마사후미(米谷匡史) 선생님, 다케모토 니나(嶽本新奈) 씨, 와다 요시히로(和田圭弘) 씨에게 마음 깊이 감사드린다.
3 에도 시대에 일본이 이민족 집단에게 취했던 정책은 동화정책이 아니라 차이를 그대로 유지한 채 일본 안에 복속시키는 것이었다. 이는 일본형 화이(華夷)관념에서도 확인된다. 따라서 류큐(琉球)왕국의 경우도, 류큐국으로서의 차이를 지닌 채 복속시키는 형태가 되었다.

다. 이 기능적 이용은 팽창정책이 패배[敗退]할 때에 한껏 발휘되어, 전쟁[戰火]의 보루처럼 오키나와가 본토(일본을 의미—옮긴이)를 보호하도록 했다. 그 이후 오키나와의 사람들의 주체성이나 민족의식은 여전히 불문에 부쳐진 채이다.

그리고 지금 다시[4] 오키나와와 점령국과의 관계를, 일본과 점령국의 관계로 해석해 버리는 일본 식의 정치를, 오키나와는 갖고 있지 않다. 국력을 충족시키려는 본토의 지배 권력에게 오키나와는 또다시 대(對) 아시아의 지리적 이점에 불과한 것이 되어 있다.

이러한 일본 지배 권력과 오키나와의 관계는, 통일 국가를 추구했던 때부터 항상 일방적인 관계이다. 그리고 또한 내폐(內閉)적인 공동체 감각을 지닌 본토의 일반 민중도, 그 일방적인 관계에 감각적으로 복종해 따라왔다.

오키나와에 대해서 생각할 때 내 마음에 가장 걸리는 것은, 특정 지역에 대한 지배의 특수성이 아니다. 오히려 '오키나와와 본토의 민중이 민중 차원에서 독자적인 만남의 사상을 확립해 왔을까?' 하는 부분이다. 이러한 특수성을 포함한 지배·피지배의 영향하에 있기는 해도 말이다. 이것은 단지 오키나와에 한정된 이야기는 아니다. 민중은 민중 동지 간 만남의 존재방식, 즉 생활 공동체의 내정(內政)이 아니라 그 외정(外政)을, 그들 스스로 파악하고 창조하려고 했던 것일까? 이른바 이질(異質)적인 집단과의 접촉 사상이라는 측면이 마음에 걸린다. 지배 권력의 실태를 끝까지 파고든다고 해도 이 문제의식이 없다면 지배 권력에 의해 격리되어 있었던 민중집단의 그 전통적인 의식과 직접 만날 수 없다. 또한 이와 마찬가지로 격리되어 있던 민중 생활 집단의 전통이 기본적으로 유사하다고 서로 주장한다고 하더라도, 각각의 생활 집단이 그 집단적인 내향성·배타성을 깨뜨릴 수 없다. 이대로라면 민중이 각 집단의 내향성이나 배타성을 깨뜨릴 수 있는 때란 오직 지배 권력이 그 통합 범위를 민중에게 지시할 때뿐일 것이다. 어떤 체제인가와 상관없이 말이다.

민중은 지배체제로부터 전적으로 자유로워질 수 없다. 그렇지만 여태까지의 역사를 보면, 민중은 다른 생활 원리를 지닌 집단과 주체적인 접촉을 시

■

4 '지금 다시'라는 말은 오키나와가 미국의 점령에서 일본으로 복귀하는 시기를 1년 남짓 남겨둔 당시의 상황을 지시한다.

도해 보았지 않았는가? 예를 들어 체제가 약화되었을 때라든가, 개인의 시도에 의해서라든가, 혹은 우연에 의해서라든가, 또는 공동체로부터 추방된다든가 하는 각양각색의 조건하에서 말이다. 설령 그것이 민중적인 접촉의 독자성을 의도하고 한 것이 아니라고 해도, 우리에게 민중 차원의 직접성이 무엇을 낳을 것인가를 예감하게 해주지 않을까?

나는 그러한 대외적인 역사를 민중이 전혀 갖고 있지 않다고는 생각지 않는다. 그리고 오키나와는, 우리들 민중이 공통으로 갖고 있는 지배 권력과 싸울 기반을, 민중적 차원의 접촉 사상을 낳는 것을 통해서 실행하도록 강요해 왔다고 생각한다. 이것은 한 편이 다른 편을 계열화하는 것이 아니다. 싸움의 기반을 이러한 접촉 사상을 통해서 실행시키지 않는 한, 오키나와는 일본 속 소수민족이 지닌 특질적인 사상의 유효성을 잃는다. 이러한 특질은 국가 차원에서 다루어져야 할 것이 아니라, 민중이 주체가 된 민족관념의 확립과 생활사적 전통이 지닌 고유성을 발전시키기 위해서 사용되어야만 한다. 이 특질이 없는 현 체제하의 오키나와의 본토 반환은 오키나와의 탈사상화를 야기할[現象] 뿐이다. 민족관념은 지역적 고유성을 사상화(思想化)하는 것보다 더 빨리 국가 관념에 포함되었다. 오키나와의 섬 주민은 산업자본에 의해서 분산되고 무기질화[無機化]되고 있는 본토 민중과 함께, 일본 산업의 하부구조인 청부업의 일원으로 편입되고 말았다.

이에 따라 우리들 민중은 결국 인터내셔널이라는 감각의 기반을 체득할 기회를 또다시 잃어버리고 말았다. 접촉 사상이 생활 문화 집단 간의 상호성을 획득하고, 그것을 기반으로 상호간에 지닌 고유성에 대해서 침범할 수 없는 지점에 이르러서 말이다. '또다시'라고 말한 것은, 일본 민중은 아시아로의 팽창정책을 통해 조선이나 중국과 접하면서, 일본의 전통적인 공동체 감각을 통해 상대방을 침범해 버렸기 때문이다. 그리고 민중은 그 민중 차원의 죄가 어떤 사상이 결락된 결과라는 것조차 느끼지 못하기 때문이다. 일본의 민중은 "고향 내셔널리즘"(おくにナショナリズム)밖에 갖고 있지 못하다. 이 환상의 고향 내셔널리즘은 항상 재생산되고 있다. 이 자폐적인 감각이 오키나와 문제를 본질에서부터 어긋나게 해버리는 것이다.

몇 년 전, 젊은 노동자들과 잡담하고 있었을 때, 나는 펼쳐져 있는 아시아의 지도를 보면서 이렇게 물었다. "이 지도 중에서 한 지역만을 살 수 있다면 어느 곳을 선택할래?" 중국, 인도, 베트남, 중동과 근동(中近東) 순으로 팔려 갔다. 그리고 오키나와와 조선반도가 남았다.

우리들은 '산다'라고 하는 무책임한 놀이를 전제로 하여, 제멋대로 스스로 의 친근감이나 관심을 나타내고 있었다. 그렇지만 오키나와와 조선은 그러한 농담으로도 쉽사리 손을 내밀기 어려운 대상이었다. 그것은 살 수 없는 "자기 자신"이었다. 몸에 박힌 채로 소화되지 않은 이질적인 무엇인가였다.

이 이질감은 논리적 사고[思弁]를 통해 체내에 넣은 것이 아니다. 또한 감 각적으로 접근해서 그것을 풍속화하면서 소화한 것도 아니다. 그럼에도 '이미 만나고 있는 것'인 셈이다.

우리들 일반 민중의 살림살이도 지금은 다른 생활권과의 접촉을 공포스 러워하지 않게 되었다. 접촉의 사상을 지니지 않고서도 접촉을 풍속화하는 것 이 가능하다. 상대방의 생활원리를 알지 못하면서도 자신의 생활원리를 확대 하거나 축소하는 것을 통해 원리적인 대결을 피하는 게 가능하다. 메이지 시 기 이래, 민중은 개인적으로도 집단으로서도 이러한 방법에 길들여져 왔다. 이 방법은 국가의 근대화와 병행했다는 점에서, 민중 생활 감각의 근대화이기도 하다.

그렇다고는 해도 민중은 이질적인 집단과 접촉하는 것에 길들여지는 방 법을 민중의 붕괴한 생활권과 교환함으로써 자신의 손에 넣었다. 고통스러운 나머지 토해 낸 신생활권의 법칙, 그 부산물이다. 이것은 논리적 사고[思弁]의 세계가 서구를 형이상학으로부터 도입했던 정도의 것이 아니다. 이것은 '노동 '생활'의 장' 및 '인간관계나 양식의 구체적인 붕괴', '재생산의 반복' 속에서 불 문곡직하고 손에 넣은 것이다. 국가의 근대화란, 이처럼 먹고 살 수 없을지 모 른다는 불안에서 불안으로 계속해서 내달려 왔던 계층에 의해서 지탱되었다. 민중은 새로운 노동의 장에서 이질적인 생활권과 얼굴을 맞대도록 강요당하 여, 낯선 인간관계 속에서 서로 접점을 찾아가면서, 그 낯섦을 넘어서 왔다.

이런 형태로 이질적인 생활의식과 직접 만나 왔던 민중은, 각양각색의 반 응을 생활의 사상으로서 남기고 있다. 이것들은 타율적인 민중 역사 속에 존 재하는 자율적인 부분이다. 근대에 걸쳐 일본이 오키나와 및 조선과 가졌던 만남도 마찬가지이다. 오키나와의 민중도 조선의 민중도 그리고 본토의 우리 들도, 지배체제의 자기 팽창 정책 속에서 체제의 원칙에 따라 흔들리면서도 자기 스스로의 원칙을 잃지 않으리라 하며 저돌적으로 살았던 것이다. 우리들은, 그러한 작용에 대한 반작용적인 자기의 궤도를 우리 자신의 역사로 한다. 그리고 그 역사 속에 포함된 잘못에 고통스럽다. 그리고 또한 우리와 똑같은 마음으로 고통스러워하는 자들을 찾는 것이다. 이질적인 집단 속에서.

민중은 메이지 유신에 의해 탄생한 체제에 대하여, 민중 자신의 생존 감각과 어딘가 한 가닥은 연결되어 있고 어딘가 한 가닥은 끊어져 있는 듯한, 그러한 불안감을 안고 맺어져 있다. 다음의 구절은 내가 1960년 후쿠오카(福岡) 현 야마다(山田) 시의 탄광에서 채록한 것이다. 그는 탄광에서 노동을 했던 노파였다.

야마다에 갔던 것은 일러전쟁이 끝나갈 때였어. 전쟁 때는 대부분 오이타(大分) 현에 있었지만, 그다지 힘들진 않았어. 핫칭(はっちん) 우산[5]을 쓰고, 히타(日田) 군의 오오하라텐만구(大原天滿宮)에 참배하러 갔지. 마을사람 모두가 갔어. 구내(區內) 이곳저곳에서 조림반찬에 밥을 해서 한동안 머물면서 빌었지. 밤에도 낮에도 잠들 수가 없었어. 작은 히노마루 깃발을 등 뒤에 꽂고 모두 신사참배를 했어. 겨우 겨우 뤼순이 함락되었지. 203고지[6]가 함락되었어. 돈가라갓타 돈가라갓타(ドンガラガッタ ドンガラガッタ) 그 소리에 흥이 있었어. 그러던 게 그 다음 전쟁에서 모두 잃었지. 그런 바보 같은 일이 또 있을까! 사람의 자식도 무척 많이도 죽었지. 메이지 천황님은 고생했지만, 메이지 천황님의 아들은 못 써. 15년 정도밖에 즉위하지 않았지. 여기(머리를 의미—옮긴이)가 나빠서 말야. 그 아들이 지금 쉰아홉 살이 되었잖아. 나는 그 사이 계속 야마다에서 일했지만서두. 뭐 이래저래 말도 말어. ……[7]

이 노파의 어조에는 옛날에 자신과 함께 고생을 했던 천황이, 옛날처럼 활동하지 않고 임무를 편안히 하게 된 것에 대한 분노가 포함되어 있었다. 일본의 민권 운동은 부농(豪農) 계급이나 지방에서 지도자적인 교양을 지닌 자가

---

5 핫칭 우산(はっちん傘). 오이타 현의 옛 풍속으로 손으로 만든 모자를 일컫는다.
6 203고지. 뤼순항이 내려다 보이는 해발 203m에 위치한 러일전쟁의 최대 격전지이다. 고지의 러시아군 수비 참호에 4개월간 1만 1천 발의 포탄이 퍼부어졌으며 일본군 1만 7천여 명, 러시아군 6천여 명의 사상자를 냈다.
7 원문은 규슈 사투리이다. 여기서는 표준 한국어로 번역해 둔다.

중앙 정권에 직접 저항하면서 개척했던 것이었다. 그러나 그 민권운동의 의식은 이 노파의 생활 감정 속에 내재적으로 발현(內發)되어 있는 민권의식과는 결합되어 있지 않다. 그리고 이러한 노파 계급——노동력을 파는 것 이외에는 무엇 하나 소유한 게 없는 마치 호적조차 없을 듯한 자들——이, 가장 직접적이고 가장 깊숙이 조선이나 오키나와와 만나고 있다.

이들 민중에게 오키나와·조선은 같은 계급인 **이족**(異族)이었다. 일상성 속에서 하층노동자로서 접해 왔던 것이다. 오키나와와 조선은 이들 민중과 어깨를 나란히 하고 (노동력으로서—옮긴이) 사용되었다. 권력이라든가 논리적 이론[思辨]이라든가 하는 것으로 간접적으로 지배할 수 있는 그러한 이질적인 집단이 아니다. 육체적 만남이라고 할 수 있는 직접적인 상대였기 때문에, 민중의 체내에는 아직 뭔가 정체를 알 수 없는 상대라는 불안과 공포가 남아 있긴 하지만. 한편 지배 권력을 소유한 계층은 국가의 팽창정책과 스스로의 **고향** 내셔널리즘 확대를 겹쳐지게 함으로써, 그들을 **동족**(同族) 집단 속의 이질적인 집단으로 인식했다.

오키나와는 메이지기가 되어서 동포로서 소개되었다. 소개자는 국가였다. 민중 스스로 (동포로서 오키나와에—옮긴이) 접근했던 것이 아니었다. 이러한 상황은 오키나와 민중 쪽으로부터도 이야기될 수 있다. 이들을 서로 함께 노동을 했던 역사를 지닌 관계라고는 말하기 어렵다. 또한 "백성은 신사참배를 해선 안 된다. 붙임. 다른 곳의 제례에 참배해 생업을 게을리하지 말 것"과 같은 금지령을 필요로 할 정도로, 서로 간의 마을 제례에서 웅성웅성 떠들어 왔던 과거를 지닌 관계도 아니다. 앞서 서술한 노파의 감상으로부터도 추측할 수 있듯이, 민중은 노동과 생업을 함께함으로써 동포를 얻는 것을 원칙으로 하고 있다. 민중은 지배의 윤리로 동포를 얻는 것을 거부하고 있는 것이다.

이러한 생활상의 원칙성, 즉 민의(民意)를 고양시킴으로써 본토와 오키나와가 접근하게 했던 역사를 갖고 있었다면, 이후에 이러한 역사적 시간을 중단시킨 점령 상황이 계속되었다고 하더라도, 오키나와 문제에 대한 대응방식은 훨씬 더 직접[直線]적일 수 있었음에 틀림없다. 그러나 이렇게 되어 버려서, 우리들의 경우 민족의 기본적인 정신구조가 민족 속에서 노출되고 시험당했다. 따라서 그 정신구조가 집단화될 때 발생하는 성숙한 부분과 미성숙한 부분을 알아차릴 수 있게 해주는 것 또한 없었다. 일본의 민중은 본토에서도 오키나와에서도 생활 집단의 내정(內政)에 대해서는 실로 면밀한 사고력이나 행정력을 발휘할 수 있다. 이것을 내정이라든가 행정이라고 부르는 것이 잘못이라면, 집단 내적인 사고 혹은 자기 집단적 생산성의 발휘라고 말해도 좋다. 그렇지만 생활 집단 상호간——혹은 오늘날에는 사상 집단 상호간이라고 말해도 된다고 생각하지만——에 있는 민중 차원의 집단이 외정을 행할 때에는, 지배 권력의 방법론을 흉내 내는 것밖에 할 수 없다. 이런 현상은 민중이 외정을 지배 권력에 위임해 온 결과이다.

여기서는 그 원인에 대해서 말할 것까지도 없다. 나는 민중이 결락된 이 부분을 알아채고, 결락에 의해서 일어나는 퇴폐를 넘어서려고 했던 전통이, 민중이 자립할 길을 만드는 것이었다고 생각한다. 이 짧은 글에서는, 북의 대(對) 조선 역사 속에서 또한 남의 대(對) 오키나와와의 관련 속에서, 이 자립하는 길의 맹아를 감지하고 싶다. 오키나와 문제는 단지 민족 내적인 문제가 아니라, 아시아 모든 민족과 관련되어 있다. 특히 한국 민중은 (오키나와와—옮긴이) 상황을 본질적으로 공유하고 있다. 나는 드높은 수백 년 통일 국가에 고정되어 온 **고향** 내셔널리즘에 편향되지 않으면서, 민중 본래의 방법이 전승되어 온 시간성을 더듬어, 그것을 사상화하는 것을 기반으로 삼아, 오키나와 문제와 마주하고 싶다.

농경민족인 일본 민중이 바쿠한 체제하에서 충분히 반죽하여 형성했던 감각은, 함께 일하는 원리가 혈연의 원리와 일치한다는 감각, 그 감각에 대한 민감함이었다. 그 민중이 유신 후에 동포로서 만났던 본토와 오키나와는 서로 같은 원리를 서로 다른 방법으로 발전시키고 있는 '이방'(異邦)이었다. 지배 권력은 본토와 오키나와가 상호간에 지니고 있는 이 이방의 감각[異邦感]을 이용하기도 했고 무시하기도 했다. 상호 민중이 함께 그 이방의 감각을 넘어서는 방법을 모색해야 했지만, 방법이 확립되지 않은 채로 서로 소원해졌다.

1872년(메이지 5년) 오키나와는 류큐 번(琉球藩)이 되고 외무성의 소관이 된다. 본토는 1871년에 폐번치현(廢藩置縣)이 되는데, 오키나와는 그 다음 해에 지방 자치 형태가 되어 일본의 외무성 소관하에 들어가게 된다.[8] 겨우 국가

---

8 일본은 1871년에 폐번치현(廢藩置縣)을 했음에도 오키나와는 1872년에 류큐 번(琉球藩)이 된다. 그후 1897년에

차원에서 일본 민족적 통괄[統轄] 양식을 같게 했던 것[9]이다.

지배 측에서도 이 오키나와의 민족통합은 본토 안의 재편성과는 상황이 다소 달라서, 오키나와용 통괄 이데올로기를 만들어 내야 했다. 류큐 번 시대에 본토에서 류큐 번으로 와서 류큐 번에 근무했던 가와라다 모리하루(河原田盛美)[10]의 『류큐비망록』(琉球備忘錄)에는 이렇게 씌어 있다. "완고하고 사리에 어두운[頑迷] 오키나와인의 사상을 깨뜨리고, 이를 내지의 문명에 동화시키는 것은 교육으로 할 수밖에 없다." 오키나와 통치의 이데올로기는 내지의 문명에 오키나와를 동화시킨다는 이 방법론을 대동하고 있는, 일본 류큐 동조동근론(日琉同祖同根論)이었다.

12세기 말에 오키나와 최초의 왕통을 수립했던 슌텐(舜天)[11]에 대한 전설도, 역시 일류동조론이다. 마찬가지로 조선의 왕통에서도 조일동조론(朝日同祖論)과 관련된 전설이 있다. 또한 일본에도 조선과의 동조동근론을 뒷받침하는 듯이 보이는 전설이 많다. 이 전설들은 민족 상호간의 승인과 관련되는 한에서는, 역사적인 상호관계의 깊이를 전달하는 생산적인 기능을 한다.

그러나 이것은 근대국가 확립을 위한 이데올로기였고, 한쪽이 다른 쪽의 종속을 강요하는 것일 뿐이었다. 이 동화정책은 오키나와에서 시도되었고, 이윽고 조선에서 실시된 식민지 정책의 기본 방침이 되었다.

이러한 기본 방침은 산업개발에도 유용했다. 오키나와, 본토, 조선의 빈농을 도시로 유출시켰다. 또한 이 세 지역의 무산계급에게 공동노동을 시키면서도, 이 기본 방침을 일을 시키기 위한 대의명분으로 삼았다.

이들 계급은 해체된 농촌 공동체의 생활원리를, 공업 노동을 위해 집단화된 생활 공동체에서 재생산했다. 그리고 오키나와·본토·조선이라는 세 지역이 생존을 유지할 수 있도록 공동 전선을 창출하려고 했다. 이 세 지역에서 전(前) 공동체 속에서 길러져 왔던 생활원리는, 함께 일하는 원리와 혈연의 원리가 합쳐진 통일체와 같았다. 오키나와에서 나타난 그 내용은 『총서 우리 오키

야 오키나와 현이 된다. 이 기간을 이른바 류큐 처분(琉球處分)이라고 한다.
9 원문은 共にした.
10 가와라다 모리하루/모리요시(河原田/盛美, 1842. 11. 7~1914. 8. 15). 막말(幕末) 메이지(明治)의 농학자. 메이지 8년(1875)에는 류큐 번 내무성 출장소에 가서 류큐 처분의 뒤처리를 하는 동시에 물산을 연구했다.
11 슌텐(舜天, 1166~1237). 『중산세감』(中山世鑑)나 『중산세보』(中山世譜) 등의 류큐 역사서에 등장하는 왕이다. 1650년에 편찬된 류큐왕국의 정사인 『중산세감』에 따르면 오키나와 본토에서는 천제의 사자로서 이 세상에 내려준 신이라고 이야기된다.

나와』(叢書わが沖縄, 전체 6권, 木耳社)에서 다루어지고 있다. 한편 그것이 어떻게 일본 그 자체인가 하는 점이 논해질 수 있을 것이다. 조선 농촌 공동체도 500년 이상 동일한 지방에 집단 거주하는 동족 부락이 면면히 이어진 것이었다. 예를 들어 저명한 동족 부락만도 전국에 207개가 있고, 500년에서 300년 이상 유지된 것이 646개, 300년에서 100년 이상 유지된 것이 351개, 100년 미만인 것이 23개, 기간이 불명확한 것이 458개 등일 정도이다. 이 수치는 일본이 조선을 통치할 때인 1930년(쇼와 5년)에 실시된 국세 조사의 결과이다.

동족을 중심으로 형성된 조선의 농촌 공동체에는 동족이 아닌 가계[戶數]가 많이 섞여 있는 경우도 있다. 소수의 양반 유림과 다수의 상민이나 상민 이하의 계층이 뒤섞인 혼합체가 그것이다. 내가 1968년에 한국에 갔을 때 잔뜩 마중 나와 주었던 농촌은 이러한 형태의 것이었다. 나는 이 촌락[集落] 중 어떤 유림의 제례를 위해서 지어진 집에서 사람들과 만났다.

이 외에도 조선의 농촌 공동체에는 동족이 아닌 가계의 대부분이 상민 이하 계층인 것, 동족의 소작인이나 노비 등이 많이 함께 거주하는 것 등이 있었다. 또한 중국이나 일본에서 귀화한 사람들의 촌락도 있었다. 또한 각각의 촌락이 발생한 역사가 다 달라서, 서로 이웃한 공동체가 서로에 대한 감시 역할을 해온 듯한, 그러한 역사를 지닌 촌락도 있었다.

그렇지만 어느 촌락이든 각각의 공동체는 사당을 지어 조상에 대해 제례를 올리고 있었다. 서원이나 서당은 마을의 자제들을 교육하고, 공동 작업으로서 공동 농사를 실시하고, 공동 창고가 있고, 수차나 우물을 공유하고 있다. 또한 신목(神木)을 공동체의 상징으로 삼고 수호신의 거처로 삼아 마을의 제례를 하고 있었다. 이러한 제례는 일본에 의해 통치를 받던 시대에도 많은 곳에서 실시되고 있었다. 또한 조선 전쟁 때에는 이러한 서당이나 서원이 맑스 연구를 위한 지하조직의 핵이 되었다.

오키나와에서도 동족 집단을 문중(門中)이라고 칭하지만, 조선에서도 문중 혹은 종중(宗中)이라고 칭하고, 매년 문중회의[門會]를 연다. 이 회의에서 중론[衆議]이 결정되는데 오늘날 선거의 기반이 되기도 했다. 문중회의의 규율은 엄연하게 존재하고 있다. 내가 68년에 한국을 방문했을 때에도 사람들은 그 문중회의의 전후로 실시되는 문중의 제례(祭典)를 각 계층별로 지키고 있었다. 문중의 건전(健全)과 조상에 대한 보은을 포함해서 말이다. 근대적 교양을 지닌 사람들도 생활을 도시화해 가면서도, 심정이나 감각에는 그러한 민족적 전통의 본질을 간직하고 있었다.

조선 공동체의 특질은 공동체 안의 상호부조적인 관계가 실로 세밀하면서도 다방면에 걸쳐 고루 퍼져 있다는 점이다. 이것은 자발적인 민간 집단이었던 계(契)가 촌락의 공공상업이나 상호부조, 결국에는 하나의 자치형태로까지 발전했기 때문이다. 지금 여기에서 조선의 공동체를 논하려는 것은 아니다. 단지 이처럼 일본과 유사한 질을 지니고, 동일한 씨족이 동일한 장소에서 계층분화도 늦어진 채로 공동노동[共働] 및 혈연을 축으로 한 공동체로서 수백 년 동안이나 생활하고 있었던 조선의 민중이, 일본의 침략으로 인해 일본 및 오키나와의 무산계급과 생각지도 못한 공동노동을 하는 관계를 강요당했다는 것을 말하고 싶다.

오키나와, 본토, 조선, 이 삼자가 혼합된 무산자 집단이란, 일본 자본주의에게는 탈민족적인 노동력일 뿐인 것이다. 이러한 상황에서 이 삼자는 무엇을 생활상의 공통원리로 삼아 이 지배에 견디려고 했던 것일까? 내가 탄광에서 옛일에 밝은 노인들을 통해서 느낄 수 있었던 한에서는 이러하다. 이 장소에서 사람들은 혈연의 원리와 공동노동의 원리가 일체화된 문제를 해결하고 있었다. '혈연의 원리'는 환상적인 동질성을 유지시켜 각각이 지닌 고유한 역사성을 유지시키는 역할을 짊어졌다. 또한 '공동노동의 원리'는 자립함으로써 생활의 구체적인 양상을 모두 조율하려 해왔다. 이것은 갑자기 이질적인 시간성을 지닌 상대와 만나도록 강요당했던 계층이 지니고 있었던 상호보존의 방법이었다. 조금 길지만 탄광 노동 체험자인 노파의 말을 인용하고 싶다.

탄광에는 조선에서도 오키나와에서도 어디에서든 왔었어. 러일전쟁이 끝날 무렵에는 조선인이 가장 많았지. 엄청 왔었어. 빈대가 끓어 꼴이 말이 아니었어. 조선인이 살고 있었던 것을 모르고는 헛간을 빌렸는데, 목 부분이 가려운 거야. 따끔하면서 참을 수가 없었어. 병에서 덜어서는 처억 척 발라 주었다니까, 조선 여자가. 그리고 빈대라고 알려 주었어.

냅다 두들겨 팼었다니까, 인부들 우두머리가. 일본인도 패고. 그렇지만 일본인보다 조선을 심하게 팼지. **정말 불쌍**했지. 스틱으로 때렸어. 피가 튀기고 말야. 물로 진정시켰어. 먹을 것도 변변히 없어서 말야, 휘청휘청 걸어다니면, 저

것 봐라! 하면서 패는 거야. **정말 불쌍**했지. 조선 남자와 일본 여자가 결혼하는 경우는 잔뜩 있었어. 조선 여자가 일본인 색시가 되는 것은 없었어. 그런 경우는 하나도 없었지.[12]

이렇게 가혹한 압제를 견디고 있었지만, 여자들은 수완 좋은 남자라면 일본인 조선인 구별 없이 공동으로 노동하는 관계를 깊이 맺어갔다. 그들 사이의 평등감은 공동노동 시간에 비례해서 생성되고 있었다. 반면 지배 원리에 가까운 심정을 지닌 자일수록 혈연의 원리에 집착했다. '혈연의 원리'가 새롭게 형성된 생활 집단 속에서 그 집단을 규율하는 살아 있는 원리로서 작동하는 것은 이미 불가능해졌다. 그렇지만 이 '혈연의 원리'는 개개인의 관념세계를 지배했다. 그리고 그들이 혼혈(混血)되길 거부하는 집단[拒否群]을 재생산시키고 있었다.

본토의 일반 민중에게 오키나와의 민중은 이 혼혈 거부 집단이었다. 이는 본토와 오키나와 상호간에 그러했다. 그러한 점에서 보면, 이 혼혈 거부 집단이란 본토와 오키나와의 민중들이 이질적인 집단에 대해서 적극적인 대응법을 갖지 못한 상황에서 상호간에 지니고 있었던 자위 수단이었다고 할 수 있다. 그렇지만 본토의 경우, 권력과 가까운 관계를 갖고 있었기 때문에, 이 혼혈 거부 집단이라는 수단은 변형된 지배의식이 되기도 했다.

나는 아마쿠사(天草)의 우시쿠카(牛深) 시에서 고기잡이배를 타고 어떤 작은 섬에 간 적이 있다. 그 난바다[外海]에 있는 작은 섬이 류큐인의 자손이 와서 정착한 곳이라고 들었기 때문이었다. 가서 보니 그 섬에서는 수대에 걸쳐 혈족 결혼을 하고 있었다. 섬의 분교에 있는 선생님이 그 섬에서 유일하게 박식한 사람이라고 소개해 준 남자가 있었다. 그 남자의 처는 눈알이 하얗고 지능이 낮았다. 또한 자그마한 체구가 고장이 나서 누워 있었다. 이부자리 대신 무명 삼베를 몇 겹인가 겹쳐 꿰맨 헝겊 조각을 마룻바닥에 깔고, 같은 헝겊 조각을 몸에 덮고 자고 있었다. 그 남편은 이렇게 말했다.

---

12 원문은 규슈 사투리.

아마쿠사 섬 사람들은 이 섬에 사는 자신들이 이토만(糸満)[13]의 자손이라고들 한다. 그렇지만 어떤 섬의 사람도 이 섬이 어떻게 시작되었는지 모른다. 우리가 곤란하게 생각하는 것은 아마쿠사 사람들이 우리 섬 사람들과 결혼해 주지 않는다는 점이다. 따라서 우리는 대대로 섬 안의 사람들끼리 결혼해 왔다. 그렇지만 모두가 친척인 셈이어서, 피가 너무 짙어지면 몸에 좋지 않다. 어떻게든 해결해야 한다고는 생각하지만…….

생활 촌락에서 '혈연의 원리'가 힘을 쓰지 못할 정도로 근대화되었음에도 불구하고, '혈연의 관념'은 남아서 혼혈 거부 집단을 재생산시킨다. 이것은 정치적 지배의 방편인 동조동근론이, 공동노동의 원리와 완전히 갈라선 '혈연의 원리'라는 점과 대응하고 있다. 아마쿠사는 공동노동의 원리로부터 소외된 현상을 상징한다.

앞서 들었던 아마쿠사 섬 가까이에 있는 외딴 섬[離島]의 예는 전근대적 감각의 소산이라고 할 수 있다. 한편 근대적 노무관리의 합리성이, 민중 차원에서 이질적인 집단과의 접촉의 사상이 미숙하다는 점을 이용한 경우도 있다. 예를 들어 미이케 탄광에서 자본이 요론 섬(与論島)[14] 출신자 군과 미이케 탄광 지역 주민의 공동노동을 분리시켰던 것과 그 지역 주민이 혈연을 맺기를 거부했던 것이 그것이다. 메이지 31년대에 사람들은 요론섬으로부터 미이케 탄광으로 수십 회에 걸쳐 집단적으로 이주했다. 이들은 요론장실(与論長室)에 갇혀서, 배에 짐을 부리는 항만 노동(沖仲仕)밖에 하지 못했다. 또한 그들은 그 지역의 노동자들로부터 격리된 조(組)로 짜여져서 임금 차별을 받으면서 마치 소나 말처럼 부림을 당하고 있었다. 다이쇼(大正) 중기가 되자, 그들은 요론조(組) 중에서 젊고 우수한 남녀들을 골라 조를 만들었다. 그리고 그 우수한 조가 전력을 다하여 폭력에는 폭력으로 대응해서, 그 지역 노동자들의 횡포를 제압하고 노동자들 사이에 대등한 관계를 만들기 위해 노력했다.

이 요론조는 다이쇼 8년 9월, 자연발생적인 쟁의를 일으켜, 임금평등과 차

---

13 이토만(糸満. 류큐어로는 이치만). 오키나와 현 이토만 시에 있는 작은 마을.
14 요론 섬(与論島). 아마미 군도에 속한 가고시마 현 최남단의 섬. 인구는 약 6천 명. 요론도(よろんとう)라고 불리지만, 정식명칭은 요론 섬(よろんじま)이다. '요론'(与論)이라는 이름은 일찍이 '윤누'(ユンヌ)라고 불렸던 것이 변화한 것이다.

별철폐를 제기했다. 당시의 『후쿠오카 일일신문』(福岡日日新聞)은 이 사건을 다음과 같은 표현으로 보도한다.

가고시마 현 오시마 군 요론 섬 사람을 미이케 항(三池港) 석탄 하역부 전속 인부로 일을 시키고 있다. 그들이 내지인과 생활 풍속이 다르다는 이유로 별 도로 미가와 마을(三川町)[15]의 요론장실에 행랑채를 마련했다. 행랑채 안에 27개의 가설 연립주택[棟割長屋][16]을 마련해 1,300명의 일대 대가족이 살게 했다. 이 중 남녀 노동자 624명은 하루 종일 미이케 항구에서 탄광에서 나온 물건을 나르고 쌓는 일에 종사하고 있다. 그렇지만 원래 그들의 생활 상태는 내지인과 비교해 볼 때 극히 저급하고 조선인 이상으로 변변찮은 음식에 만 족한다. 그들의 노동효율은 감독만 잘 된다면 오히려 내지인 이상의 성적을 낸다. 여태까지는 대부분이 무의식적으로 순종해 왔는데, 최근 물가가 폭등하 고 울타리 바깥[外圍]에서 자극을 받아 요론 인부와 부장들은 내지인과 노동 임금의 차액이 심하다는 점에 불만을 표시했다. 그들은 올해 6월에 미이케 탄 광 회사가 일반 노동자의 임금을 올린 이래, 그 임금 상승을 전후하여 수차례 임금 인상을 요구했음에도 받아들여지지 않자, 그들이 처음부터 품고 있었던 의지를 관철시킬 생각으로 평상적인 5할 증액 및 내지인 노동자와 동등한 대 우를 희망한다고 주장하고……

이러한 정도의 보도이다.
마을의 한 노파는 당시를 돌이켜보면서 이렇게 말한다.

외국 사람들 같았어. 그 사람들 말은 전혀 알아들을 수가 없어서 말야. 그것도 10명인가 15명인가가 그 지역 사람들에 섞여서 살았다면 구별하지 않았을 테 지만, 부락 하나가 통째로 있는 것처럼 몇 천 명이 같은 장소에서 살고 있었으 니까 말이지. 그 사람들도 그 지역 사람들과 섞이지 않아도 불편하지 않았을 테고, 구별이 생기는 건 당연하지. 옛날에는 누구도 요론 섬에 가 본 적이 없었

■
15 미가와 읍(三川町). 야마가타 현 북서부에 있는 인구 약 8천의 읍.
16 가설 연립주택(무네와리나가야, 棟割(リ)長屋) : 한 채의 집을 벽으로 칸막이해서 여러 가구가 살 수 있게 한 긴 집.

거든. 모르면 모를수록 구별이 생기는 법이지.

이처럼 민중의 공동노동 시간이 적다는 것은 동포관념의 편향을 쉽사리
넘지 못하게 한다. 미이케 탄광 지역 사람들에게 요론 섬 사람은 동포가 아니
었다. 이러한 이방인 취급은 다이쇼 2년 9월에 『후쿠오카 일일신문』이 몇회 다
루었던 요론 마을에 대한 글에서도 마찬가지로 나타난다.

쇄국주의가 있는 동시에 타향인을 싫어한 결과, 타향과의 교류는 절대로 금
지된다. 특히 내지인과의 결혼은 그들이 가장 치욕이라고 생각하는 점이어서,
오직 혈족간 결혼을 해왔다. 동시에 경악스러울 정도로 조혼(早婚)을 하기 때
문에, 섬사람 중 다수가 체구가 작고 기력 또한 일반 내지인에 미치지 않는다.
따라서 생산력에 미치는 영향도 또한 심히 크다고 할 수 있다. 그 원인 중 일
부는 항상 영양이 불충분한 변변찮은 음식을 먹기 때문일 것이다. 실제로 이
섬에서 늘 먹는 음식은 고구마이고 1년 365일 쌀밥 같은 것을 본 적이 없다.
그들은 쌀밥의 맛을 알지 못한다. 따라서 고구마의 맛을 그 이상 없을 고급스
러운 밥이라고 생각하는 것이다…….

오키나와 본섬[本島]을 포함해서 미치노시마(道之島)[17]도 본토 민중에게
는 류큐이다. 그리고 이러한 이질감은 명백한 접촉 거부를 통해서 이 시대에
도 여전히 천하에 의연히 살아 있는 것이다. 그리고 부모자식 삼대에 걸쳐 그
마을 노동자로부터 차별받아 왔던 섬사람들은 1960년 미이케 투쟁을 통해서
겨우, '혈연의 원리'보다 '공동노동의 원리'를 기본 축으로 그 지역 사람들과
관계를 맺으려는 것처럼 보였다. 그렇지만 그것은 겨우 그 창문을 연 것에 불
과하다. 요론 출신자는 투쟁의 결과 그들 집단이 제1조합과 제2조합으로 분열
되었던 것을 생나무가 찢겨진 것 같다고 한다. 그러곤 그들은 친척[18]들이 틈이
생긴 부분에 손대지 않듯이 공동 납골당 앞에 모인다.
　"여기는 제1조직도 제2조직도 아닙니다. 윤눈추(ゆんぬんちゅ, 与論人)의

■

17 미치노 섬(道之島). 규슈 아마미(奄美)에 있는 섬.
18 원문은 パラジ.

묘입니다. 저는 죽으면 여기에 묻히고 싶어요. 이런 마음은 투쟁 후에도 변함 없습니다. 공동 납골당을 지키는 모임인 요슈 오쿠쓰키카이(与洲奧都城会)[19]를 통해 요론 사람들을 다시 결집시켜야 하고 이 조직이 영원히 남겨져야 한다고 생각합니다"라고 한다. '미이케 투쟁은 사상에 관해서 모조리 조합에 떠맡기고 있었다[20]'라고 반성하는 소수의 사람들은 이 지점에서 이러한 형태로 되돌아가 버리는 것이다. 생활상에서 갖게 되는 환상적인 공통성이라는 것은, 공동노동을 한 시간성의 결과이다. 따라서 섬사람들이 섬의 긴 역사 속에서 키워지고 전승되어 온 심정으로 되돌아가는 것은 자연스러운 것이라고 할 수 있다. 본토에 이주해도 미가와(三川)의 노무정책을 통해서 요론 마을을 형성하도록 했으니까. 그렇지만 지쿠호(筑豊)의 주인으로 화한 노파들은, 그 타율성 속에서 민중 동료로서의 직접성만을 축으로 삼아, 그것으로부터 자율적인 생활 원리의 맹아를 창출해 냈던 것이다.

"메이지 천황님은 고생했지만, 메이지 천황님의 아들은 못 써. 15년 정도밖에 즉위하지 않았지. 그리고 그 아들이 지금 쉰아홉 살이 되었잖아. 나는 그 사이 계속 탄광에서 일했지만서두. 뭐 이래저래 말도 말어." 이 말은 노동집단이 지배 권력 공동체에 대한 갖고 있는 대등한 감각을 역설하고 있다.

오키나와와 본토의 민중 속에 만남의 사상이 확립할 때까지 오키나와의 문제는 이와 같은 도정을 더듬어 가야만 한다는 면이 남겨져 있는 것이다. 우리들의 정신 구조가 사회적으로 기능하기 위해서는, 이 집단적인 내향성을 통한 생산성과 집단 상호간의 무능함을, 100년 정도의 단위로 계속 갱신해 가는 수밖에 도리가 없는 것일까? 사상 집단이라고 해도, 그것이 부수적으로 따라오게 된다. 우리들의 정신 구조가 세계적으로 기능하기 위해서는, 민중 집단간의 무능함을 총괄하는 상부 공동체를 필요로 하고, 타 민족을 그러한 이중성의 자기 증식 속에 포함시키고 지도해 가는 형태를 반복해야 하는 것일까? 우리들 민족이 대대에 걸쳐 전승시켜 온 함께 살기 위한 양식은 이 형태로 그치는 것일까? 이 형태의 미니(mini)판만이 반체제 진영 속에서 계속하여 군생

---

19 요슈 오쿠쓰키카이(与洲奧都城会). 요론 주의 조상의 무덤을 지키는 모임을 의미한다. 이처럼 선대 조상의 묘를 지키는 것을 오쿠쓰키(奧都城)라고 한다.
20 원문은 "ゲタをあずけていた".

하는 고통을 지닌다. 우리들이 우리들 민족의 기본적인 정신 구조를 도외시해서는, 그 정신 구조에 의해 구축되고 있는 일본 제국주의의 일본적 특성을 넘어설 수 없다. 또한 함께 살기 위한 양식은, 이미 자민족 내부만의 문제가 아니다. 우리들 민중에게 그것이 너무나 곤란한 과제였다고 해도, 자기 자신의 형태가 갖고 있는 적응의 시간과 공간적 한계를 주시해야 한다.

오키나와는 현재 일본 인민에게 위와 같은 과제를 떠맡기고, 일본 인민이 사상을 창조하라고 촉구하고 있다. 일본이 그들에게 무국적적인 외장을 취하게 했다는 이유로 말이다.

민중이 피지배체로서의 생활 공동체를 재생산해 가면서 살아내 왔던 역사 속에서, 그 피지배체 상호 관계에서 주체적 연대의 사상을 찾아내는 것은, 강가 모래밭에서 한 방울의 눈물을 찾는 것과 마찬가지이다. 그렇지만 민중이 지닌 자기 발현에 대한 의지는 자신들이 지닌 직접성을 통해서 내외(內外)를 파악하길 추구한다. 설령 바다와 산처럼 분리된 이방의 백성이라고 해도, 그러한 의지를 내재한 채 살아왔다고 믿기 때문에 친근한 마음이 유지된다. 우리들이 몰랐던 오키나와를, 즉 우리들 민중 자신의 동포의식을 키우려고 한다. 오키나와에 의해 지탱되었고, 유신 후의 강제적인 만남을 견디어 온 우리들 민중 자신의 동포의식을 말이다. 이것은 단순히 같은 야마토 족이니까 우리 동료다, 우리 쪽에 가까워지라고 하는 것은 아니다.

본토 민중의 역사 속에서도 외부 세계[外界]와의 접촉이나 상호 매개의 사상이 살아 있다고 느껴지는 것들이 있다. 해안선에 전승되는 이야기. 예를 들어 신라, 가시이(香椎),[21] 가고시마(鹿児島)로 이어지는 이방의 왕자가 그것이다. 온몸을 던져 약탈해 가면서도 서로 동화되었던 해적들. 표류해 온 사람[漂着民]과의 은밀한 만남. 금지된 종교의 집단적 유지. 침략의 흔적에 이어지는 개체 간의 사랑. 풍화현상으로서 사라져 가는 이들 가운데 이어지고 있는 한 줄기 마음. 그 마음을 나는 만남이라는 사상의 감각적 기반으로 삼아 오키나와 문제의 저변에 두고 싶다.

역사상, 오키나와와 본토와 조선이 서로 위기감을 지니면서도 긴밀한 관

■
21 가시이(香椎). 후쿠오카 현 후쿠오카 시 동구 북부에 위치한 지역.

계를 맺고 있던 시기가 몇 번인가 있었다. 그러한 시기들 중 중세는, 그러한 긴밀한 관계가 지배 권력의 정치적 의도에 의해서 맺어졌던 게 아니라 민중의 직접성을 통해서 맺어졌다고 하는 편이 오히려 사실에 가까운 그러한 시기이다. 나는 지금 그 시기에 초점을 맞추고 그것이 오늘날 우리들에게 어느 정도로 반영되어 있는가를 보려고 한다. 본래 민중의 직접성이 민중 간의 접촉의 사상이나 매개를 향한 의향을 즉시 대변해 주는 것은 아닐지라도.

나는 민중의 직접성이라고 말했다. 그렇지만 이 표현은 제멋대로 붙인 것일 뿐, 여기서 다루려는 것은 소위 왜구에 대한 것이다. 고려 말부터 이씨 조선 초기에 걸쳐, 주로 조선을 노략질했던 왜인들의 행동 말이다. 왜구는 2~3척에서 500척에 달하는 거대한 선박 군단을 몰고 와 노략질을 했고 쌀과 곡식, 노비를 빼앗았다. 내륙 각지에서의 그들의 폭거는 극히 심해서 조선 민중의 피해는 혹독한 것이었다. 왜구의 기원은 확실치 않지만, 자료에 의하면 서력 1223년(조오 2년[22]) 고려 역사에 처음으로 나타난다. 그 이후 200년간에 걸쳐 노략질을 하는데 이것을 전기 왜구라고 칭한다. 고려는 왜구 때문에 멸망했지만, 일본 민중에게 왜구는 국가에 의해 통합되기 이전의 집단성이나 민족적 감각을 드러낸다.

왜구는 조선의 회유책과 수군(水軍)의 정비에 의해 점차 변질되었다. 예를 들어 투항[投化]하거나 귀국해서 상인왜구[商倭]가 되거나, 국가 파견 무역자[遣使貿易者]가 되었다. 또는 조선 해안으로 북상해서 산동 지방에서 노략질을 하거나, 명나라로 가서 노략질하거나 하는 식으로 이행했다. 게다가 16세기에는 명나라부터 남해 방면에 이르는 후기 왜구가 내내 계속되었다. 전자는 일본에서는 남북조 시대[23]에서 무로마치(室町) 시대[24] 무렵이며, 후자는 오닌의 난(応仁の乱)[25]을 전후한 시기부터 쇄국 무렵까지이다. 그리고 그것이 종언을 고할 시기에 국가적 차원에서 정책적으로 침략했던 분로쿠의 전쟁(文禄

---

22 조오(貞応). 가마쿠라 전기, 고호리카와 천황 때의 연호. 1222. 4. 13.~1224. 11. 20.
23 남북조시대(南北朝代). 일반적으로는 가마쿠라 시대 이후를 의미하며 정확하게는 1336년(엔겐 원년)에 아시카가 다카우지(足利尊氏)에 의해 고묘 천황(光明天皇)의 천조(践祚)와 아시카가 다카우지의 요시노 전거에 의해 고묘 천황조가 분열되었을 때부터, 1392에 양 왕조가 통합할 때까지의 시대를 의미하며, 무로마치(室町) 시대 초기를 포함한다.
24 무로마치 시대(室町時代). 일본의 역사에서 무로마치(室町) 바쿠후(幕府)에 의해 통치되었던 시기를 의미한다. 무로마치 시대(室町時代)라는 명칭은 교토 무로마치(室町)에 바쿠후가 있었던 일에 유래한다.
25 오닌의 난(応仁の乱). 무로마치 시대(室町時代)의 오닌(応仁) 원년(1467)에 발생하여 11년간 지속된 내란이다.

の役)과 게이초의 전쟁(慶長の役)²⁶이 일어났다. 분로쿠의 전쟁만 쳐도 총인원 15만 7백 명의 대군을 이끌고 조선을 침략하고 명을 향해서 북상했다.

　그 두 번의 전쟁과는 달리 '소우 왜구(倭寇)'라고 불려지는 것은 표면에 드러난 한에서는 국가적 침략이라고 할 수 없다. 또한 후기 왜구는 진짜 왜구[真倭] 보다 임시 왜구[仮倭]나 가짜 왜구[偽倭]가 많아서 "해구의 우두머리[賊首]는 모두 일본인이다"라는 것 또한 검토의 여지가 있다고 여겨졌다. 어쨌든 간에 불을 당긴 기원은 일본에 있었다. 왜구라고 칭해지는 반란민[乱民]이 13세기 초부터 16세기 말까지 사이에, 황해, 동지나해 등지에서 노략질을 하며 그 지역을 쥐고 흔들었다. 이 시기는 오키나와가 산잔 시대(三山時代)²⁷를 거쳐 왕조기에 접어들어, 고대 국가 형태를 확립하고 있었던 시기에 해당한다.

　왜구의 발생은 남북조 대립에 의한 쟁란과, 사회 불안을 배경으로 한 무력 상인이나 세토우치 수군(瀬戸内水軍, 바다를 지키는 해군)이 보여 주는 해상 조직의 위력, 주변 지역 농업 정책의 빈곤함 등이 상호 관련되면서 일어났다고 생각된다. 왜구가 장기에 걸쳐 나타났던 것은, 일본 지배체제의 불안정함이나 고려 내정의 난맥 때문이다. 또한 남해에서 융성하고 있던 류큐도 간접적으로는 왜구의 행위를 지탱하는 결과를 낳았다. 이나무라 겐부(稲村賢敷)의『류큐 제도의 왜구 사적 연구』(琉球諸島における倭寇史跡の研究, 吉川弘文館, 1957)에서는, 후기 왜구에 해당되긴 하지만 그들이 거주한 역사적 기록들이 주로 야에야마 제도(八重山諸島)에 남겨져 있음을 알려 준다. 그렇지만 전기 왜구와 류큐와의 관련을 알려 주는 자료는 많이 남아 있다.

　예컨대『세종실록』에는 다음과 같은 언급이 있다. "류큐에 조선국의 포로가 있다. 그들 중 본국에 돌아가고 싶어 하는 자가 많다."²⁸ 이 언급은 왜구의 존재와 함께 오키나와와 규슈, 조선이 상호 관련되어 있었던 내부사정을 느끼게 해준다. 또한 세종의 명을 받아 박 서생은 장군 아시카가 요시노리(足利義教)²⁹

---

26 분로쿠·게이초의 전쟁(文禄·慶長の役). 1592년에서 1598년에 걸쳐 일어났던 전쟁. 일본의 도요토미 히데요시(豊臣秀吉)가 주도한 원정군은 명과 조선군 사이에서 교섭을 하면서 조선을 전장으로 싸웠다. 이 두 전쟁을 합쳐서 한국에서는 일반적으로 임진왜란이라고 부른다.
27 산잔 시대(三山時代). 고대 류큐의 시대 구분 중 하나. 1322년경부터 1429년까지.
28 원문은 朝鮮國被虜人在琉球國, 而欲還本土者多矣.
29 아시카가 요시노리(足利義教). 무로마치 시대 중기의 무로마치 바쿠후 제6대 쇼군. 재직 기간은 1428~1441.

에게 소식을 청하는데, 왜인 망고라(望古羅)[30]가 하카타(博多)[31]에서 류큐에 되팔아넘긴 조선 포로들이 기아에 고생한다고 말했던 것을 보고하고 있다. 더욱 이 류큐 주잔(中山) 쇼하시왕(尚巴志王)[32]이 세종에게 보낸 문서에는 다음과 같이 씌어 있다. "지난 6월, 쓰시마(対馬)의 해적 우두머리인 로쿠로지로(六郎次郎)의 상선이 도착했습니다. 말을 빌리러 온 것이었습니다. 당신들 나라의 포로들이 우리나라에 머물렀는데, 100여 명이 있었습니다. 그들도 함께 데려 오고 싶었지만 배가 좁고 바람이 세어 불편하여, 데려올 수 없었습니다."[33] 쓰시마의 해적 우두머리인 로쿠로지로가 상인 자격으로 류큐에 건너와 있는 상황, 동시에 100명 남짓한 조선 포로가 함께 와 있다는 정황이 나타나 있다.

　　조선이 류큐에 포로 송환을 요구하거나, 류큐 사절이 포로를 동반하고 조선에 왔던 기록도 수차례에 달한다. 원래 포로를 되파는 경우는 일본 국내에 많았고, 왜구는 되판 포로를 조선에 회송함으로써 이중의 이익을 얻었다고 생각해 볼 수도 있다. 이러한 상황이 멀리 류큐까지 이어졌던 이유는 류큐 섬이 통일함으로써 산업이 흥성하고 무역이 급속히 성장했던 점에 있었을 것이다. 류큐가 이렇게 성장함에 따라서, 왜구나 무역상인들이 류큐와 조선을 중계할 때 발생하는 이점을 염두에 두게 되었을 것이다.

　　다나카 다케오(田中健夫)가 지은 『중세 해외 교섭사 연구』(中世海外交渉史の研究, 東京大学出版会, 1959)에 따르면, 조선에서 약탈해 온 노비는 하카타 근교에서 남해산 물자와 교환되었다고 한다. 일본이나 조선의 상류계층에게 류큐에서 들어온 남해산 물자는 필수품으로 변화해 가고 있었다.

　　이 하인(下人) 노동은 유황의 채굴뿐이 아니었다. 류큐의 농사법도 그 지방 호족(土豪)들 수하에 있는 하인 노동을 통해서 이루어지는 대규모 농업이 었다. 귀족들이나 제사권을 갖고 있었던 노로(ノロ)[34]는 강대한 호족이었다. 이

30 정황상 망고다라(望古多羅)의 오식인 듯하다. 한편 이 이름을 비롯하여 『세종실록』 등에 나오는 이름을 표기한 한자들은 원래 음가를 비슷한 한자로 음차한 것으로, 한국식 이름, 일본 이름이 뒤섞여 있다. 이후 각각의 정황상 각각의 음가가 확인되는 것에 따라서 일본어의 한자 읽기, 조선어의 한자 읽기와 같은 규칙을 적용하여 각각 다르게 번역했다.

31 하카타(博多). 후쿠오카 시 중앙을 흐르는 나카(那珂) 강 동쪽 지방의 지명이다.

32 주잔왕 쇼하시오(中山王尚巴志王, 1372년~1439년). 즉위기간은 1421~1439. 류큐왕국 제1 쇼씨 왕통 제2대 국왕. 초대 류큐 국왕.

33 원문은 去六月, 対馬賊首六郎次郎商船到国, 借騎而来, 且貴国被虜人物留我国者, 百有余人, 欲率而来, 船隻狭窄風且不便, 未得率来.

34 노로(ノロ, 여자 제사장). 오키나와 현과 가고시마 현 아마미 군도에 있는 류큐 신앙의 여자 제사장. 누루(ヌ―ル,

들은 류큐에 대규모 농업이 정착했던 초기에 규슈 연안으로 몇 차례씩 건너와 하인을 구하고 약탈했던 기록 등이 있다. 이러한 하인 노동을 통해 대규모 농업을 하는 이 땅을, 후대의 왜구가 다수의 노비를 되파는 장소로 이용했던 것은, 충분히 생각해 볼 수 있는 일인 셈이다.

이러한 예들은 왜구의 행동을 통해서 살펴본 류큐와 조선의 관련 양상이다. 양국의 국교는 우호적이었고 류큐는 조선으로 포로를 송환하는 일에 협조적이었다.

전기 왜구에는 이처럼 행동 반경이 넓고 각지 실정에 밝은 조직적 집단이었던 왜구와, 자주 조선 측에 잡혀서 목을 잘렸던[斬捕] 비조직적인 연안 어민이 함께 포함된다. 이와 함께 조선 자료에 "삼도 왜구"(三島倭寇)[35]라고 기록된 것이 있다. 이 삼도 왜구란 쓰시마(対馬), 이키(壱岐)[36] 및 마쓰우라(松浦) 지방의 주민들이라고 추측된다.

이 왜구의 조직구성이라든가 조선과 류큐에 대한 의식 등은 자료들을 종합해서 추측해 볼 수밖에 없다. 하나의 예로 『조선왕조실록』상에 쓰어진 왜구의 우두머리인 임온(林溫)[37]을 들어 보자. 그는 왜선 60척, 왜구 우두머리 5명과 함께 그 휘하 수백 인을 몰고 쳐들어와 투항했다. 이 언급에 대해서 다무라 히로유키(田村洋幸) 씨는 「조선 초(鮮初) 왜구의 계보에 대해서」(鮮初倭寇의 系譜について, 『朝鮮学報』第23輯)라는 글에 이렇게 쓴다. "왜구 우두머리 5인은 왜구 조직이 취하고 있었던 '결당 합의제'를 보여 주고 있다." 또한 마찬가지로 임온은 그의 아들을 인질로 두고 쓰시마로 도망한 뒤, 다시 왜선 24척을 이끌고 투항해 왔다. 이에 대해서도 위의 논문에는 이렇게 쓰여져 있다. "이때 사자가 전했던 말의 대의는 '우리들 만호(萬戶: 만호후 후작 등에게 세금을 내고 노역의무를 지고 있던 자들—옮긴이) 3명이 각각 100명씩 이끌고 왔습니다. 관찰사를 만나길 원하니 먼저 식량을 주었으면 합니다'[38]라는 것이었다. 이처럼 통솔권[統御權]이 세 명에게 균등하게 분배되어 있으면서도 결당(結黨)적 조직이

ヌル)라고도 발음한다.

35 삼도 왜구(三島倭寇). 쓰시마(対馬), 이키(壱岐), 마쓰우라(松浦), 5도 열도 등의 주민을 칭하는 말이다.
36 이키(壱岐). 규슈 북방쪽 현해탄에 있는 섬으로 규슈와 쓰시마의 중간에 위치한다. 현재 나가사키 현의 일부이다.
37 임온(林溫). 왜구로 원래 이름은 나가온(羅可溫)이었으나 조선에 투항한 1398년 2월 이후 조선 조정은 그의 이름을 '임온'으로 개명시킨다.
38 원문은 "我等万号三人, 各率百人, 欲謁観察使, 願先給糧".

라는 것을 엿볼 수 있다." 민중 집단에서 통솔권을 균등하게 분배하고 있는 예는 해상 세력인 마쓰우라당의 잇키(농민봉기) 계약에서도 나타난다. 왜구와 관계가 있었던 이 마쓰우라당은 당내의 평등을 기본으로 하고 있으며 통솔자 사이의 주종관계는 보이지 않는다.

왜구의 결당적 조직에 대해서는 속단해선 안 된다. 조선 해안에서 마쓰우라당들의 해적 행위가 있었다는 것은 아오가타몬죠(靑方文書)[39]의 기록에서도 확인된다. 그렇지만 수십 척으로 노략질을 했던 왜구는 빈곤이나 식량난 때문에 급조된 조직처럼 보이기도 한다. 세종 원년에 포로가 되었던 왜구한 명은 이렇게 답하기도 했다. "저희가 있던 쓰시마 섬에서는 사람들이 굶주리고 있습니다. 다만 저장(浙江) 등지에서 식량을 약탈하기 위해서 급히 인의를 거슬러 어진 마음 없이 침략하게 되었습니다."[40] 이를 보면 늘 결당적인 조직이었다고만 생각할 수는 없다. 어찌 되었든 왜구가 바쿠후에게 대항할 힘을지니고 있었다는 것은, 왜구를 금하는 모든 수단에도 불구하고 왜구가 쉽사리약체화되지 않았던 점에서도 확인된다.

반면 가네나가 친왕(懷良親王)[41]을 받드는 세이세이부군(征西府軍)[42]과는겉과 속이 상반된 관계도 엿보인다. 또한 조선 수군이 쓰시마를 습격한 이후,소씨(宗氏)가 쓰시마 무역을 장악해 가는 과정을 보면, 왜구는 소씨를 비롯하여 그 지역 호족의 세력안정에 도움이 되었던 것 같다. 마치 조선으로 투항했던 왜구들이 소 사다모리(宗貞盛)[43]의 허가를 얻어 여러 명의 수령들을 거느리고 명으로 침략해 가고 있는 것처럼.

이와 같은 모순을 품고 있는 왜구는 긴 세월 동안 차차 중국의 반란민이나딴가 해적(蛋家賊)[44]이라고 불렸던 딴민(蛋民) 집단들과 결속한다. 또한 조선

■

39 아오가타몬죠(靑方文書). 2001년 2월 26일에 유형문화재로 지정된 문서로 나가사키 역사문화박물관(長崎歷史文化博物館)에 보관되어 있다. 아오가타몬죠는 가마쿠라 바쿠후의 소송제도, 지방무사단의 존재형태, 남북조 시대부터 무로마치기에 걸친 국인잇키(国人一揆)의 실태를 알려 주는 사료이자 중세 어업관계를 알려 주는 사료이다. 그 유례를 찾아볼 수 있는 질과 양을 지니고 있다.
40 원문은 "吾係対馬島人, 島中飢餓, 以船数十艘, 欲掠浙江等處, 只緑之粮侵突庇仁".
41 가네나가 친왕(懷良親王, 1329~1383). 고다이고 천황(後醍醐天皇)의 황손이다. 남북조 시대에 남조 쪽의 세이세이다이쇼군(征西大将軍)이었던 것에서 비롯되어 세이세이쇼군노미야(征西将軍宮)라고 불린다. 히고노국(肥後国) 외부(隈府)를 거점으로 세이세이부의 세력을 넓혀, 규슈의 남조 쪽 전성기를 구축했다.
42 세이세이다이쇼군(征西大将軍). 헤이안(平安) 시대에 규슈 지방을 평정하기 위해서 천황이 임명한 장군을 의미함. 남북조 시대에는 위에서 설명했듯이 가네나가가 천황이 이 직책에 있었다.
43 소 사다모리(宗貞盛, 1385~1452). 무로마치 시대 전기와 중기의 장군.
44 딴가(蛋家). 광둥지역에서 '딴'(蛋)이라는 배를 이용해 수상생활을 하는 사람들을 민족을 일컬음.

인인 가짜 왜구도 포함하면서 민족 혼합적인 빈민 반란민의 집단이 된다. 이것이 16세기 전반의 왜구였다. 한편으로는 투항 왜구가 되어 조선에 머물거나, 다른 한편에서는 류큐, 일본, 조선을 엮는 상인 왜구가 되거나 하고 있다. 이렇게 이행해 가는 양쪽을 상세하게 검토해 보면, 바쿠한(幕藩) 체제 확립 후 강대하고 통일된 지배권력하에 안주했던 하부 공동체의 감각과는 다른 생활 집단의 원리가 보일 것이라고 생각한다.

전기 왜구가 가장 심하게 노략질을 했던 것은 1370년부터 1390년에 걸친 시기로 일본의 남북조 시대 후반에 해당한다. 1년 사이에 조선에서 했던 노략질 만으로도 30~50여 회에 달하며, 그 침입지역도 모든 도의 범위에 미치고 있다. 류큐는 비슷한 무렵인 1372년에 명과 국교를 맺는다. 주잔 왕(中山王) 샷토 왕통(察度王統)[45] 때이다. 이에 더해 8년 정도 지난 뒤 난잔왕(南山王)이, 또한 2~3년 뒤 호쿠잔왕(北山王)이 공사(貢賜)라는 이름의 교역을 펼친다. 그 중에도 주잔왕이 파견했던 관리사절은 1410년대에서 현저하게 증가하고 있다. 연간 3~4회에 달해, 말과 지방의 토산품[方物]을 공물로 받고, 재산[鈔], 문양이 새겨진 비단[文綺表裏], 화폐(鈔幣)를 하사품(賜)으로 내려주고 있다. 조선과 수교한 것은 1389년 고려 공양왕(恭讓王) 때로 당시 명은 태조 시대였고 역시 류큐는 산잔(三山) 대립시대였다. 이에 더해 1400년경에는 샴(Siam, 타이의 옛이름)과 수교를 시작한다. 1421년에는 3대 불교국의 옛 항구(파렌반 동쪽)와 수교한다.

1406년에는 쇼 시쇼(尚思紹)[46]가 즉위하고, 1416년에는 호쿠잔왕이 주잔에 의해서 멸망하며, 1429년(에이쿄[永享] 원년)에는 쇼 하시(尚巴志)가 난잔(南山)을 멸망시키고 섬 전체를 통일하기에 이른다. 『세조실록』에 의하면, 1440년(에이쿄 12년)에는 아마미(奄美) 섬 전체를 류큐에 귀속시키는 것도 성립된다.

섬 전체를 통일시킨 시기의 자료는 부족하기 때문에 논리를 비약시킬 수는 없다. 그렇지만, 당시 오키나와를 되돌이켜 생각해 보면 느껴지는 것이 있

---

45 주잔왕국(中山王国). 현재의 나하(那覇) 시와 우라소에(浦添) 시를 중심으로 주로 오키나와 현 나가가미(中頭) 군에 존재했던 왕국. 세 개의 잔(山)이 통일된 후, 류큐왕국(琉球王国)이 정식명칭이 됨. 여기서 언급되고 있는 것은 이 주잔 왕조 중에서도 샷토왕통(察度王統)을 의미한다. 1350년에서 1405년까지 지속된 14세기 류큐의 왕통이다.

46 쇼 시쇼왕(尚 思紹王. 1354~1421). 류큐 왕국 제1 쇼씨 왕통이자 초대국왕이다. 즉위기간은 1406년에서 1421년까지이다.

다. 하나는 앞서 말했듯이 섬 전체를 통일하는 데 있어서 왜구가 숨겨진 하나의 힘으로써 영향을 미쳤던 게 아닐까 하는 것이다. 다른 하나는 그 시기부터 오키나와 민중은 직접성을 빼앗기고 대외성이 닫혀 버려, 공동체 안의 생산성만으로 한정되어 버렸던 게 아닐까 하는 것이다.

류큐가 무로마치 바쿠후에 최초로 특사를 실은 배[使船]를 출항시킨 것은 1404년(오에이[応永][47] 11년)이었다. 조선과 류큐 간에는 이보다 10년 정도 앞서 이미 수교가 맺어져 있었다. 류큐 왕국 문서에 조선인 포로에 대한 언급이 있는 것, 앞서 말한 것과 같은 『조선왕조실록』의 기록, 왜구 우두머리의 배에 류큐 사절이 편승해서 조선에 가는 것, 일본과 조선의 상품에서 류큐와 남방무역 개발을 했던 결과가 많이 나타난다는 것이 그것이다. 그럼에도 불구하고 당시에는 아직 일본과 류큐 간에 상업 교역이 이루어졌던 자료가 보이지 않는다. 이러한 것을 종합해서 다시금 주잔국(中山國)의 특성을 생각해 보면, 그 지점에 왜구의 활약이 있었을 것이라고 연결되는 것이다.

왜구가 노략질할 주요 대상지역을 조선에서 명으로 이행시키고 있었을 때, 류큐에서는 류큐국 주산왕 명의 혹은 류큐 국왕 명의로, 샴(暹羅, 태국), 말라카(滿剌加, 말레이시아) 자바(爪哇, 인도네시아) 그리고 조선 왕 사이에 오갔던 서한이 있다. 이에 더해 산부쓰세(三仏斉)[48]와의 수교도 맺어져 있다. 주잔국의 한 손에 남방무역이 장악되어 가는 과정인 것이다. 주잔국은 다른 두 개의 잔(山)에 비해서 농지가 넓을 뿐 아니라, 서해안에 마키항(牧港, 류큐어로는 마치나토)와 숙박시설, 동해안에 요나바루항(与那原港)을 지니고 있었다. 운텐(運天)[49] 하나와 이토만(糸満) 하나를 지닌 다른 잔(山)에 비해 융성을 자랑했던 것은 당연하다. 왜구의 약탈품 중에는 배도 많았다. 주잔국과 왜구와의 결합은 하인 노동력뿐 아니라 남방무역선이나 인력을 얻는 측면도 있었으리라 예측된다.

명 태조가 지닌 외교 태도를 우습게 여기고 그 품 안을 침략했던 왜구를, 세 개의 잔(山)을 통일했던 시기의 주잔국의 지배층이, 자국의 배면(背面)을

■

47 오에이(応永). 일본 원호 중 하나이다. 1394년에서 1427년까지의 시기를 가리킨다.
48 산부쓰세(三仏斉). 10세기 초부터 15세기 초까지 한문 사료에 등장하는 동남아시아의 무역국가이다.
49 운텐(運天). 오키나와 현 쿠니가미 군(国頭郡) 나키진 마을(今帰仁村)에 있는 촌락이다. 운텐항구(運天港)라는 이름으로 알려져 있다. 모토부(本部) 반도와 야가지(屋我地) 섬 사이의 좁고 긴 물길의 입구에 위치하고 있어서 예로부터 천연의 중요한 항구로 여겨져 왔다.

충족시키는 데 이용하지 않았다고 생각하는 쪽이 오히려 부자연스럽잖은가?
류큐가 명에 의해 처음으로 책봉되었던 것은 1404년이다. 1368년에 즉위한
명 태조는 즉위함과 동시에 일시동인(一視同仁)의 뜻을 품고 안남(安南) 점성
(占城), 고려, 일본 각 네 오랑캐[夷]의 군장을 불러들이는 서한[招諭]을 전달
한다. 일본 국왕 나가가네(良懷)[50](명나라에서 부르는 이름으로 다자이후[太宰府][51]
의 세이세이쇼군노미야[征西将軍宮]인 가네나가 친왕[懷良親王]을 의미한다)는 명
의 무례함에 분노하여 서한을 가지고 온 사신의 목을 벤다. 1372년 주잔의 삿
토왕이 그때에 억류되었다가 살아남은 명의 사신을 이용하여 류큐와 명의 수
교를 맺는다. 그러나 양국의 수교는 공적인 제한무역이었다. 명은 왜구와의 사
적인 무역을 제지하기 위해서 1374년에 취안저우(泉州), 밍저우(明州), 광저
우(廣州) 세 개 시의 배 관청을 폐쇄하고 있을 정도이다. 주잔 지배층이 그러한
명과의 공적인 제한무역의 뒤편으로 왜구와 관계를 맺었던 결과가 남방무역
의 개발을 진전시켰고, 류큐와 조선 사이에 긴밀한 관계를 촉진시켰다고 생각
한다.

　　류큐의 이러한 대외적 창구의 겉과 속[表裏]은, 어느 쪽이든 지배층이 장
악하고 있다. 민중은 내륙에 대한 시선밖에 갖지 못했던 것일까? 그런 시선으
로 노동력을 농업생산 향상에 기울여 왔던 것일까? 식량의 자급자족이 번영
의 기초인 것은 논할 필요조차 없으므로, 남해의 자연 조건하에서는 하인 노
동만이 누구든 밥을 벌어 먹을 수 있는 형태였는지도 모른다. 요론 섬에서는
메이지 32년에 하인(요론 말로는 은다ンダ)을 미이케 노동자로 이주시킴으로써
드디어 이러한 제도에 종지부를 찍고 있다.

　　그렇지만 다른 한편 1317년 온주(溫州)에 표류했던 "해외 브라코(婆羅
公)[52]의 민카이반(民海蕃)[53]에 왕래하며 교역[往買]하는데, 바람과 파도를 만났
다고" 하는 중국 『유엔시』(元史)[54] 기록이 있다. 후지타 도요하치(藤田豊八) 박

■

50 원래 이름은 가네나가 친왕(懷良親王)이지만, 명과 책봉관계를 맺을 때에 이름을 '나가가네(良懷)'라고 잘못 쓴
탓에, 이후 새로운 책봉관계를 맺고 일본 국왕이 되기 전까지는 명에 사절을 보낼 때 '가네나가'가 아니라 '나가가
네'라는 명의를 써야만 했다고 전해진다.
51 다자이후(大宰府). 율령제에서 규슈에 두었던 관청이다. 규슈(九州), 이키(壱岐), 쓰시마(対馬)를 관할했고 외교와
국방을 맡았다.
52 브라코(婆羅公). 구스쿠베야자보라(城辺字保良)를 통치하고 있었던 호족을 의미한다.
53 반(蕃). 고대 일본에서 중국이나 조선에서 귀화해 온 사람들을 조상으로 하는 씨족을 일컫는 말.
54 유엔시(元史). 중국 24대 역사서 중 하나. 원의 역사를 기록한 것.

사[55]의 설에 따르면, 이것이 류큐인이 남해와 통상을 했던 가장 오래된 기록이라고 한다. 이처럼 계속해서 바닷길을 열어가고 있었던 백성이 있었다고 생각한다. 1020년, 999년, 998년, 997년에 다자이후(大宰府)는 남만해적(南蛮賊)으로부터 습격을 받고 있지만, 또한 그 당시부터 집단으로 바다와 파도를 넘고 있었던 것이다.

또한 지배체제 확립 이전부터 있었던 민중의 행동은 류큐의 바다신 신앙과 여신 노로와의 결합에서도 느껴진다. 이것은 마찬가지로 고대 국가를 완성했던 신라의 바다신 신앙과 화랑(花郎)의 결합처럼, 신분제가 있기 이전에 사람들이 지녔던 생활의 잔영이다. 바다는 영적인 세계[靈界]와 교류하는 길인 것처럼 여겨졌다. 이러한 형이상계(形而上界)는 이방과 접촉했던 체험을 환상화시킨 것이다. 여성 샤먼은 심적 영역에서 구체적이고 현실적인 생활의 모든 측면에 이르기까지 수호해야 했다. 이것이 여성 샤먼이 장악했던 영역이었다. 신라 초기의 화랑이 미소년으로 장식되었던 점을 보면, 여성 샤먼과 화랑과의 내적 연관성을 느끼게 한다.

또한 이토만 어부의 고기잡이 방법은 시로쓰나 어업[56]으로 각 마기리(間切)[57]의 "오모로"[58]에서도 노래되고 있다. 또한 같은 어업을 하는 각 마기리가 출어 시합(競漕)을 하는 것을 노래한 『오모로사우시』(おもろさうし)[59] 등에서도 오키나와 연안지역의 백성이 이토만 어부와 마찬가지로 먼 해양에 진출(遠出)했다는 것이 엿보인다. 단지 이러한 예들이 왕통과 직결된 부락 공동체에 귀속되는 쪽으로 편향되어 갔고, 그러한 편향이 이것들이 지닌 계급적 고유성을 희박하게 했다. 이것들은 예를 들면 독자의 규율을 갖고 있었던 마쓰우라 당이나, 쓰시마 왜구가 서로 제휴해서 지역 정권과 길항하는 관계를 가졌던 것처럼은 되지 못했던 것이다. 그리고 그 왕통이 사대주의를 취하고 있다. 이러한 왕통이 지녔던 사대주의가, 후대에 본토 정권이 오키나와에 이중 소속을

---

55 후지타 도요하치(藤田豊八, 1869~1929). 메이지·다이쇼 기의 동양사학자. 문학박사.
56 시로쓰나(白綱) 어업. 중앙에 주머니 모양의 그물을 묶어, 어부들이 헤엄치면서 해수면을 때려 물고기 떼를 주머니 속으로 몰아넣는, '물고기 몰이' 방식.
57 마기리(間切). 류큐의 행정지역구획이다. 류큐 처분 이후에도 이 행정구획은 존재했지만, 메이지 40년(1907)에 폐지된다.
58 오모로(おもろ). 신의 노래라는 뜻으로, 류큐의 고대 서사시이다.
59 『오모로사우시』(おもろさうし). 오키나와와 아마미(奄美) 제도에 전해져 오는 고대 가요 집성집으로 전부 22권이다. 1531~1623년에 성립되었다. 류큐의 고어로 씌어진 가요 1554편을 수록하고 있다.

강요했을 때, 류큐의 민중이 그것을 어떤 의미에서는 자율성을 유지하는 것이라고 받아들이게 되었던 원인일 것이다. 이중 소속을 강요당하는 측면은 오늘날 오키나와에도 적용할 수 있다. 민중에게는 자기 자신에게 속하는 것을 선택하는 것 이외에 다른 해방의 길은 없다.

그렇지만 이렇게 외래 권력에 대한 자율성이 토착 권력에 대한 귀속처럼 나타나거나, 토착 권력에 대한 주체성이 토지에 대한 집착인 듯이 나타나 버리는 구조야말로, "시맛차비"(しまちゃび)[60]라 불리는 것의 근원일지도 모른다.

쓰시마 또한 조선을 대상으로 한 무역창구로서 자주 이중 소속을 가장하게 되었다. 또한 소(宗)씨가 스스로 그렇게 가장한 시기도 있다. 그렇지만 소씨보다 섬의 선주민이 결당적인 독자 생활원리를 행동화해 왔던 전통은, 번(藩) 체제기에도 남아 있었다. 따라서 이 섬이 특정한 번의 식민지가 되는 것을 막았다. 또한 소씨가 섬에 들어올 당시에는 유서 있는 집안[旧家]을 중심으로 지역 사회가 성립되어 있었다. 쇄국 후 쓰시마는 지리적 중요성도 산업적 특성도 잃는다. 그것이 이후 쓰시마에서 지연·혈연 공동체를 지속시킨 원인이 되었다.

이처럼 아직 공동체의 이중 구조가 엷었던 시기에, 조선은 왜구에 대해서 어떠한 대책을 마련하고 있었을까? 이후에는 왜구에 대한 조선의 대책을 살펴보겠다. 조선의 왜구 대책은 이민족의 의식 구조를 기본으로 해서 방법을 결정한 듯한 점이 보인다. 또한 그러한 방법을 취했던 조선 지배층의 특질도 엿보인다. 우리들은 조선의 왜구 대책을 통해서 간접적으로나마 조선 민중을 느낄 수 있을 것이라고 생각한다. 조선 민중을 느끼길 원하는 이유는, 앞서 언급한 것처럼 시간성이 다른 민중과의 만남의 사상을 창출할 기반으로 삼고 싶기 때문이다. 민중 차원에서 이루어져 왔던 만남의 역사를 더듬고, 그때그때의 공과[功罪]를 검토하는 것을 통해서 말이다. 이것이야말로 오키나와 문제의 본질적인 부분인 반권력 투쟁의 원점이라고 생각하기 때문이다.

조선은 왜구에 의해 피폐해진 고려를 무장 이성계가 멸망시키고 세운 나

■

60 시맛차비(しまちゃび). 한자로 바꾸면 이도의 고통[離島苦], 섬의 고통[島痛み], 고도의 고통[島苦]이라고 할 수 있다. 고향섬을 떠나 이도(離島)에서 생활하는 사람들의 비참한 상황이나 감정을 일컫는 말이다.

라이다. 따라서 조선은 처음부터 수군(水軍)의 정비, 화약 사용, 축성 등에 힘을 쏟았다. 또한 건국 시에 바쿠후나 각 호족에게 왜구를 금하도록 요구했다. 따라서 바쿠후, 규슈 장관, 규슈 각 호족 등이 연달아서 이 요구에 응해, 많은 조선인들을 송환하거나 했다. 그렇지만 일본 정권의 여러 조건이 어우러져 그 틈새기에서 발생하고 있는 왜구를 금하는 것은 불가능했고, 노략질은 계속되었다.

그래서 세웠던 대책이 왜구 회유책이었다. 그때까지는 포로가 된 많은 왜구들은 참살당하거나 노비가 되거나 했다. 일본과 조선과의 사이에는 평화로운 민간 루트도 있었던 듯하다. 예를 들어 조선 시대의 초기에는 일본 승려 겐카이(原海)가 처자를 데리고 조선으로 이주하고 있다. 『태조실록』에 의하면 그는 의술을 설파했기 때문에 궁내 의관 박사[典医博士]라는 직책을 주고, 성을 평(平)이라 칭하도록 배려했다고 씌어 있다. 이러한 귀화 일본인은 "향화왜"(向化倭)라고 부른다.

향화왜에 대한 기록은 왜구가 극심하게 창궐했던 고려조 공민왕(恭愍王) 때부터 남아 있다. 그렇지만 왜구를 향화(向化)시키는 것을 대책으로 삼아 적극적으로 추진했던 것은 조선시대에 들어서부터이다. 향화왜의 대상이 되었던 것은 쓰시마 왜구였다. 필시 쓰시마에서 왜구가 발생하는 이유가 쓰시마에 농지가 적거나 생산성이 낮거나 한 데 있었기 때문일 것이다. 다무라 히로유키 씨의 「조선초 왜구의 계보에 대해서」(鮮初倭寇の系譜について)를 근거로 이러한 대책의 흔적을 살펴보자.

『조선왕조실록』에 기록된 최초의 투화왜(投化倭)는 효시라(表時羅)[61]이다. 태조 4년 (오에이 2년) 정월에 "왜인 효시라 등 4명이 투항하니, 각 경상주군(慶尙州郡)에 두라고 일러두었다"[62]고 씌어 있다. 그는 그 뒤 그대로 조선에 살았던 듯하다. 태조 5년 6월(투항한 지 10년 후)에는 같은 투화왜인 임온(林唱)과 함께 모친을 만나러 쓰시마에 일시 귀국하고 있다.

임온은 유력한 왜구로 효시라가 투항한 다음 해 12월 60척을 이끌고 영해 축산도(寧海丑山島, 경북 영덕 근처—옮긴이) 부근에서 노략질하고 도절제사(都

■

<hr/>

61 본래 일본 이름은 효에이시로(兵衛四郎)로 이 음가를 한자로 음차하면 효시라(表時羅)가 된다. 조선왕조실록에는 일본 이름의 발음을 음차하여 기록되어 있다.
62 원문은 "倭人表時羅等四人來降, 命置諸慶尙州郡."

節制使) 최운해(崔雲海), 계림부윤(雞林府尹) 유량(柳亮), 안동부사(安東府使) 윤저(尹柢) 등과 싸운다. 그리곤 관찰사(觀察使) 한상질(韓尙質)에게 글을 보내 조선군에 투항한다. 그 글은 다음과 같다. "우리들은 항복하길 원합니다. 만약 귀하의 나라 변방에 기거하길 허락하고, 당분간 먹고 지낼 식량을 주신다면, 감히 딴 마음을 품지 않을 것이고 또한 다른 도적질도 금하겠습니다."[63] 한상질은 이들 왜구에 대한 재결(裁決)을 요청했고 태조는 투항을 받아들였다. 여러 장군들이 이를 의심했지만, 유량이 호기 좋게 이들을 받아들일 것을 주장하여 수백 명의 왜구는 무장을 풀고 하선했다. 임온은 계림부윤 유량의 휘하에 아들 쓰시라(都時老) 및 같은 반당(伴党)인 곤시라(昆時羅)를 인질로 보내 두고 경상도 울주포(蔚州浦)를 향했다. 그렇지만 유량 등이 자신을 대신하여 승려 의운(義雲)이 회견하도록 했기 때문에 임온은 유량의 진의에 의심을 품고 지울주사(知蔚州事) 이은(李殷)을 인질로 잡고 쓰시마로 도망쳐 돌아간다. 한편 조선 조정은 조선에 남아 있던 아들 쓰시라(都時老)들을 후하게 대접하고 공무를 보는 직책을 내렸다. 임온이 투항했던 달에는 왜구 우두머리인 구육(疚六)도 투항하고 있다. 태조가 그에게 "너는 무슨 의도로 왔는가"라고 물었다. 그러자 그는 이렇게 답한다. "전하께서 투항자를 편안히 보살펴주며 과거의 악행은 묻지 않고 토지를 청하면 이주민에게 토지를 준다고 들었습니다." 이에 태조가 "항복해 오는 것은 너 혼자가 아니며, 너를 받아들이는 것도 나 혼자가 아니다. 천하가 모두 그러한 자들이다. 네가 돌아간다면 군이 붙들 필요가 없고, 오겠다는 자를 막을 필요도 없다. 너의 거취는 오직 너의 마음에 달려 있을 뿐이다. 너는 돌아가서 그 뜻을 너희 무리들에게 알려라. 너희 중 복과 지혜가 높은 자가 없을쏘냐. 그 뜻을 장구한 계획으로 생각하고……"라고 답한다. 구육은 이러한 태조의 말에 감격하여 눈물을 흘린다.[64] 태조는 다음날, 선략(宣略) 장군이라는 직책을 구육에게 하사하고, 은띠(銀帶) 칼 한자루, 사모관대[紗帽], 가죽신을 내린다. 이에 더해 2개월 후에는 좌우 정극(左右政亟)을 비롯한 연회에 출석시켜 근정전(勤政殿)에서 알현(謁見)할 때에는 그의 근

---

63 원문은 "吾等欲降, 若許貴國辺地一處, 又給食糧, 則我等無敢有に心, 且禁他盜.
64 원문은 "汝来何意"/"聞殿下撫綏降者, 不念旧悪.願請土而為氓"/"降者非独汝也, 受降者非独我也, 天下皆是, 汝去則不必追, 来則不必拒, 汝之去就, 惟汝心耳, 汝可還去与爾輩, 令知比意, 汝輩之中豈無有福智者乎, 其思長久之計".

황을 친근하게 묻고 위로했다. 이때도 구육은 역시 울 뿐이다. 태조는 연이어 10석, 콩 20석을 내리고, 그의 패거리 20명에게도 비단우산을 각각 하나씩 주었다.

쓰시마에 이 정보가 즉시 전해졌던 것일까? 이후 연달아 왜구가 투항했다. 다음 달에는 10척이 투항을 요구해 왔다. 태조는 후히 대접하길 명하고 있다. 이어서 아들 등을 인질로 두고 도망갔던 왜구 우두머리 임온이 병선(兵船) 24척을 이끌고 투항했다. 그는 태조를 알현하고 많은 하사품을 받아 선략장군이 되고, 그 휘하에 있던 자들도 제각각 직책을 받고 있다.

투항한 왜구에 대한 이러한 환대가 거듭되어, 쓰시마 도민은 처자식과 함께 투항해 오게 되었다. 투항하면 직책을 받거나 농지를 받거나 했다. 자급자족할 수 있을 때까지 양식과 급료를 주었고, 투항한 이후 3년간은 논에 부과하는 세금[田租]을 면제했으며, 투항한 지 10년 동안은 노역[徭役]을 면제해 주었다.

또한 집, 식량, 노비를 받고 관직에 올라 그 지역 여자와 장가들었다.

투항한 왜구들은 주요 관직에 올라 왜구를 토벌하는 일을 지휘하여 전과를 올렸다. 또한 서신을 갖고 왜구에게로 향했다. 투항해 온 왜구 중 일반 왜구들은 왜구를 토벌하는 일에 종사시켰다. 왜구를 토벌하다 죽은 자에게는 쌀과 콩 10석, 종이 50권을 주고 치제(致祭)[65]를 지내 주었다. 투항 왜구들은 일정 기간을 머물면 섬으로 돌려보내졌지만, 그대로 조선에 귀화한 자들도 많다. 섬으로 돌아간 자 중에는 중소 무역상이 되어 조선과 쓰시마를 왕래한 자들이 눈에 띈다.

왜구의 유력자 중 한 명이었던 임온은 나중에 쓰시마로 돌아가 '쓰시마주를 수호하는 만호'(大馬州守護万戶)라는 유력한 호족 무리에 들어간다. 그리고 소 사다시게(宗貞茂)[66]와 함께 사신을 보내 조선에 토산품을 바쳤다. 그 후 매년 사절을 파견해 예물을 바치고 있다.

이러한 투항 왜구 유치책은 조선의 경제를 압박했지만, 태조, 정종, 태종까지 그 방침이 유지되었다. 이 대응책에 반하여 왜구를 용서치 않고 참살한

■
65 치제(致祭). 임금이 제물과 제문을 보내어 죽은 신하를 제사 지내던 일. 또는 그 제사.
66 소 사다시게(宗貞茂, ?~1418). 무로마치 시대 전기의 무장.

관리는 처분당했다. 또한 이 대응책과 병행하여 수군(水軍) 확충을 도모했다.

투항 왜구는 왜구 토벌에도 가담했지만, 다시금 왜구로 돌아가는 것을 방지하기 위해서 조선의 각 주에 나누어 두었다. 수군이 증강됨에 따라서 노략질을 하고 도망가는 왜구의 배를 쫓는 것이 점차 엄격해졌다. 태종 말년에는 그러한 근거지의 하나인 쓰시마를 향해 수군이 출격하고 있다. 이러한 실적을 거듭한 후 세종 시대에는 원칙적으로는 투항한 왜구를 받아들이지 않고 있다. 대부분은 사절이나 무역상 자격으로 조선에 들어오고 있다. 그렇다고는 해도 왜구의 노략질이 그친 것은 아니었다. 왜구들은 명을 향해서는 왜구로서의 입장을 유지하고 있었다.

이렇게 짚어 보면, 군비 증강과 병행해서 적의 우두머리를 회유하고, 그 우두머리의 배후에 확산되어 있는 빈민층을 이민화시킬 계획을 하고 있는 것이 드러난다. 그들의 이주와 동반해서 선장(船匠), 선박 철동 기술자[銅鉄匠]가 조선으로 건너오고 있다. 또한 처자식을 데리고 오는 경우도 드물지 않았고 투항한 왜구와 쓰시마 사이의 왕래도 자유로웠다. 이 대책은, 평시도 아니며 오히려 150년 이상 계속해서 노략질을 하고 있는 상대에 대해 실시되었던 것이다. 즉 이 대책은 일본 각 계층에 대한 상당한 인식과 신념 없이는 불가능한 일이었다.

오늘날에도 아직 쓰시마는 개척되지 않아 옆 마을에 가기 위해서는 산을 넘어야만 하는 곳이 많다. 지역 토박이[本戸]와 이주자[寄留]의 마을들이, 좁은 바다 벼랑에 마치 매미가 달라 붙어 있는 듯한 상태로 매달려 있다. 산이 바다에 육박해 있기 때문에 농경지가 적다. 따라서 쓰시마에서는 최근까지도 화전 농업이 이루어졌다.

쓰시마의 왜구는 이 해안 산간에서 항상 식량난을 겪고 있는 빈곤층이 결속한 호족에 의해 병사가 되어 등장했던 게 아니었을까? 조선은 이 계층적인 결합을 끊고 호족층에게는 관직을 주어 무력을 사용하게 해 조직욕을 만족시켰다. 또한 빈곤층에게는 토지, 집, 식량을 주어서 조선에 영주하도록 도모하고 있다.

세종시대에는 향화(向化)를 원칙적으로 중단시키고 소씨를 통해서 공적 무역을 실시했다. 세종시대는 국내가 안정되고 문화가 번영한 시기였다. 예를 들어 세종은 여태까지 하층계급인 사람들이 문자와 거리가 멀며, 국가의 공식

문자가 한자였던 것을 개선해야 한다고 생각하여 조선 고유의 문자를 제정하도록 명했다. 또한 그는 스스로도 그 연구에 관여해 언문을 고안하여 '훈민정음'이라고 이름 짓고, 국가의 공식 글자로 정식으로 공표했다. 이처럼 세종 시기는 민족의식이 고양되었던 시기이기도 했다.

같은 시기 일본 국내에는 쓰치 잇키(土一揆)[67], 바샤쿠 잇키(馬借一揆), 도쿠세이 잇키(德政一揆)[68] 등이 계속해서 발생했다. 민중이 자력으로 도쿠세이(德政)를 단행하려고 한 시기였다. 근세 초기에 코치(交趾)나 샴(暹羅), 루손(呂宋)[69] 등에 생겨났던 일본 마을들은 이국에서 매우 고립된 양상을 띠고 있었다. 투항 왜구들의 살림은 이러한 일본 마을과는 질적으로 다른 것이었다. 일본 마을들이 일본 마을의 총괄자인 일본인과 각국 관료들을 매개로 해서 이국의 풍토와 접속하고 있었던 것과 비교해 보면, 이러한 조선의 계층 조작법에 의해 이루어졌던 향화왜들의 살림살이는 정말로 두 민족의 생활 원리가 지닌 질적인 유사성을 느끼게 한다. 또한 이러한 예들은 서구인들의 편지에 기록된 남방에 살던 일본 마을 주민들에 대한 기록과 대조적이기까지 하다. 이 편지들을 보면, 남방에 있던 일본 마을 주민들 대부분이 그곳에 정착하지 않고 몇 년 뒤에 일본으로 귀국한다는 것이다.

소씨가 조선에 투항 왜구의 반환을 요구해서, 상당수의 투항 왜구들이 귀환하고 있기도 하지만, 동시에 조선 각지에는 향화왜 촌락이 생겼다. 이들 향화왜 민중 촌락들은, 남양에 있던 일본 마을 주민들이 일본 국내법을 그들 사이에서 유지함으로써 마을 내부의 계층을 유지하고 있었던 것과 같은 식의 국가의 연장(延長)이나 국가의 징검돌이 아니었다. 오히려 향화왜 촌락의 공동체 의식은 국가와 같은 상부 공동체와 분리되어 있었기 때문에 상당히 빠르게 조선에 풍토화되었던 것이다. 그리고 이씨 조선의 지배층은 향화왜들의 풍토화를 권력으로 압박하면서 실시하지 않았으며, 오히려 생활 조건을 보다 좋게 갖추어 줌으로써 실시했던 것이다.

이 일견 관대해 보이는 조치는, 필시 조선 민중의 생활을 압박했을 것이다. 『조선왕조실록』에도 조선 민중이 왜구에 의한 피해[疲弊]에 더해, 투항 왜

---

67 쓰치 잇키(土一揆). 무로마치 시대 중기에서 후기에 걸쳐 발생했던 민중 봉기.
68 도쿠세이 잇키(德政一揆). 쓰치잇키의 일종으로 쓰치 잇키 이후에 연이어 민중 봉기가 일어났다.
69 루손 섬(ルソン島, 呂宋島, 필리핀어로는 Luzon). 필리핀 제도 중 가장 면적이 넓은 섬.

구를 먹여 살려야 했기 때문에 보다 가중된 노역을 짊어져야 했던 상황이 기록되어 있다.

다음 인용은 향화왜의 동화가 일단락 되었다[70]고 여겨지는 1653년 당시, 네덜란드인 헨드릭 하멜(Hendrik Hamel)[71]이 조선에 대해서 남긴 기록(『하멜표류기』[朝鮮幽囚記])의 일부분이다.

수년 전 일본인이 와서, 그들의 왕을 죽이고, 시가지와 마을을 불태워 버리거나 파괴했다(임진왜란[72]을 가리킴). 조선인은 타르타르인(네덜란드인이 만주인 및 청조 정부를 부르는 명칭)과 일본인을 극히 무서워한다. 왜냐하면 그들이 매우 겁쟁이이기 때문이다. 따라서 대규모의 전쟁[會戰] 혹은 전투가 있으면, 그 전쟁 전날에 몇 백 명씩이나 되는 사람들이 공포 때문에 목을 매고 죽는다. …… 그들은 적에게 죽임을 당하기보다 오히려 스스로 죽는 편을 선택하는 것이다. 따라서 이것은 하등의 치욕으로도 여겨지지 않고, 많은 사람들은 그들이 어쩔 수 없어 그렇게 한 것이라고 말하며 그들을 동정한다. …… 이 나라 사람들은 매우 마음이 따뜻하다. 그들은 신을 좋은 것이라고 생각하지만, 나쁜 일을 당하지 않기 위해서 악마와는 사이좋게 지내야만 한다고 말한다.

서구인인 하멜은, 침범 당하느니 죽음을 선택한 여자들이나 무력을 사용하지 않고 죽음을 선택한 노인들이 지닌 동양 식의 발상을 이해할 수 없었을 것이다. 그리고 악마와는 사이좋게 지내야 한다고 이들이 믿게 되었던 이유, 즉 오랜 시간 동안 왜구에게 노략질을 당했던 이들의 상처도, 그는 볼 수 없었을 것이다.

중세기에 걸쳐 일본 민중이 했던 직접적인 접근은, 조선 민중에게 "악마와는 사이좋게 지내야 한다"라는 심정을 정착시켰다. 투항 왜구가 금지되었던 100년 남짓한 기간 동안 조선 민중은 왜놈(일본 민중에 대한 경멸적 이름)도, 왜

■

70 원문은 風化を終えた.
71 헨드릭 하멜 (Hendrik Hamel, 1630~1692): 네덜란드 동인도회사 소속 선박 선원으로 1653년 일본 나가사키로 가던 도중 일행 36명과 함께 제주도에 표류했다. 1666년 억류생활 끝에 탈출하여 1668년 귀국했다. 그 해에 『하멜표류기』로 알려진 기행문을 발표했는데 이는 한국의 지리·풍속·정치·군사·교육·교역 등을 유럽에 소개한 최초의 문헌이다. 일본에서는 『하멜 표류기』가 『조선유수기』(朝鮮幽囚記)로 알려졌기 때문에 이 글에서는 조선유수기로 표시되어 있다.
72 원문은 분로쿠·게이초의 난(文禄·慶長の役)이다. 임진왜란을 일본 식으로 부르는 말이다.

놈 노비를 민중 속에서 길렀던 귀족들도 모두, 이 사이좋게 지내야 할 대상으로 자신의 심정 속에 축적시켰던 것이다. 하지만 일대 노략질의 저류를 살펴보면, 자민족 사이에서 벌어진 동일 원리의 항쟁이 야기했던 퇴폐를, 미미하게나마 찢어 버리는 방향으로 움직였던 점이 전혀 없었던 것은 아니었다. 처자식을 데리고 향화한 겐카이(原海)처럼 말이다. '숨은 기독교인'(かくれキリシタン)이 수명이 긴 전통을 지니고 있는 이유도, 안으로만 향하는[內向] 촌락 공동체가 지닌 구심성(求心性), 그 구심성에 대한 반작용적인 균형이지 않을까?

그리고 나는 생각한다. 오키나와의 저 깊숙한 곳에서 내셔널리즘과 길항하고 있는 그것은, 대체 어떠한 촉수를 지니고 역사의 뒷면을 색칠하고 있는 것일까? 민중에게 있어서 민중 간의 접촉은, 근대 이후 자본주의적 발전 도상에서 나타난 것과 같은 피해자적인 만남만 있는 것이 아니다. 오키나와 말에 일본의 고어가 살아 있는 것 등은 민족 간의 이행 경로를 느끼게 한다. 그뿐 아니라 중앙집권적이지 않은 혈연지연 공동체, 그것의 원심성에 주목하여 민족 문화에 대한 관점을 가질 필요성을 느끼게 한다.

이 지점에서 내가 문제라고 여기는 것은, 민중은 삶을 유지하기 위해서, 생활 집단의 시간성보다 유(類)로서의 존재에 스스로를 건다는 점이다. 투항 왜구도 향화왜도, 먼저 조선에게 의식주를 충족시키고 자손을 낳고 기를 수 있는 구체적인 공간을 요구했다. 그들이 살게 된 벽지에 전승되어 왔던 그들의 형이상성(形而上性)을 자민족의 형이상성과 교환하면서 살아가기에 앞서 말이다. 남양에 있던 일본인 마을도, 종교가 금해졌던 전후의 국내 상황에서 이탈해 온 면이 있었음에도, 이 이탈자들은 주로 토족 계층이었기 때문에, 그들의 공간에 자민족의 형이상계(形而上界)를 들여오고 있다. 그러고는 자민족의 총괄자를 매개로 해서 원래 그 고장 사람들과 접하고 있다.

그렇다면 이렇게 질문하게 된다. 민중은 그들 고유의 형이상계를 갖고 있지 않은 것일까? 그 형이상계라는 것은 생활 집단의 시간성이 낳고 키운 '공동의 환상'이다. 따라서 산간 벽지이든 빈민이든 그 시간의 강약에 따른 그들의 형이상계를 지니고 있다. 예를 들자면, 그렇기 때문에야말로 최근까지도 요론섬의 주민이 미이케 탄광 노동자 집단과 융합할 수 있는 방법론을 갖지 못하고 존재하는 것과 같은 그러한 현상이 일어나는 것이다.

그렇지만 어떠한 왜곡이 생기든 간에 사람들은 먹고 자식을 낳아야 한다.

국가 권력이 우위에 서 있을 때에는, 자연스런 생활을 하며 살고 있는 민중의 의도가 항상 국가 권력에 의해서 지시당하고 뒤틀려 버린다. 그렇지만 그 권력을 넘어설 정도로 자연스러운 삶의 집단이 스스로에게 충실하게 있었던 시대에는, 사람들은 그러한 시간성을 짊어진 채 살아갈 수 있는 공간을 계속해서 자유롭게 요구한다. 그리고 내 마음에 걸리는 것은 이것이다. 민중의 차원에서 볼 때, 일본과 조선이 결정적인 대립을 느끼는 경우는 거의 없는 것 같으며, 오히려 그러한 시간성이 지닌 질적 유사성이 두 민족에게 선행하는 듯하다는 점이다.

이런 견해가 옳고 그른가는 문제가 아니다. 남양에 있는 일본 마을은 무사 계층이 중심이었다. 더구나 남양의 각 지방과 일본인의 상호적인 시간성의 내실이, 단층적으로 전면화되었다. 이 때문에 일반 민중도 남양에 영주한다는 느낌[永住感]을 키워 갈 수 없었던 것이다. 한편 투항 왜구들은 쓰시마와 조선을 왕래하면서 조선의 농촌에 뿌리를 내리고 있었다. 일본에서도 조선에서도 국가의 권위가 확립되어 가고 있던 시기였기 때문에 그러한 점을 도외시하고 논할 수는 없다. 그렇지만 그러한 권력 아래에서 받는 압력보다도, 조선의 민중과 일본의 민중이 기본적으로 동질적인 시간성을 갖고 있었고, 이 시간성이 그 무엇보다 선행한다는 점이 의미 깊다.

이러한 점은 현재에 대해서도 말할 수 있다. 위와 같은 이유로 조선과 일본 양자는 상호간에 동질적인 시간성을 지니면서도 이족이라는 점, 그것이 지닌 사상적 발견이 이루어지지 못한 게 아닐까? 그리고 서로가 이족(異族), 즉 다른 내셔널리티를 지닌 집단 구성원이라는 인식을, 조선도 일본도 모두 국가의식에 대행시키고 있는 것은 아닐까?

그리고 나는 그러한 의식의 반영을 오키나와와 본토(일본을 의미—옮긴이) 민중에게서도 본다. 오키나와 본토는 동족(同族)이면서도 민중적 차원에서 같은 시간성을 접하고 공유[交接]하고 있는 경우가 거의 없다. 따라서 동족 간의 이질성을 사상적으로 확립하는 데 거는 힘이 약하다. 그러한 에콜(école)을 창조하는 것은, 어쩐지 민족을 거역하는 것 같고·이족(異族)을 선언하는 것으로 연결되어 버릴 것 같이 느끼는 그러한 비약이 있다. 먹고 자고 자손을 기르기 위해서 땀을 흘린 역사는, 우리 민중의 유일한 자산이다. 그 공동의 시간성을 사상화하는 것이 국가의 지배권력에 의해서 저지당해 왔고, 또한 지역화되어 오기도 했다.

우리들은 그러한 지역화에 의해서 세밀화되어 온 그것을, 민중 스스로가 주체적으로 확립시켜 가는 이질적인 형이상계와 접촉시켜야 한다. 그리고 이러한 접촉을 통해서 우리들의 내셔널리티를 상호간에 확립해 가야만 한다. 이것은 민중에게 자연발생적인 것이 아니다. 자연적인 삶을 생존의 원점에 두는 것과, 자민족을 확립시키는 것은 별개의 문제이다. 그리고 역사적으로 볼 때 자민족의 확립이란, 민중이 국가 의식과 대결하지 않고서는 민중 스스로의 것이 될 수 없는 그러한 성질을 지니고 있다.

오키나와 문제는 단지 오늘날의 국제 정치에 의해 조선 민족과 연결되어 있는 것만이 아니다. 우리들 일본의 민중이, 주체적으로 자민족을 통합해서 그러한 연결의 관념을 낳아야 한다. 민족 안에 있는 모든 시간성을, 차별로서가 아닌 생활 사상의 에콜로서 확립해야 한다. 동시에 근접해 있는 민중의 시간에서 이족(異族)을 발견함으로써 상호간에 공동 투쟁의식을 지닐 수 있는 관계로서 연결되어 있는 것이다.

개인적인 이야기이지만, 나는 북규슈에서 노동자들과 함께 '오키나와를 생각하는 회'(沖縄を考える会)라는 소집단을 만들어 가고 있다. 「우리 오키나와」(わがおきなわ)는 그들이 편집해서 발행하는 프린트 인쇄 기관지이다. 「우리 오키나와」란 우리들 몸 속에서 오키나와의 사상을 발견하고자 붙여진 이름이다. 이 기관지를 오키나와에 가져갔던 회원은, "우리 오키나와라니 말도 안 된다"라는 즉각적인 반응과 부딪쳤다. 우선 그렇게 반사적으로 반응하는 것에서야말로, 오키나와는 이야기되고 있다. 나는 그러한 반응이 지닌 '적극성'과 '보수성'의 결합을, 오키나와 공동체가 지닌 대외에 반응하는 민중의 촉수로서 받아들이고 싶다. 그리고 그 고통스런 땀으로 가득찬 응축력, 그 반작용들을, 오키나와가 본토 민중에게 발신하는 「나의 본토」(わが本土)로 삼아 귀 기울이고 싶다.

가게모토 쓰요시(影本剛)
일본 간사이 지방에서 태어나 교토에서 느긋하게 학생 시절을 보냈다. 현재 대학원생으로 한국에 머물면서 조선근대문학을 공부하고 있다.

권은혜
경희대학교 생명과학부를 졸업하고 한국예술종합학교 영상이론과 전문사에서 공부중이다. 학부와 석사의 단절을 설명해 주는 곳이 〈수유너머N〉이다. 어떤 상황에서도 저 세상이 아닌 이 세상에 대한 믿음을 놓지 않는 공부를 하고 싶다.

김은영
〈수유너머N〉 연구원. 직장생활 5년 차에 〈수유너머N〉을 만나 N진에 '음악과 정치' 시리즈를 연재했다. '미드의 사회학'(2010), '에로스의 경제와 섹슈얼리티의 정치'(2011)를 동료들과 함께 강의했으며, '90년대 록을 위한 변명'(2010), '19세기 군중의 시학'(2012) 등을 발표했다. 현재 〈수유너머N〉 인문사회연구원 디플롬 과정을 수료중이다.

도미야마 이치로(冨山一郞)
오사카대학 교수로 재직중이다. 프란츠 파농(Frantz Fanon)과 이하 후유(伊波普猷)를 사상적 준거점으로 삼아 오키나와(沖繩)와 오키나와 이민의 문제를 주된 연구대상으로 삼고 있다. 이런 연구를 통해 일상 속에 숨어 있는 폭력에 저항할 가능성을 계속해서 사유하고 있다. 지은 책으로 『전장의 기억』과 『폭력의 예감』이 한국어로 번역 소개되어 있다.

모리사키 가즈에(森崎和江)
1950년대부터 규슈의 탄광지역을 중심으로 활동한 일본의 대표적 사회운동가. 1927년 조선 경상북도 대구에서 태어난 재조 일본인 2세로 귀환 후 일본의 민족성에 동화되지 못하는 자신의 감각을 통해서 차별당하는 이족집단에 대한 깊이 있는 사상을 전개했다.

박은선
〈수유너머N〉 회원이고, 〈리슨투더시티〉 디렉터로 활동중이다. 예술과 액티비즘 그리고 도시의 관계에 관심이 많으며 내성천 지키기 운동을 하고 있다.

손기태
〈수유너머N〉 연구원. 종교철학 및 종교학에 관련된 연구 및 강의를 하고 있으며, 주요 논문으로는 「데카르트와 스피노자의 신 개념 비교」, 「기독교 인간학의 경계, 또는 게놈 프로젝트의 아이러니」 등이 있다.

신지영
〈수유+너머〉 연구원. 연세대학교 대학원에서 『한국 근대의 연설·좌담회 연구』(2010)로 박사학위를 받았다. 히토쓰바시대학 박사과정에서 "냉전체제기 동아시아의 이족/난민의 코뮨과 표현"이란 주제로 연구를 확장시키고 있다. 지은 책으로는 『不在/在在의 시대—근대 계몽기 및 식민지기 조선의 연설·좌담회』 등이 있고, 번역한 책으로는 『주권의 너머에서』 등이 있다.

오하나
〈수유너머N〉에서 공부하며 통역과 번역을 하고 있다. 사카이 다카시(酒井隆史)의 『자유론』을 번역했다.

와타나베 후토시(渡邊太)
전공은 문화사회학·종교사회학. 오사카국제대학교 강사. NPO 법인 '지역 문화에 대한 정보와 프로젝트', NPO 법인 '일본 슬로우 워크 협회', '국제 탈락자 조합'(International NEET Union)에도 관여하고 있다. 문화 실험을 통한 공동성의 구축, 사회 운동 네트워크, 사람이 살아가는 가운데 생기는 왜곡과 꼬임에 관심을 가지고 있다. 저서로 『사랑과 유머의 사회 운동론』, 『컬트와 영성』 등이 있다.

이진경
〈수유너머N〉에서 활동하고 있으며, 박태호라는 이름으로 서울과학기술대 기초교양학부 교수로 강의하고 있다. 지은 책으로 『사회구성체론과 사회과학방법론』, 『철학과 굴뚝청소부』, 『맑스주의와 근대성』, 『노마디즘』, 『미-래의 맑스주의』, 『외부, 사유의 정치학』, 『불온한 것들의 존재론』, 『뻔뻔한 시대, 한 줌의 정치』, 『대중과 흐름』 등이 있다.

정상희
인디포럼 작가회의 사무국장. 영화와 록 음악, 책을 좋아하며, 〈수유너머N〉에도 많은 관심을 가지고 있다.

정정훈
〈수유너머N〉 연구원. 이주노동자의 정치적 주체성을 주제로 석사논문을 쓰던 시절 〈연구공간 수유+너머〉에 접속한 이후 이곳에서 계속 공부를 하고 있다. 주된 관심사는 코뮨주의 정치철학과 현대 자본주의에 대한 문화이론적 해석이다. 저서로 『군주론, 운명을 넘어서는 역량의 정치학』, 『불온한 인문학』(공저) 등이 있다.

정행복
전직 전교조 교사. 〈수유너머N〉 활동을 열심히 하다가 잠시 게으름 피우며 휴식 중이다.

최진석
러시아인문학대학교 문화학 박사. (반)문화의 역동성과 정치적 무의식에 관심을 갖고 있으며, 〈수유너머N〉, 서울과학기술대 등에서 연구와 강의를 진행중이다. 『불온한 인문학』(공저), 『문화정치학의 영토들』(공저) 등을 썼고, 『러시아 문화사 강의』(공역), 『해체와 파괴』 등을 번역했다.

홍서연
프랑스 파리 4대학에서 철학 박사 과정(DEA)을 수료하고 파리 사회과학고등연구원(EHESS)에서 음식에 대한 연구로 역사 인류학 박사 학위를 받은 후 대학에 출강하고 있다. 옮긴 책으로 브리야 사바랭의 『미식 예찬』 등이 있다.